国家出版基金项目
NATIONAL PUBLICATION FOUNDATION

 欧亚历史文化文库

总策划 张余胜
兰州大学出版社

中国西部文献题跋

丛书主编 余太山

王继光 著

图书在版编目（ＣＩＰ）数据

中国西部文献题跋 / 王继光著. -- 兰州 : 兰州大学出版社，2014.7

（欧亚历史文化文库 / 余太山主编）

ISBN 978-7-311-04513-5

Ⅰ．①中… Ⅱ．①王… Ⅲ．①地方史－文献－题跋－西北地区②地方史－文献－题跋－西南地区 Ⅳ．①G256.4

中国版本图书馆CIP数据核字(2014)第173827号

策划编辑　施援平
责任编辑　李　丽　施援平
装帧设计　张友乾

书　　名　中国西部文献题跋
作　　者　王继光　著
出版发行　兰州大学出版社　（地址：兰州市天水南路222号　730000）
电　　话　0931-8912613(总编办公室)　　0931-8617156(营销中心)
　　　　　0931-8914298(读者服务部)
网　　址　http://www.onbook.com.cn
电子信箱　press@lzu.edu.cn
印　　刷　兰州人民印刷厂
开　　本　700 mm×1000 mm　1/16
印　　张　32
字　　数　419千
版　　次　2014年9月第1版
印　　次　2014年9月第1次印刷
书　　号　ISBN 978-7-311-04513-5
定　　价　100.00元

（图书若有破损、缺页、掉页可随时与本社联系）
淘宝网邮购地址:http://lzup.taobao.com

出 版 说 明

　　随着 20 世纪以来联系地、整体地看待世界和事物的系统科学理念的深入人心，人文社会学科也出现了整合的趋势，熔东北亚、北亚、中亚和中、东欧历史文化研究于一炉的内陆欧亚学于是应运而生。时至今日，内陆欧亚学研究取得的成果已成为人类不可多得的宝贵财富。

　　当下，日益高涨的全球化和区域化呼声，既要求世界范围内的广泛合作，也强调区域内的协调发展。我国作为内陆欧亚的大国之一，加之 20 世纪末欧亚大陆桥再度开通，深入开展内陆欧亚历史文化的研究已是责无旁贷；而为改革开放的深入和中国特色社会主义建设创造有利周边环境的需要，亦使得内陆欧亚历史文化研究的现实意义更为突出和迫切。因此，将针对古代活动于内陆欧亚这一广泛区域的诸民族的历史文化研究成果呈现给广大的读者，不仅是实现当今该地区各国共赢的历史基础，也是这一地区各族人民共同进步与发展的需求。

　　甘肃作为古代西北丝绸之路的必经之地与重要组

成部分,历史上曾经是草原文明与农耕文明交汇的锋面,是多民族历史文化交融的历史舞台,世界几大文明(希腊—罗马文明、阿拉伯—波斯文明、印度文明和中华文明)在此交汇、碰撞,域内多民族文化在此融合。同时,甘肃也是现代欧亚大陆桥的必经之地与重要组成部分,是现代内陆欧亚商贸流通、文化交流的主要通道。

基于上述考虑,甘肃省新闻出版局将这套《欧亚历史文化文库》确定为2009—2012年重点出版项目,依此展开甘版图书的品牌建设,确实是既有眼光,亦有气魄的。

丛书主编余太山先生出于对自己耕耘了大半辈子的学科的热爱与执著,联络、组织这个领域国内外的知名专家和学者,把他们的研究成果呈现给了各位读者,其兢兢业业、如临如履的工作态度,令人感动。谨在此表示我们的谢意。

出版《欧亚历史文化文库》这样一套书,对于我们这样一个立足学术与教育出版的出版社来说,既是机遇,也是挑战。我们本着重点图书重点做的原则,严格于每一个环节和过程,力争不负作者、对得起读者。

我们更希望通过这套丛书的出版,使我们的学术出版在这个领域里与学界的发展相偕相伴,这是我们的理想,是我们的不懈追求。当然,我们最根本的目的,是向读者提交一份出色的答卷。

我们期待着读者的回声。

总 序

　　本文库所称"欧亚"(Eurasia)是指内陆欧亚,这是一个地理概念。其范围大致东起黑龙江、松花江流域,西抵多瑙河、伏尔加河流域,具体而言除中欧和东欧外,主要包括我国东三省、内蒙古自治区、新疆维吾尔自治区,以及蒙古高原、西伯利亚、哈萨克斯坦、乌兹别克斯坦、吉尔吉斯斯坦、土库曼斯坦、塔吉克斯坦、阿富汗斯坦、巴基斯坦和西北印度。其核心地带即所谓欧亚草原(Eurasian Steppes)。

　　内陆欧亚历史文化研究的对象主要是历史上活动于欧亚草原及其周邻地区(我国甘肃、宁夏、青海、西藏,以及小亚、伊朗、阿拉伯、印度、日本、朝鲜乃至西欧、北非等地)的诸民族本身,及其与世界其他地区在经济、政治、文化各方面的交流和交涉。由于内陆欧亚自然地理环境的特殊性,其历史文化呈现出鲜明的特色。

　　内陆欧亚历史文化研究是世界历史文化研究中不可或缺的组成部分,东亚、西亚、南亚以及欧洲、美洲历史文化上的许多疑难问题,都必须通过加强内陆欧亚历史文化的研究,特别是将内陆欧亚历史文化视做一个整体加以研究,才能获得确解。

中国作为内陆欧亚的大国,其历史进程从一开始就和内陆欧亚有千丝万缕的联系。我们只要注意到历代王朝的创建者中有一半以上有内陆欧亚渊源就不难理解这一点了。可以说,今后中国史研究要有大的突破,在很大程度上有待于内陆欧亚史研究的进展。

古代内陆欧亚对于古代中外关系史的发展具有不同寻常的意义。古代中国与位于它东北、西北和北方,乃至西北次大陆的国家和地区的关系,无疑是古代中外关系史最主要的篇章,而只有通过研究内陆欧亚史,才能真正把握之。

内陆欧亚历史文化研究既饶有学术趣味,也是加深睦邻关系,为改革开放和建设有中国特色的社会主义创造有利周边环境的需要,因而亦具有重要的现实政治意义。由此可见,我国深入开展内陆欧亚历史文化的研究责无旁贷。

为了联合全国内陆欧亚学的研究力量,更好地建设和发展内陆欧亚学这一新学科,繁荣社会主义文化,适应打造学术精品的战略要求,在深思熟虑和广泛征求意见后,我们决定编辑出版这套《欧亚历史文化文库》。

本文库所收大别为三类:一,研究专著;二,译著;三,知识性丛书。其中,研究专著旨在收辑有关诸课题的各种研究成果;译著旨在介绍国外学术界高质量的研究专著;知识性丛书收辑有关的通俗读物。不言而喻,这三类著作对于一个学科的发展都是不可或缺的。

构建和发展中国的内陆欧亚学,任重道远。衷心希望全国各族学者共同努力,一起推进内陆欧亚研究的发展。愿本文库有蓬勃的生命力,拥有越来越多的作者和读者。

最后,甘肃省新闻出版局支持这一文库编辑出版,确实需要眼光和魄力,特此致敬、致谢。

余太山

2010 年 6 月 30 日

序

　　这是我多年来关于西部文献研究的序、跋、题记的集子,名之曰《中国西部文献题跋》。

　　"题跋"之名,始见于宋代。后世专指书籍、字画、碑帖等文化传媒物的品评题识之作。书于前者曰"题",书于后者曰"跋"。其文不拘长短,自由挥洒,叙事真切,文采飞扬,蕴含着题跋者亲历的大量信息资料,可考见作者、时代、版本、真伪、流传、内容、价值等等,为后世专门研究者提供了不可或缺的参考依据。

　　本书并非上述意义的题跋集,不像黄丕烈的《士礼居题跋》、沈曾植的《海日楼题跋》、郑振铎的《西谛题跋》那样专业。概因蒐集之文涉及学科领域较广,论题星散,无法用一个涵盖全书的中心议题以为书名。但各文考论的地域为欧亚内陆的中国西部,内容皆关乎中国西部历史文献,早先出版或刊布时,多以序、跋、考、论、叙录、题记为目,姑且以《中国西部文献题跋》命书,析分8卷结集,交付余太山先生主编的"欧亚历史文化文库"出版。不谐不庄,识者谅之。

　　兹分卷略述如次:

　　卷1共6篇,大致是20世纪80、90年代我研究明代的西域使者陈诚及其西使记的系列成果,后以此为基础,形成国家社会科学基金项目:明王朝的西域经略及与中亚国家睦邻关系研究。《关于陈诚西使及其〈西域行程记〉〈西域番国志〉》是中华书局谢方先生约我为"中外交通史籍丛刊"所收《西域行程记》《西域番国志》周连宽校注本所作的代前言,1991年出版。《陈诚及其西使记:文献与研究》刊于纪宗安、汤开健主编的《暨南史学》,由暨南大学出版社2003年出版。《〈陈诚及其西使记研究〉跋》是交付中华书局个人专著的长篇跋文,藉此回顾了多年治学的方方面面。该书交稿久矣,因故延至近期出版。《陈竹山文集》点校本"前言""后记"二篇是为国家社科基金重大委托项目"《新疆通史》研究丛书"所收的《陈竹山文集》整理校注本所作,新疆人民出版社2012年出版时更名为《陈诚西域资料校注》,今仍其旧,以存原貌。《〈四库全书总目〉"使西域记"辩证》一篇,主旨是对《四库全书》不收陈诚《使西域记》及《总目》评述失当的指正辨析,已发表于《西域研究》。

因为同属于一个专题,各篇在内容文字上不免交叉重复之处。

卷2共6篇,是对清代官修《明史》中若干西部志传的考论、诠释、订误之作,重点是对《明史·西番诸卫传》的现代诠释,视其为18世纪中国第一部安多藏区史,后附研究范例之《明代的河州卫》。《〈明史·兵志〉中的必里卫》则是对颇多争议的必里卫的地望考证。《明史·侯显传》跋文梳理汉藏文史料,考究了侯显使藏、使尼泊尔的事迹。上述论文已陆续发表于《中国史研究》《中国藏学》《西域研究》《西北民族研究》等学术刊物。

卷3共2篇,是对二种中外关系史文献的考论之作。《明太祖〈阿都剌除回回司天少监诰〉跋》从现存《明太祖集》漏载这篇重要诰文入手,探讨了《明太祖集》的编纂、版本、失误及阿拉伯天文历法传入中国并对中国天文历法的影响等一些重要问题,最后对马明达、陈静整理的《中国回回历法辑丛》一书做了简要介绍评述。《〈凉州公教信友迁葬麦神父并兴修公坟碑记麦神父碑记〉跋》披露了1981年发现于甘肃武威高坝镇的这块碑记,考述了意大利方济各会士麦传世在甘肃传教之始末,揭示了《麦神父碑记》的发现与解读在天主教在华传播史研究中的特别意义。

卷4共8篇。首篇《"大国学"视野下的中国少数民族文献》,季羡林先生去世前曾提出"大国学"的命题,我写这篇文字是试图从中国少数民族文献的视角解读诠释"大国学"的广阔内涵。以下是拟议与本校藏族学者才让教授合作编著的《藏文史籍叙录》中本人撰写的七篇叙录。《藏文史籍叙录》不同于传统的书目解题,除对作者、版本、篇章、内容做详尽介绍外,还对文献相关史事做进一步的探研,以揭示彰显该书的学术价值。最后一篇《〈四部医典〉与藏医学的海外研究》则是对藏医学的海外研究状况所做的概述介绍。

卷5共7篇,是西部方志学研究的一组专题论著。其中,《陇右方志录》是近代陇上著名学者张维为甘、宁、青三省方志所作的一部区域性目录,有开创性的意义,但限于当日条件,存在著录存佚失误、著录缺漏失载、著录失考误题等百余处,故作《〈陇右方志录〉校注补正》(未定稿),冀关注西北文献者稽考备查。本卷1、2篇就是作者自序和纲目性提要。《陇右稀见方志三种》系上海古籍出版社1984年出版的杭州刘子亚先生家藏稿本、抄本的影印本,经考公私无藏,陇右不存,系海内孤本,遂点校整理,交付甘肃人民出版社"西北未刊文献丛书"收录。辑本《西宁卫志》是我辑佚校注的青海最早的一部方志,是志纂修于明万历中期,顾炎武《天下郡国利病书》中移录了该志书部分章节。我在整理时析分为3卷,大致可见《西宁卫志》(万历)的原貌。辑注本列入"青海省民族古籍整理项目",1993年已由青海人民出版社正式出版。此"序"是我为辑注本写的考论性前言。同仁县是青海黄南藏族自治州首府,民国间建县于藏传佛教名寺隆务寺所在的隆务镇。是国务院公布的第一批贫困县,国家民委确定西北民族大学对口支援,其创修县志工作由校方指定我承担。由此五阅寒暑,十下同仁,主编了120万字的《同仁县志稿》交付省志办审定。《〈同仁县志稿〉总述》便是我为该志写的前言。其余三篇均为我专题研究中检录甘青方志的札记,一并编入。

卷6共4篇,为谱牒学研究论著的序跋。《安多藏区土司家族谱辑录研究》是我搜集整理几种甘青土司家族谱资料的成果,首次刊布,以供学术界深入探研。该书由民族出版社2000年出版,编辑删去原书卷4藏文典籍《卓尼丹珠尔目录》所载杨土司家谱的谱系事迹,至今引以为憾。

卷7共6篇,论题颇杂。第一篇是读夏鼐先生70年前旧作《〈陇右金石录〉补正》一文的札记,介绍了夏鼐著作《补正》的缘起背景,评述了47

条"补正"的学术价值与启迪。第2、3篇是甘青土司金石遗存的考释。第四篇是对国图本《守雅堂稿辑存》的研究,涉及二位西北学者,一是清乾嘉时代的阶州刑澍,一是清华研究院国学大师梁启超颇为赏识的及门弟子天水冯国瑞,二人出身陇右,于"西北学"皆有开创建树之功,因以述之,公诸同好。第5篇《跋〈补过斋文牍〉——兼论杨增新督新的伊斯兰教政策》,《补过斋文牍》是北洋时期督新17年的杨增新的个人文集,史料蕴藏量极大。《跋》文重点是考察讨论杨增新督新的伊斯兰教政策,与马明达教授联名发表,后收入《伊斯兰教在中国》。末一篇介绍了土族《格萨尔》译介整理情况。土族《格萨尔》是原西北民族大学"格萨尔研究院"院长、已故王兴先教授生前主持整理的最后一部"格萨尔学"专著,于史诗《格萨尔》传播学有填补空白的学术意义。该书出版后,王兴先教授馈赠一册,嘱我写篇介绍性文字,故有《土族〈格萨尔〉出版题记》,2003年发表于《西北民族大学学报》第1期,聊以慰英灵。

卷8共2篇,是我主编的两本书的前言、后记。

记得早年做硕士学位论文《续资治通鉴》研究时,曾有一个细节。清嘉庆二年(1797),《续资治通鉴》的主编、湖广总督毕沅卒于对苗疆用兵的辰州军营,旋家被籍没,《续资治通鉴》刻及未半(103卷)。嘉庆五年(1780年),桐乡冯集梧购得《续资治通鉴》原稿及部分版片,补刻未完的117卷,《续资治通鉴》始成完书流布。冯集梧约请当时的著名学者、《续资治通鉴》的校阅人钱大昕为之作序。钱大昕婉言谢绝,理由是"古来纪传编年之书,只有本人为序。……盖史以寓褒贬,其用意所在,唯著书人可以自言之"。其实,钱氏主张当不拘于史寓褒贬的纪传编年之书,个人著述的序跋,还是"唯著述人可以自言之"为妥。故此,多年来本人著述及主编之书,从未请名家作序作跋。或写导论性前言钩玄揭要,或写后记述其著述宗旨始末,零零总总地汇集起来,以成此编,就教于方家。不奢共识,但求匡正。

王继光
癸巳仲冬于西北民族大学龙尾山房

4

目录

卷 8

卷　　1

1 关于陈诚西使及其
《西域行程记》《西域番国志》

　　明代的中西交通,因郑和七下西洋、远航西亚东非的盛举,多少使陆路交通显得有些黯然失色。尤其近百年来,中外学者对郑和事迹的关注和研究,高潮迭起,陆路交通往往被掩盖,陆路使节和旅行家亦受冷落。其实,有明一代,域内域外交通的繁荣活跃,岂止南海一路。丝绸古道虽曾遭受战乱破坏,但也经历了蒙元大帝国的开拓扩展,迄明初近百年间,仍不减汉唐气象。漠北的鞑靼、瓦剌,尽管与明王朝不时处于战争状态,然相互奉使不绝,政治联系和贸易往来始终在曲折地推进。清代的史家在描绘明初中西交通之活跃时说:"洪武中,太祖欲通西域,屡遣使招谕","自成祖以武定天下,欲威制万方,遣使四出招徕。由是西域大小诸国莫不稽颡称臣,献琛恐后。又北穷沙漠,南极滨海,东西抵日出没之处,凡舟车可至者,无所不届"。[1] 而"威德遐被,四方宾服,受朝命而入贡者殆三十国。幅陨之广,远迈汉唐,成功骏烈,卓乎盛矣"。[2] 其中,陈诚西使就是发生在这"兼汉唐之盛而有之"的15世纪初的一个重大事件。

　　陈诚西使,有《西域行程记》和《西域番国志》传世,见于公私著录。当时,明代朝野为之瞩目,留下不少送迎诗文。明人著述凡涉西域山川风物者,无不以陈诚书为圭臬;清修《明史·西域传》,亦多所采摭。作为明代奉使西域的唯一的亲历记录,《西域行程记》和《西域番国志》一直受到学者的重视。直到今天,这两部书对中外交通史和中亚文化史

---

　　〔1〕《明史》卷332《西域四》。
　　〔2〕《明史》卷7《成祖纪三》。

的研究,仍有重要的参考价值。

1.1

《西域行程记》和《西域番国志》的作者,《国立北平图书馆善本丛书》本影印明钞本署名是"行在吏部验封清吏司员外郎陈诚、苑马寺清河监副李暹"。

陈诚,字子鲁,号竹山。据《竹山文集》遗编所载胡诚《故处士赠从仕郎翰林检讨陈公行状》和练安《明处士赠从仕郎翰林检讨陈公墓表》,陈诚祖籍为江西临川(今江西抚州市),五世祖仕宋为吉州吉水(今江西吉水县)主簿,遂因家于吉水县同水乡。吉水陈氏,世以儒为业。其高祖曰予成,曾祖曰季文,祖曰仕可,三世皆无仕宦者。元末动乱,陈诚家族亦未能免于兵燹,"宗族之罹疾疫、陨锋镝者不下数十人"。[1] 陈诚父陈同,字玉章,在朱元璋平定江右后弃文经商,往来于南北,《墓表》说他"挟其货遍游江湖,南极岭海,北抵燕赵,如是者数年"。洪武二十一年(1388)卒于家,年51岁。有子6人,女2人,陈诚即其次子。世代业儒而又非风望显达的家庭环境,以及陈同"壮游数千里,览山川之奇胜、都邑之雄壮、人物之富盛"的经历,不能不对陈诚的思想形成和生活道路发生一些影响。

陈诚的生卒年,典籍失载。但陈诚同郡的左春坊大学士翰林侍读学士兼修国史曾棨为之所作《逸老堂记》云:陈诚"自释褐授官,迄今三纪,历事四朝,而年已六十四矣"。《逸老堂记》作于宣德三年(1428)正月,据此上溯,陈诚当生于元顺帝至正二十五年(1365)。明朝建立时,陈诚年仅4岁。又崇祯十六年(1643)七月,翰林修撰承务郎、同邑刘同升为陈诚《竹山文集》所写的《叙》中说:"先生(指陈诚)以名进士历国朝之久,享年九十有三。"则陈诚卒年应为明英宗天顺元年(1457)。陈诚于仁宗洪熙元年(1425)赋闲,宣宗宣德三年(1428)致仕。清顺治

---

[1]《故处士赠从仕郎翰林检讨陈公行状》。

重修《吉安府志·陈诚传》说他"居闲三十余年"。这与我们对陈诚生卒年的推算是吻合的。

洪武十八年（1385），陈诚离吉水前往临江石门山，受业于著名学者梁寅，专攻小戴《礼记》。[1] 洪武二十四年（1391）入吉安府学，以礼经就质于府学教授易庵父。[2] 洪武二十六年（1393），应江西癸酉乡试，以《礼记》中第12名。次年（1394），甲戌科礼部会试，中86名。及殿试，以63名赐同进士出身，旋即选除行人司行人。"诏往北平求贤、山东蠲租、安南谕夷，皆能不辱命"[3]"南踰岭海，北抵幽并，东之闽越，西自关陕，至于秦陇河湟，靡不涉历"。[4] 其间洪武三十年初到安南，谕安南国王陈日焜，责其侵夺我思明府事，是陈诚第一次奉使出国，初次表现了他作为外交家的杰出才华。洪武三十年（1397），升除翰林院检讨。建文三年（1401），往蒙古塔滩里地面招抚鞑靼部落。同年，升除广东布政司左参议。不久，爆发"靖难之变"，朱棣即位，建文旧臣遭到一场大清洗。陈诚亦未能幸免，于永乐元年（1403）正月被流放到北京兴州（后迁良乡）屯戍，历时二年。陈诚自述说他之罹祸，是国"内官下番回至广东，遭风破船，三司官不曾封艎获罪"。[5] 但联系到陈诚与方孝孺等建文近臣之间的关系，[6]陈诚的谪贬流放，很可能是"方孝孺事件"的一个余波。直到明成祖的统治逐渐稳定下来，这场骇人听闻的"瓜蔓抄"才慢慢终止，开始起用建文旧臣，量才加以任用。于是，陈诚得以复官，除授吏部验封清吏司主事。永乐四年（1406），被选入内府文渊阁预修《永乐大典》，历时五年。永乐十年（1412），升除吏部验封清吏司员外郎。

也许是陈诚曾任行人，奉使安南、撒里畏兀儿、鞑靼等地的经历，当

---

〔1〕见《竹山文集》外篇卷2《赠陈茂才子鲁序》。梁寅，字孟敬，人称梁五经，又称石门先生，元末明初著名的经学大师。传见《明史》卷282。

〔2〕见竹山文集》外篇卷2《赠陈贡士上春官序》。

〔3〕重修《吉安府志》（顺治）。

〔4〕吴勤《赠翰林陈检讨子鲁官满归省序》。

〔5〕《竹山文集》内篇卷2《历官事迹》。

〔6〕方孝孺曾有《陈子鲁字说》《送翰林检讨陈君子鲁归省庐陵序》等书赠陈诚。

·欧·亚·历·史·文·化·文·库·

明成祖"锐意通四夷"开拓海陆路交通时,陈诚便被作为理想的人选推荐给永乐皇帝。翰林学士兼左春坊大学士胡广记其事曰:

> 永乐十一年秋,上遣中使劳来之,择庭臣之能者佐其行。众推吏部验封司员外郎陈诚子鲁才可当之。子鲁在洪武间以名进士为行人,辙迹遍四方,尝使于沙里畏吾儿,立安定、曲先、阿端五卫;又使塔滩里,招携胡虏;最后使安南取侵地,以书反覆晓其王,厥声甚彰。然则是行也,舍子鲁其谁欤?[1]

此后,陈诚似乎是作为明政府的专职外交官,屡次奉命出使西域。因功绩卓著,升迁为广东布政司右参政。永乐二十二年(1424),仁宗即位,明政府的对外政策发生了一个大的转折。仁宗在即位时宣布的"诏赦天下,停止四夷差使",已不是作为新皇帝登极时的一个姿态来公之于世的。仁宣之际,统治者更多地注意到国内问题,对外关系上一反永乐时的积极进取政策,日趋消极保守。明初中外交通的黄金时代结束了。洪熙元年(1425),陈诚年已 61 岁,"吏部尚书蹇义题奏,仍行记名,放回原籍,听候取用"[2],实际上已是解职。宣德三年(1428)致仕。

陈诚归里后,生活颇为安定。从《竹山文集·居休遗稿》和友人诗文中看,他董理家业,营建别墅,课子读书,诗酒会友,悠然自得。命堂曰"逸老堂",命园曰"奈园",其"恬澹夷逸之怀,优游闲适之趣,既可见矣"[3] 优游林下三十余年,英宗天顺元年(1457),陈诚以 93 岁的高龄卒于家。有《竹山文集》传世。

至于李暹的生平事迹,我们所知远不如陈诚详尽,可参见本书附录的李暹传记资料。从李暹"使西域,凡五往返"的记载看,他很可能是作为陈诚的助手长期出使西域的。

---

〔1〕《送陈员外使西域序》。
〔2〕《竹山文集》内篇卷 2《历官事迹》。
〔3〕曾棨《逸老堂记》。

1.2

作为陈诚一生主要业绩的奉使西域,至今仍有一些值得研究的问题,如陈诚西使的次数、时间、活动等等。我们根据陈诚《历官事迹》等自述材料,参照实录,分述于后。

第一次,洪武二十九年三月至九月,往西域撒里畏兀儿地面建置安定等卫。

这是见于记载的陈诚最早出使西域的时间。时陈诚官行人,32岁。见《历官事迹》"洪武二十九年"条。

明代撒里畏兀儿,"其地广袤千里,去甘肃一千五百里,东抵罕东,西距天可里,北迩瓜沙州,南界土番"[1]。其地望即今甘、青、新交界,柴达木盆地西北一带。陈诚西行来此,肩负着重要使命。《明太祖实录》卷245载:

> 遣行人陈诚立撒里畏兀儿为安定卫指挥使司。初,自安定王卜烟帖木儿遣使进贡,诏立其酋长为四部,给铜印,守其地。后番将朵儿只巴叛,遁沙漠,过其地,大肆杀掠,并夺其印去。由是其部微弱。蓝玉西征,兵绚阿真,土酋司徒哈昝等惧窜,匿山谷间不敢出。及肃王之国甘州,哈昝等遣番僧撒尔加藏卜等至甘州见王,乞授官以安部属。王为奏请,于是遣诚立其部为安定卫,以铜印五十八给之,置官属如诸卫。

前引胡广《送陈员外使西域序》云陈诚立"安定、曲先、阿端五卫","五"系"三"之误,应为"安定、曲先、阿端三卫"。三卫同遭朵儿只巴之乱,曲先一度与安定合为一卫。胡广所说与《明实录》的记载似无多大出入。

安定、曲先、阿端三卫与罕东卫、赤斤蒙古卫、沙州卫、哈密卫合称"关西七卫",在明太祖"隔绝羌胡"的西部战略部署中处于重要的地

---

[1]《明太祖实录》卷90。

7

位。因此,在朵儿只巴之乱和蓝玉西征后出使西域的陈诚,肩负着处理善后、恢复撒里畏兀儿地区统治秩序的艰巨使命。而这位年轻的使节亦不负重任,重建安定等卫,稳定了西部局势。"诚还,酋长随之入朝,贡马谢恩。"[1]

第二次,永乐十一年九月至十三年十月,护送哈烈等国使臣回国。并赍敕及礼品,赏赐西域诸国王子。

关于这次出使西域的缘起、历程及使团组成以至陈诚的职务,陈诚《狮子赋序》的记叙较《明实录》《明史》[2]所载为详,转录如下:

> 永乐癸巳春,车驾幸北京。秋七月,西域大姓酋长沙哈鲁氏不远数万里遣使来朝。皇上推怀柔之恩,命中官臣达、臣忠、臣贵,指挥臣哈蓝伯、臣帖木儿卜花、臣马哈木火者,行报施之礼。且命吏部员外郎臣陈诚典书记。臣奉命惟谨,以是年九月初吉戒行,明年甲午春正月戊子发酒泉郡,出玉门关,道敦煌、月氏,经高昌、车师之故地,达蒙古、回鹘之部落……十月辛未,至哈烈城。

这里所说"西域大姓酋长沙哈鲁氏"即帖木儿的第四子、当时帖木儿帝国国王沙哈鲁·把都尔。他在永乐六年至七年(1408—1409)平息了两个侄子争夺王位继承权的内乱后,成为帖木儿帝国的统治者。沙哈鲁一反帖木儿的东进政策,开始了一个与明帝国和平友好的时代。明成祖也做出了积极的反应,把握住这一有利时机,以护送使臣"行报施之礼"的名义,向帖木儿帝国派出了以中官李达为首的明政府使团,借以扩大政治影响。

这个使团的规模人数,至今尚无材料证实。根据《明实录》《西域行程记》和陈诚提供的名单,姓名可考者有以下9人:

李达 事迹散见于《明史·西域传》。早在永乐五年,即与中官把太出使别失八里。[3] 此后相当一段时间,一直活跃在西域。李达是个老资格的西域使者。《明史·侯显传》中曾说:"当成祖时,锐意通四

---

[1]《明史》卷330《西域二》。

[2]参《明太宗实录》卷143、《明史》卷332《西域四》。

[3]《明史》卷332《西域四》。

夷,奉使多用中贵。西洋则和、景弘,西域则李达,迤北则海童,而西番则率使侯显。"可见,在明代中西交通史上,李达无疑是个重要人物。

杨忠 即《明史·西域传》中永乐十六年出使过别失八里的中官杨忠。

李贵 永乐宣德时,屡使西域。见《明史·西域传》。

哈蓝伯 即《明史·西域传》中的金哈蓝伯。《实录》作"蓝金哈",误。

帖木儿卜花 似为《明史·西域传》中的刘帖木儿,永乐四年,曾以鸿胪丞出使过别失八里、火州、柳城等地。

马哈木火者 《明史·西域传》作"马哈麻火者",永乐四年三月立哈密卫,任指挥使。

哈三 《西域行程记》载,使团行至衣烈河时,"差百户哈三进马回京"。

李暹 《明实录》言其职为"户部主事",然《西域行程记》《西域番国志》明钞本皆署"苑马寺清河监副"。他很可能是以户部官员的身份协助陈诚工作。

陈诚 "典书记",掌应对文书。

护送使团于永乐十一年九月离京,十二年正月发肃州卫,出嘉峪关西行。沿途"宣谕德意",联络西域诸国,历时三年,至永乐十三年十月回到北京。

这次西使,产生了巨大的政治影响。李达、陈诚归国之日,"西域诸国哈烈、撒马尔罕、火州、土鲁番、失剌思、俺都准等处各遣使贡文豹、西马、方物[1] 此次西使,加强了相互了解,密切了双边关系。为此,明成祖对使团人员给予升赏,陈诚得"升除吏部验封司郎中,正五品散官奉议大夫,又赐钱钞四万七千贯,纻丝二表里"[2]。

当陈诚领受使命即将启程时,内阁大学士胡广曾嘱咐陈诚:

---

〔1〕《明太祖实录》卷169。
〔2〕陈诚《历官事迹》。

9

子鲁宜考其山川,著其风俗,察其好尚,详其居处,观其服食,归日征诸史传,求有合焉者,则予言为不妄也。他日国家修纂志书,稽诸西域,以见声教之达,其有待于子鲁之是行乎?[1]

于是,陈诚回京复命时,就有《西域记》《行程记》《狮子赋》三种呈送明廷。[2]

第三次,永乐十四年六月至永乐十六年四月,出使地点与使命同前。

陈诚二使西域回国,仅过了半年多的时间,又被派遣出使西域。这时的明成祖,继永乐八年重创鞑靼部后,又在永乐十二年忽兰忽失温战役中大败瓦剌部落,迫使瓦剌入朝谢罪。出于稳定西部局势的需要,明政府显然加强了对西域地区的外交攻势,如此频繁地派出使团。《明史·西域传》[3]和《明实录》都提到陈诚的这次出使,而以《明实录》的记载为详:

> 永乐十四年六月己卯
>
> 哈烈、撒马尔罕、失剌思、俺都准等朝贡赐臣辞还,赐之钞币。命礼部谕所过州郡宴饯之,仍遣中官鲁安、郎中陈诚等赍敕偕行。赐哈烈王沙哈鲁等及撒马尔罕头目兀鲁伯等、失剌思头目亦不剌金、俺都准头目赛赤答阿合麻答罕等白金、纻丝、沙罗、绢布等物有差,并赐所过俺的干及亦思弗罕等处头目文绮。[4]

此行的中官鲁安,似为初使西域,后在永乐十七年又护送失剌思使团。[5] 而陈诚则是迎来送往,再赴帖木儿等国。

西域各国盛情接待了鲁安、陈诚一行,帖木儿帝国沙哈鲁王甚至让陪同他们回国的使臣带给明成祖一封劝奉伊斯兰教的书信。明成祖的复函虽然回避了这个建议,但却表示:"相隔虽远,而亲爱愈密,心心相印,如镜对照。"诚挚希望:"愿自是以后,两国国交日臻亲睦,信使

---

〔1〕《送陈员外使西域序》。

〔2〕见《竹山文集》内篇卷1《奉使西域复命疏》。

〔3〕参见《明史》哈烈、撒马尔罕、失剌思等国传。

〔4〕《明太宗实录》卷177。

〔5〕《明史》卷322《西域四·失剌思》。

商旅,可以来往无阻,两国臣民,共享安富太平之福也。"[1]这种真诚友好关系的建立和发展,与陈诚这些西域使者的努力是分不开的。陈诚使团于永乐十六年四月十一日回到北京,五月,明成祖下令:"升行在吏部郎中陈诚为广东布政司右参议,嘉其奉使哈烈之劳也。"[2]

第四次,永乐十六年十月至永乐十八年十一月,出使地点与使命同前。

这个时间表,是根据陈诚自述确定的,参见附录《历官事迹》。从《历官事迹》看,陈诚母亲罗氏之丧,是永乐十六年三月十九日,时陈诚尚在第三次奉使西域的回国途中。四月回京复命,回江西奔丧。八月五日抵家,二十七日安葬母亲。因为使西域差使的需要,陈诚连丁忧守制都不可能,在家不及两月,就又踏上征途。这次出使,可从《明实录》得到印证:

永乐十六年九月戊申

哈烈沙哈鲁、撒马尔罕兀鲁伯使臣沙尔都沙辞还,遣中官李达等赍敕及锦绮纱罗等往赐沙哈鲁、兀鲁伯等。并赐哈密忠义王免力帖木耳、亦力把里王歪思及所过之地酋长彩币。与阿尔都沙等偕行。[3]

九月下达差遣命令,陈诚十月二日由吉水启程,中途与使团会合,前往西域,时间上是吻合的。而《明太宗实录》卷226所载永乐十八年六月己酉"广东布政司陈诚为右参政,命同郭敬等使哈烈诸国"的记录可能有误。陈诚是行于永乐十八年十一月一日回京,六月恰好在返国途中,断无再次出使之理。而且,此后一两年的行踪,《历官事迹》述之甚详,绝无出行记录。故同郭敬的出使,很可能只是明政府当时的一个计划,实际并未成行。修《明史》者不察,在《西域传》中屡载中官郭敬同陈诚的出使,[4]造成陈诚西使研究中的失误,应予订正。

─────────────

〔1〕张星烺《中西交通史料汇编》第4册《中国古代与伊朗之交通》。
〔2〕《明太宗实录》卷200。
〔3〕《明太宗实录》卷204。
〔4〕参见《明史》卷332《西域四》撒马尔罕、哈烈、八答黑商、于阗等国传。

第五次,永乐二十二年四月至十一月,中途召回,未达西域。

陈诚最后一次出使西域,已是60岁高龄。据《历官事迹》,陈诚四月领命,五月出京,行至肃州"将出塞间,九月初十日太宗文皇帝宾天,遗诏仁宗皇帝即位。复诏赦天下,停止四夷差使,取回,十一月终到京"。

综观陈诚五使西域,除赴撒里畏吾儿重建安定卫、安抚葱岭以东汉唐旧疆别失八里诸地外,其主要使命均为与帖木儿帝国的通使往来。

明王朝与帖木儿帝国的通使往来可以追溯到洪武二十年。以后几年,帖木儿屡次遣使,向明称臣纳贡。[1] 但这只是一种表象。帖木儿的终身梦想是征服世界。他曾经这样说:"世界整个有人居住的空间没有大到可以有两个国王的程度。"[2] 这种狂妄的语言和他的征伐表明,帖木儿对明帝国的纳贡和屡遣使臣,不过是迷惑明廷,窥探形势,绝无友好诚意。所以,到洪武二十八年,就羁留明使傅安、郭骥等。洪武三十年,又扣押了陈德文率领的明朝使团。当时目睹此事的西班牙人克拉维约在其所著《东使记》中说,帖木儿公然辱骂明朝皇帝,虐待这些使臣。明成祖即位时,帖木儿正歼灭了奥斯曼帝国大军,俘获巴耶塞特一世,国力盛极一时。不久,即兴起征明之师。然而,仅仅因为帖木儿病殁于东征途中,帝国陷于混乱,两国之间的战争才没有发生。沙哈鲁成为帖木儿帝国的统治者后,奉行了与明政府友好的外交方针,两国关系进入一个新的时代。更由于明成祖的雄才大略和积极态度,帖木儿帝国及其他中亚诸国和明帝国的友好往来频繁,前所未有。在永乐皇帝在位的二十二年间(1403—1424),大约有二十个左右的使团来自撒马尔罕和哈烈,另外还有数十个使团来自中亚的其他城镇。[3] 明政府亦往往派出相应的使团回访,"西域之使岁岁不绝"。[4] 中国内地与中亚之间,"驿站相通,道路无壅,远国之人,咸得其济"。[5] 因元

〔1〕见《明太祖实录》卷193、197、210、217、234 等。

〔2〕〔俄〕巴托尔德《中亚简史》,耿世民译。

〔3〕〔美〕莫里斯·罗萨比《明代到亚洲腹地的两位使者》。

〔4〕《明史》卷332。

〔5〕《明史》卷332。

末战乱和割据一度阻塞的丝绸之路上,又出现了商旅相往于途、使节络绎不绝的盛况。这大概是在海路交通已经勃兴的 15 世纪初,古丝绸之路上最后的一段辉煌岁月。这无疑加强了中外联系,推进了中西文化交流。陈诚西使的贡献和意义,正在于此。

1.3

如前所述,《西域行程记》和《西域番国志》是永乐十三年陈诚回国后送呈明成祖的西使报告。前者为西使的日程记录,后者则是对所历各处山川形势、风俗人情的考察。

《西域行程记》所录时间是永乐十二年正月十三日至当年闰九月初一日,凡二百五十余天;所录行程为肃州卫(今甘肃酒泉)至哈烈(今阿富汗赫拉特),凡一万一千余里。该书按日计程,兼及沿途风物、地貌、气候、住地,甚为详尽。从《行程记》看,明政府使团出肃州,三日后抵达嘉峪关,开始西渡流沙,直趋哈密。然后越火焰山、流沙河,经鲁陈、火州转入丝绸之路中道上的土鲁番。但使团并未沿丝绸之路的中道继续向西南方向前进,而是在土鲁番附近的崖儿城停留十七天后,分南北两路西行。北路由李达率领,因无记录,路线无从推测。南路则走了一条与前人不同的路线。南北路在三月二十四日分手,五月十五日一度在伊犁河畔会合,又分道前进;六月二十九日,在塞蓝城附近的哈卜速再度会合。从《西域行程记》此后再无会合的记录分析,南北路至此合为一路,前往帖木儿帝国。因此,确切地说,《行程记》主要是南路使团的行程记录。

陈诚、李暹随南路使团,他们既没有沿丝绸北道,也没有沿丝绸中道西进,而是在北道、中道之间穿行,绕窟丹纳兀儿湖,跨博脱秃山,径直向西,翻越了天山山脉的阿达打班。四月十七日到达巩乃斯河畔的忒勒哈剌,遇到前来迎接他们的别失八里王马哈木的使臣。南路使团在马哈木王驻地盘桓了十三天,然后越阿力马力山口,渡伊犁河,折向西南,绕过热海(今吉尔吉斯斯坦伊塞克湖)西行,经由养夷、塞蓝、达失干、沙鹿海牙、撒马尔罕,永乐十二年闰九月初一日,抵达这次西使的终点,帖木儿帝国沙哈鲁王庭所在地哈烈。

值得注意的是,《行程记》原本尚有陈诚西使的行程图。上海图书馆藏《豫恕堂丛书·独寤园丛钞》本《西域行程记》书名下有小字标注说:原钞本有图,此未补。

此本为光绪间沈登善编辑拟刊的写样本。可见直至清末,陈诚西使行程图仍存人间,《独寤园丛钞》录文而亡图,《行程记》遂失全貌。《国立北平图书馆善本丛书》第1集据"独寤园稿"影印,也就文存图缺。日本前岛信次和加藤九祚主编的《丝绸之路辞典》"陈诚"条附有堀直先生绘制的《陈诚西使图》,可资参考。

明钞《西域行程记》末尾小字附注云"计在途九匝月,尚在哈烈"。据之可判定《行程记》的成书时间在永乐十二年九月至永乐十三年年初。明政府使团在帖木儿帝国哈烈城居留期间,陈诚、李暹据西行日志整理成编。

与《西域行程记》相比,《西域番国志》对后世的影响要更大一些。当时,此书主要内容即见载于《明太宗实录》。其后明人凡涉西域之书,几乎都曾取资于《西域番国志》,如李贤《明一统志》、何乔远《名山藏》、罗日褧《咸宾录》等。清修《明史·西域传》,亦多采撷。清代以来,更著录于多种丛书。除《豫恕堂丛书·独寤园丛钞》和《国立北平图书馆善本丛书》第1集收录有《西域番国志》外,尚有题名《使西域记》而实为《西域番国志》节本的《学海类编》本和《丛书集成》本。《西域番国志》和《使西域记》均为该书在流传过程中所题,据《竹山文集》载家藏副本题记,是书全名应为《进呈御览西域山川风物记录》,简称为《西域记》。[1] 这与送呈永乐皇帝的记载及该书内容是相符的。

陈诚二使西域回国的时间是永乐十三年十月,其《奉使西域复命疏》中说:

> 顾臣以一片赤心,三寸强舌,驱驰往回,三阅寒暑,踰越险阻,

---

〔1〕见《历官事迹》《奉使西域复命疏》。

凡数万程。周览山川之异,备录风俗之宜,谨撰《西域记》一册,《狮子赋》一册,《行程记》一册,并所与安南辨明地界往复书札汇呈御览,用图王会之盛,允协万邦之和。

《明太宗实录》卷169仅载"诚上《使西域记》,所历凡十七国,风俗物产悉备焉"。以下节录了《使西域记》的大段文字。可见在陈诚送交明廷的几种著作中,明政府更重视这份西域考察报告。

《西域番国志》分地记载,共录西域诸国十八处城镇,计六千余字。目次为哈烈、撒马尔罕、俺都准、八剌黑、沙鹿海牙、塞蓝、达什干、卜花儿、渴石、养夷、别失八里、土尔番、崖儿城、盐泽城、火州、鲁陈、哈密。[1] 依其地理方位,大体是由西向东,与《行程记》恰成逆向排列。亦即说,行程道里取奉使西行的历程,山川风物则以归程次序记录。其中,"哈烈"的内容最详,约占全书一半,三千余字;次则"土尔番",约五百字;"别失八里"约四百字;"撒马尔罕""鲁陈"约三百字;余皆百余字、几十字。这与陈诚此行的主要使命和居留的时间是相符的。

《西域番国志》文字简洁,叙事翔实,虽仅六千余字的篇幅,但却包含着极丰富的内容。一般包括:

(1)该地方位。如记撒马尔罕,"在哈烈之东北,东去陕西行都司肃州卫嘉峪关九千九百余里,西去哈烈二千八百余里"。

(2)山川形势。如记养夷,"城居乱山间,东北有大溪水西流,多荒城遗址,年久堙芜"。

(3)居民。如记卜花儿,"街市繁华,户口万计"。

(4)隶属。如记八剌黑,"哈烈沙哈鲁遣其子守焉"。

(5)历史沿革。如记土尔番,"在唐为伊西庭节度使之地,在汉为车师国王所居"。

(6)得名之由。如记崖儿城,"二水交流,断崖居中,因崖为城,故名崖儿城"。

---

〔1〕《国立北平图书馆善本丛书》第1集本误增"于阗"条目,又将"达什干""卜花儿"置于"哈密"之后,显系明钞脱漏而补书。校注中皆依他本更正。

15

（7）疆域。如记别失八里，"究其故疆，东连哈密，西至撒马尔罕，后为帖木儿驸马所夺，今止界于养夷，西北至脱忽麻，北与瓦剌相接，南至于阗"。

（8）古迹。如记盐泽，"城东有高冢二处，环以林木，周以墙垣。盖国主黑的儿火者夫妻之坟。坟近有小冢，云其平日亲匿之臣从葬也"。

（9）建筑。如"哈烈"条内关于国主宫殿、富家巨室、平民住房、市井街道等多种建筑的描绘。

（10）气候、物产。此类资料特详，几乎每地都有记录。

（11）商品经济、集市贸易、货币、衡器、税收等。如记哈烈地区商品经济高度发展的情况："城市人家少见炊爨，饮食买于店铺，故市肆夜不闭门，终夕烧灯燃烛。……""乡村多立墟市，凡交易处，名巴咱儿，每七日一集，以交易有无，至暮而散。"货币三等，税收十取其二，权衡制度，记载都很具体。

（12）宗教。如记火州："昔日人虽多，僧堂佛寺过半，今皆零落。"而记哈烈、撒马尔罕各地，伊斯兰教已深入到社会生活的各个方面。

（13）语言文字。如记鲁城一带，"方音皆畏兀儿语言文字"。

（14）民俗。《西域番国志》中，民俗学资料尤丰。不同等级的人的服饰、喜好、饮食、婚姻、丧葬、祭祀、节日、游戏等，皆有反映。如哈烈："国主衣窄袖衣及贯头衫，戴小罩刺帽，以白布缠头，妇人亦蒙以素帛，略露双眸。如有丧制，反以青黑布易之。""国俗多侈，衣服喜鲜色，……"

其余还有对当时中亚一带的水磨、风磨、水窖、浴室、历法、学校、职官、矿产等方面的记载，皆细致入微。

不难看出，由于陈诚、李暹等人亲历其事地，事事留心，这份考察报告所涉及的社会生活是极为广泛的。它对 15 世纪中亚社会和文化的研究，有着特别的意义。

《竹山文集》本《西域记》尚载有陈诚归休后补遗的"葱岭"及"蔷薇露之说"二条。前一条内，因土尔番边僻一山"遍地多葱"，"料度此山必葱岭矣"，当系臆猜失误。后一条追记永乐十五年四月初他复至哈烈时,当地蔷薇花盛开,蒸制花露水的情况,可补"哈烈"记载之缺漏。已在校注中补入,以供参考。

1.4

谈到《西域行程记》和《西域番国志》的史料价值,我们首先应该指出的是,堪称姊妹篇的这两部著作,一记行程道里,一叙山川风物,是明代唯一的亲历西域的实况记录,也是永乐时代积极开放的外交政策的产物。仁宣之后,内政紊乱,边事日纷,明代在内忧外患中败落下去。闭关锁国,势在不免,再也不可能出现这样具体翔实的域外记载。不仅明人藉以获得对西域的认识,清以来留心边疆史地和中西交通的文人学者,无不重视这一历史记载。清人唐肇曾说:"举昔人纪注外国之书,惟陈员外《西域行程记》稍为典实。盖其身历,非采撷传闻者可比。"[1]谢国桢先生指出:"世徒知郑和之乘槎南洋,而不知陈诚李达之奉使西域,其功不减于和。"这也充分肯定了《西域行程记》和《西域番国志》"可备研究西域史者之探讨"的价值。[2]

其次,《明史》和《明实录》诸书虽然采撷了陈诚著述的材料,但因经史家芟剪,造成大量资料的缺漏,且有不少讹误。《西域行程记》和《西域番国志》即可补其不足,订其舛误。如哈烈当时的纺织业水平,《明史·西域传》仅云"多育蚕,善为纨绮"。但从《西域番国志》的记载看,哈烈不但丝织业发达,毛纺、棉纺均达到相当水平:

> 多育蚕桑,善为纨绮,轻柔细密,优于中国,但不能如中国壮厚,且不解织罗。其绣成金线,可以回炉。布帛中有名琐伏者,一如纨绮,实以羊毛织成。善织剪绒毛毯,颜色虽久不衰。棉布幅制尤宽,亦有甚细密者。

只有从这些细微的材料中,才可能了解到古丝绸之路上中西文化交流的影响。

---

〔1〕《藏纪概·叙》。

〔2〕《西域行程记·跋》。

伊斯兰教的东传,是中亚文化史上的重大事件,由此对中国也产生过深远影响。到14、15世纪,伊斯兰教在中亚各国及我国新疆地区传播和信仰的程度如何,这在《明史·西域传》中反映甚少。其实,《西域番国志》关于这方面的材料相当丰富。如帖木儿帝国大力提倡和推行伊斯兰教的记录:

> 国中体例,有别色人愿为回回者,云以万钱给之,仍赐衣服鞍马之类。

伊斯兰教教主地位尊崇:

> 有通回回本教经义者,众皆敬之,名曰满剌。坐立列于众人之上,虽国主亦皆尊之。凡有祠祀惟满剌诵经而已。

伊斯兰教的宗教仪式:

> 每月两次,望西礼拜,名纳马思。若人烟辏集,则聚一所。筑大土屋名默息儿,凡礼拜之时,聚土屋下列成班行,其中一人高叫数声,众人随班跪拜。若在道途,随处礼拜。

伊斯兰教已经深入到社会生活的各个方面,饮食、丧葬等习俗,悉从教规:

> 酒禁甚严,犯者以皮鞭决责。故不酿米酒,酝以葡萄。间有私卖者。

> 凡有操履之人,多不饮酒,以其早暮拜天,恐亵渎也。

> ……丧葬俱不用棺,惟以布囊裹尸,置于椁中。

> ……每岁十月并春二月为把斋月,白昼皆不饮食,至日暮方食。周月之后,饮食如初。

> ……人家畜养羊、马、鸡、犬、鹅、鸭,惟不养猪,亦不食其肉,此最忌惮。凡牲畜,非回回宰杀者不食。

如果再辅以火州、土鲁番等地关于僧堂佛寺凋零败落的材料和陈诚说的"诸番风俗,大抵与哈烈相似",[1]我们对伊斯兰教在中亚地区的传播就会有一个清晰的了解。

---

〔1〕杨士奇《东里续集》卷17。

此外,《西域行程记》和《西域番国志》对明代西域史上的一些重大问题可资考核处也不少。例如别失八里王国西迁时间,《明实录》《明史》皆作永乐十六年歪思汗统治时期。[1] 后世史家均以《明实录》《明史》为据。沿袭既久,遂成定论,直到近年来的一些著作,仍采此说。但是,《西域行程记》的材料,却提供了别失八里西迁伊犁河流域的一个新的时间表。

陈诚一行二使西域中兼负联络别失八里的使命,但他们并未去别失八里(今新疆吉尔萨尔附近)。在别失八里附近的崖儿城停留十七天后,得到了王庭西迁的消息:

> [三月]二十四日,晴,明起。由崖儿城南顺水出山峡,向西南行。以马哈木王见居山南,遂分南、北两路行。

使团的南北分路,也是别失八里王马哈木离开故地的原因。这里的时间是永乐十二年。

二十天后,陈诚与南路使团翻越天山山脉,进入伊犁河谷。找到了马哈木王的踪迹:

> [四月]十五日,大雪,午后晴,起,北行,过一山,约行五十余里下山。东西一大川,有河水西流,地名孔葛思。安营住一日。
>
> 十七日,晴。明起,向西行约五十余里,地名忒勒哈剌,近夷人帐房处安营。马哈木王遣人来接,住一日。
>
> 十九日,晴。明起,顺河西下,行五十里,近马哈木王帐房五、七里设站舍处安营,住十三日。

陈诚在这里写了题为《至别失八里国主马哈木帐房》诗二首以记其事。

按使团四月十五日所过之山,似为今新疆天山北脉的阿布拉勒山。孔葛思即今巩乃斯河。据方位、里程推测,别失八里马哈木王居地在今新疆伊犁哈萨克自治州新源县附近。马哈木卒后无子,从子纳黑失只罕嗣位。《明实录》《明史》所谓纳黑失只罕为从弟歪思汗袭杀,

---

[1] 详《明太宗实录》卷197、《明史·西域四·别失八里》。

"徙其国西去,更号亦力把里",只是在伊犁河流域的一次短距离迁徙,并非如历来史家所理解的,由别失八里城迁都于亦力把里(今新疆伊宁市附近)。别失八里王国西迁的时间最晚在永乐十二年年初马哈木统治时期。

此类问题尚多,皆可存佚补阙,订正明代西域史研究中的某些失误。

陈诚是明初我国一位杰出的外交使者,他出使中亚的旅行记录《西域行程记》和《西域番国志》无疑是 15 世纪初中亚地区极有价值的历史资料,今天将它整理出版,是理应受到欢迎的。

关于《西域行程记》和《西域番国志》,《明史·艺文志》著录为二卷,[1]黄虞稷《千顷堂书目》、吴骞《拜经楼藏书题跋记》皆作三卷。[2]所多一卷或为陈诚《狮子赋》,或为《竹山文集》中《与安南辨明丘温地界书》。未见原本,不好妄加遽定。

版本问题。《西域行程记》大体据明钞流布,现存有《豫恕堂丛书·独寤园丛钞》本和《国立北平图书馆善本丛书》本。而《西域番国志》除上述两种本子外,现存又有《竹山文集》本、《学海类编》本和《丛书集成》本。其中,《善本丛书》本所据,"为独寤园稿",实为一种。与《竹山文集》本构成繁本系统,六千余字。《丛书集成》本系据《学海类编》本过录刊刻,是简本系统,仅两千余字。经考,简本系统出自《明太宗实录》卷 169,是陈诚"进呈御览西域山川风物记录"的节选,题为《使西域记》。繁本系统则为陈诚报告的原本抄件。最通行易得也较完整的本子是《国立北平图书馆善本丛书》本。

(中外交通史籍丛刊《西域行程记》《西域番国志》,中华书局,2000 年。)

---

[1]见《明史》卷 97《艺文二·史部地理类》。
[2]见《千顷堂书目》卷 8、《拜经楼藏书题跋记》卷 2。

2 陈诚及其西使记

——文献与研究

明代的中西交通,因郑和七下南洋、开拓海路的盛举,多少使陆路交通显得有些黯然失色。尤其近百年来,中外学者对郑和率领宝船队遍历南洋诸国事迹的关注和研究,高潮迭起,成果斐然,陆路交通往往被掩盖,陆路使节和旅行家亦受冷落。

其实,有明一代,域内域外交通的繁荣活跃,岂止南洋一路。丝绸古道虽曾遭受过辽、金、西夏时代的战乱破坏,但也经历了蒙元大帝国的开拓扩展,以此为契机,迄明初近百年间,仍不减汉唐气象。法国蒙古史学者格鲁塞就认为:蒙古人几乎将亚洲全部联合起来,开辟了洲际的道路。"对于世界的贡献,只有好望角的发现和美洲的发现,才能在这一点上与之比拟。"[1]明代史料在记述仁宣之际的丝绸之路的贡使之盛时说:"往来道路,贡无虚月。"[2]漠北的鞑靼、瓦剌,尽管与明王朝不时处于战争状态,然相互奉使不绝,政治联系和贸易往来始终在曲折地推进。而辽阔的藏族地区,由于蒙古人的征服和经营,不仅纳入中原王朝的直接统治之下,而且也成为通向南亚诸国的一条新的通道。清代的史家在描绘明初中西交通之活跃时说:"洪武中,太祖欲通西域,屡遣使招谕","自成祖以武定天下,欲威制万方,遣使四出招徕。由是西域大小诸国莫不稽颡称臣,献琛恐后。又北穷沙漠,南极滇海,东西抵日出没之处,凡舟车可至者,无所不届。"[3]而"威德遐被,四方宾服,受朝命而入贡者殆三十国。幅陨之广,远迈汉唐,成功骏烈,卓乎

---

〔1〕〔法〕格鲁塞《蒙古帝国史》,商务印书馆,1989 年。
〔2〕《明仁宗实录》卷 5。
〔3〕《明史》卷 332《西域传四》。

．欧·亚·历·史·文·化·文·库·

盛矣。"[1]其中,陈诚西使就是在这"兼汉唐之盛而有之"的15世纪初的一个重大事件。

陈诚西使,有《西域番国志》和《西域行程记》传世,当时,明代朝野为之瞩目,见于公私著录。清修《明史·西域传》,多所采撷。20世纪初,向达、张星烺、谢国桢诸前辈,或采编行纪,或刊印明抄,于二书的流布,厥功甚伟[2] 国外学者,如日本的满井隆行、神田喜一郎、藤田丰八、羽田亨等人,亦有介绍研究[3] 筚路蓝缕之功,不可忽也。近年来,随着中外文化交流的加强,中西交通史研究空前活跃,陈诚西使再次引起学术界的关注,形成新一轮的研究高潮。特别是一些新资料的发现、开掘和利用,极大地开阔了研究者的视野,丰富了研究内容,使这一专题研究向纵深发展,有了新的突破推进。现对本专题的文献流传与研究轨迹做一历史回顾,以见其概。不备不庄,诸唯垂照。

2.1

最早记载与著录陈诚西使及其行纪著述的是明代官方的《明实录》。

永乐十三年(1415)十月,陈诚二使西域回国后,曾将使西域的著作三种,即《西域行程记》《西域番国志》《狮子赋》并洪武三十年(1397)出使安南与安南国王陈日焜辩明中越边界的书信七封"汇呈御览",献给明成祖。明成祖诏付国史馆,作为一朝档案保存起来。至宣德朝纂修《明太宗实录》,史臣于陈诚西使的几种著述中,独取《西域番国志》摘要过录。《明太宗实录》卷169不仅记载了陈诚使团往返行止,且在"诚上《使西域记》,所历凡十七国,风俗物产悉备焉"后,摘录

---

〔1〕《明史》卷7《成祖纪三》。

〔2〕见《禹贡》2卷3、4合刊《西域行程记》《西域番国志》向达前记;张星烺《中西交通史料汇编》,辅仁大学(1930);《北平图书馆善本丛书》第1集《西域行程记》《西域番国志》谢国桢跋。

〔3〕满井隆行《明代陈诚的西使》,载《山下先生还历纪念东洋史论文集》(1918);神田喜一郎《明的陈诚使西域记》,载《东洋学报》16:3(1927);藤田丰八《东西交涉史研究·西域篇》,图书院(1932—1933);羽田亨《西域文明史概论》,弘文堂(1931)。

了《使西域记》(《西域番国志》)的内容。明清以来,传世的《使西域记》的多种版本,即源于此。这个本子,实际上是《西域番国志》的删节本,大约2300字。

明代官修史书,凡事涉四裔者,于西域诸国多参照采录陈诚《使西域记》,如英宗天顺年间(1457—1464)纂修《大明一统志》。"外夷"之亦力把力、撒马儿罕、哈烈诸国,即明确标出资料所据为"陈诚《使西域记》。"[1] 推论其使用的版本,当为《明实录》本。

明代中叶以降,历朝实录的记载渐次流出,为文人学者撰述、考订史事的一大资料来源。尤其当朝典制人物著作,多所采撷。万历年间,秀水沈德符撰述编次《万历野获编》,在"西域记"条下云:[2]

> 中官李达、吏部员外郎陈诚等,使西域还。西域诸国哈烈、撒马儿罕、火州、吐鲁番、失剌思、俺都准等处,各遣使贡文豹、西马、方物。诚上《使西域记》,所历凡十七国,山川、风俗、物产悉备焉。

以下记录了陈诚《使西域记》的内容。经比勘对照,与《明太宗实录》卷169所载同。推而论之,沈氏《万历野获编》录《使西域记》,系《明实录》早期传钞本。

沈氏在"西域记"条后,有"使西域封赏"条,就成祖时胡濙访建文下落于民间、郑和将兵下南洋后的封赏与傅安、陈诚等西域使者做一比较,陈述个人见解。这就是对后世研究带来极大影响以至误导的"沈德符跋",兹全文录下:

> 文皇初平内难,即使给事中胡濙以访仙为名,潜行人间。又遣内臣郑和等将兵航海,使东南诸夷。最后则中使李达、吏部员外郎陈诚使西域,得其风俗程顿纪之以还。正与郑和《星槎胜览》堪互读。但《星槎》板行已久,此则睹之甚少。陈诚以永乐十一年十月返命,偕哈密等国使臣来朝贡,上厚礼之。次年六月遣归,又命诚及中使鲁安赍敕伴送。及诚还朝,仅得转布政使参议以出,后亦不

---

〔1〕见《大明一统志》卷89,天顺五年司礼监原刻本。
〔2〕《万历野获编》卷30,中华书局《元明史料笔记丛刊》本。

显。文皇初,以逊国伏戎为虑,以故轺车四出,几于上穷碧落下黄泉矣。其后胡濙阶此穷极荣宠。而陈诚所得止此,是必有说。先是洪武末年,给事中傅安等使哈烈、撒马儿罕诸国,留十余年,至永乐七年还朝,并带各国贡使至。得西马五百五十四。上仍命安伴送诸使还国,亦无褒赏,仅以工科改礼而已。后安终此官。

今天看来,沈德符读书甚细,揭出了明成祖封赏各处使者厚此薄彼的差异,但管窥蠡测,不过蕞尔一隅,猜测臆断的成分未免多了一些。

除沈德符《万历野获编》专录陈诚《使西域记》外,明人凡涉四裔的历史沿革、山川地理、民族风情、社会生活等类著作,如郑晓的《皇明四裔考》《今言》,茅瑞征的《皇明象胥录》,陈仁锡的《皇明世法录》,严从简的《殊域周咨录》,何乔远的《名山藏》,罗日褧的《咸宾录》等,于西域诸国诸地,多参考采录陈诚的《使西域记》。[1]

清代以降,陈诚《使西域记》先后收入《学海类编》《丛书集成》等丛书,究其所始,皆本于《明实录》。

2.2

明代传世的陈诚《使西域记》系统而完整的本子则是《竹山文集》本。

《竹山文集》初刊于明正统年间。如以王直作序的正统十二年(1447)为结集时间,陈诚仍然健在,时年83岁。显然,《竹山文集》是陈诚赋闲家居之晚年编订的个人文集。资政大夫吏部尚书兼国史总裁王直的序称:

> 西域之国,哈烈差强,其次则撒马儿罕。盖自肃州卫嘉峪山关西行九千余里至撒马儿罕,又二千八百余里乃至哈烈,所经城郭诸国凡十五六。其人物生聚,有可观者盖无几。惟此二国,物产之饶,风俗之豪侈,远近宾旅之所辐辏,大略相似。无旧志可考,不知

---

[1] 见《皇明四裔考》卷2,《今言》卷4,《皇明象胥录》卷6、卷7,《皇明世法录》卷81,《殊域周咨录》卷15,《咸宾录》卷3、卷4。

于汉唐为何国,此夷之所以陋也。我太祖高皇帝受命有天下,四夷君长莫不奉贡,惟西域远国不能自达。仰声名文物之盛而兴其讴歌朝觐之心久矣。

太宗文皇帝入正大统,仁恩义泽靡不沾被,其诸君长则皆稽首南向,曰圣人之德,天也,庶几其抚我乎。上知之,择廷臣之贤者往焉。而陈公子鲁,实当其选。公忠厚乐易,恭己爱人,敬慎之心,老而弥笃。遍历诸国,宣布明天子德意,未尝鄙夷其人,是以其人不问大小贵贱,皆向风慕义,尊事朝廷,奔走送迎,惟恐或后。既而各遣使者来谢恩阙下,贡水土物。公则以其所历山川之险易、人民之多寡、土壤之肥瘠、赀畜之饶乏,与其饮食、衣服、言语、好尚之不同,各录成书上之。盖一举目之间,可以明见万里之外。公之用心,至矣。

予读皇皇者华之诗,而知君之所以遣使与使之所以事君。盖君在上,不得与远人相接也,故遣使以宣己意,达下情。为使者欲副君之意而广其聪明,则咨谋询度,其可以续哉。公之上书,正此意也。孔子所谓不辱君命,是也。

公所上书,诏付之史官,而藏其副于家。后之君子,欲征西域之事,而于此考览焉,其亦亮工之意哉。

正统十二年春三月吉日

由王直序称:"公所上书,诏付之史官,而藏其副于家"观之,《竹山文集》所载《使西域记》是陈诚使西域归国后上呈报告的副本,近7千字,远较传世的《明实录》本、《万历野获编》本字数为多,是为原稿足本无疑。

《竹山文集》所载,尚有同时上呈成祖的《狮子赋》一篇,然记录行程道里之《西域行程记》则付阙如。此中缘由,尚需探讨。

明崇祯年间,《竹山文集》曾经陈诚裔孙重刊,时任翰林修撰的同邑刘同升为其所作的叙云:

余读《陈竹山先生遗集》,掩卷太息:夫人臣衔命出疆,投荒数万里,冒寒暑,历难险,相接异类,身试不测,其易言哉。

国家以声教讫四海,遐荒穷缴,咸共瞻仰。使命过亢,无以昭怀柔之德;过谦,无以肃诸夏之体。先生不激不昂,感以至诚,夷人响风慕义,悉知归往。先生之功,又岂在班仲升下邪?

先生忠义出于天性,较然之志,屹不可夺。当其时思明土官以安南侵疆入奏于朝,太祖睿择其选,遣先生持节往平。

及成祖幸北京,西域哈烈国遣使来朝,先生奉命行报施礼,辙迹遍西域,逾年始达。诸国一十六处,皆西番、畏兀儿、回回、鞑靼各族类。经行二万余里,旌节所临,悉皆箪食壶浆,迎劳唯勤。先生复命,国长沙哈鲁即以其骏马、狮子遣使称贡。先生所过之地,考其山川,著其风俗,稽其物产,观其衣服、饮食、言语、好尚,各录成书,纪之以诗,藏于内府,可为西域考。先生之用心,良苦矣。

先生以名进士历国朝之久,享年九十有三,初授大行,擢翰苑,晋铨郎,累官大参。勋业文章,昭垂宇宙。一使安南,三诣西域,至附近外夷,如撒里畏兀儿、塔滩里等处,先生亲往招抚,屡有成绩。其学术过人远矣。当先生入安南时,国长陈日煋素怀逆志,据其土地。先生毅然弗许,陈示古志,辩论地方,以死争之。与国长往复数书,词意恳切,反覆开谕,申以天威,责以大义,还其所侵,以止争畔之端。临行厚遗金币,先生力却,毫无所私。先生之不死幸尔。假令通书之日,稍稍依违,强夷不归土地,厚集兵力以加思明。国家威令不振,未免外夷观望,又安能必其稽颡来廷骈踵而奉朝贡哉。先生之有功于社稷如此。迨后固请遂初,优游林泉三十余载。先生急流勇退,其视张良、范蠡为何如也。

先生处国朝鼎盛时,元气浑庞,不事华藻。其诗赋质而有体,文章正而有裁,不朽盛业,具诸集中。先生裔孙辈出,皆能世其家,编先生遗集,重梓以行,请余为叙。余为述其大节,俟作史传者采焉。后之君子,于此取法,庶几忠于所使,不辱君命矣。

崇祯十六年七月既望

刘同升叙称"先生裔孙辈出,皆能世其家,编先生遗集,重梓以行",可知《竹山文集》于正统年间初刊近二百年后,在崇祯年间曾由陈诚裔孙重刊行世。此谓之崇祯重刊本。

正统初刻本、崇祯重刊本《竹山文集》，传世已稀。清乾隆年间编修《四库全书》，著录于"集部""别集类存目"[1]，系当时"江西巡抚采进本"。《四库全书》存目而不录文，《竹山文集》的两种明刻本遂不复见于人间矣。

今天我们所能见到的《竹山文集》的版本，均为两种清刻本。一是雍正七年（1729）三刊本，仅藏江西省图书馆；一是"嘉庆己卯重镌""板藏仁厚里"的四刊本，今藏甘肃省图书馆。嘉庆己卯为嘉庆二十四年（1819），三刻、四刻所据，当为明本无疑。集前保留了正统王直序和崇祯刘同升序，并有雍正七年（1729）高乃听序。由两种清刻本中距九十年观之，《竹山文集》三刻本前后迁延了近一个世纪。

高乃听序云：

> 皇华之选，难矣哉。春秋纪聘，录士丐，录宁俞、韩起，三书叔豹如晋，予叔豹也，其书士鲂来聘，美晋也，则不系乎士鲂也。皇华之选，良难矣。

> 至使异域，则更甚。撒马儿罕、畏兀儿、默德那等国，去内地万余里也；锁鲁檀、米尔咱、撒力马力等语，非译莫达也；瀚海、葱岭、铁门关，雪积冰莹，漠漠凝冱，裂肤堕指，而马莫前也。礼度不足以摄群番，则即使节煌煌，惧无以肃观瞻而人狎，而轻吐辞无章，未能启齿颊折服酋长部落。彼古鲁古鲁者，且得肆口舌以相倾。而若毫锥胸次，不善点染组织，将玉河、盐泽、葡萄、马湩遇境，偶适过此，则已忘矣。雅云：耽轵征夫，每怀靡及。际是所怀，何若而靡及者，又宁一端已乎。

> 先生进士起家，官行人，迁玉署，而晋部郎。三使西域，一命安南，跋涉如斯；宣德通贡如斯；侃侃庄语，力判疆域如斯；所至笔载口吟，积卷帙而呈阙下如斯。词令工也，风雅裕也。而其礼度严整，足为远人望者又无论已。果何道而得此哉。博望侯远探河源，

---

[1]见《四库全书总目》卷175。

历几寒暑而忘其瘁,定远威行塞外,削平龟兹、月氏诸国,不须多人。回纥大举入唐,郭汾阳简从诣军中,执药罗手而责其渝盟之。数人忠义满腔,可以冒险,可以威外,可以帖远,而群然效顺,直举知名,勇功烂著,旗常于不朽。则由是以推,仗旄而使异域,不愧皇华选者,均自忠义生也。然而读先生遗编,岂独礼度才辩之所留,足考证而歌咏已耶。愿以名臣嘉范风天下之受知而仕圣朝者也。

雍正七年桂月上浣

雍正七年三刻本与嘉庆己卯四刻本《竹山文集》署:

> 明史官吉水陈诚著
>
> 从曾孙仁和学博汝实编辑
>
> 嗣孙大纬、起泰重梓

由之可断,陈诚在世时刊行的《竹山文集》,系陈诚曾孙陈汝实辑录编次。其收录取舍,必经陈诚寓目首肯。崇祯癸未重刊本、雍正七年三刊本、嘉庆己卯四刊本所据,均为正统年间原刻本,保存了陈诚在世时文集刊印的原貌。

至于陈诚西使的另一重要著述《西域行程记》,陈诚"汇呈御览"后,为《明实录》所忽。体例关系,《明实录》不载,当在情理之中。但《竹山文集》收录《使西域记》而舍去《行程记》,个中缘由,就不好妄加遽断了。明清二代,《西域行程记》未见刊本著录,传世的《西域行程记》仅以明钞流布至 20 世纪初。

2.3

清代乾隆年间编修《四库全书总目》,陈诚《使西域记》(《西域番国志》的删节本)既为《竹山文集》收录列入"别集类存目"[1],又复单独著录于"传记类存目"[2]。所据之本,为编修程晋芳家藏本。四库馆臣为之撰写的提要云:

---

〔1〕《四库全书总目》卷 175。

〔2〕见《四库全书总目》卷 64。

《使西域记》一卷

编修程晋芳家藏本

明陈诚撰

诚,吉水人,洪武甲戌进士。永乐中官吏部员外郎。诚尝副中使李达使西域诸国,所历哈烈、撒马儿罕等,凡十七国。述其山川、风俗、物产,撰成此记。永乐十一年[1]返命,上之。《明史·艺文志》载有《西域行程记》,即此书也。末有秀水沈德符跋。其所载音译,既多讹舛;且所历之地,不过涉嘉峪关外一二千里而止,见闻未广,大都传述失真,不足征信。

这篇颇具权威的"提要"涉及对陈诚《使西域记》的评价,四库馆臣指斥该书的不足有二:(1)"其所载音译,既多讹舛";(2)"且所历之地,不过涉嘉峪关外一二千里而止,见闻未广,大都传述失真,不足征信"。

平心而论,四库馆臣对陈诚《使西域记》的评价是有失公允的。其一,作为明代唯一的一份西域诸国诸地的亲历记录,《使西域记》于译名译语均采用直言直译,音译基本准确。汉译的用词,有旧文可据者,大都沿用旧文,如"撒马儿罕""哈烈""俺得准""沙鹿海牙"等国名、地名。无旧文可据者,则以汉文直译,如"锁鲁檀",系阿拉伯语 Sultan 的对音,亦作"算端""苏丹",意为君主;"米尔咱",系波斯语 meerza 的对音,是对王子的尊称,陈诚解释说,"犹华言舍人也";"刁完",系波斯语 deevan 的对音,朝廷辅臣之意;"撒力马力",系波斯语 Salamalaykum 的变音,平安、健康之意;"撒兰",波斯语 Saktm 的对音,致敬问候之意;"纳马思",波斯语 namaz 的对音,意为礼拜、祈祷。……诸如此类的音译,大多准确,无明显讹误。"既多讹舛"的评语,概因四库馆臣囿于闻见,不通阿拉伯、波斯文字,主观臆断,无知昏聩所致。其二,陈诚受命西使,最远抵达哈烈,即今阿富汗西部的赫拉特城,"且所历之地,不过跋涉嘉峪关外一二千里而止"的指责,既昧于地理、言不符实,哈烈距

---

[1]此"永乐十一年"当为"永乐十三年"之误。

嘉峪关一万二千七百余里,撒马儿罕距嘉峪关九千九百余里,岂止"一二千里"。且于情理有悖。王命所系,陈诚出使西域诸国的地域,朝廷有明确指令,陈诚焉能跑到更远的地方。至于"见闻未广,大都传述失真,不足征信"云云,更是无知之妄语,其误尤甚。陈诚《使西域记》的亲历性、纪实性、唯一性,历来为学界认同,明人著述凡涉"四裔"者,于西域无不以陈诚《使西域记》为根本材料,清修《明史·西域传》,亦多有参考采摭。随着这一专题研究的进一步深入,陈诚《使西域记》内容之权威、翔实、可信,已为更多的研究者所重视,愈来愈显示出其珍贵的学术价值。四库馆臣于是书只做"存目"处理而不录书,又复在提要中妄加贬斥,察秋毫之末而不见舆薪,轻于立言,致大相径庭,实不足为凭。

作为18世纪中国古典目录学的一部学术精品,《四库全书总目》以"剖析条流,斟酌古今,辨章学术,高挹群言"为其纂修宗旨,缘何在《使西域记》提要上发生如此偏差,似可做一考察。

乾隆朝修纂《四库全书》,征召天下硕学鸿儒,一代名士,云集京师,汇聚了当时学术界的一大批精英。如纪昀、戴震、法式善、翁方纲、程晋芳、周永年、邵晋涵、朱筠、王念孙、彭元瑞、姚鼐、赵怀玉、陆锡熊等人,皆为名重一时的朴学大师。伴随《四库全书》编纂而产生的《四库全书总目》,当为中国古代学术渊源流变的一次大总结。但是,我们不能不看到,清代前中期的学术,以传统经学为中心,以复兴汉学为主旨,边疆四裔之学非其所长所专,其学有偏颇缺失之处。渗透于其间的思想观念、学识水平、价值取向显现出很大差异,忽略少数民族文献、轻视边疆四裔之书即为其一大弊端。间或抄缮著录,评骘失当处不一而足。陈诚《使西域记》既不收入全书,仅列存目,而提要又复评述舛误只不过是其中突出的一例。

其次,《四库全书总目》于陈诚《使西域记》的评述舛误,很可能是对版本异同考核未实。

前些年,我曾对陈诚《使西域记》的书名、版本做过考察,刊于《文献》1989年第1期。据考,《使西域记》的版本流传中,有繁本、简本两个系统[1]。繁本系统出自陈诚家藏本,见载于陈诚《竹山文集》,为足本。简本系统则源于《明实录》[2],是陈诚使西域报告的过录节本。

明清二代,较为易得而通行的版本是简本系统,即《明实录》抄录陈诚使西域报告的删节本,最先为明沈德符《万历野获编》刊录[3],后收入《学海类编》、《丛书集成》(初编)两种丛书,均题为《使西域记》。直到清光绪年间,沈登善编纂《豫恕堂丛书》,其《独痦园丛钞》汇钞明代《西域行程记》一卷、《西域番国志》一卷、《北虏事迹》一卷、《西番事迹》一卷,计四种。内《西域番国志》即为陈诚两使报告原件的首次披露。但《豫恕堂丛书》虽然编订而并未刊行,仅有写样本存上海图书馆,世人并不知是书的真实面目。直到谢国桢刊印《国立北平图书馆善本丛书》第 1 辑,收入"据明钞影印"的《西域番国志》《西域行程记》,方使陈诚的两种西域专书呈现于世。

根据陈诚《使西域记》在明清二代版本流传情况,我们判定,乾隆朝纂修《四库全书》,征集到的《使西域记》应属简本系统,是陈诚原书的删节传本。其书名题"使西域记"而不题"西域番国志",亦可证明。

繁本系统的《西域番国志》约 6300 字,简本系统的《使西域记》约 2300 字,文字上相去甚远。经比对研究,简本系统的删削,导致了《使西域记》严重的疏漏和明显的讹误,许多翔实细微的记录,在简本中统统删除了,尤其是关于 15 世纪中亚西域社会生活的大量细部资料,几乎芟剪殆尽,严重影响了《使西域记》的文献价值。据之以评判,难免失误。

综合上述两个因素,《四库全书总目·〈使西域记〉提要》出现偏颇失当,也不是不可理解的。

应当指出,《四库全书》纂修中,搜罗到的并非只是"编修程晋芳家藏本"的简本《使西域记》,尚有刊载足本的《陈竹山文集》。《四库全

---

〔1〕见《〈西域番国志〉版本考略》。

〔2〕见《明太宗实录》卷 69。

〔3〕《万历野获编》卷 30,中华书局《元明史料笔记丛书》本。

书总目》列入"别集类存目"[1]系江西巡抚采进本,其"提要"云:

> 诚有《使西域记》,已著录。是集分内外二篇。内篇二卷,皆其奉使时所撰述,仅文十余首,诗一百二十余首。

但四库馆内分工明确,各有所司,一在"史部",一在"集部"。遂使"史部"馆臣无缘窥见陈书原貌,因以致误。

由于《四库全书》是乾隆朝敕修钦定的一部官书,因此,于《使西域记》的处置及《总目提要》的评价乖误,给后世造成了极大影响。有清一代,《使西域记》罕为流传,几至亡佚,就是明证。直至民国年间,留心四裔边事与中外交涉的学者,方才注意到明代这部唯一的西域亲历记录,搜岩剔薮,多方寻求,始得该书重现于世,成为众多研究者关注的一个热点。而真正意义的研究、评价亦始于此。

2.4

最早注意并着手研究陈诚及其西使记的是日本学者。

20 世纪初,日本的东洋史学摆脱传统汉学的羁绊,开始独立形成阵容强大的中国学研究,他们对中国古史系统重新审视整合,构建全新体系,从而涉及为传统汉学忽略的一系列重大问题,明代中西交通史上的西域使者陈诚及其著述始被提出。1927 年,神田喜一郎在《东洋学报》上刊出《明的陈诚使西域记》的长篇论文,是文爬梳史料,荟萃明人文集、笔记的有关记载,详加考证,以述其是,诚为这一专题研究的开山之作。其创始之功,应予充分评价。1931 年,羽田亨的《西域文明史概论》问世,对明代陈诚所著西使记反映的西域文明给以充分的重视,视陈书为信而有征的史料。1932—1933 年,藤田丰八的《东西交涉史研究》之"南海篇""西域篇"相继刊行,从东西文化交流的大背景下,评价了陈诚的奉使之劳和著述之功。1938 年,又有满井隆行的专题论文《明代陈诚的西使》,载于《山下先生还历纪念东洋史论文集》。这一

---

[1]《四库全书总目》卷175。

系列论著的发表,显现出 20 世纪初日本东洋史学的发展态势和开拓精神。应该承认,对明代丝绸之路及中西文化交流的研究,日本学者已经先行一步了。

几乎与之同时,中国学者对陈诚及其西使记的关注研究也开始起步。其最具影响力的事件和直接的原因,是陈诚《西域行程记》《西域番国志》两种明钞本的新发现。

先是 1930 年,辅仁大学出版张星烺《中西交通史料汇编》6 册,是专题史料的系统辑录与编次,为中西交通史研究奠定了坚实的资料基础,至今仍是治中外关系史的基本参考著作。其明代与中亚、西域的交通史料,即汇录了陈诚著述。

1933 年初,北平图书馆购进天津李氏藏书,内有《独寤园丛钞四种》,系光绪间沈登善写样本。其中两种,即为《西域行程记》《西域番国志》的明钞本。这一新发现当即引起中外关系史专家向达的注意,"因抄一册",着手研究。并在当年的《禹贡》2 卷 3、4 期合刊上,公布了这两种珍贵的明钞本。向达为之做了两项工作:一是校勘点校明钞;二是补抄日本神田喜一郎辑录的文献资料,介绍给中国学界以为进一步研究之助。关于陈诚西使记著录与明钞本发现始末,向达"前记"述之甚明:

> 陈诚《西域行程记》,据《千顷堂书目》及吴兔府《拜经楼藏书题跋记》俱作三卷。而行世之《学海类编》本,且与《明一统志》及《名山藏》诸书所引诚书较,亦形简略,说者疑之。今年北平图书馆收得天津李氏藏书,内有《独寤园丛钞四种》一册,内二种为陈诚、李暹之《西域行程记》与《西域番国志》。所谓《西域番国志》即《学海类编》之陈诚《使西域记》,而详略迥殊。"哈烈"一篇尤甚。以之辜校,不惟《学海类编》本删节之迹显然,即《明一统志》《名山藏》引,亦非原来面目。《西域行程记》一种尤为可宝,乃通行本所绝无。有此而永乐十二年陈诚、李暹奉使西域之程途,可以按图以求矣。原书二卷,正与《明史·艺文志》所记吻合。益以题跋,恰合三卷之数。陈、李原书或即如此。

·欧·亚·历·史·文·化·文·库·

原钞本绿丝阑,版心上有"独瘭园稿",下有"淡泉书屋"四字。二者皆为海宁郑端简公读书之所。郑公曾著《四夷考》,此册或其所抄以供取材之用者也。原本旧藏秀水朱氏潜采堂,今归图书馆。因抄一册,以资参览。题跋及赠诗据《东洋学报》神田喜一郎之《陈诚使西域考证》所引补抄,未及一一查明篇第。又《渊鉴类函》有陈诚"使西域祀天文",亦未检出。《明史》《永乐实录》及诚事当多,当俟异日再为汇录也。

二十二年三月二十七日夜半向达记于旧京寓庐

两种明钞之后,向达补抄了神田喜一郎辑录的该专题文献资料,计有:

(1)重修《吉安府志》(顺治)卷19《列传二·陈诚传》;

(2)《明史·艺文志》"史部·地理类"著录陈诚《西域行程记》2卷;

(3)黄虞稷《千顷堂书目》卷8著录陈诚《西域行程记》3卷;

(4)吴骞《拜经楼藏书题跋记》卷2著录《奉使西域行程记》3卷;

(5)王直《王文端公文集》卷17《西域行程记序》;

(6)周孟简《送陈员外使西域诗并序》;

(7)王洪《送陈员外使西蕃》;

(8)胡滢《送陈员外奉使西域》;

(9)曾棨《送陈郎中重使西域》;

(10)钱干《和曾侍讲送陈郎中重使西域》;

(11)王直《送陈郎中再使西域》;

(12)周恂《送陈郎中重使西域》;

(13)《学海类编》本《使西域记》叙略并跋。

向达《前记》中所涉及问题,将在本书"版本考略"中讨论。但就其转录补抄的神田喜一郎辑录的文献资料观之,博采群书,收集丛残,明人文集、笔记、方志、目录中凡有关陈诚及其西域记的文字,几网罗无遗,足见日本东洋史学者用力之勤、治学之严谨。

陈诚《西域行程记》《西域番国志》两种明钞本的发现和向达的整理刊布,其学术意义是重大的。首先,记录明代陈诚使团西去行程道里的《西域行程记》第一次面世,为陈诚西使路线和明代丝绸之路的走向提供了翔实细微的亲历资料。明代中原与西域的交通路线由晦而明,不再是一片空白。其次,明钞《西域番国志》的发现,于传世同书的《明实录》本、《万历野获编》本、《学海类编》本、《丛书集成》本之外,又出现了一个字数远多于传本的繁本。[1] 尽管当时还无法考究其版本渊源,但无疑是最接近原貌的足本。此不仅可订正传世节本的脱衍、讹误,而且增出西域诸国山川风物民俗的许多新资料,大大丰富了对 15 世纪中亚诸国的认识,推动了研究的深化。第三,由于这两种明钞本的发现,诸卷所无,足征独到,使中国学者对陈诚及其西使记的研究,一开始就比日本学者站在一个更高的新起点上。

1936 年,国立北平图书馆由谢国桢主持刊印《国立北平图书馆善本丛书》第 1 集 10 种,其《西域行程记》《西域番国志》2 种,即据新购进明钞本影印。谢国桢为二书分别作跋,介绍明钞版本及相关问题。兹移录如下:

《西域行程记》跋

右《西域行程记》一卷,明陈诚、李暹(《明史》作李达,详下文)撰。

是书为明钞本,每半叶九行,行十九字,有秀水朱氏潜采堂图书、朱昆田曾观是书大略朱文印。《千顷堂书目》作三卷,盖合《西域番国志》而言也。明成祖以武定天下,欲以威制万方。遣郑和等乘槎南洋,复遣傅安、陈诚、李达远抚西域撒马儿罕、哈烈等国。诚以永乐十二年正月十三日,由陕西肃州卫首途,至是年闰九月十四日经撒马儿罕至哈烈,在途凡九阅月。耳目所及,笔之于书,成《西域行程记》一卷。哈烈在撒马儿罕西南三千里,去嘉峪关万二千余里,山川道里,罗列无遗,其功业亦可谓伟矣。《明史》不为陈诚立传,李暹作中官李达。陈诚、李达事实,仅《明史·西域传四》可略见其行事,兹分别记之于后。

……

如《明史》所言,则陈诚于永乐十二年奉使西域,其事确凿有据,李暹或为李达之误。当时同行者,尚有李贵,而出使西域者,并有傅

---

[1]明钞《西域番国志》约 6300 字,而《使西域记》的《明实录》本、《万历野获编》本、《学海类编》本、《丛书集成》本皆为 2300 余字,文字相去甚远。

安、中官把太及刘帖木儿等人,并皆习于西域风俗者也。世徒知郑和之乘槎南洋,而不知陈诚、李达之奉使西域,其功不减于和。近人张星烺君撰《中西交通史料汇编》,虽引其书,而国人注意者之尚鲜。亟为影印,以公于世,庶可各研治西域史者之探讨。而陈诚、李达之功,庶可大张于世也。安阳谢国桢。

《西域番国志》跋

右《西域番国志》一卷,明陈诚、李暹撰。诚撰有《西域行程记》,复叙次所经哈烈、撒马儿罕等国山川道里,撰为《西域番国志》一卷。书为明钞本,行款与《西域行程记》同。《学海类编》刻有陈诚《使西域记》一卷,实即《西域番国志》,较此本为简。兹录其沈德符跋于是书之后。《明史》称陈诚、李达凡经十七国,悉详其山川、人物、风俗,为《使西域记》,以故中国得考。按《明史》之修西域"撒马儿罕"等传,恐即本于是书。按《明史》所载,多其国事迹,而民物风俗、山川景物,是书反较《明史》为详。尤可补《明史》之未备,俾采风者之取征焉。《明史·西域传》云:"今采故牒,尝奉贡通名天朝者,曰哈三、曰哈烈儿、曰沙的蛮、曰哈的兰、曰扫兰、曰乜克力、曰把力黑、曰俺力麻、曰脱忽麻、曰察力失、曰干失、曰卜哈剌、曰怕剌、曰你沙兀儿、曰克失迷儿、曰帖必里思、曰火坛、曰火占、曰苦先、曰牙昔、曰牙儿干、曰戎、曰白、曰兀伦、曰阿端、曰邪思城、曰舍黑、曰摆音、曰克乩,计二十九部,皆由哈密入嘉峪关。"[1]凡《明史》所述者,盖自永乐以来,西域朝贡诸国,虽未必全由陈诚、李达所抚而来,然绥服向化之风,则由陈诚而起。《明史》所称各部为是书不载者,故备列其目于此,足以见明代武功之盛,不让胡元,此吾华族立国之精神所由自也。安阳谢国桢。

国立北平图书馆明钞《西域行程记》《西域番国志》影印本的刊行,不仅与向达整理本有同样的意义,而且为学界提供了明钞本的本来面目。加之该版本通行易得,对深入研究,大有裨益。此后,凡治西域史地及中西交

---

〔1〕检阅《明史·西域传》,"二十九部"后脱"以疆域褊小,止称地面。与哈尔、哈实哈尔、赛兰、亦力把力、失剌思、沙鹿海牙、阿速、把丹,皆由哈密入嘉峪关。……其不由哈密者,更有乞儿……十一地面,亦尝通贡。"补录于此,备以参考。

通史者,大率依此本为据。

<h2 align="center">2.5</h2>

此后,由于战争及诸多因素,陈诚及其西使记的研究竟沉寂了近半个世纪。直到 20 世纪末,这一研究才重新活跃起来,形成一个研究高潮。其直接推动力是陈诚《竹山文集》的重新发现。

陈诚《竹山文集》曾著录于《四库全书》"别集类存目"[1],也有明刻本两种、清刻本两种刊行。但岁久传湮,已极为罕见,以至一些学者竟以为此书亡佚,不复见于人间矣。

据最新调查,正统本、崇祯本两种明刻《竹山文集》已不存世。国内仅存两种清刻本,一为雍正七年刻本,藏江西省图书馆,后收入《四库全书存目丛书》;一为嘉庆二十四年刻本,分藏甘肃省图书馆、江西省图书馆。

《竹山文集》分内外篇,内篇 2 卷,外篇 2 卷,共 4 卷。另有遗编"前后遗赠杂录",但书口仍刻"外篇卷二"。全书合计 167 页,约 6 万字。内篇为陈诚自著,卷 1 收《奉使西域复命疏》《西域山川风物行程纪录》《与安南辩明丘温地界书》《狮子赋》;卷 2 收《西域往回纪行诗》92 首、《居休诗》46 首、《像赞》《历官事迹》等。外篇皆缙绅大夫题赠诗文,"遗编"收陈诚父的《行状》《墓表》等。

《竹山文集》的重新发现,为陈诚家世、生平、交游、仕历及《使西域记》的版本渊源提供了大量新的资料,陈诚研究中隐晦不清、久悬未决的一系列重大问题,由此获得突破性的进展。

陈诚及其西使研究中,最早提出的是与陈诚同行的李暹的问题。1936年,谢国桢影印明钞时,以为二书署名的李暹乃中官李达之误,造成陈诚西使及版本作者研究上的一大疑点。1983 年,鲁深发表《关于李暹及其西行》[2]一文,根据王鸿绪《明史稿》、焦竑《国朝献征录》及方志资料,澄清了李暹非李达。陈诚西使,李暹实与其事。

---

[1]见《四库全书总目》卷 115。

[2]载兰州大学《西北史地》1983 年第 3 期。

1984 年,田卫疆发表《论陈诚出使西域》[1]。1985 年,薛宗正发表《陈诚及其西域纪行诗文》[2],对陈诚西使所历及其著述做了较为系统的评价,并在明代中西交通的大背景下,高度评价了陈诚西使的历史功绩和重大意义。但由于二文未曾涉猎《竹山文集》的相关资料,也产生了一些臆断失误。如对陈诚晚年"致仕"原因,薛文仍沿明沈德符的说法,以为陈诚后期致仕"是政治失意的结果"。由于朝廷赏赐不公,"于是愤而辞官,以闲居终老了"。进而断言,"他(陈诚)之所以遭到罢斥,似乎还同廷谏忤旨,以及同当时朝廷、内廷内部的党派倾轧有着某种关联"。闻见未广发生这些失误是不难理解的。其次,有关陈诚家世、生平事迹、西使活动等一系列重大问题,并无新的进展。

最先征引《竹山文集》资料以推进该专题研究的是王继光。1984 年,王继光在甘肃省图书馆西北文献部翻检到嘉庆己卯刻本《竹山文集》,发现了大量新资料,据此进行了较为深入的研究。1986 年,王继光在苏州中亚史学术研讨会上提交了他的研究报告《陈诚及〈西域行程记〉、〈西域番国志〉研究》[3]。这篇长达 4 万字的论文,首次系统料理了陈诚的家世、生平及一生的主要业绩,清理探讨了陈诚西使记的传世版本系统、内容、史料价值,并对涉及西域史、中亚史的一些重大问题做了廓清辨析,引起与会学者的兴趣和关注。会议认为此文"以新的观点、新的材料对某些课题进行了深入探索","填补了空白"[4] 此后,王继光又发表了《〈西域番国志〉版本考略》[5]、《〈西域行程记〉与别失八里西迁考辨》[6]等文,对陈诚西使记的版本源流及别失八里王国的西迁时间做了进一步考证。

杨富学亦根据《竹山文集》提供的新材料,对陈诚及其西使记进行了一些研究,陆续刊布了他的研究成果。1986 年,杨富学发表了《关于陈诚及

---

[1]载《喀什师范学院学报》1984 年第 1、2 期合刊。

[2]载《西域史论丛》,第 2 辑,新疆人民出版社,1985 年。

[3]载中华书局《中亚学刊》第 3 辑,1990 年。

[4]见《中国史研究动态》,1986 年第 8 期。

[5]载《文献》1989 年第 1 期。

[6]载《西北民族学院学报》,1989 年第 3 期。

其西行的几个问题》[1]一文,援引《竹山文集》中《历官事迹》《奉使西域复命疏》及有关序跋资料,考证了陈诚的生卒年,陈诚西使的次数、出发地,并对陈诚西使传世的两种著述合署陈诚、李暹提出质疑。第二年,杨富学、曾彩堂合著《陈诚史料的新发现》[2]一文,系统评述了陈诚研究中几次大的史料发现,尤为可贵的是,他们在陈诚的家乡——江西吉水县高坑下陈家实地调查中,获取了陈诚家谱资料,与《竹山文集》所收《历官事迹》印证研究,陈诚生平行止得以可靠确证。此文还公布了《竹山文集》中所不收的若干首陈诚佚诗,可考见陈诚居休后的生活、思想。这一史料新发现对陈诚生平事迹研究,无疑是一大贡献。杨富学关于陈诚研究的论文还有《陈诚〈与安南辩明丘温地界书〉笺释》[3]与《陈诚边塞诗论稿》[4]。

1987 年,宁夏人民出版社《西北史地资料丛书》中出版杨建新等人《古西行记选注》一书,内收《西域行程记》《西域番国志》两种,所据之本为《国立北平图书馆善本丛书》本。这是陈诚西使记的第一个注释本,注文虽简,但对该专题研究,仍不失参考价值。

马曼丽、樊保良合著的《古代开拓家西行足迹》[5]一书的 10 位西行旅行家中,亦有陈诚评传一篇。其生平事迹参照了《竹山文集》的相关资料,评传从中西文化交流与明初积极进取的外交政策诸方面,予陈诚其人其书以高度评价,重点考证了陈诚"西行沿途之史地",但将《西域行程记》中的别失八里王马哈木误认为是瓦剌顺宁王马哈木,乃一明显失误。

1998—1999 年,刘迎胜先后发表《白阿儿忻台及其出使》[6]、《永乐初明与帖木儿帝国的使节往来》[7]二文,涉及陈诚西使事迹,二文的最大优势是揭出利用了同一时代的波斯文史料《盖亦速丁游记》等著作,弥补印证了汉文史料的缺失不足,并在明初亚洲格局的大背景下,清理了永乐时期

〔1〕载《新疆历史研究》,1986 年第 1 期。
〔2〕载《新疆历史研究》,1987 年第 1 期。
〔3〕载《江西社会科学》,1986 年第 4 期。
〔4〕载《兰州学刊》,1985 年第 1 期。
〔5〕陕西人民出版社,1987 年。
〔6〕叶奕良主编《伊朗学在中国论文集》(2),北京大学出版社,1998 年。
〔7〕《庆祝王仲翰教授八十五华诞暨韦远庆教授七十华诞论文集》,黄山书社,1999 年。

明与帖木儿帝国的关系。

最近的研究论文是 2002 年刊于《元史及民族史研究集刊》第 15 辑上的张文德《明朝出使中亚帖木儿王朝的使臣》一文,其第 3 节"陈诚的出使"较为系统地评述了陈诚出使西域的业绩贡献,辨析了一些史料歧异之处,但亦有一些失误。如对陈诚的最后任职,该文订正了晁中辰《明成祖传》、张维华《中国古代对外关系史》中"陈诚升为都转运使"之讹,但却发出"《明史稿·陈诚传》称他累官右通政,不知其依据"的疑问,进而推测"或许与曾任通政的李暹混淆"。其实,陈诚晚年曾以"光禄寺右通政"重新起用,事据谈迁《国榷》,王鸿绪《明史稿·陈诚传》即以此为据。

此外,陈诚西使的专题论文还有文颖的《陈诚诗中的西域各城》[1],宗兰君的《陈诚与〈西域行程记〉》[2],李江的《陈诚出使西域事迹考》[3]、《陈诚与〈陈竹山先生文集〉》[4],马骏骐的《陈诚和〈西域行程记〉》[5],段海蓉的《谈陈诚的西域纪行诗》[6]和《再论陈诚的西域纪行诗》[7],王继光的《陈诚及其西使记:文献与研究》[8]、《陈诚西使及洪永之间明与帖木儿帝国的关系》[9]、《陈诚家世生平考述》[10]、《陈诚家世生平续考》[11]、《〈西域番国志〉与〈明史·西域传〉》[12]。于此均做了有益的探研和深化考察。

陈诚及其西使记研究的最新成果是中华书局校注本的问世。陈诚《西域行程记》《西域番国志》系统完整的本子是中华书局"中外交通史籍丛刊"的校注本[13]。此书依《国立北平图书馆善本丛书》本为底本,由周连

---

〔1〕载《新疆历史研究》,1987 年第 2 期。

〔2〕载《丝路》,1986 年第 1 期。

〔3〕载《江西社会科学》,1996 年第 12 期。

〔4〕载《江西师范大学学报》,1997 年第 1 期。

〔5〕载《贵州社会科学》,2000 年第 5 期。

〔6〕载《新疆大学学报》,1996 年第 2 期。

〔7〕载《西域研究》,1996 年第 3 期。

〔8〕载《暨南史学》第 2 辑,暨南大学出版社,2003 年。

〔9〕载《西域研究》,2004 年第 1 期。

〔10〕载《西域研究》,2005 年第 1 期。

〔11〕载《西域研究》,2006 年第 1 期。

〔12〕载《西北民族大学学报》,2006 年第 1 期。

〔13〕中华书局,1997 年 7 月第 1 版。

宽校注,于1985年完成。但中华书局谢方在1986年的苏州会议上获知《竹山文集》发现的消息后,即约请王继光携《竹山文集》复印本赴京补充校正,并由王继光撰写《关于陈诚西使及其〈西域行程记〉、〈西域番国志〉》作为"代前言"刊于书前。这个校注本广集众本,又以新发现的《竹山文集》本补充校正,应该说是一个系统完整的最佳版本。尤具参考研究价值的是本书附录分4个专题[1],辑录了大量相关资料,可为进一步研究之助。

1997年,齐鲁书社《四库全书存目丛书》刊行《竹山文集》雍正七年(1729)刻本,张文德据之作《周连宽先生校注本〈西域行程记〉〈西域番国志〉拾遗》[2],订正了清嘉庆刻本《竹山文集》的一些疏误。

2006年10月,中华书局"欧亚历史文化研究丛书"出版张文德《明朝与帖木儿王朝关系史研究》一书,其中大量篇幅涉及陈诚西使及其西使记著述,对其前期研究成果又做了增补完善。如对陈诚晚年重新起用任职,根据《明英宗实录》卷274的材料,认同陈诚的最后任职是通政司右通政,管光禄等事。但对陈诚赋闲20余年后以92岁高龄任职仍持审慎态度,进而推断,"从官品看,此陈诚与天顺元年的陈诚是否是同一人还是值得怀疑的"。其实,以《明英宗实录》《国榷》的材料与《陈氏家谱》的记载比对互证,陈诚晚年的起用任职及卒年完全是可以认定的。

大约与国内新一轮研究高潮同时,甚至更早一些,西方一些汉学家对陈诚西使及明与中亚地区的关系也产生了强烈的兴趣,予以关注。其中,比较有代表性的人物是美国学者莫里斯·罗萨比。1970年,莫里斯·罗萨比出版了他的专著《明代中国与哈密和中亚的关系:1404—1513年》[3],涵盖的时代是永乐至正德朝。1975年,又出版了《1368年迄今的中国和中亚》[4],对明朝及以后与中亚各国各地的双边、多边关系进行了系统料理和研究。1976年,莫里斯·罗萨比又以《明代到亚洲腹地的两位使者》为

---

〔1〕该书附录的4个专题资料为:1.陈诚撰稿关诗文;2.陈诚李暹传略;3.有关序跋、书录资料;4.西行送行诗文。

〔2〕《西域研究》,2004年第3期。

〔3〕安阿伯,1970年。

〔4〕纽约,1975年。〔美〕《通报》,1976年。

题[1],专文评价了陈诚出使西域的事迹。1983年,他又将陈诚的《西域番国志》译成英文,刊登在美国的《明史研究》上[2] 这是陈诚西域著述的第一个英译本,对推进西方学者对陈诚西使及明代西域史研究有重要意义。美国学者研究陈诚的专题论文还有菲里西亚·海科的《一位15世纪的中国使节在哈烈》[3]。

1998年,俄国学者潘克洛多娃又将《西域番国志》译为俄文,并加注释刊布。2006年年底,哈萨克斯坦东方学研究所巴哈提·依加汉博士来华访问,又知巴哈提博士已将《西域番国志》译为哈萨克文,并根据中外文史料,做了注释研究。这样,陈诚的西使记已有了英文、俄文、哈萨克文3种外文译本,使陈诚及其西使记的研究更具国际性的意义。

2.6

综观陈诚及其西使记的研究,自20世纪30年代中外学者启其开端,经近一个世纪几代学人的搜采耕耘,已取得了长足进展,概而言之,表现在以下几个方面。

2.6.1 认识理念的进步

清人对陈诚及其西使记的认识受传统理学的禁锢,囿于当时的学术氛围,一直沉陷于无知境地,其集中表现是清代"汉学家大本营"的四库馆对陈诚西使记及《竹山文集》的不屑一顾,不仅只列于存目,且提要多昏聩讥讽之言。但自神田喜一郎、满井隆行、向达、谢国桢、张星烺诸前辈以来,学界已逐渐认识到陈诚西使是15世纪中西交通史上的一大盛事,堪称姊妹篇的《西域行程记》《西域番国志》,一记行程道里,一叙山川风物,是明代唯一亲历西域的实况记录,是明代洪永时代积极开放的外交政策的产物。正是这一认识理念的飞跃,引发了学者们的强烈兴趣和广泛关注,形成专题研究的态势,从而使之步步深入。

---

〔1〕汉译文见《中国史研究动态》,1982年第2期。
〔2〕《陈诚的〈西域番国志〉英译文》,载美《明史研究》,1984年第17期。
〔3〕《皇家亚洲学会会刊》,1993年。

2.6.2 陈诚生平事迹研究取得重大突破

清修《明史》，不为陈诚立传。其生平事迹仅见于王鸿绪《明史稿》[1]及江西的几种方志[2]。大多辗转相抄，失于简略。且内容主要述其使西域史实，至于陈诚的家世、仕履、生平等等一系列重大问题，扑朔迷离，一向不得其详，猜测臆断，亦复不少。但经学者们爬梳搜求，索隐钩沉，重新发现陈诚《竹山文集》、陈诚家谱资料后，陈诚的祖籍、家世、生卒、登科、仕宦、交游、谪戍北平良乡、予修《永乐大典》、一使安南、三使西域、家居赋闲、晚年起用等等生平活动，均一一浮现出来，由知之甚少到基本理清，取得了重大突破。

2.6.3 廓清了陈诚西使记的版本系统

陈诚传世的使西域著作两种，一是记行程道里的《西域行程记》，一是叙山川风物的《西域番国志》。前书向以明钞流传，版本无歧异；后书则有繁本（6000 余字）、简本（2000 余字）两个系统[3]。经比勘研究，繁本系统源自陈诚家藏本，即《竹山文集》本。简本系统则出自《明实录》，是陈诚使西域报告的节抄本。最具学术价值的应是《竹山文集》本，不仅保存了陈诚使西域报告的原貌，且有陈诚赋闲家居后的补遗及大量陈诚生平交游史料。《西域番国志》版本系统的整理廓清，不仅在目录学、校勘学、版本学上有其价值，而且为中亚史、西域史的研究，提供了更为翔实的史料和可靠的依据。

2.6.4 陈诚西使记的文献价值得以充分发掘利用

与汉唐丝绸之路研究相比，明代陆上丝绸之路研究一直呈沉寂态势。这一方面是因为海路交通兴起，陆路交通的地位、作用日渐下降，远不如前。另一方面，资料的缺略也是一个因素。陈诚《西域行程记》按日计程，是明代中西交通的亲历记录，也是明代仅见的丝绸之路行纪，填补了明代

---

［1］《明史稿·列传二十三》。

［2］主要有《江西通志》（康熙、雍正、乾隆、光绪），《吉安府志》（万历、顺治、康熙、乾隆、道光），《庐陵县志》（康熙、乾隆、道光）等。

［3］繁本系统有：《国立北平图书馆善本丛书》本；《豫恕堂丛书》本；《竹山文集》本。简本系统有：《明实录》本、《万历野获编》本、《学海类编》本、《丛书集成》本。

丝绸之路记载的空白,具有很高的史料价值。而《西域番国志》于西域诸国山川风物的描绘记载,涉及当时西域各地社会生活的各个层面,蕴含着极丰富的社会内容,陈诚西使所历西域诸国诸地的方位、疆域、山川、形势、居民、隶属、沿革、古迹、建筑、气候、物产、贸易、货币、税收、衡器、宗教、语言、文字、民俗等等,都有详细记载。尤其对中亚帖木儿帝国的记载,其细致、翔实是同时代其他著作所不能替代的。多年来,学界正是凭借陈诚西使记的亲历记录,推进了若干专题的研究和探讨,其文献价值还在不断认识之中。学术研究前疏后密,势所必然,陈诚西使记文献价值的进一步发掘利用,还有待时日。

2.6.5　加深了对明初积极开放外交政策的反思和再认识

明代的外交政策,立国之初的洪永之际,是积极开放的,颇有点承蒙元之余绪的势头,显示出一个新生政权的勃勃生机。削平群雄、混一海内的朱元璋,是踌躇满志的,急于向世界宣告大明新王朝的创立,缔造出一个"四夷宾服、万方来朝"的万世基业;"靖难"上台的朱棣,总有挥之不去的"建文"情结,不惜四方遣使,"耀兵异域",树立大明天子的恩德权威,稳固其"正统"地位。虽然出自不同的政治目的与心态,表现在外交政策上都有积极开放的姿态。是故四处遣使,联络不绝,造成明初半个世纪开放外交政策的格局。这种积极开放、睦邻友好的对外政策,无疑加强了与亚非各国的经济文化交流。但从实质上讲,这一外交政策的基石,既非骑马游牧民族的征伐进取精神,也非近代西方商人扩大海外贸易市场的经济意识,而是"四夷众卑而承一尊"的狂妄、偏执帝王心态。明太祖立国时就讲,"海外蛮夷之国,有为患于中国者,不可不讨;不为中国患者,不可辄自兴兵"[1]。以后,又在《皇明祖训》中谆谆告诫后世子孙:"四方诸夷,皆限山隔海,僻在一隅,得其地不足以供给,得其民不足以使令","吾恐后世子孙,倚中国富强,贪一时之战功,无故兴兵,杀伤人命,切记不可"[2]。列朝鲜、日本、安南等为"不征之国"。成熟的外交方略背后,透出的是封建大国中

---

[1]《明太祖实录》卷68。
[2]《皇明祖训·箴戒》。

44

心论调。至于从侄子建义手中夺取了皇位的明成祖,总是心怀疑虑,始终为建文"逃遁"所困扰,遣使四方,几于上穷碧落下黄泉。出于高度强化中央集权的政治意图,明太祖、成祖父子两代的外交与民族政策深深地打上了封建专制主义的印记,是他们国内政策的延续。其一是纳经济贸易于政治轨道,以"朝贡"形成官方垄断,"禁约下人私通外夷""禁频海民私通海外诸国",[1]严禁民间交流及经济往来,形成有明一代"惟不通商,而止通贡"[2]的怪圈;其二,满足于四夷宾服、万方来朝的愚昧虚骄,违反贸易的等价交换原则,"宁厚无薄"[3],厚赐来贡,以至"外夷""内番"频频"违例朝贡",造成政府经济上的沉重负担。

法国东方学家阿里·玛札海里在其名著《丝绸之路——中国波斯文化交流史》[4]中,在充分肯定明初中西交通活跃的同时,曾经敏锐地指出:

> 外国人同样也只能以使节的身份进入中国,或者至少是以某一使节侍从的身份入境。因此,对于我们来说,这是一个很重要的问题,任何人都不能以普通商旅的身份越过中国的"关卡"。我们也可以说,他必须自我化装成某位使节的仆从。我们自己则觉得这种做法很奇怪,因为我们的理想是财产和人员能自由地穿越边界,我们也希望在或迟或早的未来能取消所有的关卡。根据我们现在的思想来看,中国当时的限制是不公正的和侵犯人权的。

其实,还在这一国策推行的当时,就有人提出过尖锐的批评。永乐二十二年(1424)十二月,永乐皇帝去世不久,负责接待这些"贡使"的礼科给事中黄骥就曾上言新皇帝,对这一国策之愚之弊持强烈批判态度。他说:

> 西域使客,多是贾胡,假进贡之名,藉有司之力,以营其私。其中又有贫无依者,往往投为从人,或贷他人马来贡。既名贡使,得给驿传,所贡之物,劳人远至。自甘肃抵京师,每驿所给酒、食、刍豆,费之不少;比至京师,又给赏及予物值,其获利数倍。以此胡人慕利,往来

---

[2]《续文献通考》卷 53。
[3]《明太宗实录》卷 62。
[4]耿升汉译本,中华书局,1993 年。

道路,贡无虚月。缘路军民,递送一里,不下三四十人。俟候于官,累月经时,妨废农务,莫斯为甚。比其使回,悉以所得贸易货物以归。缘路有司,出车载运,多者至百余辆。男丁不足,役多女妇。所至之处,势如风火。叱辱驿官,鞭挞民夫。官民以为朝廷方招怀远人,无敢与较。其为骚扰,不可胜言。……〔1〕

历史是一面镜子,映照或折射出的图像是五光十色、千奇百怪的。明初积极开放的外交政策及为其子孙后世奠定的祖宗成法,透视出封建专制主义的种种弊端,其对历史发展的负面影响是不容忽视的。这从陈诚西使的使命中可以得到明证。

（原刊《暨南史学》第5辑,暨南大学出版社,2003年。）

---

〔1〕《明仁宗实录》卷5。

3 《陈诚及其西使记研究》跋

右《陈诚及其西使记研究》8卷,构画动笔于2005年8月,脱稿于是年12月。其间,西北民族大学开始教育部本科教学评估的前期准备工作,启动"迎评促建"工程,进入高校最繁忙的一段日子,教学之余,收拾零简,索隐钩沉,全力为之。因有前些年的研究基础,总算缀集成帙。《题记》云:"属稿仓促,取材未充。拾遗补阙,期以他日。"绝非套话,而是实情。

越年春节前后,边录排边校改,颇为辛劳,时时觉有不尽如人意之处。紧要的几个地方又感资料匮乏,凿枘难通。交稿限期在即,不好拖延,亦顾不得雕作,空留若许遗憾。

《陈诚及其西使记研究》即将付梓,藉此做点简要的学术行述,姑以为跋。

3.1

我的为学,其实是很晚的。

光绪年间新疆设置行省,我的曾祖简派出关,做过二任地方官,遂因家于伊犁将军府麾下之惠远城(今属新疆伊犁州霍城县)。迄北洋、民国间,新疆迭经战乱,家族兴亡盛衰,不可一一尽述。

"伊犁事变"和平解决的第二年(1946),我在战乱与动荡中降生。

6岁上学时,举家由新疆回关内原籍——甘肃临洮。也就是唐人笔下"北斗七星高,哥舒夜带刀,至今窥牧马,不敢过临洮"的那个地方。直到现在,临洮县城还矗立着高达数丈的《哥舒翰纪功碑》。据说,碑文系天宝八年那位风流天子玄宗李隆基为其爱将哥舒翰亲笔御书,历千年风雨,已漫漶不清。然古意盎然,启后人发怀古之幽情。

上小学的几年,我家由"书香门第"的小康之家坠入困顿,老是在搬家、转学。待到进中学,便卷入政治运动频仍的"火热年代"。"总路线""人民公社""大跃进",高举"三面红旗"折腾了几年,终致"三年自然灾害"。学校奉上峰指示,"劳逸结合",只上半天课。我时断时续地读了些"古文辞""历史年表""方程式"等等,便考入兰州大学历史学系。

大学的书斋生活,只平静了一年多的时间,不久便开始"城乡社会主义教育运动"。大三第一学期,我们68届大学生陆续编入社教工作团,分赴"社教前线",访贫问苦、扎根串联,去整"走资本主义道路的当权派"。那段时间,社教工作团严格执行"同吃、同住、同劳动"的纪律,倒也真正地体验了中国农民的生活。1966年"文化大革命"爆发,"社教前线"的大学生们联合行动,回校闹"革命"。我则在半参与半逍遥状态下,混完了剩下的几年大学生涯。1968年本科毕业时分配到新疆,去新疆军区骑兵二团(7996部队)接受"再教育",已几乎将那点可怜的专业知识丢得精光。

在部队接受"再教育",一是军事编制,我所在的连队百十号人,来自全国十多个城市的二十几所大专院校,以连、排、班分编,连、排、班长均由现役军人担任;二是农闲军训,农忙垦荒种地,颇类古代的"军屯"。我们垦荒种地的那片茫茫戈壁,介于奇台与吉木萨尔之间,是唐代北庭大都护府所在地,遗迹早已荡然无存。后来胡诌的打油诗中曾写道:"篝火烧玉米,闲话说北庭。不闻羌笛声,何处是归程。"那时确很迷惘,不知下一程到哪里去。果然,再分配至新疆伊宁市教中学,校工宣队长郑重其事地谈话说:"文化大革命搞到今天,学校办不办还是问题"。真正地让我们感到读书的悲哀。

1978年重回兰州大学读研究生,已过而立之年。虽有志读书,但为生活所困,面临诸多俗事,须一一打理。加之闲散多年,积习疏懒,一时难改。不暇伏案专精,亦徒涉猎而已。心务考证而不能邃密,此常引以为憾也。

3.2

余之治学,年齿已长,回想起来,得之师友浸渐之助为多。

最早做的专题"《金史》成书问题",是围炉杯盏之际,受师兄马明达启迪,考究元好问《壬辰杂编》、刘祁《归潜志》与《金史》的关系。之所以然,是想找出元修三史"《金史》独善"的原因。致书求教,辽金史专家张博泉教授曾予指点迷津。

随之,转入"毕沅与《续资治通鉴》研究"学位论文的资料收集与撰写。先读了梁启超先生、钱穆先生的二部《中国近三百年学术史》,略知清学门径。次则泛览毕秋帆洋洋大观的《灵严山人集》及其人才幕府汇刻的《经训堂丛书》,与毕秋帆交游深切的钱竹汀、洪北江、孙渊如、邵二云、章实斋、汪容甫、王兰泉诸贤文集,皆一一披览。章实斋《为毕制军与钱辛楣宫詹论〈续资治通鉴〉书》中云"凡宋元以来事迹之散逸者,网罗搜绍,贯穿丛残,虽久典、封圻、簿领、余闻,编摩弗缀",给人留下资料广博细密的深刻印象。后成《〈续资治通鉴〉成书初探》,收入江苏古籍的《全国研究生毕业论文选》。其间,除导师张孟伦教授悉心指点外,谢国桢、傅振伦、史树青、马雍、陈高华、赵俪生诸先生皆承其教益良多。后来做一些专题,亦得到王尧、陈庆英、蔡鸿生、姜伯勤、朱雷、林悟殊诸先生的指教启迪。

3.3

1982年研究生毕业,分发福建,因故滞留,最终到了西北民族大学(当时还称西北民族学院)任教。因民族院校教学科研的性质,逐渐倾向侧重于民族史研究领域。承担的第一个国家项目便是"甘青土司研究"。

历明清而至民国年间"改土归流",甘肃青海地区的一批土司家族封土司民,世袭罔替,雄踞一方,于西北的社会以深刻影响。但明代《土官底簿》《明史土司传》不录甘青地区,造成中国土司制度研究中的一大空白和很大困惑。近世陇上学者张维鸿汀先生编撰《甘肃通志稿》,立《土司志》以叙其事。然长于辑录、短于考索,只是土司家族谱系传承的初步料理,隐讳不清的问题尚多。

我大致从三方面入手,以推进深化这一专题研究:

首先,实地调研,发掘新资料。

多次访问考察土司地区,寻求这些土司家族的文物、文字遗存。得见甘肃临洮赵土司铁券,访获青海民和李土司,甘肃永登鲁土司,青海西宁祁土司、辛土司等家族谱 6 种,碑志 7、8 种。多为前贤未曾寓目。

其二,辨析真伪,考察史实。

所见资料的可靠性及隐现史实均一一考究,先后刊出《明会川伯赵安铁券跋》[1]、《跋李南哥墓志》[2]、《〈明史·鲁鉴传〉笺证》[3]、《安多藏区土司家族谱探研》[4]等多篇论文,首次披露了一批前人未曾涉及的稀见史料,揭出这些谱系、碑志的攀缘附会及蕴藏史实,事关重大处,莫不搜剔考证,此梁任公所谓"专门以外的东西,尽可以有许多不知;专门以内的东西,非知到透彻周备不可"。澄清了不少疑案,廓清了研究障碍。

其三,辨章学术,考镜源流。

在前述工作基础上,诠释解读甘青土司制之谜。发现明代《土官底簿》《明史土司传》不录甘青地区的真正原因,乃朱元璋在"西番诸卫"(安多藏区)创设的"土流参设制"。这一行政体制的创意,有其深刻的民族宗教背景。在保持中央政府对安多藏区直接控制的前提下,"土流参设""以流管土"。既因地制宜,安抚了当地的民族、宗教上层,又坚决地建立起中央集权的统治秩序。这一过渡体制,上承蒙元治藏之余绪,下启清代整合强化控制藏区之先河,确有其高明之处。故在《试论甘青土司制的形成及历史背景》[5]、《安多藏区僧职土司初探》[6]等文中,备陈研究收获。

个人以为,诠释解读"甘青土司制"的成功,是"辨章学术,考镜源流"的一个实践。舍此,则无以发现,难以为继。

3.4

由于甘青土司区地处三大藏区之一的安多藏区,也就是国际藏学家常

---

〔1〕《西北史地》1984 年第 3 期。

〔2〕《青海社会科学》1994 年第 3 期。

〔3〕《兰州大学学报》1984 年第 4 期。

〔4〕《西北民族研究》1988 年第 2 期。

〔5〕《社会科学》1985 年第 4 期。《西北民族研究》1994 年第 1 期。

〔6〕《西北民族研究》1994 年第 1 期。

说的东藏方言区。甘青上司研究不可回避地涉及安多藏区的历史变迁和元、明、清几代的治藏方略。随着专题的进展深化,元、明、清以来日渐强化的安多藏区行政管理体制,政治、经济、文化诸方面的全方位举措,逐渐显现出来。甘青土司研究已不能浅尝辄止了,于是,不能不转入安多藏区史的研究。

首先是安多藏区的形成时间。不少学者囿于后起的地域概念,喜欢做"古已有之"的历史追述,进而去做一本"全史"。其实这是认识上的一大误区。青海出了一本《安多藏区史略》即如是说。

安多藏区,绝非"古已有之"。试想,秦汉间,这里是"羌人"活动区。汉武帝建"河西四郡"以隔绝羌胡;东汉以名将出任"护羌校尉",频繁对羌用兵。至西晋"永嘉之乱",东北亚鲜卑族拓跋部吐谷浑辗转迁徙入据青海,立国达3个世纪,这里何尝有藏人的影子。公元7世纪,松赞干布统一吐蕃各部,青藏高原崛起了一个吐蕃王国。面对雄踞中原的唐王朝,南部受喜马拉雅山阻断,"北上东进"一直是吐蕃王国的军事战略中心。而强盛一时的唐帝国,在解决突厥问题、稳定北部边防之后,不得不把防御的重点转向吐蕃,先后建河西节度使、陇右节度使统率关陇精锐以堵防吐蕃势力北上。文成公主、金城公主的"下嫁"入藏虽被传颂为汉藏友好的佳话,其实是不得已而为之的政治联姻。唐、蕃和战无常,胶着在河西、陇右一线。

"安史之乱"的爆发,"惊破霓裳羽衣曲",也打破了唐王朝的防御部署。唐玄宗急调陇右节度使哥舒翰率关陇铁骑"入靖国难",移防潼关,吐蕃防御体系现出一个长长的缺口。吐蕃则趁机扩张,长驱直入,河西、陇右"尽没吐蕃",甚至一度攻占唐帝国首都长安。从敦煌吐蕃文书可以看出,吐蕃在今甘青地区长达一个世纪的占领,推行"吐蕃化"政策甚见成效,吐蕃的"部落制"移植到甘青地区,安多藏区略见端倪。至张议潮归义军起义,举瓜、沙十三州之地归唐,又复将吐蕃统治势力驱出河西,将其压缩在今青海、甘肃南部、四川西北之地。因之,安多藏区的形成实始于中唐"安史之乱",军事殖民性质的"吐蕃化"政策导致了境内民族融合重组,形成日后的安多藏区。此为宋代角厮罗割据安多政权的基础。

蒙元时代的空前统一,不仅将西藏纳入中央版图,而且对安多藏区的统治体系进行了新的整合。蒙古人承认了安多藏区存在的现实,但以吐蕃宣慰司名义将其置于中央宣政院统辖之下,成为汉藏、蒙藏交流的一大桥梁。最突出的例子便是阔端、萨迦班智达的凉州会晤,帝师八思巴建"香根"(行宫)于临洮。中央政府直接统辖安多藏区的格局基本形成。

明承元制,在安多藏区创设"西番诸卫",分隶于陕西行都司、四川行都司之下,实则是对元朝治藏格局的继承和发展,军政设置上的"土流参设"为其显著特点。

至清雍正年间,平定罗卜藏丹津之乱,于安多藏区分置郡县,确立盟旗,安多藏区的独立地位事实上已经消失,抚番厅的设立,表明了清王朝华夷一统的强大决心。民国年间,甘、宁、青三省分治,安多藏区行政区遂划分在四川、甘肃、青海三省。究其所始,还是元明模式。清修《明史》,于《西域传》立《西番诸卫》,实为中国第一部安多藏区史。《明史·西番诸卫传》的解读诠释,应是安多藏区史研究的一个起点。安多藏区史研究,元明二代是一个关键时期。

基于上述认识,我先清理了明初与安多藏区关系深切的几个人物事迹,如《侯显事辑》[1]、《许允德事辑》[2]等,进而辑录汇钞了有明一代中央政府派遣入藏的使者事迹,姓名可考者凡百余人次,陆续刊于《西藏研究》[3]等杂志,以见当日汉藏交聘的一个侧面。而系统的探讨则始于《明代的河州卫——<明史·西番诸卫传>研究之一》,大致显现了我对明代安多藏区史研究的一个趋向和构架。2006年,《中国藏学》刊出我《十八世纪中国第一部安多藏区史》,是对《明史西番诸卫传》的全新解读诠释。希望在不久的将来,能完成这一研究专题。

安多藏区的部族,也是我关注的一个重点。曾汇辑出见载于明代史料的藏族部落共645族。以活动区域析分为7卷,分隶于明代"西番诸卫",见载于《西北民族研究》[4]。其部族名录,应陈庆英先生之约,作为附录之

〔1〕《兰州大学学报》1987年第2期。
〔2〕《甘肃民族研究》1987年第1期。
〔3〕见《西藏研究》1984年第1-2期。
〔4〕《西北民族研究》1986年第1期。

三"明代藏族部落",编入他主编的《中国藏族部落》[1]一书。

3.5

方志编修与研究,是我前些年耗时最久、用力最勤的一项工作。说来也很偶然,地处黄河九曲上游的青海黄南藏族自治州首府同仁县,曾经国家民委确定为西北民族学院的对口扶贫县。1991 年县长盖新杰来院求援,希望民院协助他们纂修《同仁县志》,院长阎思圣当即指定历史学系承担,组织实施便落到时任系主任的我头上。

当年寒假,去同仁签了协议,春节后,带毕业班去同仁实习,一是盘查州、县二级档案,二是做了一些专题社会调查,修志的前期准备工作正式启动。

确立纲目,厘正凡例,费去不少时日。但接下来的工作日见甚难。

首先是资料的匮乏。同仁秦汉时为羌人根据地,魏晋间领属于吐谷浑国,中唐后没于吐蕃,是安多藏区的腹心地带,曾为角厮罗崛起之地。元代由吐蕃宣慰司统辖,明代由"西番诸卫"的河州卫领属,但仅"羁縻"而已。清代雍正年间,曾于其北设循化抚番厅管理,也不过限于"岁贡"马匹。当地则形成以隆务寺为中心的政教合一统治体制。民国十八年(1929),甘、宁、青三省分治,始有同仁县建置。县府与统辖当地各藏族部落的隆务昂锁府并存,这一行政格局一直持续到藏区民主改革前。今创修《同仁县志》,既无旧志可依,又无资料蒐藏,州县档案仅限于新中国成立后的几十年间。古史资料几于空白,网罗放失,亦不过星星点点,断线缺档是大量的。其次,修志班底不如意。县府虽有县志办公室之设,但不能承担任何实质性工作。正像县志办主任说的:他的职责是照顾好教授生活,沟通联络。原说"协助",现今反客为主,一切由我来运作编写。偌大一部县志,全压在我一人之身。

事已至此,只有勉力为之了。

---

〔1〕中国藏学出版社,1991 年。

此后,五阅寒暑,十赴同仁,除完成正常教学工作外,其余时间都耗在这部县志上了。艰辛备尝,不一而足。终于在 1997 年,刊印出 120 万字的《同仁县志稿》,交省州县三级审稿会审定。

其间,曾作《<陇右方志录>补正》,于近世陇上学者张维的《陇右方志录》订正存佚著录之失误者 19 种,补遗缺漏失载者 103 种,是正著录失考误题者 5 种,计 127 种。并从顾亭林《天下郡国利病书》中辑出青海地区最早的一部地志《西宁卫志》(万历),列入青海民族古籍整理项目,由青海人民出版社出版。这些,也算是纂修《同仁县志》时的一些副产品吧。

3.6

多年来,也作过一些"票友"文章。如与马明达教授合写的《杨增新督新的伊斯兰教政策》[1],与郑炳林教授合作的《敦煌汉文吐蕃史料综述》[2],与耿昇教授合作的《关于法国传教士古伯察西藏之行的汉文史料》[3],与续建宜教授合作的《国外藏医学研究概览》[4],与才让教授合作的系列书目提要《藏文史籍叙录》等,皆以"互补"而作,谋求某些研究领域新的突破,填补研究空白。至少,为学界提供某些专题的新材料、新信息、新思路。

至于《中国少数民族文献与中国历史文献学的学科体系》[5]、《中国少数民族文献概要》[6]、《"中国历史文选学"刍议》[7]、《总集初探》[8]等等,则表达了与文献学界不太脱节的意向。尤其是明确提出种类繁多、蕴藏丰富的少数民族文献是中国历史文献的重要组成部分。中国历史文献学的学科体系,应增入少数民族历史文献的内容,重新构建,力求完善,以体现

〔1〕载《伊斯兰教在中国》,宁夏人民出版社,1982 年。

〔2〕《中国藏学》,1994 年第 3 期。

〔3〕《西藏研究》,1991 年第 1 期。

〔4〕《中国史研究动态》,1988 年第 5 期。

〔5〕《中国西部民族文化史研究》,民族出版社,2003 年。

〔6〕《中国西部民族文化史研究》,民族出版社,2003 年。

〔7〕《中国历史文献教学研究》,北京师范大学出版社,1989 年。

〔8〕《西北民族学院学报》,1990 年第 3 期。

中华文明多元一体的格局。系统的中国历史文献学,应是中国各民族文化的结晶。这一构想,已分别在与张大可教授、与谢玉杰教授合作主编的两本《中国历史文献学》[1]中得以实践。

<h1 style="text-align:center">3.7</h1>

我多年的读书治学,基本是文献路子,尤其注重新资料的发掘和利用。"陈诚及其西使记"专题研究的起步,即源于此。

大约是在 1985 年年底,师弟汤开健约我一起参加次年召开的中国中亚文化研究会的苏州会议。为准备会议论文,我泡了一段时间的甘肃省图书馆西北文献部,极为偶然地翻检到明代西域使者陈诚的《陈竹山先生文集》。遍查明清以来的书目著录,断定此书或为海内孤本,前人少有寓目。细心披览,发现不少新的资料,据之撰写了《陈诚及其〈西域行程记〉、〈西域番国志〉研究》一文,提交给 1986 年 5 月召开的中国中亚文化协会苏州会议。后收入中华书局《中亚学刊》第 3 辑。

《竹山文集》的发现及其文献价值的初步料理,引起与会学者的兴趣和关注。中华书局谢方先生当即决定调出已纳入"中外交通史籍丛刊"准备出版的《西域番国志》《西域行程记》周连宽校注本,由我用《竹山文集》本复校。1986 年年底,复校在北京完成。并从《竹山文集》中选辑了有关陈诚事迹的部分诗文补入校注本附录。谢方先生嘱我写了《关于陈诚西使及其〈西域行程记〉、〈西域番国志〉》作为"代前言"刊于书前。这就是中华书局 1991 年出版的"中外交通史籍丛刊"陈诚西使记二种的本子。

中华书局谢方先生予古籍整理的严谨、求实、细密,给我留下深刻印象。其间,陈高华先生、陈得芝先生、邱树森先生、陈佳荣先生、周伟洲先生、陈国灿先生及荣新江、余太山、耿昇、马明达、汤开健、谢玉杰、刘迎胜、华涛、万明、沈卫荣、王颋、张云、杨铭、杨富学、宋岘、吴倬、苗普生、田卫疆、刘国防、吴玉贵、王熹、宋晓梅诸学兄予我以多方面的帮助鼓励。

---

〔1〕陕西人民教育出版社,1991 年版;民族出版社,1999 年修订版。

　　嗣后,关于陈诚及其西使记,也写过几篇文章,大致是那篇论文的深化延续和拓展。试图"竭泽而渔",做一个"见底"的专题。

　　虽然有前些年的研究基础,但要写一本"小题大做"之书,仍觉困难重重,友人耿昇就曾告诫我"不易"。诚然,陈诚西使是 15 世纪中外交通史上的一个重要事件,堪称姊妹篇的《西域行程记》《西域番国志》,一记行程道里,一叙山川风物,是明永乐时代积极开放外交政策的产物,虽经中外学者近一个世纪的潜心研究,但其中隐匿不清的问题尚多。现行史料,远未达到驱散乌云现庐山真面的程度,加之杂事烦冗,时断时续,泽古之功未深,识见有限,紧要处,常觉窒碍难通。"兼收并蓄,以成其博"的话是不错的,然实行起来,并非易事。

　　既然是一个专题,就先从文献与研究状况梳理。陈诚及其西使记,当时为朝野瞩目,《明实录》专记其事,明人文集中有不少迎送诗文。但随着洪宣以后外交政策由开放到封闭的转型,因无关宏旨,渐成陈迹,《竹山文集》二种明刻本的湮灭无传,即是证据。清修四库,为康乾盛世的一个大举措,汉学家大本营的四库馆,对"江西巡抚采进本""编修程晋芳家藏本"的陈诚文集、西使记不屑一顾,仅列入存目类。明刻本陈诚的文集及其西使记,几不复见于人间矣。幸运的是,雍正和嘉庆年间,陈诚裔孙二次重刊《竹山文集》,留下明初这位西域使者文集的三刻本和四刻本,但传世极罕。甘肃省图书馆藏嘉庆己卯重镌的这本《竹山文集》,已是稀世之珍了。

　　19 世纪末,古老东方的思想界、学术界受西方思潮的冲击,引发了一场深刻变革,以中国的传统汉学、日本的东洋史学为代表的东方学术,面临着严峻的挑战和艰难的抉择。尤其世纪之交东方文献考古的一系列重大发现,以其全新的面貌、丰富的内涵震撼了世界,欧美诸国迅速崛起以东方文化为主要研究对象的"国际东方学",日渐形成中亚学、蒙古学、藏学、突厥学、满 – 通古斯学、西夏学、伊斯兰学、甲骨学、简牍学、敦煌 – 吐鲁番学、东西文化交流等诸多新型学科的研究态势。"子曰""诗云"的传统汉学已陈旧落伍,难以为继。一批有识之士和学术精英,顺应时代潮流,摆脱传统汉学的羁绊,冲决校勘、训诂、注疏藩篱,与"国际东方学"接轨,东方学术又呈现出新的发展生机。

正是在这一学术转变时,名不见经传的陈诚及其不入著述之林的西使记才开始受到学术界的关注。日本学者神田喜一郎、满井隆行、藤田丰八、羽田亨等,中国学者向达、张星烺、谢国桢诸前辈先后开拓这一新领域,或刊印明钞,发掘史料,或采编行纪,展开研究,于陈诚西使事迹探讨和《西域行程记》《西域番国志》的流播,筚路蓝缕,厥功甚伟。这些初期成果的发表刊行,使学术界逐渐认识到陈诚西使是 15 世纪中西交通史上的一大盛事,传世的《西域行程记》《西域番国志》是明人唯一亲历西域的实况记录,是洪永之际积极开放的外交政策的产物,其文献价值不可低估。而这一认识理念的飞跃,引发了中外学者的强烈兴趣和广泛关注,形成专题研究的态势,从而使之步步深入。《西域番国志》《西域行程记》英译本、俄译本、哈萨克译本先后问世,则表明国际学术界对此的关注和重视。

最近的 20 年间,随着中国改革开放的步伐,中外文化交流呈现了前所未有的大好局面。陈诚及其西使记的研究也出现了新一轮的研究高潮。有的学者从明代的对外政策和西域经略的大背景下,论证陈诚及其西使记的历史功绩和文献价值。有的学者则探颐索隐,提要钩玄,考察这一课题研究中的疑点难点。学术研究前疏后密,理所必然,进展是显而易见的。

但平心而论,在《陈竹山先生文集》及江西吉安《陈氏家谱》未发现前,陈诚及其西使记的研究,多年来徘徊停滞,并无大的突破。管窥蠡测,妄加臆断处亦复不少。

基于这一认识和研究评估,《陈诚及其西使记研究》一书对该专题研究做了第一次系统料理和全面总结,其主要内容为:

卷 1　文献与研究

陈诚及其西使记研究,有主体文献,亦有辅助文献。既题为“研究”,首先是对主体文献的梳理。聚焦于陈诚及其西使记,从文献流传与研究概况做一历史回顾和现状评估,予本专题研究以准确的学术定位。此为本书立论之根本。

卷 2　家世

陈诚《明史》无传,其家世不详于《明史稿》及江西多种方志,本卷公布了陈诚父陈同的二种碑传资料,陈诚家世得以可靠确证。

卷3 生平

陈诚的生平,现存的若干传记资料只能知其大略。但据《竹山文集》所载宣德八年陈诚手书《历官事迹》及《陈氏家谱》所述陈诚传记,陈诚的生卒、仕历活动,大致清晰,准确无误。为此,参照印证相关史料,做了一份简略的《陈诚年表》。

最值得注意的是建文新政至靖难之役永乐上台前后,明朝政局风云突变,朝野震动,首先波及的便是当时的官僚集团。陈诚虽非权力中枢成员,但却经历了他一生最为大起大落、崎岖坎坷的一段岁月。此为陈诚生平中极其隐秘而扑朔迷离之处,鲜为人知,一向不得其详。

建文即位不久,陈诚突然由正七品的翰林检讨越五级擢升从四品的广东布政司左参议,《历官事迹》言之凿凿,毋庸置疑。然其内幕,当事人讳莫如深,真相隐藏于云山雾障之中。这大概就是太史公当日感叹的"此事甚密,外人不知"吧。

解读现存文献,陈诚擢升之谜还是可以找到一些蛛丝马迹的。最关键的人物便是建文新政谋主的方孝孺。方孝孺在明初人称"读书种子",声望显赫,深得建文帝倚重,言听计从。陈诚为方孝孺门生,颇得青睐。在建文新政中飞黄腾达,不是没有根基缘由的。显然,陈诚受此殊荣,必得方孝孺援引,已成为建文新政官僚班底成员,由无足轻重的正七品翰林检讨而擢升从四品的广东布政司左参议,而成一方行政大员。

然而,短命的建文新政不只使明初的一场改革夭折,也给陈诚的政治生涯几乎以灭顶的厄运。靖难之变后,受"方孝孺事件"株连,陈诚以微不足道的罪名罢官,先被留京审查,后发配至北平兴州(再迁良乡)屯田,几乎断送了他的仕途。真是"成也萧何,败也萧何"。直到永乐统治稳定后,陈诚方被重新起用,有了他出使西域的伟大业绩。这一史实的稽考钩沉,无疑是陈诚生平研究的一个突破。

卷4 奉使安南

陈诚入仕后官行人司行人,他的第一次外交活动是出使安南,谈判解决广西思明五县的领土归属问题。他与安南国王陈日焜辩明思明府五县归属问题的往复书信保存在其《竹山文集》中,实为洪武三十年中越领土交涉的原始文件。本卷予以披露,以见当时中越外交活动的内幕真相。同时,揭出这次交涉的结果与明政府最高当局的决策处置。

洪武朝中越关系潜藏的危机最终导致了永乐时代对安南的大规模用兵。

卷5　预修《永乐大典》

永乐四年,陈诚奉命赴内府文渊阁预修《永乐大典》,历时5年,这是他生平中的一件大事。然诸书失载,仅见于《竹山文集》所收个人《历官事迹》及《陈氏家谱》。且为《永乐大典》的成书时间、装订册数提供了新的说法。本文于此不做深究,仅揭出聊备一说而已。

我最关注的问题是,陈诚在永乐元年流放北平二年后,缘何很快被重新起用。永乐三年"冬十一月十六日,除授吏部验封清吏司主事",虽则是降三级起复,但一步又进入到政府核心的人事部门。

从大局看,永乐皇帝的统治逐渐稳定,平反昭雪一些冤假错案,借以收揽人心,消弭朝野间的不平之气,当为情理之事。但具体到陈诚其人,他与壬午殉难诸臣,如方孝孺、练子宁等人的关系过于深切而受牵连,系重点清查惩治对象,流放二年后即被起复任用,是必有说。

考究永乐皇帝即位后的文官班底,探索陈诚的生平交游,发现三件趣事:

其一,永乐首建内阁,七人入值文渊阁,"朝夕左右","时言之宫中",深为永乐亲信倚重。其中五人为江西籍官员,解缙、胡广为吉水人,杨士奇为泰和人,金幼孜为临江人,胡俨为南昌人,几乎是清一色的"江西内阁"。

其二,陈诚与首任内阁的"江西帮"大都有洪武、建文朝的同寅经历,兼之乡谊关系,私交非一般可比。七人内阁中非江西籍的杨荣(福建建安人)、黄淮(浙江永嘉人)与陈诚皆有文字之交。

其三,永乐朝官僚集团中的"江西帮"不止内阁五人,举凡政府各要害部门,皆有"江西帮"存在。事无大小,"江西帮"都取共同行动。《竹山文集》中反映出,陈诚回乡省亲、出使西域,"江西帮"皆"各为诗以赠之",勾连得很紧。

上述三点发现,予陈诚流放二年后很快起复,有至关重要的作用。"朝内有人好做官",有这么一批"江西帮"奥援,陈诚的起复任用,也就不足为奇了。日后,出使西域与这批"江西帮"的举荐亦不无关系。

卷6　五使西域

出使西域是陈诚青史留名的主要业绩,但遗留问题不少,如出使的次数、起止时间、主要使命等等,以往的研究诸说纷纭,多囿于见闻而不得其真。《竹山文集》陈诚自述资料的发现,使我们有可能还原这段历史,故作"五使西域"以系统料理。可以认为,陈诚西使的主要活动,已清晰地勾勒出来了。

陈诚西使的主要目的地是哈烈、撒马尔罕等地,皆为当年帖木儿帝国的统治中心。作为明王朝使节,西使活动及著述,涉及15世纪初亚洲最强大的两个帝国,即东亚的明帝国及中西亚的帖木儿帝国之间的关系,向为中外学者关注,成为中外关系史研究中的一大热点。本卷综合中外学者研究成果,以述其概。

陈诚西使,恰逢将两国关系推向战争边缘的跛子帖木儿去世不久,继任的沙哈鲁汗奉行与明帝国和平共处友好往来的转型期,因之,陈诚等明政府使团的主要使命是弥合、调整、修好双边关系,实现由敌对向和平的转变,进而建立两国和平共处关系框架,发展正常并日益扩大的政治、经济、文化交流。陈诚西使的意义正在于此。而其成功,正体现了明帝国与帖木儿帝国双边关系正常化的良好开端。

此为本卷论证的第二个重点。

卷7　关于《西域行程记》

《西域行程记》是陈诚第二次出使西域行程的实况记录,起于明长城西端的嘉峪关,止于帖木儿帝国统治中心哈烈(今阿富汗赫拉特),所历时日、行程道里十分清楚。中华书局"中外交通史籍丛刊"本注释甚详,可供研究采撷。此书的意义在于:它是明代丝绸之路汉文典籍的唯一行程记录,与汉唐丝绸之路对比研究,定会发现历代丝绸之路的路线异同。

本卷揭出的新发现在:

(1)《西域行程记》《西域番国志》的整理成书在永乐十二年九月至永乐十三年年初。故能在使团回国后即呈送永乐皇帝。

（2）传世的《西域行程记》图文并存，图为陈诚西使行程路线图。光绪年间，沈登善编纂《豫恕堂丛书》时，弃图而录文，《西域行程记》遂失原貌。

（3）李达、陈诚使团在吐鲁番附近的崖儿城居留后，分南北两路西行，《西域行程记》为南路使团的行程记录。

（4）别失八里王国西迁伊犁河流域，更国号为亦里八里，是15世纪西域史上的重大事件。以往的研究皆沿《明实录》记载之误，将西迁时间系于永乐十六年（1418）歪思汗统治时期。今据《西域行程记》记载，订正了别失八里王国西迁的时间在永乐十三年（1415）前马哈木王时期。因其亲历，可为定论矣。

（5）分析了《明实录》关于别失八里西迁时间的错误之由。并从《拉失德史》上找到这一结论的有力佐证。

卷8 关于《西域番国志》

《西域番国志》文字简洁，内容丰富，有关帖木儿帝国哈烈、撒马尔罕诸地的记载尤其翔实生动，历来深受治西域史地学者的重视。举凡西域诸国诸地的方位、疆域、山川形势、居民、隶属、历史沿革、古迹、建筑、气候、物产、贸易、货币、衡器、税收、宗教、语言、文字、民俗等等，记录皆细致入微，且诸卷所无，足征独到。因其文献价值的唯一性，弥足珍贵。

本卷主要是文献比勘，究其原委，较其异同：

（1）廓清了《西域番国志》繁本、简本两个系统的版本源流；

（2）以繁本系统的祖本《竹山文集》本与简本系统的祖本《明实录》本比勘对读，揭示了简本《西域番国志》刊削资料造成的疏漏失误；

（3）以繁本系统的《竹山文集》本与《善本丛书》本比勘对读，揭出两个版本在书名、作者、目次、内容上的异同；

（4）透析《西域番国志》的内容，予《西域番国志》的研究价值及缺漏不足以准确的学术评价；

（5）透析《明史·西域传》采摭《西域番国志》的版本系统及资料范围。

上述8卷，大致框架涵盖了陈诚及其西使记研究中的基本问题。

3.8

1928年，俞平伯《燕知草》自序打头便引了一句老话："浮生若梦，为欢几何?"身处那风雨如磐的黑暗年代,人皆不免迷惘彷徨。伯老自问:"不说是梦又说什么呢?"如今年已花甲,细细想去,委实是不错的。

拂去岁月的灰尘,追挽已逝的流光,世事沧桑,浮生若梦,常有亦梦亦真而一事无成之感。

我的青少年时代,在动荡不定中虚度。而立之年,始从问学,方觉了无根基。天性率真,又喜热闹,常为诸多俗事所困,不能专一。耐不得寂寞,治学便大大打了折扣。畏友余太山推尚学界"以学术为生命"者,谓我辈不能,调侃我只是个文人,不过未必"堕落""落魄"而已。

治学蹊径,不必尽同。余心仪而向往之学颇多,间或涉及,往往有始无终,半途而废。譬如敦煌学,也曾涉猎,二十年前曾作的敦煌学专题是《敦煌唐写本〈六韬〉残卷校释》[1],比勘宋代《武经七书》后传本,距离甚大,方信清儒"古籍窜乱实多"之言。其后,校释整理晚唐刘邺之《甘棠集》,荣新江曾寄海外专题研究资料相助。但也就此打住了。又如来华西方传教士问题,亦曾关注过,然无能力使用西方史料,只是根据 1982 年甘肃武威新出土的意大利方济各会传教士《麦神父碑记》,探讨了天主教在西北传播的一些问题,也就打住了。毕竟,根基功力不到,年齿日长,时间精力又无大的投入,勉强做去,于事无补,徒露浅薄。但治学有年,从信者乃清儒的目录之学,重在实证。从"辨章学术,考镜源流"入手,凡做一专题,皆沿流溯源,穷其首尾,鸠集传记,广增异闻。力求脱去前人畦径,别开生面,不作虚妄无谓之言。若干专题的推进创新,皆赖于此。

3.9

前不久,诗人画家汪玉良先生手绘《墨竹图》以赠,题款用的是清人吴历的题画诗。其云:"山中酒熟,独酌成醉,信笔挥洒,遂成苍翠,甚娱乐也。"汪先生独选此诗以赠,间有深意焉。

清代学者赵翼(瓯北)的《读史》诗曾说:"一编青史几千秋,都入灯前

---

〔1〕《敦煌学辑刊》第 3 辑,1984 年。

大白浮。"大白,即大酒杯。余曾大杯饮酒以著文,传为奇谈,汪先生题款即指此。作为乾嘉时代颇负盛名的瓯北先生,毕一生之功,遍览廿四史,以本证法考史,而论尤长。同时代的另一位大学者钱大昕(竹汀)为其《廿二史札记》作序称誉"持论斟酌时势,不蹈袭前人",其原创性和开拓性是毋庸置疑的。娴熟廿四史的赵翼,显然对历代兴亡有了极深的感悟和理性思维,所以在《读史》诗中发出"历历古今成局在,兴衰不尽系人谋"的叹息,表现出一种认知上的无奈,但也是对历史客观性的认同。这与欧阳修发出的"呜呼,盛衰之理,虽曰天命,岂非人事哉"[1]恰成反向命题。看来,欧阳修的历史观更多了一些积极进取精神。汪先生题款的那位吴历,原以为不过是清代的一位诗人、画家,2003 年年底去澳门开会,从金国平、吴志良博士的论文中方知吴历曾受洗皈依天主教,随耶稣会士柏应理长期滞留澳门,显然还是个很活跃的宗教人士。

文人画自可"信笔挥洒,遂成苍翠"。那是大家风范,意匠经营。史家论著则不然,断不敢信笔挥洒。前辈告诫"下笔必慎",力求者无一事无依据,无一字无出处,实事求是,信而有征。间或推论,必以理揆之。故史家须识力超拔而作法精密,非逐一根寻其出处,不易知其用功之勤,亦无由知其致误之由。此其难也。然非如此,不能成其为学问。陈援庵先生当年就说过:"成名难由徼倖,史学家尤难。"即此之谓也。

很久以来,就想对个人治学做一点回顾总结,今藉《陈诚及其西使记研究》后跋写下以上的话,也算了却一桩心愿,一个交代。

(《陈诚及其西使记研究》,中华书局,2014 年 8 月。)

---

[1]《新五代史·伶官传序》。

·欧·亚·历·史·文·化·文·库·

4 《陈竹山文集》点校本前言

《陈竹山先生文集》4卷,明陈诚撰。

4.1

陈诚,字子鲁,又字朴斋,号竹山,江西吉水(今江西吉安)人,明初的外交家,著名的西域使者。生于元至正二十五年(1365),卒于明英宗天顺二年(1458),享年93岁。

陈诚祖籍为江西临川(今江西抚州市),五世祖仕宋为吉水县(今江西吉水县)主簿,遂因家焉。父陈同,字玉章。

明代江西有"文献甲天下"之名,宋元以降,讲学之风盛,吉水所在的庐陵(吉安府)又号称"文献之邦",士以经术贡者盛于他处。陈氏世代业儒,陈诚父陈同虽一度外出经商,但致富后立返梓里,买田筑室,延师命友,诸子各令读书。陈诚幼受庭训,笃于问学。洪武十八年(1385),陈诚受业于石门梁先生,专攻小戴《礼记》。梁先生者,元明之际的江南大儒梁寅,字孟敬,时以经术闻名,人称"梁五经",又称石门先生,传见《明史》卷282《儒林传》。

陈诚的科举之途颇为顺达。洪武二十六年(1393)应江西癸酉乡试,以礼记中第十二名。洪武二十七年(1394)甲戌科礼部会试,陈诚中八十六名。及殿试,以六十三名赐同进士出身,旋即选入行人司充行人。

明代行人司始设于洪武十三年(1380),"职专捧节奉使之事。凡颁行诏敕、册封宗室、抚谕诸番、征聘贤才以及赏赐、慰问、赈济、军旅、祭祀,咸叙差矣。"[1]陈诚入行人司正值洪武二十七年(1394),明太祖"定设行人司官四十员,咸以进士为之"[2],后增至三百六十员。明人陆容说:"盖国初诸司官不差出,凡有事率差行人。"[3]皇权高度强化,规定行人司官"非奉旨,不得擅遣。行人之职始重。"[4]是故陈诚之任行人,品秩只是正八品,但职司所系却是典出王命。

陈诚任职行人司的时间是洪武二十七年(1394)至洪武三十年(1397),即陈诚30岁至33岁,其间,他奉命去过北平、西川、浙江、福建、山东、安徽凤阳、西北撒里畏兀儿等地,最引人注目的,则是洪武二十九年年底,与同仁吕让出使安南。

洪武二十九年(1396),明政府接到广西思明府土官知府黄广成的报告,反映安南趁元末动乱之际,侵夺思明府五县之地。明太祖予以高度关注,随即派行人司行人陈诚、吕让率团出使安南,交涉领土归属问题。

洪武三十年(1397)二月,陈诚、吕让使团抵达安南,即与安南政府交涉归还思明府五县之地,但议论往复,久而不决,谈判未取得任何实质性进展。陈诚直接致书安南国王陈日焜,摭引前代典志,晓以利益大义,希冀从安南最高层得以解决。但未获成功。陈诚回国后不久,就以其杰出表现升除翰林院检讨。

建文新政的第三年,即1401年,陈诚忽然从正七品的翰林检讨擢升为从四品的广东布政司左参议,是为越五级的一次超常提拔。次年二月,即去广东上任。

"靖难之变"后,陈诚以"内官奉使船只在广东遇风,三司官不曾封赌"获罪,于永乐元年(1403)被发配至北平兴州(后迁良乡)屯田。

两年后,即永乐三年(1405)十一月,陈诚被赦免回京,任吏部验封清吏司主事,正六品。旋即赴内府文渊阁纂修《永乐大典》,直至永乐九年(1411),大典书成,才回到吏部,升吏部验封清吏司员外郎,从五品。时年

〔1〕《明史》卷74《职官志》。
〔2〕《明史》卷74《职官志》。
〔3〕《菽园杂记》卷6。
〔4〕《明史》卷74《职官志》。

48 岁。从永乐十一年(1413)至永乐二十二年(1424),即陈诚 49 岁至 60 岁的十二年间,陈诚作为专职的西域使者,屡使西域,官职由吏部验封司郎中(正五品)而至广东布政司右参议(正四品)、广东布政司右参政(从三品),但并未去广东任所,而是长住京城,在吏部关支,随时听候派遣。

明仁宗洪熙元年(1425),陈诚 61 岁记名放回原籍。明宣宗宣德三年(1428)陈诚正式致仕,时年 64 岁。

明英宗正统十二年(1447),陈诚 83 岁时刊行个人文集《陈竹山文集》。

明英宗天顺元年(1457),陈诚以 92 岁高龄获重新起用,任光禄寺右通政。次年卒于任,享年 93 岁。其生平行止,见后附的《陈诚年表》。

4.2

《竹山文集》分内外篇,内篇 2 卷,外篇 2 卷,共 4 卷。另有遗编"前后遗赠杂录",但书口仍刻"外篇卷二"。全书合计 167 叶,每面 9 行,每行 20 字,约 6 万余字。内篇为陈诚自著,卷 1 收《奉使西域复命疏》《西域山川风物行程纪录》《与安南辩明丘温地界书》《狮子赋》;卷 2 收《西域往回纪行诗》92 首,《居休诗》46 首、《像赞》、《历官事迹》等。外篇皆缙绅大夫题赠诗文,"遗编"收陈诚父陈同的《行状》《墓表》等。

《竹山文集》具有很高的文献价值,它为陈诚家世、生平、交游、仕历及《使西域记》的版本渊源提供了大量的新资料,陈诚及其西使记研究中隐晦不清、久悬不决的一系列重大问题,由此得以廓清,获得突破性进展。前述陈诚五使西域的真实确认,即为一例。细心披览,其价值当不止此。

首先,陈诚的家世生平事迹获得可靠确证与详尽披露。

清修《明史》,不为陈诚立传。其生平事迹仅见于王鸿绪《明史稿》[1]及江西的几种方志[2]。大多辗转相抄,失于简略。且内容主要述其使西域史实,至于陈诚的家世、仕履、生平等等一系列重大问题,扑朔迷离,一向

---

[1]《明史稿·列传二十三》。

[2]主要有《江西通志》(康熙、雍正、光绪)、《吉安府志》(万历、顺治、光绪)、《庐陵县志》(康熙、乾隆、道光)等。

不得其详,猜测臆断,亦复不少。但陈诚《竹山文集》中,陈诚的祖籍、家世、生卒、登科、仕宦、交游、谪戍北平良乡、予修《永乐大典》、一使安南、五使西域、家居赋闲、晚年起用等等生平活动业绩,均一一浮现出来,由知之甚少到基本理清。

《陈竹山文集》遗编收录了胡诚《明处士赠从仕郎翰林检讨陈公行状》、练安《明处士赠从仕郎翰林检讨陈公墓表》,皆为陈诚父陈同的传记资料,当出陈诚口述,为可靠的信实史料,由之知陈诚祖籍为江西临川,五世祖仕宋为吉水主簿,遂因家焉。其可考世系为:

予成——季文——仕可——同——威 诚 戒 咸 我 武

《陈竹山文集》卷 2 收录有陈诚手书的《历官事迹》,是宣德八年(1433),即陈诚致仕的第 5 年撰写的个人履历表,或者说是一份简明自传,陈诚时年 69 岁。陈诚的本意虽是"将历官略节事迹逐一开记,以示后之子孙俾知",但却为后世留下了个人生平行止的第一手史料。一生经历基本清晰,准确无误,澄清了以往研究中的诸多臆断失误。

陈诚的一生并非一帆风顺。

最值得注意的是建文新政至靖难之役永乐上台前后,明朝政局风云突变,朝野震动,首先波及的便是当时的官僚集团。陈诚虽非权力中枢人员,但却经历了他一生中最为大起大落、崎岖坎坷的一段岁月。此为陈诚生平中极其隐秘而扑朔迷离之处,鲜为人知,一向不得其详。

建文即位不久,陈诚突然由正七品的翰林检讨越五级擢升从四品的广东布政司左参议,《历官事迹》言之凿凿,同僚诗文中亦屡屡提及,应毋庸置疑。然其内幕,当事人讳莫如深,真相隐藏于云山雾障之中。

解读现存文献,尤其是《陈竹山文集》的材料,陈诚擢升之谜还是可以找到一些蛛丝马迹的。最关键的人物便是建文新政谋主的方孝孺。方孝

·欧·亚·历·史·文·化·文·库·

孺在明初人称"读书种子",声望显赫,深得建文帝倚重,言听计从。陈诚为方孝孺门生,自然颇得青睐,得其举荐援引。在建文新政中飞黄腾达,不是没有根基缘由的。

以《陈竹山文集》辑录的相关诗文考究,陈诚拜谒方孝孺门下在洪武年间。洪武二十八年(1395),方孝孺曾有《陈子鲁字说》[1]一篇赠陈诚,赞陈诚"端方雅重,好学有文章","其言止仪度,俨乎可望而畏也",以曾子、汲黯相许。建文二年(1400)陈诚回乡省亲,时同在翰林院任侍讲学士的方孝孺又有《送翰林检讨陈君子鲁归省庐陵序》[2]话别。《序》中以"吾友庐陵陈君子鲁"相许,盛赞陈诚"笃厚而文,静重而敏",对其颇为赏识,预言陈诚"他日之来也,其必有发",颇有抑扬援引之意。

果然,陈诚第二年便越五级升除广东布政司左参议。其中恐与方孝孺的举荐和建文帝更新人事、推行新政的一些举措不无关系。而南京陷落后,方孝孺因不肯为朱棣写即位诏而被诛杀"十族",门生故吏全受牵连。

与陈诚在建文朝走红和永乐即位后遭贬流放有涉的另一个关键人物,是陈诚的同乡(江西新淦)、为其父写过《墓表》的练安(子宁),建文朝任右副都御史,"与方孝孺并见信用",靖难之变中被执,以死抗争,断舌磔死。

永乐皇帝即位,在建文朝突受提拔重用及与方孝孺、练子宁这些壬午殉难诸臣关系深切的陈诚,自然难逃一劫,不能不受到牵连,"三司官不曾封赭"云云,不过是一个微不足道的口实罢了。于是陈诚先被"留京",大约是审查甄别,后遭贬流放,毫无疑问是"靖难之变"大清洗的一个余波。毕竟陈诚与方孝孺、练子宁等人靠得太近,难免有"党附"之嫌。

《陈竹山文集》载有永乐、宣德朝内阁大学士杨荣宣德三年的《送大参陈君归庐陵小序并歌》,印证出陈诚的这段非常经历。其中写道:

> 君忽肰宠渥,
>
> 方面寄重任。
>
> 岭海万里余,

---

〔1〕载《陈竹山文集》外篇卷2。

〔2〕载《陈竹山文集》外篇卷2。

宁辞瘴疠侵。

一朝遂远谪，

中道何崎岖。

复起振羽翮，

鸾凤相和吟。

杨荣的这八句诗皆为写实，前四句指建文二年（1401）陈诚突然发迹，由正七品的翰林检讨越五级擢升从四品的广东布政司左参议，故云"方面寄重任"；五、六句指永乐元年（1403）陈诚被发配北平良乡屯戍，"一朝遂远谪，中道何崎岖"。七、八句则指，永乐三年（1405）赦免回京，重新起用，"复起振羽翮"。

陈诚在永乐元年流放北平两年后，缘何很快重新被起用。永乐三年"冬十一月十六日，除授吏部验封清吏司主事"，虽则是降三级起复，但一步又进入到政府核心的人事部门。

从大局看，永乐皇帝的统治逐渐稳定，平反昭雪一些冤假错案，借以收揽人心，消弭朝野间的不平之气，当为情理之事。但具体到陈诚其人，他与壬午殉难诸臣，如方孝孺、练子宁等人的关系过于深切而受牵连，系重点清查惩治对象。流放两年后即被起复任用，是必有说。而《竹山文集》外篇二卷辑录的缙绅士大夫题赠诗文，为解读陈诚起复之谜提供了翔实的资料。

考究永乐皇帝即位后的文官班底，探索陈诚的生平交游，发现：

其一，永乐首建内阁，七人入值文渊阁，"朝夕左右"，"时言之宫中"，深为永乐亲信倚重。其中五人为江西籍官员，解缙、胡广为吉水人，杨士奇为泰和人，金幼孜为临江人，胡俨为南昌人，几乎是清一色的"江西内阁"。

其二，陈诚与首任内阁的"江西帮"大都有洪武、建文朝的同寅经历，兼之乡谊关系，私交非一般可比。七人内阁中非江西籍的杨荣（福建建安人）、黄淮（浙江永嘉人）与陈诚皆有文字之交，私人关系亲密。

其三，永乐朝官僚集团中的"江西帮"不止内阁五人，举凡政府各要害部门，皆有"江西帮"存在。仅《陈竹山文集》所载，与陈诚有文字之交的就有江西吉水人翰林编修周梦简、翰林编修兼左春坊谕德周述、翰林侍读钱习礼、翰林侍讲兼左春坊左中允邹缉、刑部员外郎周忱、中书舍人许鸣鹤与庞叙,江西永丰人翰林侍读王英、国子嗣业吴溥、四川按察司胡诚、翰林侍读兼左春坊大学士曾棨、中书舍人陈彝训,江西泰和人翰林修撰王直、翰林修撰梁潜、翰林修撰陈循,江西临江人中书舍人吴均,江西南康人吏部主事卢翰等等,皆与陈诚保持着良好的私人关系。事无大小,"江西帮"都取共同行动。《竹山文集》中反映出,陈诚回乡省亲、出使西域,"江西帮"皆"各为诗以赠之",勾连得很紧。

上述三点发现,予陈诚流放两年后很快起复,有至关重要的作用。"朝内有人好做官",有这么一批"江西帮"奥援,陈诚的起复任用,也就不足为奇了。日后,出使西域与这批"江西帮"的举荐亦不无关系。

4.3

《陈竹山文集》的文献价值还在于它澄清了《西域番国志》一书的版本源流,订正出该书传本的众多讹误。

陈诚的西域使记著作中,《西域行程记》传世版本差异不大,大体上是据明钞翻刻流布,而《西域番国志》却有繁本与简本之别。

经考察,简本系统出自《明太宗实录》卷 169,是陈诚永乐十二年(1415)二使西域回国后"汇呈御览"原件的节抄本,大约 2300 字,自明以降,此节抄本最先为明沈德符《万历野获编》过录,后收入《学海类编》《丛书集成初编》两种丛书。因删削过甚,造成资料大量遗漏,讹误太多,价值不大。

繁本系统则有《独寤园丛钞》本、《国立北平图书馆善本丛书》本和《陈竹山文集》本。1989 年,我在《〈西域番国志〉版本考略》[1]一文中,曾推测《陈竹山文集》本是繁本系统的祖本。后经比勘对读,繁本系统中的《独寤园丛钞》《国立北平图书馆善本丛书》两种,实为《西域番国志》的明抄本,由象鼻署"淡泉书屋"观之,当出自嘉靖间郑晓的家藏。而《陈竹山文集》本是陈诚家藏的原件。最明显的证据是《陈竹山文集》本《西域番国志》

---

[1]载《文献》,1989 年第 1 期。

（标目为"进呈御览西域山川风物记录"）多出陈诚归休后补遗的"葱岭""蔷薇露之说"二条，为两种丛书本不载。

如是，则繁本《西域番国志》又有明钞本、《陈竹山文集》两个系统。两相对照，显然《陈竹山文集》本为优。

其一，《陈竹山文集》初刻于明英宗正统年间，时陈诚以 83 岁高龄仍然健在，文字信实，必据原件过录而得作者认可。《西域番国志》当为陈诚西使报告原件的过录本，可作为原刊本以订正明钞本的众多讹误。

其二，《陈竹山文集》本《西域番国志》增出陈诚"归休后补遗"的两条内容，为两种丛书所不载，这两条新材料可加深对明代西域的认识。

20 世纪 80 年代，中华书局"中外交通史籍丛刊"拟出版由周连宽先生校注的《西域行程记》《西域番国志》，所据底本为《国立北平图书馆善本丛书》。后经王继光以《陈竹山文集》本复校，发现文字相异处多达二百余处，明显的错讹凡三四十处。尤为严重的是目次失序，将应在"塞兰"之后的"塔什干""卜花儿"漏抄而补于文末；而自"别失八里"以下则失题混钞，以致《国立北平图书馆善本丛书》本误增出"于阗"一目。这些问题，均由《陈竹山文集》本复校而得以订正，显现出《陈竹山文集》在校勘学上的学术价值。

《陈竹山文集》的价值之三，在于它记录保存了明初某些重大事件的原始文献。最突出的个案便是洪武三十年（1397）的中越领土交涉。

前文述及，洪武三十年，明太祖派行人司行人陈诚、吕让出使安南，交涉安南归还侵夺广西思明府五县领土之事。当谈判陷于僵局时，陈诚直接致书安南国王陈日焜，希冀从最高层解决问题，陈诚与安南国王往复的这七封书信，即刊于《陈竹山文集》内篇卷 1。此实为洪武三十年中越领土交涉的原始文献，于考究明代中越关系至为重要，可补《明实录》及其他明代文献的疏漏不足。

《陈竹山文集》的价值，以上只是举其大端，若深加考究，当续有所得。如《永乐大典》的最后成书时间、装订册数等问题，《陈竹山文集》以亲历者的自述材料揭出新的说法，皆可做进一步的探究。

4.4

《陈竹山文集》有明刊本两种、清刊本两种。

(1)正统本

正统十二年(1517),陈诚从曾孙陈汝实编就《陈竹山文集》,前有资政大夫、吏部尚书兼国史总裁王直序。《序》中说,"公所上书,诏付之史官,而藏其副于家",明白揭出《西域番国志》家藏本存在的事实。时陈诚仍然健在,年83岁。此为《陈竹山文集》的初刻本。

(2)崇祯本

崇祯十六年(1643),陈诚嗣孙陈大纬、陈起泰重梓《陈竹山文集》,翰林修撰刘同升序称"先生裔孙辈出,皆能世其家,编先生遗集,重梓以行,请余为序"。此为崇祯重刊本,较正统刻本增出刘同升序一篇,置于王直序后。

(3)雍正本

雍正七年(1729),陈诚后裔三刊《陈竹山文集》。三刊本据崇祯本重梓,集后附刻高乃听序文一篇。乾隆朝纂修《四库全书》,江西巡抚采进本的《陈竹山文集》4卷应即雍正七年三刊本。

(4)嘉庆本

嘉庆己卯(嘉庆二十四年,1819),陈诚后裔再刊《陈竹山文集》,从版式上考究,虽题"重镌",实则是据雍正七年本补刻。一是将雍正本高乃听序移前,置于王直序、刘同升序之后;二是楷书补刻了建文二年(1400)解缙为陈诚撰写的《黄帷记》、宣德四年(1429)杨士奇应陈诚所请为之撰写的《奈园记》。封面所谓"板藏仁厚里",即江西吉水陈氏世居之仁厚里。我以为,两种清刻本皆据家藏明刻本刊印,唯嘉庆本有所增补,可视为完整足本。

据多年考察,正统本、崇祯本两种明刻本《陈竹山文集》均已亡佚,国内仅存两种清刻本。雍正本一册,庋藏于江西省图书馆,现收入《四库全书存目丛书》集部26;嘉庆本二册,分藏于江西省图书馆、甘肃省图书馆。

4.5

点校说明：

(1)《陈竹山文集》点校本以完整足本嘉庆本为底本，校以雍正本，如嘉庆本内篇卷2"进呈御览西域往回纪行诗"中缺页漏刊"铁门关"以下诗五首，今据雍正本补入；嘉庆本正文一仍雍正本刊印，但有补刻之解缙《黄帷记》、杨士奇《奈园记》二篇，内容较雍正本为全。

(2)《陈竹山文集》外篇二卷均系当日缙绅士大夫题赠陈诚的诗文。凡有诗文集行世者，皆据诗文集所载一一校正。

(3)《陈竹山文集》内篇卷1《进呈御览西域山川风物行程纪录》，即传世的《西域番国志》，现有中华书局"中外交通史籍丛刊""广集众本"的校注本。《文集》本中的一些明显讹误，则据之订正，如"撒马尔罕"条，"东去陕西行都卫肃州卫嘉峪山九千九百余里"句，"陕西行都卫"显系"陕西行都司"之误，据中华书局校注本径改；又如"八剌黑"条，"哈列哈鲁沙哈分遣其子守焉"句，"哈鲁沙哈"当系"沙哈鲁"之误，据中华书局校注本径改。至于文字相异处，则一仍其旧，以存原貌。

(4)《陈竹山文集》为点校项目，文中除明显讹误出校外，概不注释。唯"外篇"二卷题赠诗文的士大夫群体多为一时名公巨卿，于考见陈诚的生平交游至关重要，凡其人事绩可考者皆做一简明注释，不备不庄，仅供参考。

(5)《陈竹山文集》前有序文三篇，依整理点校规范，作为附录之一、二、三。以下附录为《明史稿·陈诚传》、《吉安府志·陈诚传》（顺治）、《四库全书总目·陈竹山文集提要》、《陈氏家谱·陈诚传》、《陈诚诗文补遗》、《陈诚年表》、《西域行程记》。需要说明的是，《陈氏家谱·陈诚传》与《陈诚诗文补遗》是我根据杨富学、曾采堂《陈诚史料的新发现》[1]一文公布的材料编纂的。《陈诚年表》则是我根据陈诚自述、家谱及其他明代史料编

---

〔1〕《新疆历史研究》，1987年第1期。

写的。

（6）作为《西域番国志》姊妹篇的《西域行程记》，明钞均署陈诚、李暹，然《陈竹山文集》独收《西域番国志》而弃《西域行程记》，此中缘由，尚需探讨。为完整了解陈诚的西域之行，我仍将《西域行程记》作为附录之十。

疏误不免，尚祈指正。

（《陈诚西域史料校注》，新疆人民出版社，2012 年。）

5 《陈竹山文集》点校本后记

前辈学者对明代四裔之书的评价不高,颇多微词,陈守实先生曾说:"明人著述,关于边疆史地考按,大抵皆不学无术。有司呈报官档,非循例敷衍之作,即谈天雕龙之词。其有录副增损传抄刊刻,又强加臆度,迷失本真。"[1]其实是不可一概而论的。如明代使臣下南洋、使西域的一批亲历记录就是极具史料价值的。其中就有陈诚的《西域番国志》《西域行程记》,其文献价值不仅显现出明代丝绸之路走向的细节,而且真实描述了西域社会的方方面面,弥补了元、清二代之间中西交通、西域关系的链接,有特别的学术意义。

清修《明史·西域传》,于陈诚西使记的内容多所采撷。但在纂修《四库全书》时,却将陈诚的"使西域记"列入"传记类存目",陈诚文集《竹山集》列入"文集类存目",致使陈诚西使记及个人文集几致湮灭不传。其中的原因是不难想见的。作为"汉学家大本营"的四库馆,无视无知"四裔",也许是当时盛世下的一种文化取向。

直到 20 世纪初,隐没已久的明陈诚西使及其著述,始引起一些治中西交通、西域史学者的关注,先后有日本神田喜一郎、藤田丰八、羽田亨、满井隆行和中国向达、张星烺、谢国桢诸前辈筚路蓝缕,启其开端,发掘探索,形成早期研究成果。但疑点尚多,未能解决。凿枘难通,盖无新史料发现。

20 世纪 80 年代,陈诚及其西使记形成新一轮的研究高潮,其直接的动因,是陈诚《陈竹山文集》的重新发现及利用。诸卷所无,足征独到,解读诠释了以往研究中诸多隐匿不清的问题。应该说,《陈竹山文集》在中亚学、西域学研究方面的价值,已为学术界充分认可。

---

[1]陈守实《明初与帖木儿关系试探》,载《新中华复刊》第 5 卷,1947 年第 17 期。

·欧·亚·历·史·文·化·文·库·

但《陈竹山文集》传世极稀,两种明刻本已不存世,在《四库全书存目丛书》未印行前,仅有两种清刻本分藏江西、甘肃图书馆,检阅使用有一定困难。

2005 年,《新疆通史》编委会决定将历代西域著述系统汇辑、翻译、点校、整理,作为基础史料出版。此项极富学术远见而具学科建设的创举,引起学术界的相当关注和高度评价。

由此机缘,明陈诚的《陈竹山文集》得以入选,由我点校整理。

感谢新疆社会科学院苗普生院长、历史研究所田卫疆所长,感谢为《新疆通史》基础工程项目付出艰辛劳动的同仁。

(《陈诚西域史料校注》,新疆人民出版社,2012 年。)

6 《四库全书总目》
"使西域记提要"辩证

《四库全书总目》是清乾隆年间官修《四库全书》的副产品,也是中国古典目录学的集大成之作:"嘉道以后,通儒辈出,莫不资其津逮,奉作指南,功既巨矣,用亦宏矣……《提要》之作,前所未有,亦可为读书之门径,学者舍此,莫由问津。"[1]自编订流布,就对学术界产生巨大影响。晚清学者张之洞在其《輶轩语》中说,"今为诸生指一良师,将《四库全书提要》读一过,即略知学问门径矣",充分揭示了《四库全书总目》在读书治学上的功用,至今仍有指导性的意义。

乾嘉学者视《四库全书总目》为圣朝巨制,奉为圭臬,多不敢置一词,间有不满,微文讥刺而已。嘉道以来,文网渐疏,"信之者奉为三大法,毁之者又颇过当"[2],谈不到学术意义的研究。

真正学术考察的研究,始于20世纪初的文化变革时期。先后有陈垣、郑鹤声、柳诒征、余嘉锡、胡玉缙、刘国钧、夏承焘、钱穆、金毓黻、孟森、王重民、杨家骆、陈乐素、郭伯恭、黄云眉、陈登原诸前辈学者,摆脱正统观念的桎梏,以科学的眼光审读《提要》,他们或拾遗补阙,或订误纠谬,或考索版刻,或探究得失,匡正其讹舛偏颇缺失处,奠定了《四库全书总目》研究的前期基础。

正如余嘉锡先生所言,"愚则以为《提要》诚不能无误",《四库全书总目》"使西域记提要"即为明显之一例。

---

[1]余嘉锡《〈四库提要〉辩证》序。

[2]余嘉锡《〈四库提要〉辩证》序。

6.1

《四库全书总目》著录的《使西域记》,即为传世的明陈诚《西域番国志》,《总目》卷64列入"传记类存目",所据之本,为四库馆编修程晋芳家藏本,四库馆臣为之撰写的提要云:

《使西域记》一卷

编修程晋芳家藏本

明陈诚撰

诚,吉水人,洪武甲戌进士。永乐中官吏部员外郎。诚尝副中使李达使西域诸国,所历哈烈、撒马儿罕等,凡十七国。述其山川、风俗、物产,撰成此记。永乐十一年〔1〕返命,上之。《明史·艺文志》载有《西域行程记》,即此书也。末有秀水沈德符跋。其所载音译,既多讹为舛;且所历之地,不过涉嘉峪关外一二千里而止,见闻未广,大都传述失真,不足征信。

《四库全书总目》列入存目的标准,是根据乾隆上谕"其中有俚浅讹谬者,止存书名,汇为总目"。那么,陈诚《使西域记》当属"俚浅讹误者",四库馆臣为之撰写的评语也就不足为怪了。

6.2

这篇颇具权威的"提要"涉及对陈诚《使西域记》的评价,四库馆臣指斥该书的不足有二:(1)"其所载音译,既多讹为舛";(2)"且所历之地,不过涉嘉峪关外一二千里而止,见闻未广,大都传述失真,不足征信"。

平心而论,四库馆臣对陈诚《使西域记》的评价是有失公允的。其一,作为明代唯一的一份西域诸国诸地的亲历记录,《使西域记》于译名译语均采用直言直译,音译基本准确。汉译的用词,有旧文可据者,大都沿用旧文,如"撒马儿罕""哈烈""俺得准""沙鹿海牙"等国名、地名。无旧文可据

---

〔1〕此"永乐十一年"当为"永乐十三年"之误。

者,则以汉文直译,如"锁鲁檀",系阿拉伯语 Sultan 的对音,亦作"算端""苏丹",意为君主;"米尔咱",系波斯语 meerza 的对音,是对王子的尊称,陈诚解释说,"犹华言舍人也";"刁完",系波斯语 deevan 的对音,朝廷辅臣之意;"撒力马力",系波斯语 Salāmalaykum 的变音,平安、健康之意;"撒兰",波斯语 Salām 的对音,致敬问候之意;"纳马思",波斯语 namaz 的对音,意为礼拜、祈祷。……诸如此类的音译,大多准确,无明显讹误,"既多讹为舛"的评语,概因四库馆臣囿于闻见,不通阿拉伯、波斯文字,主观臆断,无知昏聩所致。

其二,陈诚受命西使,最远抵达哈烈,即今阿富汗西部的赫拉特城,"且所历之地,不过跋涉嘉峪关外一二千里而止"的指责,既昧于地理,言不符实,哈烈距嘉峪关一万二千七百余里,撒马儿罕距嘉峪关九千九百余里,岂止"一二千里"。且于情理有悖。王命所系,陈诚出使西域诸国的地域,朝廷有明确指令,陈诚焉能跑到更远的地方。至于"见闻未广,大都传述失真,不足征信"云云,更是无知之妄语,其误尤甚。陈诚《使西域记》的亲历性、纪实性、唯一性,历来为学界认同,明人著述凡涉"四裔"者,于西域无不以陈诚《使西域记》为根本材料,清修《明史·西域传》,亦多有参考采撷。随着这一专题研究的进一步深入,陈诚《使西域记》内容之权威、翔实、可信,已为更多的研究者所重视,愈来愈显示出其珍贵的学术价值。

6.3

四库馆臣对《使西域记》的评判是否得当,还需从《使西域记》的内容做系统考察辨析。

《使西域记》足本 6000 余字,分 18 节记载西域诸国、诸地面的情形,文字简洁,叙事翔实,蕴含着极丰富的内容。一般包括:

(1)该地方位,相距里程。

如记撒马儿罕,"在哈烈之东北,东去陕西行都司甘肃州卫九千九百余里,西去哈烈二千八百余里"。记达失干(塔什干),"达失干城在塞兰之西,去撒马儿罕七百余里"。各地记载皆方位清楚,道里准确。

79

（2）山川形势。

如记养夷，"城居乱山间，东北有大溪水西流，一大川长数百里，荒城遗址，年久湮芜"。记塞兰，"城周回二三里，四面俱平原，略无险要，人烟稠密，树木长茂，流水环绕"。记迭里迷，"城临阿木河之东岸，依水崖而立。河水稍宽，作舟楫难渡通，稍略据险要"。记沙鹿海牙，"城筑小岗上，西北临山与河，河名火站，水势冲急，架浮梁以过渡，亦有小舟。南边山近，三面平川，城广十数里，人烟繁庶，依崖谷而居"。记撒马儿罕，"地势宽平，山川秀丽，土田地膏腴，有溪水北流，居城之东，依平原而建立，东西广十余里，南北径五六里。六面开门。旱干濠深险，北面有子城。国主居城之西北隅，壮观下于哈烈"。

（3）种族人口。

如记别失八里王马哈木，"马哈木盖胡元之余裔，前世锡封于此"。记卜花儿，"街市繁华，户口万计"。记哈密，"蒙古、回回，杂处于此。衣服礼俗，各不相同"。

（4）隶属。

如记八剌黑城，"哈烈沙哈鲁遣其子守焉"。记火州，"今为别失八里马哈木王子所隶"。记俺都准，"虽为哈烈所据，赋税止入其本处头目之家"，只是名义上的领属关系。

（5）历史沿革。

如记土尔番，"在火州之西仅百里，即古交河县之安乐城……在唐为伊西庭节度使之地，在汉为车师国王所居"。

（6）得名之由。

如记崖儿城，"二水交流，断崖居中，因崖为城，故名崖儿城"。记盐泽，"城北有矮山，产石盐，坚白如玉，可琢磨为器，以盛肉菜，不必和盐，此盐泽之名是也"。记火州，"城北近山，地势卑下，山色青红若火，故名火州"。

（7）疆域变迁。

如记别失八里，"究其故疆，东连哈密，西至撒马儿罕，后为帖木儿驸马所夺，今止界于养夷，西北至脱忽麻，北与瓦剌相接，南至于阗"。

（8）古迹。

如记盐泽，"城东有高冢二处，环以林木，周以墙垣。盖国主黑的儿火者夫妻之坟。坟近有小冢，云其平日亲匿之臣从葬也"。记土尔番，"去城西北百余里，有灵山，相传为五百罗汉佛涅槃之处。近山有土台，高十余丈，云唐时所筑。台畔有僧寺，寺下有石泉一泓，林木数亩。……"

(9)建筑。

如"哈烈"条记国王宫殿："国主居城之东北隅，垒砖石以为屋，屋平方，势若高台，不用栋梁陶瓦，中拱虚室数十间。墙壁窗牖妆绘金碧琉璃，门扉雕刻花纹，嵌以骨角。地铺毡罽，屋旁仍设彩绣帐房，为燕寝之所。房中设金床，上铺茵褥数重。不设椅磴，惟席地跏趺而坐。"

记富家巨室、平民住房："屋舍皆垒以砖石，豪家巨室，与国主同，甚者加以纨绮、撒哈剌之属，遮护墙壁，以示骄奢。其下户细民，或住平头土房，或为毡帐。屋皆不用瓦房，以其雨少，故不致倾颓也。"

记市井街道建筑："市井街坊，两旁筑屋，上设覆蓬，或以砖石拱甃，仍穴天窗取明。晴不畏日，雨不张盖。遇干燥生尘，则以水浇洒。"

记浴室建筑及洗浴习惯："城市乡镇，广置混堂，男女各为一所，制度与中国异。一堂之中，拱虚室十数间，以便多人澡浴者。初脱衣之际，各与浴巾一条遮身，然后入室。不用盆桶，人各持一水盂，自于冷热池中，从便汲温凉净水，以澡雪洗淋其身，余水流出，并无陈积。亦有与人摩擦肌肤，揣捻骨节，令人畅快者。浴毕出室，各与浴巾二条，一蒙其首，一蔽其身，必令干洁而后去，人以一二铜钱与之。"

记水磨、风磨建筑："水磨与中国同。间有风磨。其制筑垣墙为屋高处，四面开门，门外设屏墙，迎风室中。立木为表，木上周围置板乘风，木下置磨石，风来随表旋转动，且不拘东西南北之风，皆能运动，以其风大而多故也。"

记水窖的设施与建筑："乡村僻处，多筑水窖贮水，以饮人马。其制高砌土屋，广阔水池，甃以砖石，若冰窖然，此流水少处故也。"

(10)气候历法。

"哈烈"条记当地气候："四时气候，多暖少寒，冬月如青，小草之生与荞麦同出，残腊则遍地已青青，农事兴作，人家少见围炉。虽远山积雪，平处稀有。春雨虽云多,亦不终日。陇亩田园,街衢巷陌,人家院落,皆引水通流,以净尘土。虽天降雨泽不多,而流水四时不断。"

"哈烈"条记当地通行的历法说:"正朔不颁,花甲不论,择日用事,自有定规。每七日一转,周而复始。七日之中,第一日为阿啼纳,二日为闪伯,三日为亦闪伯,四日为都闪伯,五日为且闪伯,六日为闪伯,七日为攀闪伯,凡拜天聚会,以阿啼纳日为上吉,余日用事,各有所宜。"

(11)资源物产。

"哈烈"条记其地资源物产特详,细致入微:"地产铜铁,制品坚利。造瓷器尤精,描以花草,施以五彩,规制甚佳,但不及中国轻清洁莹,击之无声,盖其土性如此。生产琉璃器,人家不常用,但充玩好而已。多以五色玻璃簿叶叠缀窗牖,以取光明,炫耀人目。"

"渴石地面产白盐,坚明与水晶同。若琢磨为盘碟,以水湿之,可和肉食。"

"多有金、银、宝贝、珊瑚、琥珀、水晶、金刚、朱砂、刺石、珍珠、翡翠,云非其所产,悉来自他所,有不可知。"

"多育蚕桑,善为纨绮,轻妙细密,优于中原,但不能如中国壮厚。且不解织罗。其织成金线,可以回炉。布帛中有名锁伏者,一如纨绮,实以羊毛织成。善织剪绒花毯,颜色虽久不衰。棉布幅制尤宽,亦有甚细密者。"

"土产桑、榆、杨、柳、槐、檀、松、桧、白杨,自国主而次,有力之家,广筑果园,盛种桃、杏、梨、李、花红、葡萄、胡桃、石榴之类。葡萄有通明若水晶之状者,无核而甚甘。杏子中有名巴旦者,食其核中之仁,香美可爱。有若大枣而甜者,名忽鹿麻,未见其树。有若银杏而小者,名芝思檀,其树叶与山茶相类。李有小如樱桃有黄色者,有紫色者,滋味极甘。花红极大而脆,皆可收藏,经年颜色不改,以新旧相续为佳。"

"五谷之种,与中国同。麻、豆、菽、麦、谷、粟、米、粱,悉皆有之。但小豆有如珠圆者,棉花有淡红色者,为布若驼褐。然瓜种大而极甜。葱本有大如拳者,菜根有红而大者,重十余斤,若萝卜状。"

"耕种多卤莽,广拵种而少耘锄,然所收不薄者,以其田美而多,每岁更休,地力得完故也。时雨稀少,虽早稻、棉花、小麦,皆藉水浇,若水不到处,难于耕种矣。"

"多产良马,爱护其密,皆于土房深处喂养,风日不及透,冬暖夏凉。人家畜养羊、马、鸡、犬、鹅、鸭,惟不养猪,亦不食猪肉,此最忌惮之。凡宰牲口,非回回宰杀者不食。"

"蜡烛以牛羊脂油浇灌,又以脂油和棉花捻成团块,置铁盘中,下植铁柱,以手持行,止则卓立于地,风雨不避。暑天不知挥扇,或于帐房中高悬布幔,幔下多设须头,两面设绳索,牵动生风,名曰风扇。……"

(12)社会经济。

"哈烈"条记当地商品市场的发达状况说:"城市人家,少见炊爨,饮食买于店铺,故市肆夜不闭门,终夕烧灯燃烛交易。""撒马儿罕"条记:"街巷纵横,店肆稠密,西南番客多聚于此。货物虽众,皆非其本地所产,多自诸番至者。"

记市场的行业分工:"店铺各分行头,若弓矢、鞍辔、衣服之类,不得参杂。少见纷争,如卖马驼牲畜,亦各聚一所。"乡村则"多立墟市,凡交易处名把自儿,每七日一集,以有易无,至暮俱散"。

记通行货币情形:"通用银钱,大者重一钱六分,名曰等哥;次者每钱重八分,名曰抵纳;又其次者,每钱重四分,名曰假即眉。此三等钱,从人自造,造完于国主处输税,用印为记,交易通用,无印记者不使。假即眉之下,止造铜钱,名曰蒲立,或六或九当一假即眉,惟于当地使用,不得通行。""撒马儿罕"条记当地货币使用情况:"交易亦用银钱,皆本国自造,而哈烈来者亦使。"

"哈烈"条记度量衡制:"斗斛不置,止用权衡。权衡之制,两端设盘,分中为准,置大小铁石,分斤两轻重于一盘中,以平为度。虽五谷亦以盘称。其斤两之则,无一定之制。税钱什分取二,交易则买者偿税,国用全资此钱。"

(13)行政司法。

"哈烈"条记其行政司法:"不设大小衙门,亦无官制,但管事之人称刁完官。凡大小之事,皆由刁完官计议处置。""国中不用刑法,军民少见词讼,若有致伤人命,亦不过罚钱若干,无偿命者。其余轻罪,略加责罚鞭挞而已。""官府文书行移,不用印信。国主而次,举凡任事者,有所施行,止用小纸一方,于上直书事体,用各人花押印记,即便奉行。花押之制,以金银为戒指,止镌本主姓名,别无关防,罔有为奸伪者。"

(14)宗教。

15世纪的西域,盛行千余年的佛教已呈衰落之势。"火州"条记:"昔日人烟虽多,僧堂佛寺过半,今皆零落。"而伊斯兰化进程已深入到社会生活的各个层面。

"哈烈"条记:"不祀鬼神,不立庙社,不逢宗祖[1],不建家堂,惟以坟墓祭祀而已。每月数次望西礼拜,名纳马思。若人烟辏集,则聚一所,筑大土屋,名默西儿。凡礼拜之时,聚土屋下,列成班行。其中一人高叫数声,众人随班跪拜。若在道旁,亦随处跪拜。"

"每岁十月并春二月为把斋月,白昼皆不饮食,至日暮方食。周月之后,饮食如初。开斋之际,乃以射葫芦为乐。"

"有通回回本教经义者,众皆敬之,名曰满剌。坐葫立列于众人之上,虽国主亦皆尊之。凡有祀祭,惟满剌诵经而已。"

"国中体例,有别色人愿为回回者,云以万钱给之,仍赐衣服、鞍马之类。"

"酒禁最严,犯者以皮鞭决责。故不酿米酒,酝以葡萄。间有私卖者。凡有操履之人,多不饮酒,以其早暮拜天,恐亵渎也。"

"人家畜养羊马鸡犬鹅鸭,惟不养猪,亦不食猪肉,此最忌惮之。凡宰牲口,非回回宰杀者不食。"

"撒马儿罕"条记伊斯兰教清真寺:"城东北隅有土屋一所,为回回拜天之处,规制甚精,柱皆青石,雕镂尤工,四面回廊宽敞,中堂设讲经之所。经文皆羊皮包裹,文字书以泥金。"

有苦修僧侣,"哈烈"条云:"有弃家业,去生理,蓬头跣足,衣弊衣,披羊皮,手持拐杖,身挂牛羊骨节,多为异状,不避寒暑,行乞于途,遇人则口语喃喃,似可怜悯,若甚难立身者。或聚处人家坟墓,或居岩穴,名为修行,名

---

[1]似应为"不奉宗祖"。

曰迭里迷失。"

（15）语言文字。

如"鲁陈"条记："方音皆畏兀儿语言文字。"

（16）文化教育。

"哈烈"条记："都城中有大土屋一所，名默得儿塞，四面房廊宽广，天井中设一铜器，制如大锅，周围四丈，上刻文字如鼎状。前后左右房室尤伟丽，多贮游学生徒及通诸色经义者，若中国之太学然。"

（17）军事态势。

如记养夷城："荒城遗址，年久湮芜，盖其地界乎别失八里蒙古部落之间，与回鹘相侵犯，故人民无宁居，惟留数百人，守此孤城而已。"

（18）民俗风情。

《西域番国志》中，社会民俗学资料尤丰。各阶层人的服饰、喜好、饮食、婚姻、丧葬、祭祀、节日、游戏等等，皆有反映，细致入微。

"哈烈"条记："国主衣窄袖衣及贯头衫，以白布缠头，髡发后髽。服色尚白，与国人同，国人皆称之曰锁鲁檀。锁鲁檀者，犹华言君主之尊号也。国主之妻，皆称之曰阿哈，其子则称为米儿咱。盖米儿咱者，犹华言舍人也。凡上下相呼，皆直叱其名，虽称国主亦然。""凡相见之际，略无礼仪，惟稍屈躬，道撒里马力一语而已。若久不相见，或初相识，则屈一足，致有三跪。下之见上，则近前一握手而已。平交则止握手，或相抱以为礼，男女皆然。若致意于人，则云撒兰。凡聚会，君臣、上下、男女、长幼，皆环列而坐。"

"饮食不设匙筯，肉食以手取食。羹汤则多以小木瓢汲饮。多嗜甜酸油腻之味，虽常用饭食，亦和以脂油。器皿多用瓷瓦，少用朱漆，惟酒壶台盏之类则用金银。不置桌凳，皆坐地饮食。若宴会则用低桌饮食，诸品羹汤，一时并进。食既，则随即撤去。"

"婚姻多以姊妹为妻妾，为一门骨肉至亲，虽同祖胞兄弟姊妹，亦皆得为婚姻。至于弟娶兄妻，兄娶弟妇，亦其国中常事耳。国中男子髡首，以素布缠头，妇女亦蒙以素帛，略露双眸。如有丧制，反以青黑布易之。帷幔皆用青黑，居丧不过百日即释服。丧葬俱不用棺木。惟以布囊裹尸，置于椁。

富家巨室,多于坟上高筑土室,恣为华靡。贫民下户,坟墓止于居室旁,绝无所禁忌。"

"有为医者,于市廛中聚求药之人,使之环列而坐,却于众中口谈病症,作为多端。然后求药之人皆出钱与之,医者各散药少许而去,效验竟莫可知。"

"有好事之人,于城市稠人中,挥大钺斧,手舞足蹈,高出大言,警世骇俗,莫详其故,概警人为善之意而已。"

"有善步走者,一日可行三二百里,举足轻便,疾于马驰。然非生而善走,盖自幼习学而能。凡官府有紧急事务,则令其持箭而走报,以示急切。常腰挂小铃,手持骨朵,其去如飞。"

"男女少能负荷,乘载全仗马骡驴驼。若少轻之物,则以头戴趋走,摇扬不致复堕。"

"妇女出外皆乘马骡,道路遇人,谈笑戏谑,略无愧色。且恣出淫乱之辞以通问,男子薄恶尤甚。"

"国俗尚侈,衣服喜鲜洁,虽所乘马骡鞍鞯,多以金银彩色饰之,遍身前后,复以毡罽,悬以响铃。豪门子弟,俱系翡翠装绣衣袍,珍宝缀成腰带。刀剑鞘饰以金玉,或头簪珠宝,以示奢华。"

"凡宴会之际,尊者饮酒,则下人皆跪。酒进一行,则陈币帛,次进珍宝及金银钱,杂和为一,分散四座,余者乱撒座间及前后左右,观望执服事之人,使之竞拾,喧哗叫笑,以示豪奢,名曰喜钱。"

"撒马儿罕"条记:"街坊禁酒,屠牛羊,卖者不用腥血,设坎埋瘗。"

"别失八里"条记:"不建城郭宫室,居无定向,惟顺天时,逐趁水草,牧牛马以度岁月,故所居随处设帐房,铺毡罽,不避寒暑,坐卧于地。其王戴小罩刺帽,簪鹔鸒翎,衣秃袖衫,削发贯耳。妇女以白布裹首缠头,衣窄袖衣。饮食惟肉酪,兼食米面,希有菜蔬。少酿酒醴,惟饮乳汁。不树桑麻,不务耕织,间种穄麦,及为毛布。……风俗犷戾,服食卑污。君臣上下绝无纪律。"

"鲁陈城"条记:"有为回回体例者,则男子削发,戴小罩刺帽。妇女以白布裹头。有为畏兀儿妆束者,男子椎髻,妇女蒙以皂巾,垂髻于额。俱衣胡服。"

就以上的内容展示,我们不难看出,陈诚《使西域记》的纪实性、广博性是毋庸置疑的。由于陈诚等人亲历其地,事事留心,如实记录,细致入微,这份西域考察报告所涉及的社会内容是极为广泛的,蕴含了十分珍贵的史料价值,它对15世纪中亚社会和文化的研究,有着特别的意义。这在同一时代伊斯兰史家的著作中皆可得到印证。《四库全书总目》指斥《使西域记》"见闻未广,大都传述失实,不足征信",实在是一个大大的失误。

6.4

作为18世纪中国古典目录学的一部学术精品,《四库全书总目》以"剖析条流、斟酌古今、辨章学术、高挹群言"为其纂修宗旨,缘合在《使西域记》提要上发生如此偏差。似可做一考察。

乾隆朝修纂《四库全书》,征召天下硕学鸿儒,一代名士,云集京师,汇聚了当时学术界的一大批精英。如纪昀、戴震、法式善、翁方纲、程晋芳、周永年、邵晋涵、朱筠、王念孙、彭元瑞、姚鼐、赵怀玉、陆锡熊等人,皆为名重一时的朴学大师。伴随《四库全书》编纂而产生的《四库全书总目》,当为中国古代学术渊源流变的一次大总结。但是,我们不能不看到,清代前中期的学术,以传统经学为中心,以复兴汉学为主旨,边疆四裔之学非其所长所专,其学有偏颇缺失之处。渗透于其间的思想观念、学识水平、价值取向显现出很大差异,忽略少数民族文献、轻视边疆四裔之书即为其一大弊端。间或抄缮著录,评骘失当处不一而足。陈诚《使西域记》既不收入全书,仅列存目,而提要又复评述舛误只不过是其中突出的一例。

其次,《四库全书总目》于陈诚《使西域记》的评述舛误,很可能是对版本异同考核未实。

前些年,我曾对陈诚《使西域记》的书名、版本做过考察,刊于《文献》1989年第1期。据考,《使西域记》的版本流传中,有繁本、简本两个系统。[1] 繁本系统出自陈诚家藏本,见载于陈诚《竹山文集》,为足本。简本系统则源于《明实录》,[2]是陈诚使西域报告的过录节本。

明清二代,较为易得而通行的版本是简本系统,即《明实录》抄录陈诚使西域报告的删节本,最先为明沈德符《万历野获编》刊录,[3]后收入《学海类编》、《丛书集成》(初编)两种丛书,均题为《使西域记》。直到清光绪年间,沈登善编纂《豫恕堂丛书》,其《独寤园丛钞》汇钞明代《西域行程记》1卷、《西域番国志》1卷、《北虏事迹》1卷、《西番事迹》1卷,计4种。内《西域番国志》即为陈诚西使报告原件的首次披露。但《豫恕堂丛书》虽然编订而并未刊行,仅有写样本存上海图书馆,世人并不知是书的真实面目。直到谢国桢刊印《国立北平图书馆善本丛书》第1辑,收入"据明钞影印"的《西域番国志》《西域行程记》,方使陈诚的两种西域专书呈现于世。

根据陈诚《使西域记》在明清二代的版本流传情况,我们判定,乾隆朝纂修《四库全书》,征集到的《使西域记》应属简本系统,是陈诚原书的删节传本。其书名题《使西域记》而不题《西域番国志》,即可证明。

繁本系统的《西域番国志》约6300字,简本系统的《使西域记》仅2300字,文字上相去甚远。经比对研究,简本系统的刊削导致了《使西域记》严重的疏漏和明显的讹误,许多翔实细微的记录,在简本中统统删除了,尤其是关于15世纪中亚西域社会生活的大量细部资料,几乎芟剪殆尽,严重影响了《使西域记》的文献价值。据之以评判,难免失误。

综合上述两个因素,《四库全书总目》"《使西域记》提要"出现偏颇失当,不是不可理解的。

应当指出,《四库全书》纂修中,搜罗到的并非只是"编修程晋芳家藏本"的简本《使西域记》。尚有刊载足本的《陈竹山文集》。《四库全

---

〔1〕见《〈西域番国志〉版本考略》。

〔2〕见《明太宗实录》卷69。

〔3〕《万历野获编》卷30,中华书局《元明史料单词丛书》本。

书总目》列入"别集类存目",[1]系江西巡抚采进本,其"提要"云:

> 诚有《使西域记》,已著录。是集分内外二篇。内篇二卷,皆
> 其奉使时所撰述,仅文十余首,诗一百三十余首。

但四库馆内分工明确,各有所司,一在"史部",一在"集部",遂使
"史部"馆臣无缘窥见陈书原貌,因以致误。

(《西域研究》,2008 年第 4 期。)

---

[1]《四库全书总目》卷 175。

·欧·亚·历·史·文·化·文·库·

卷　　2

7 《明史·西番诸卫传》的现代诠释

《明史·西番诸卫传》是 18 世纪我国第一部安多藏区史,它从中央政府对安多藏区经营开发的角度,记录了明代安多藏区的变迁。其学术地位和文献价值应予重新认识,充分估计。

明王朝在继承元代统治格局的基础上,设立了"西番诸卫"。西番诸卫实施军政合一、"土流参设"、"岁一朝贡"和尊崇藏传佛教、以金牌信符官方垄断茶马贸易等政策和措施,强化了明中央政府对安多藏区的控制。作为元明清治理藏区的中介环节,明代对西番诸卫的政策上承元代格局,又有许多创造性、建设性的拓展,开启了清代以府县区划管理安多藏区的先河。因此,明代西番诸卫是安多藏区历史变迁中的重要阶段,意义重大,影响深远。

在传统的卫藏、安多、康三大藏区中,安多藏区一直是藏学研究的一个薄弱区域。这种状况,近年来始有改观。但学术界至今尚未注意到,成书于清乾隆四年(1739)的官修《明史》中,已经以专传的形式,纂修了一部安多藏区史。它从中央政府对安多藏区经营治理的角度,记录了元明时期安多藏区的历史变迁。从这个意义上讲,《明史·西番诸卫传》实为我国第一部安多藏区史。其学术价值应予重新认识评估。本文拟对《明史·西番诸卫传》做一初步考察和现代诠释,予该传以准确的学术定位,以期引起学术界对我国第一部安多藏区史的关注和研讨。

7.1

"安多",又作"阿多""安木多",源于藏语 a-mdo。公元 7 世纪,吐

·欧·亚·历·史·文·化·文·库·

蕃王朝征服吐谷浑,曾将活动在青海及其东部的吐谷浑、党项、白兰等部族统称为"安多",[1]并派军长期驻守;吐蕃本土大批部族亦纷纷迁入,与境内民族重组融合,形成以吐蕃人为主体的民族聚居区,"安多"逐渐成为一个地理区域概念。最有代表性的,就是成书于清同治四年(1865)的藏族学者智巴·贡却丹巴绕吉的《安多政教史》,该书第1章"藏族地区概述"对安多藏区的地域界定和得名之由解释为:

> 自通天河的色吾河谷,北逾巴颜喀拉山,其东麓有阿庆岗嘉雪山与多拉山,据说由于摘取这两座山峰之名的首字,合并起来把自此以下的区域称为"安多"云。

按:色吾河谷,在今青海玉树藏族自治州曲麻莱县;阿庆岗嘉雪山,即阿尼玛卿山,为青海柴达木、玉树和果洛三区的界山,位于巴颜喀拉山的西部,横亘甘青川三边;多拉山,即藏文典籍《塔尔寺志》中所称的"多拉仁摩"[2],一般认为指祁连山的主峰。如是,"安多"是指祁连山以南、阿尼玛卿山以北的地区,包括了今青海、甘肃西南、四川西北的辽阔地域。以藏语方言区划分,即国外藏学家所称的东藏方言区。

7.2

《明史·西域传》布置在《明史》的最末4卷,即卷329至332。其中,卷329为嘉峪关外的哈密、吐鲁番、柳城、火州;卷330为西番诸卫、关西七卫;卷331为乌斯藏地区;卷332为撒马尔罕等西域诸国、于阗等西域各地区。这些大致反映了明清时代的西域观。

卷330《西番诸卫传》下则小字明确标注"西宁、河州、洮州、岷州等番族诸卫",涵盖的地域即安多藏区。我们说《明史·西番诸卫传》是一部安多藏区史,其因在此。翻检二十四史,这是唯一的以安多藏区为地域单元的一个专传。

---

〔1〕王尧、陈庆英主编《西藏历史文化辞典》,西藏人民出版社、浙江人民出版社,1998年。
〔2〕《塔尔寺志》(汉译本),青海人民出版社,1986年。

7.3

《西番诸卫传》开头便是对该地区的历史追述：

> 西番,即西羌,族种最多,自陕西历四川、云南、西徼外皆是。其散处河、湟、洮、岷间者,为中国患尤剧。汉赵充国、张奂、段颎,唐哥舒翰,宋王韶之所经营,皆此地也。

"西番,即西羌"是沿旧史之说,当不足据。文中汉、唐、宋的河、湟、岷地区经营,则有一个含混不清的问题:汉赵充国、张奂、段颎的经略西北,面对的是两汉间族种繁多、时起时伏的羌人。而唐哥舒翰、宋王韶的经略,则是针对盘踞西北的吐蕃。这里透露出一个安多藏区形成的时间问题。

长期以来,不少学者囿于后起的地域概念,喜欢作"古已有之"的历史追述,进而去作一本"全史"。这其实是认识上的一大误区。青海出了一本《安多藏区史略》即如是说。安多藏区,绝非"古已有之"。试想,战国秦汉间,这里是"羌人"活动区。汉武帝建"河西四郡"以隔绝羌、胡;东汉频繁对羌用兵。西晋"永嘉之乱",东北鲜卑族拓跋部吐谷浑入据青海,立国达3个世纪。这里何尝有藏人的影子。公元7世纪,松赞干布统一吐蕃各部,青藏高原崛起了一个吐蕃王朝。面对雄踞中原的唐王朝,南部受喜马拉雅山阻断,"北上东进"一直是吐蕃王朝的军事战略中心。而强盛一时的唐王朝,在解决突厥问题、稳定北部边防之后,不得不把防御的重点转向吐蕃。唐高宗龙朔三年(663),吐蕃大败吐谷浑,吐谷浑国王诺曷钵与弘化公主被迫逃亡凉州;唐高宗咸亨元年(670)唐派大将薛仁贵征讨吐蕃,助吐谷浑复国,但在大非川(今青海省海南兴海大河坝一带)战役中全军覆没,立国3个多世纪的吐谷浑彻底败亡,唐改灵州(今宁夏灵武境)为安乐州,安置亡国之君诺曷钵与弘化公主,唐军势力退至日月山以东。

唐中宗景龙三年(709),在文成公主嫁松赞干布70年后,唐以金城公主再次和亲于吐蕃赞普,吐蕃以重金贿赂护送使臣、鄯州都督杨矩而获九曲之地(今青海省黄南自治州一带),吐蕃的北上战略又前进了一步。后虽经赤岭(日月山)划界,但唐蕃冲突未曾稍息。唐玄宗开元间,设陇右节度使于鄯州(今青海省乐都)、河西节度使于凉州(今甘肃武威),以遏止吐蕃势力,任名将哥舒翰、崔希逸为节度使,冲突加剧,双方和战无常。之后,"安史之乱"的爆发,也打乱了唐王朝的防御部署。唐玄宗急调哥舒翰率关陇铁骑"入靖国难",移防潼关,针对吐蕃的防御体系出现了一个长长的缺口。吐蕃便趁机扩张,长驱直入,河西、陇右"尽没吐蕃"。从敦煌吐蕃文书中可以看出,吐蕃在今甘青地区长达1个世纪的占领,推行"吐蕃化"政策甚见成效,吐蕃的"部落制"移植到甘青地区,安多藏区略见端倪。

需要指出的是,吐蕃人与羌人同处青藏高原,地理环境、生产方式、生活习俗等方面比较相近,这使得羌人的"吐蕃化"过程显得更为自然一些,更容易获得民族认同。学术界一些人经常说"羌藏同源",不是没有道理的。同时,青海境内的吐谷浑人和汉人也部分地融入吐蕃。史书上说的中唐安史之乱后,陇右、河西"尽没吐蕃",实际上有两层意思,一是指吐蕃东进的军事占领,二是陇右、河西的"吐蕃化"过程。这一点在敦煌汉藏文献晚唐文书中有很多反映。笔者与郑炳林教授合写过一篇《敦煌汉文吐蕃史料综述——兼论吐蕃占领时期的职官制度》[1],其中用很大的篇幅探讨了吐蕃占据河西、陇右地区的"节儿""部落使"等职官设置,发现吐蕃控制时期,已将吐蕃原有的"部落制"移植到河西、陇右。而且,吐蕃王朝崩毁后,卫藏地区出现众多的封建割据势力,家族统治与农奴制领主庄园发展起来,部落体制基本解体。而在安多藏区,藏族部落制组织依然存在,并保持了相对的稳定,持续至今。宋代以青唐为中心的角厮罗政权和以凉州为中心的六谷部政权,都是在部落联盟基础上建立起来的。

至张议潮归义军起义,举瓜沙十三州之地归唐,又复将吐蕃统治势力驱出河西,将其压制在今青海、甘肃南部、四川西北之地。因之,安多藏区实始于中唐安史之乱,军事殖民性质的"吐蕃化"政策导致了境内民族融合重组,形成日后的安多藏区。

蒙元时代的空前统一,不仅将西藏纳入中央版图,而且对安多统治体系进行了新的整合。蒙古人承认了安多藏区存在的现实,但以吐蕃宣慰司名义将其置于中央宣政院统治之下,成为汉藏、蒙藏交流的一座桥梁。中央政府直接统辖安多格局基本形成。

明承元制,在安多藏区创设"西番诸卫",分隶于陕西行都司、四川行都司之下。

至清雍正年间,平定罗卜藏丹津之乱,于安多藏区分置郡县,安多藏区的独立地位事实上已经消失。民国年间,甘宁青三省分治,安多藏区行政区划遂分在四川、甘肃、青海三省。究其所始,还是元明模式。清修《明史》,于《西域传》立《西番诸卫》,实为中国第一部安多藏区史。《明史·西番诸卫传》的解读诠释,应是安多藏区史研究的一个起点。

7.4

蒙古汗国对吐蕃地区的用兵和征服,是由安多藏区启其开端的。1227年(南宋宝应三年,金正大四年),成吉思汗第六次发动灭夏战争,先在灵州(今宁夏灵武)击溃西夏主力,分兵进围中兴府(今宁夏银川),然后自率一军南下,攻占了临洮府,积石(今青海循化)、西宁、洮(今甘肃临潭)、河(今甘肃临夏)等州,[1]兵锋已深入到安多藏区。4年后(1231),托雷假道南宋伐金,蒙古大军途经阶(今甘肃武都)、文。而最具影响力的事件,则是窝阔台次子阔端对吐蕃地区的大规模用兵及与萨迦·班智达的"凉州会谈",由此奠定了藏族地区隶属中央政府的基础。

元朝建立后,对蒙古汗国时期的治藏方略进行了一系列调理、整

---

〔1〕《元史》卷1《世祖本纪》。

合与完善,其基本格局是蒙古宗王分封出镇以及帝师、宣政院领属下的三大宣慰司并行的"双轨制"。宗王分封出镇很大程度上是宗教供施关系与突发事件的处理,真正履行管理吐蕃事务的是帝师、宣政院领属的三大宣慰司。而管理安多藏区的则为治所河州(今甘肃临夏)的吐蕃等处宣慰司都元帅府。次即《明史·西番诸卫传》所说的"元封章吉驸马为宁濮郡王镇西宁,于河州设吐蕃宣慰司,以洮、岷、黎、雅诸州隶之,统治番众"。不过,清代明史馆臣在这里漏载了分封与出镇安多藏区最重要的两位宗王,即西平王与镇西武靖王。

西平王奥鲁赤是元世祖忽必烈的第七子,其受封与出镇吐蕃事见载于拉施特《史集》[1]、藏文典籍《汉藏史集》[2]及《元史》[3]诸书,受封时间在元世祖至元六年(1269)[4]。张云先生认为:"封立奥鲁赤为西平王,是忽必烈在吐蕃结束分封制、建立郡县制同时,采取的又一项重要措施。它在表面上与诸王出镇旧例相同,但实际上标志着元朝在吐蕃新的格局的形成。"[5]如是,那么西平王出镇吐蕃是至关重要的。拉施特《史集》说他"驻于汉藏交界之处,亦曾前来乌斯藏,多次镇压反叛"。显然这是元世祖控制吐蕃地区的重要部署。奥鲁赤之后,其子八的麻加的、其孙贡哥班相继为西平王,[6]但对吐蕃事务的参与绝少记载。真正继承奥鲁赤监管吐蕃事务的是奥鲁赤的另一个儿子——镇西武靖王铁木尔不花及其后裔。[7]铁木尔不花受封镇西武靖王在元成宗大德元年(1297)三月。[8]此后,历代镇西武靖王皆干预吐蕃事务,直至明初,末代镇西武靖王卜纳剌归降。显见,终元之世,继西平王奥鲁赤后,镇西武靖王一直是控制监管吐蕃地区的皇族宗室的主体。《明史·西番诸卫传》所说的"元封驸马章吉为宁濮郡王,镇西宁"事,

〔1〕《史集》,余大钧等译本,第2卷,第285页。
〔2〕《汉藏史集》,陈庆英等译本,第266页。
〔3〕《元史》卷6《世祖本纪三》。
〔4〕《元史》卷6《世祖本纪三》。
〔5〕张云《元代吐蕃地方行政体制研究》,中国社会科学出版社,1998年。
〔6〕《元史》卷19《成宗纪二》。
〔7〕《元史》卷19《成宗纪二》。
〔8〕《元史》卷19《成宗纪二》。

在元世祖至元二十四年。[1] 但毋庸讳言的是,章吉虽封王而出镇吐蕃地区的西宁州,其地位、权势远非西平王系、镇西武靖王系可比,封藩而不治藩,有事"从征"而已。

可以认定,清代明史馆臣于《明史·西番诸卫传》元代经略的追述存在着重大失误,远未把握住元代治理安多藏区的行政格局。

7.5

明朝建立,北伐成功,徐达奉命西征。洪武二年(1369)四月,徐达会诸将于凤翔(今陕西凤翔),议师之所向。确定了先攻"西通番夷,北界河湟"的陇右重镇临洮(今甘肃临洮)的战略方针。接着,在沈儿峪(今甘肃定西境内)击溃残元势力。明军采取军事打击、安抚招谕并重的策略。五月,派遣故元陕西行省员外郎许允德招抚吐蕃后,次年五月,西征军右副将军邓愈"自临洮进克河州"。[2] 徐达又遣邓愈招抚吐蕃,很快取得成效。《明史·西番诸卫传》在记录这段历史时说:

> 洪武二年,太祖定陕西,即遣官赍诏招谕,其酋长皆观望。复遣员外郎许允德招之,乃多听命。明年五月,吐蕃宣慰使何锁南普等以元所授金银牌宣敕来上,会邓愈克河州,遂诣军前降。其镇西武靖王卜纳剌亦以吐蕃诸部来纳款。

由于吐蕃宣慰使和镇西武靖王在安多藏区的统摄位置,何锁南普及卜纳剌的归降意义重大,它标志着安多藏区纳入明政府的统治之下,整个藏区的门户已经打开。"于是,甘朵(朵甘)、乌斯藏等部皆来归,征哨极甘肃西北数千里始还。"[3]

这种情势下,在吐蕃宣慰司统辖下的安多藏区建立什么样的一种行政体制,如何安置归降的元故官、各部酋长,就成为一个至关重大的问题提到议事日程上来了。

---

〔1〕《元史》卷60《地理志三》。

〔2〕《明太祖实录》卷52。

〔3〕《明史纪事本末》卷10。

·欧·亚·历·史·文·化·文·库·

洪武三年（1370）元月，何锁南普归降，十二月底，何锁南普等到南京贡马及方物，受到明太祖的礼遇。10天后，即洪武四年正月辛卯，明太祖就决定建河州卫指挥使司，以何锁南普为河州卫指挥同知，予世袭，"设千户所八，百户所七，皆命其酋长为之"。[1] 河州卫指挥使司的建置是明太祖对安多藏区实施统辖管理的一个行政机构模式。继洪武四年河州卫设立后，明政府先后在安多藏区设立了西宁卫、临洮卫、岷州卫、松潘卫，下隶若干千户所、百户所，基本形成以军卫制为特征的管理体系。兹略述如次：

西宁卫　西宁（今青海西宁市）卫建置于洪武六年（1373）正月。[2] 但《明史·西番诸卫传》所谓"又遣西宁州同知李南哥等招抚其酋长，至者亦悉授官。乃改西宁州为卫，以南哥为指挥"，实为一明显失误。笔者在《明代青海史事杂考》[3] 及《明史西域传订误》[4] 中，根据李南哥洪武、建文朝来贡时"所镇抚""卫镇抚"下级军官身份，断定西宁卫建置与李南哥无关。后在新发现的《李南哥墓志》[5] 中再次印证了这一论点。明代西宁卫统辖区域大致为今青海省西部，东部则为河州卫管辖区。行政建制上，隶属于设在甘州（今甘肃张掖）的陕西行都司。

洮州卫　洮州（今甘肃临潭）在元为吐蕃宣慰司辖地，自明初招抚后，于洪武四年（1371）设洮州军民千户所，隶河州卫。洮州卫建置于洪武十二年（1379），其直接原因是洮州西番十八族的叛乱及征西将军沐英的平叛。《明太祖实录》卷122载：

洪武十二年正月甲申

洮州十八族番酋三副使汪舒朵儿瘴嗉子乌都儿及阿卜商等叛，据纳邻七站之地，命征西将军沐英移兵讨之。

为迅速平叛，同年二月，明太祖又派曹国公李文忠"督理军务"，

---

〔1〕《明史》卷330《西番诸卫传》。
〔2〕《明太祖实录》卷78。
〔3〕载《藏学研究论丛》第2辑，西藏人民出版社，1990年。
〔4〕载《新疆社会科学》，1998年第3期。
〔5〕〔明〕金幼孜《金文靖公集》，文渊阁四库全书本。

"边境事宜悉从节制"。[1] 当月,明太祖遣使敕李文忠:

> 二月二十五日报至,知大军已入西番。朕思之自河州至西番多不过六日,今诸将已至其地,胜负必决。符至,尔即率师从洮州铁城之地取道而出。朕尝有密谕,当遵而行之,事宜速成。山西之军即令还卫,洮州尤宜择人守之。[2]

三天后,沐英平息洮州叛乱,"遂于东笼山南川,度地势筑城戍守,遣使来报捷"。[3] 对此,明太祖指示:"洮、河,西番门户。今筑城戍守,是扼其咽喉矣。"遂命置洮州卫,以指挥聂纬、陈晖、杨林、孙桢、李聚、丁能等领兵守之。[4]

洮州虽然建卫,但交通险阻,军需供应困难。李文忠等遣使报告,"官军守洮州,馈运甚艰,民劳不便"[5],有撤守之意。明太祖当即明确"令将士慎守"。[6]

鉴于洮州"备边之要地"的战略地位,明太祖的这一决策,是颇具眼光的。终明之世,洮州卫始终是作为"秦陇藩篱"而发挥其作用的。洮州卫军民指挥使司隶陕西都司,领千户所五。[7]

岷州卫 岷州(今甘肃岷县)元代仍为吐蕃宣慰司辖地。明初置岷州千户所,隶河州卫。由岷州千户所而置岷州卫,是邓愈、沐英西征吐蕃后安多藏区行政建制上的一大调整。

洪武九年(1376)七月,发生了一件朝野震惊的事:"通事舍人巩哥锁南等,招谕吐蕃还至川藏朵工之地,皆遇害。"[8] 八月,"西番土官朵儿只巴叛,率众寇罕东"[9] 明政府当然不能容忍新归附区内发生的

---

〔1〕《明太祖实录》卷122。
〔2〕《明太祖实录》卷122。
〔3〕《明太祖实录》卷122。
〔4〕《明太祖实录》卷122。
〔5〕《明太祖实录》卷123。
〔6〕《明太祖实录》卷123。
〔7〕《明一统志》卷27。
〔8〕《明太祖实录》卷107。
〔9〕《明太祖实录》卷108。

变乱,很快做出反应。第二年四月进行讨伐[1] 川藏地当今甘青交界,故命邓愈发凉州等卫军士分戍碾北、河州等处,断叛军北窜之路。五月,讨伐成功。邓愈班师回京,由沐英处理善后。于是:

> 洪武十一年七月辛巳
>
> 命西平侯沐英率陕西属卫军士城岷州,置岷州卫镇之。又置碾北指挥使司。[2]

岷州卫、洮州卫的相继建置,表明政府稳定控制安多藏区的决心,也反映了明初安多藏区的行政建制还处在调整完善阶段。其基本格局,大致在洪武朝已经定型。据《明史·兵志》《明史·地理志》,岷州卫隶右军都督府属的陕西都司。

松潘卫　明政府对川西北藏区的用兵和经营始于洪武十年(1377)。《明太祖实录》卷116载:

> 洪武十年十一月甲辰
>
> 四川威茂等处土酋董贴里叛,劫杀人民。命御史大夫丁玉为平羌将军,率师讨之。

十二月,丁玉平定威州,"诏置威州千户所守之"[3] 第二年二月,四川都司派指挥胡渊、童胜平定茂州,"乃诏立茂州卫,留指挥楚华将兵三千守之。渊等仍会平羌将军御史大夫丁玉,帅师征松潘等处"[4] 威、茂二地的平定和威州千户所、茂州卫的设立,打开了川西北藏区松潘的门户。

洪武十二年(1379)正月,丁玉讨平松州,[5]请立军卫。四月,明政府诏"置松州卫指挥使司"[6] 明太祖极为关注松潘局势。亲自敕谕丁玉说:"松州为西羌诸蛮要地,军卫不可罢。"[7]

---

〔1〕《明太祖实录》卷111。
〔2〕《明太祖实录》卷119。
〔3〕《明太祖实录》卷116。
〔4〕《明太祖实录》卷117。
〔5〕《明太祖实录》卷122。
〔6〕《明太祖实录》卷124。
〔7〕《明太祖实录》卷125。

随着松州卫的设立和军事威慑,明政府同时展开了对松潘藏区的招抚,并取得明显成果:

洪武十四年正月乙未

置松潘等处安抚司,以龙州知州薛文胜为安抚使,秩从五品。又置阿昔洞等十三族长官司,秩正七品。曰勒都族、阿昔洞族、北定族、牟力结族、蜡匝族、祈命族、山洞族、麦匝族、者多族、占藏先结族、包藏先结族、班班族、白马路族,以土酋傅益雪南等为各族副长官[1]

松州卫设立后,很好地履行着管辖川西北藏区的职责,清理户籍,额定土赋[2];纳马置驿,以供徭役[3]。但由于松州不宜屯种,卫所军卒所需的粮食等军用物资运输艰难,有人主张把松州卫移至成都西北的茂州。《明太祖实录》卷171载,上览奏曰:"松州卫,吾尝欲罢之,以其控制西番要地,不可动也。军士粮饷其令旁近州县运给之。"明太祖显然了解松州卫设卫驻军的诸多不便,但是从朝廷管辖川西北藏区的大局出发,"以其控制西番要地,不可动也",表现出一个最高统治者正确的战略选择。

洪武二十年(1387),明政府在川西北藏区的行政建制上做了两项重大的调整:一是"改松州卫为松潘等处军民指挥使司"[4],二是"改四川松潘安抚司为龙州"[5],使行政管理体系更趋完善、合理。洪武二十二年(1389),又"改四川龙州为军民千户所"[6],进一步理顺了行政关系。嗣后,松潘卫隶属的长官司有一些增益变化,但终明之世,川西北藏区在行政建制上始终维持洪武定制,相沿不改。

7.6

明代军制,"自京师达于郡县,皆立卫所。外统之都司,内统于五

---

〔1〕《明太祖实录》卷125。

〔2〕《明太祖实录》卷135。

〔3〕《明太祖实录》卷151。

〔4〕《明太祖实录》卷180。

〔5〕《明太祖实录》卷180。

〔6〕《明太祖实录》卷197。

·欧·亚·历·史·文·化·文·库·

军都督府"。所谓"边腹内外,卫所棊置,以军隶卫,以屯养军",构成了一套完整的军制体系。洪武二十六年(1393)定天下都司卫所,共计内外卫329,守御千户所65。后多增设、撤并、裁革、调整,卫所增至493,千户所增至395,另有"蕃边都司卫所"等470,是"洪武、永乐间边外归附者,官其长"的"羁縻卫所"。[1]《明史》单独立传的仅西域的哈密卫、安定卫等"塞外七卫"。

西番诸卫中,河州卫、洮州卫、岷州卫隶陕西都司,西宁卫隶陕西行都司(治甘州),松潘卫隶四川都司,非"羁縻卫所"是显而易见的。但由于安多藏区特殊的地理位置、复杂的民族构成及元代统治格局遗留的政治遗产,使明政府在该地区的行政建制、统辖治理显现出与普通卫所决然不同的特点。

首先,西番诸卫普遍实施军政合一体制。如河州洪武四年(1371)建卫,洪武六年(1373)正月,"河州卫请设州县,专掌钱粮。诏从其请,置河州各府、州、县。寻罢之"。[2]洪武七年(1374)七月,又"诏置西安行都指挥使司于河州,升河州卫指挥使司韦正为都指挥使",总辖河州、朵甘、乌斯藏三卫。[3]但两年后亦被裁撤。[4]至洪武十二年(1379),明政府在经历过反复试行之后,显然意识到府县制在河州这样的边卫地区有诸多不便,干脆宣布"改河州右卫指挥使司为河州军民指挥使司,革河州府",[5]进一步明确了河州卫军政合一体制的性质。这种军事民事统于一卫的管理体制,大约持续了100年。随着河州社会经济的发展、人口的增加以及河州在西北边防地位上的一些变化,河州等西番诸卫的军事管制局面必然也要做些调整。明宪宗成化九年(1473),复设河州,军民分治。[6]

又如安多藏区的岷州(今甘肃岷县)也曾设立过州县,《明史·西

〔1〕《明史》卷89、卷90《兵志》。
〔2〕《明太祖实录》卷78、《明史》卷90《兵志》。
〔3〕《明太祖实录》卷91。
〔4〕《明太祖实录》卷110。
〔5〕《明太祖实录》卷125。
〔6〕《明宪宗实录》卷123。

番诸卫传》追述这段历史时说:

> [洪武]二十四年设岷州,隶巩昌府。岷西临极边,番汉杂处。
> 洪武时,改土番十六族为十六里,设卫治之,俾稍供徭役。自设州
> 之后,征发繁重,人日困敝。且番人恋世官,而流官又不乐居,遥寄
> 治他所。越十余年,督抚合疏言不便,乃设卫如故。

这里所说的"自设州之后,征发繁重,人日困敝"恐非主要原因。
根本上还是岷州"西临极边,番汉杂处"的地理、民族环境。川西北藏
区的松潘,也是如此。洪武二十年(1387)"改松州卫为松潘等处军民
指挥使司"后,二十二年(1389)又"改四川龙州为军民千户所",还是顺
理到军政合一的轨道上。

其次,西番诸卫在职官配备上采用一种特殊的"土流参设制"。此
即《明史·西番诸卫传》上说的"又遣西宁等四卫土官与汉官参治,令
之世守"。

明清以来,河湟洮岷地区有一批大大小小的土司,他们世袭罔替,
雄踞一方,对当地社会产生过重大影响。但明代《土官底簿》《明史·
土司传》却不列甘青地区。这是笔者多年前接手国家社科基金项目
"甘青土司研究"时最感困惑的问题之一。认真解读,方知是明代西番
诸卫"土流参设制"的遗留物。直到近代,《清史稿》的纂修者才为甘青
土司立传,应是对甘青土司的认可。"流官"即"汉官",其身份为从征
驻防西北的明军将校;"土官"即"土司",其身份为归顺明朝的元故官
及当地的番族首领。"土流参设"即在军官组成上,实行"流官"与"土
官"的混合编制。流官由政府派遣,土官由子孙世袭。

从历史上考察,促使明政府在西番诸卫建立"土流参设制"的因素
很多,但根本一点,是这些地区复杂的民族状况和所处的战略地位。朱
元璋起兵江左,统一全国,建立明王朝,但败退于漠北草原的蒙古人始
终是明王朝的重要威胁,心腹大患。尤其使明代统治者担心的是"北
虏"与"西番"连成一片,导致中原两面受敌,难于应付。所以,明政府
对待"北虏"与"西番",首先是"拒虏抚番",其次是隔绝"虏番"。所谓
"备虏十九,备番十一"是很说明问题的。终明之世,这两条是作为既

定国策奉行的。处于汉藏走廊的河、湟、洮、岷一线,在明政府看来,既是"内华夏外夷狄"的一条缓冲地带,又是控制藏地、抚谕"诸番"的前哨阵地,隔绝"羌胡"的南翼防线。明代的统治者,不可能也不愿意把如此重要的战略要地交给那些当地的少数民族首领去管理控制。所以,西番诸卫尽管有元代敕封的大批土官,但明政府在这一地区并未推行单一的土司制度,也没有全部任命当地部族首领以建羁縻卫所。

然而,明王朝又不能不正视这一地区的现实:"西番,即西羌,族种最多,自陕西历四川、云南、西徼外皆是。其散处河、湟、洮、岷间者,为中国患尤剧。"而元代在河州建吐蕃宣慰司,对这些地区的统治,从根本上说,是通过任命各部族首领来实现的。"因其部落,官其酋长"。明太祖当然不可能照搬元人的一套做法,但是为了控制这一地区,保持稳定的统治秩序,又不能不妥善地安置明初归降的一大批元故官和各族首领。于是,我们看到,洪武四年正月河州卫宣布建置,何锁南普、朵儿只、汪家奴等归降的元故官立即被安插任职。一批批元代降官都成为卫所军官。在卫所军人"世官"的名义下,准予"子孙世袭其职",保持其原有的地位和世袭特权。但另一方面,明又驻重兵于西番诸卫,如河州,额定驻军超过普通军卫的一倍,统兵的大将宁正充任河州卫指挥使,执掌卫事。后河州卫改为军民指挥使司后,宁正已升任都指挥使,改由凤阳寿州人徐景任指挥使,[1] 权力始终掌握在统帅军队的汉人军官手中。"土流参设制",要害是以流管土,以土治番。

河州卫的建置是一个模式,它标志着朱元璋在甘青地区创立土流参设制的开始。继洪武四年河州卫建立,西宁、洮州、岷州等卫所次第设置,一批批元故官及各地的部族首领随即编入各个卫所,令之世袭世守。利用他们的势力和影响,控制"番众",稳定地方。而这些人为保持自己的特权和地位,亦效忠于明王朝,服从征调、守卫、朝贡、保塞之令。[2] 从明代历史考察,甘青川地区的土流参设制度,以流管土,以

---

〔1〕《河州志》(明)卷2。

〔2〕《清史稿》卷517。

土治番,是很有远见的一项战略措施,在安定西北方面,起到了积极的作用。

推行这种土流参设制的区域,据英宗正统二年(1437)"给陕西河州等八卫备边土官俸"[1]的记载,至少有八卫之多,大体分布在河、湟、洮、岷一带。而各卫的土流比例,恐怕不尽一致。目前可考的是庄浪卫,《万历庄浪汇记》中有"汉官指挥千百户共五十九员""土官指挥千百户二十六员"的记载。土官有职无俸。正统二年始有俸。流土各官月俸大致相等,但流官另一份可观的"折俸",在汉中府关领。

简单地考察了西番诸卫的土流参设制,可以看出大批少数民族上层对明王朝招谕的归顺,固然是为了保持其权势地位,但这一事实却表明,秦汉以来中央王朝对这些地区的开发经营,中原地区发达的物质文明及与西北地区的频繁交流,在安多藏区少数民族聚居区有着十分深远的影响,使他们极为重视与中原王朝的隶属关系。这对我国统一的、多民族的国家的形成和发展,有着积极的意义。

7.7

军政合一体系下土流参设制的确立,只是明王朝统治管理安多藏区的基本行政框架。如何有效地实施控制,还需要一系列相辅的政策和措施。从《明史·西番诸卫传》看,明王朝在安多藏区的政策措施是颇具特色且行之有效的,有积极经营开发边疆的意义。

7.7.1　因俗而治,尊崇藏传佛教

《明史·西番诸卫传》云:"初,西宁番僧三剌为书招降罕东诸部,又建佛刹于碾伯南川,以居其众。至是来朝贡马,请敕护持,赐寺额。帝从所请,赐额曰瞿昙寺。立西宁僧纲司,以三剌为都纲司。又立河州番、汉二僧纲司,并以番僧为之,纪以符契。自是其徒争建寺,帝辄赐以嘉名,且敕护持,番僧来者日众。永乐时,诸卫僧戒行精勤者,多授剌

---

〔1〕《明英宗实录》卷27。

麻、禅师、灌顶国师之号,有加至大国师、西天佛子者,悉给以印诰,许之世袭,且令岁一朝贡。"按,西宁、河州僧纲司的设立在洪武二十六年(1393)三月,[1]但明太祖似乎很早就注意到藏传佛教在蒙藏地区的影响和力量,早在洪武三年(1370)对西北用兵之处,即"命僧克新等三人往西域招谕吐蕃"[2]。洪武六年(1373),元摄帝师喃加巴藏卜归降明朝并举元国公南哥思丹八亦坚藏来京朝贡,直接导致了乌斯藏地区的归服和乌斯藏、朵甘卫指挥使司的设置。[3] 明政府不费一兵一卒而使辽阔的藏地纳入明帝国的版图,元摄帝师喃加巴藏卜是起了决定性作用的。从中也反映出元朝崇奉藏传佛教及"帝师之命与诏敕并行于西土"[4]国策的深远影响。

尊崇藏传佛教是明代和元代一脉相承的政策,但在具体实施中有大的调整和新的变化。首先,明代废止了元代帝师制,洪武六年,故元摄帝师喃加巴藏卜来朝,明太祖当即"改摄帝师为炽盛佛宝国师"[5]。皇权唯尊,僧权退出中枢权力机构,体现了明代极度强化中央集权的趋势。其次,一改元代独尊萨迦派使之凌驾于各教派之上的局面,予藏传佛教各派系以平等地位,以收分其势之效。因此,明代尊崇藏传佛教政策表现出多封众建的显著特点,"欲其率修善道,阴助王化"[6]的世俗目的十分明确,敕封各教派番僧的记载在明代历朝史不绝书,仅永乐一朝(1403—1424)受封的番僧就有五王、二法王、二西天佛子、九大灌顶国师、十八灌顶国师。[7] 正如正德年间礼部尚书刘春所言:

> 西番俗信佛教,故我祖宗以来,承前代之旧,设立乌斯藏诸司,阐化、阐教诸王,以至陕西洮岷、四川松潘诸寺,令化导夷人,许其朝贡。[8]

---

〔1〕《明太祖实录》卷226。

〔2〕《明太祖实录》卷53。

〔3〕《明太祖实录》卷79。

〔4〕《元史·释老志》。

〔5〕《明史》卷331《西域三》。

〔6〕《明史》卷331《西域三》。

〔7〕《明会要》卷78。

〔8〕《明武宗实录》卷125。

这里的"陕西洮岷、四川松潘",即指安多藏区。也就是说,安多藏区同乌斯藏地区一样,广为敕封僧人,兴建佛寺,设置僧官,给以名号,纳入朝贡,强化控制。

20世纪以来,国际藏学界将明代敕封卫藏、康区的大宝法王、大乘法王、大慈法王、阐化王、赞善王、护教王、阐教王、辅教王合称"八大法王",给予了相当大的关注与研究,并由此探讨明代的藏传佛教政策及与多教派的关系,但却很少注意到安多藏区的法王系统。

其实,由于安多藏区的地理区位和历史渊源,更容易贴近联络中央王朝,在与明王朝的政治、经济、宗教诸方面的关系上,表现得更为直接,更为活跃,更为紧密。仅就明朝敕封藏传佛教最高规格的法王系统,安多藏区就有七大法王,其最著名如大敏法王端竹领占、大悟法王札巴坚参、大敬法王领南坚参、大应法王札实巴等。其他敕封西天佛子、大国师、国师、尚师、禅师者不可胜记。

从《明史·西番诸卫传》及明代史料看,明代敕封的各级僧人不仅拥有佛教封号,且多担任宗教管理的世俗职务,即都纲、僧纲、僧正等世职。更甚者,有一批僧官如同西番诸卫的土官一样,享有"世袭其职"的特权,或叔侄相传,或"兄为僧纲,弟为土司",形成明清以来甘青地区特有的僧职土司家族。多年前,我在《安多藏区僧职土司初探》[1]一文中,初步考察探究过中国土司制度发展史上的这一特例。现在看来,它是明清王朝经略安多藏区宗教政策方面的重要一环,在继承调整元代的帝师承袭制合理内核的基础上,推及"多封众建",造成各教派平衡、各宗教势力互不统属的有利控制状态。这一政策的实施,无异于在安多藏区组织了一支披着袈裟的僧侣队伍,他们接受皇帝封号,"自通名号于天子",定期朝贡,效忠政府,不仅用宗教的力量收揽人心,安定地方秩序,而且领受政府差遣,执行多种世俗的使命。他们受命招抚番族部落,参与对安多藏区的军事行动和茶马贸易活动,并频繁地出入乌斯藏地区,代表明政府密切与乌斯藏的联系交流。从有明一代的汉

---

[1]载《西北民族研究》,1994年第1期。

藏关系看,安多藏区的番僧发挥了无可替代的中介桥梁作用,以共同信仰的宗教为纽带,强化了政府对全藏区的控制与经营,于中国多民族大家庭的形成有积极意义,故清代明史馆臣也承认"以太祖制驭为善"。

7.7.2 实施"岁一朝贡"制度,"自达名号于天子"

朝贡是历代中原王朝对周边地区领属关系的象征。明朝自不例外,洪武初就开始制定朝贡制度,其中,对安多藏区的朝贡规定尤为特殊。《明史·西番诸卫传》云:西番诸卫的番僧、土官"许之世袭,且令岁一朝贡。""其它种族,如西宁十三族、岷州十八族、洮州十八族之属,大者数千人,少者数百,亦许岁一朝贡。"

明代的朝贡制度,本身是一项政治领属关系名义下的经济活动,因其笼络羁縻的政治目的,"宁厚勿薄",厚赐来者。这种随意性完全违背商品的等价交换原则,形成依附于政治的畸形经济贸易形态。立国之初,"以不战为上兵,以羁縻为奇计",笼络收服的政治目的达到了,但"祖宗成法"行之既久,弊端日渐突现。厚利驱使下的"朝贡"贸易呈现膨胀扩散发展态势,首先出现的问题是西番诸卫的"冒贡"。《明史·西番诸卫传》云:

> 成化三年,陕西副使郑安言:"进贡番僧,自乌斯藏来者不过三分之一,余皆洮、岷寺僧诡名冒贡。进一羸马,辄获厚值,得所赐币帛,制为战袍,以拒官军。本以羁縻之,而益致寇掠,是虚国帑而赏盗粮也。"章下礼部,会廷臣议,请行陕西文武诸臣,计定贡期、人数及存留、起送之额以闻,报可。已而奏上,诸自乌斯藏来者皆由四川入,不得径赴洮、岷,遂著为例。

成化三年为 1467 年,距明朝立国(1368)刚好百年,西番诸卫寺僧"冒贡"问题已严重到非解决不可的程度。然"会廷臣议"的对策也只限于改变乌斯藏的贡道,实际上只是治标不治本的权宜之计。

处置了"冒贡"问题,"滥贡"的问题又突现出来。《明史·西番诸卫传》谈到,(成化)八年,礼官言:"洮、岷诸卫送各族番人赴京,多至四千二百余人……"当时,"冒贡""滥贡"的日趋严重,根本上还是制度本身的问题。贡、赐之间巨大的经济差额,必然驱动违法、违例的朝贡,一旦国家政令松弛,自然会酿成严重的社会问题。"回赐"的数量愈大,政府的财政负担愈重。无序失控的"冒贡""滥贡",已造成明代中期财政危机的一个重要因素。这是我们在研究明代的朝贡制度及汉藏关系中不能不注意的一个问题。

7.7.3 以茶易马,经济上强化控制

明代与西番地区的茶马贸易,已有不少研究成果,相关著述亦颇多涉及,不再赘述。但应指出的是:

(1)中原王朝与周边少数民族之间的茶马贸易,并不始于明,所谓"以摘山之利而易充厩之良",唐宋即已有之。然而将这种贸易制度化、体系化而作为政府的一件大事来抓,是明代。无论就其主导思想、管理体制,还是政策调整、贸易规模,都达到前所未有的成熟与完备。可以说,明代的茶马贸易,是趋于成熟达于鼎盛的一项经济活动,所体现的封建王朝统治之下的民族关系是十分突出而典型的。

(2)研究者尚未注意到,明朝初建,对安多藏区的茶马贸易曾经过一个短暂的"市马"阶段。此即《明史·西番诸卫传》所述:"帝以西番产马,与之互市,马至渐多。而其所用之货与中国异,自更钞法后,马至者少,患之。"显然,易代之际的货币更变,边远地区接受推行还有个过程,"马至者少"应是正常的。但明初对蒙古的征伐、防御又急需大量战马。明太祖适时调整,改"市马"为"茶马",以实物交换。"茶马""绢马"贸易初期,明政府"率厚其值以偿"的策略,明显是在激励活跃马贸易的市场。

(3)当"厚值"市马、拉拢诸番的工作取得一定成效,西番地区日渐稳定时,封建统治者奴役各族人民的本性就暴露出来了。这在洪武十六年朱元璋给松州卫指挥金事耿忠的敕谕中就已有所流露。朱元璋说:"西番之民,归附已久,而未尝责其贡赋。闻其地多马,宜计其地之多寡以出赋。如三千户则三户共出马一匹,四千户则四户共出马一匹,

定为土赋。庶使其知尊君亲上奉朝廷之礼也。"[1]这里所说的"三千户则三户共出马一匹,四千户则四户共出马一匹"的设想,是毫无道理的。但"征赋"的意思是说得再清楚不过了。所以,洪武二十五年(1392)三月,"遣尚膳太监而聂,司礼太监庆童赍敕往谕陕西河州等卫所属番族,令其输马,以茶给之"[2]。由"市马"演变为"令其输马,以茶给之",已明显表现出明政府茶马贸易政策的根本性变化。此终于导致了洪武二十六年金牌信符制的颁布施行:

洪武二十六年二月癸未

遣使往西凉、永昌、甘肃、山丹、西宁、临洮、河州、洮州、岷州、巩昌沿边诸番,颁给金铜信符。敕谕各族部落曰:"往者朝廷或有所需于尔,必以茶货酬之,未尝暴有征也。近闻边将无状,多假朝命扰害尔等,使不获宁居。今特制金铜信符,族颁一符。遇有使者征发,比对相合,始许承命。否者,械送京师,罪之。"[3]

分析一下这条材料,不难发现:金牌信符制的施行区域,大体在今河西走廊及河、湟、洮、岷一线,正是明政府"断匈奴右臂"的防线。毫无疑问,金牌信符制是作为"隔绝羌胡"的重要手段来强化对这一地区控制的。第二,敕谕多少反映了当时"边将无状,多假朝命扰害"番民的真实情况。第三,在敕谕冠冕堂皇的言辞背后,宣布了政府的明确方针,"市马"变为"征发",以金牌信符的"比对相合",实行国家垄断,不许他人插手。为此,明政府三令五申,严禁茶叶走私。对于违反禁令贩卖私茶的人,处以严酷的刑罚。连驸马都尉欧阳伦也因私茶"坐死"。

所谓"金牌",实一铜牌。《明史·食货志》云,篆文上曰"皇帝圣旨",左曰"合当差发",右曰"不信者斩"。实际上,这仅是铜牌背面的文字。据河州地区一家土司所藏铜牌实物,正面尚有编号和"信符"二汉字。[4]"下号金牌降诸番,上号藏内府以为契。三岁一遣官合

---

[1]《明太祖实录》卷151。

[2]《明太祖实录》卷217。

[3]《明太祖实录》卷225。

[4]《循化志》卷5。

符。"[1]无疑,这种铜牌还带有炫耀武力、弹压"番夷"、协调关系等多种使命。

那么,金牌信符制度下的马价如何呢?明代与西番地区的茶马贸易,因时因地,马价各不相同,差异很大。总的来说,金牌制下的马价偏低。我们举永乐年间河州的一个数字:

永乐八年十一月己丑

镇守河州卫陕西都指挥同知刘昭奏:"陆续收到河州卫个番族马七千七百一十四匹。上马每匹茶六十斤、中马四十斤,下马递减之。……"[2]

以当时的物价计。所纳"差发"马的马价,最好的"上马",折银还不足4两。这完全是国家控制下的一种不等价交易。而在统治阶级看来,这是理所应当的。明代一谈起 朱元璋创设的金牌信符制度,无不交口称颂。弘治年间,御史大夫杨一清督理马政,他在"议复茶马旧制"的奏疏中说道:"……所谓以摘山之利而易充厩之良,戎人得茶不能为我害,中国得马足以为我利。计之得者,宜出无此。至我朝纳马,谓之差发,如田之有赋,身之有庸,必不可少。彼既纳马,而酬之以茶斤,我体既尊,彼欲亦遂,较之前代曰互市、曰交易,轻重得失,较然可知。"他又说:"以马为科差,以茶为价,使知虽远外小夷,皆王官王民,志向中国,不敢背叛。且如一背中国则不得茶,无茶则病且死,是以羁縻之贤于数万甲兵矣。此制西番以控北虏之上策。前代略之,而我朝独得之矣。"[3]其实,国家控制下的这种不等价交易,弊病是很多的。首先,不等价交易的剥削,最后都落在诸番的下层牧民头上,引起普遍的逃亡。即使是在明代的官方记录中,逃避差发马的事实亦屡见不鲜。其次,不管政府颁布什么样的严酷的刑罚,都禁止不了私茶。政府压低差发马价,使得贩卖私茶成为一项极有利可图之事。茶叶走私已变成一股不可遏止的潮流。金牌信符制颁布后,政府严厉打击走私而走私

---

[1]《明史》卷80《食货四》。

[2]《明太祖实录》卷110。

[3]《明经世文编》卷115《杨石淙奏疏》。

·欧·亚·历·史·文·化·文·库·

之风愈炽,是很说明问题的。从这个意义上讲,金牌信符制对西北少数民族地区和中原地区的交流往来是一个障碍。宣德以后,政府不得不放弃。《明史·食货志》将金牌制的废止归结为"番人为北狄所侵略,徙居内地,金牌散失"是不确切的。实则是这种制度自身行不通。

(4)宣德以后,明代政治日渐腐败,军事形势日益恶化。因之,对与西北少数民族地区的茶马贸易,已失去章法。"听其以马入贡"而给予赏赐,在茶马贸易中占的比重愈来愈大。茶禁亦时严时弛,无定例。市马日益亏损,严重地影响到明王朝的国防力量。终明之世,政府主持下的茶马贸易,再也没有起色。相反的,民间贸易日渐兴盛,继续着中原地区和西北少数民族地区的经济联系。

7.8

审读《明史·西番诸卫传》,不难发现,作为元明清三朝经营治理藏区的中介环节,明代的治藏方略有承前启后的意义。

首先,明代一改元代统治藏区三大宣慰司的行政区划格局,析出吐蕃等处宣慰司辖地,改设"西番诸卫",将元吐蕃等处宣慰司统辖的安多藏区以卫所建置收事权于中央五军都督府,分隶于陕西都司、四川都司,变更了元代大藏区的行政布置,从地理区位、行政管理上形成压制缩小态势。明代西番诸卫的设立与管理,无异建立了联系控制西藏的基地与桥梁。同时,这也为明代中期以后安多藏区郡县化奠定了基础,开启了清代治理安多藏区的先河。无论从边疆开发还是加强汉藏联系、促进统一的多民族国家的形成等各个层面上讲,明太祖创设西番诸卫是元代治藏政策的一大调整和一大进步。

其次,明代西番诸卫的战略地位对明王朝有双重含义,它既是"北拒蒙古,南捍诸番""隔绝羌胡"的南翼防线,又是汉藏交通的要道之一。其设置与经营治理,有重要的战略意义,控制与稳定为其基本目标。因之,明代对西番诸卫的政策,呈现出特殊性、灵活性的显著特点,基本思想是"因俗而治""因势利导"。政治、经济、军事、宗教手段并重,政策是慎密而有成效的,影响深远,及于清而延至近代。而西番诸卫的稳定,维护保证了中央王朝与西藏的联系,加强与推进了汉藏政治、经济、文化交流。

第三,明代的西番诸卫,不仅履行守边保塞之责,而且受征调频繁地参与明王朝在西北的军事行动,对保卫边疆、稳定西部、维持古丝绸之路的通畅,发挥了重要作用。永乐末,派中官乔来喜、邓诚出使西域,在今青海、新疆交界处遭安定、曲先番寇劫掠,乔来喜、邓诚遇害。仁宗继位之洪熙元年(1425)八月,即命陕西行都司土官都指挥李英与必里卫土官指挥康寿讨之,"英等率西宁诸卫及隆奔国师贾失儿监藏、散丹星吉等十二番族之兵"[1]进击,逾昆仑山西行数百里,至雅令阔之地,多所俘获,受到明廷嘉奖。李英率西宁卫土官、番僧、番兵出征只是明代西番诸卫参与政府军事行动之一例。据近世张维《甘肃青海土司志》统计,西番诸卫的土官、土兵,"明代征调,多至百余次"。见载于《明史·兵志》的"庄浪鲁家军",就是"旧隶随驾"的由鲁土司家族世袭指挥随时听明政府征调的一支特种部队。

清代顺康雍三朝近百年间,定鼎中原的满族统治者稳定局势,理顺关系,修明内政,开拓疆域,表现了一个新兴政权的勃勃生气和进取精神。至乾隆朝纂修《明史》,迫切需要总结前朝得失,以资借鉴。《西番诸卫传》的设置和编纂,存真求实,颇具匠心,是对明王朝治藏方略的一个回顾与系统料理。明史馆臣有段结论性的叙述:

> 原夫太祖甫定关中,即法汉武创河西四郡隔绝羌、胡之意,建重镇于甘肃,以北拒蒙古,南捍诸番,俾不得相合。又遣西宁等四卫土官与汉官参治,令之世宁。且多置茶课司,番人得以马易茶。而部族之长,亦许其岁时朝贡,自通名号于天子。彼势既分,又动于利,不敢为恶。即小有蠢动,边将以偏师制之,靡不应时底定。自边臣失防,北寇得越境阑入,与番族交通,西陲遂多事。然究其时之所患,终在寇而不在番。故议者以太祖制驭为善。

---

[1]《明宣宗实录》卷7。

115

·欧·亚·历·史·文·化·文·库·

出自封建史家笔下的评议，自然不免其固有的民族歧视与偏见，但对明王朝设立和经营西番的措施、意义的总结，仍不失公允，足以借鉴于当时。

通过对《明史·西番诸卫传》的解读诠释，我们认为，明王朝的治藏方略，在元代格局的基础上，有许多创造性、建设性的拓展，开启了清代强化管理藏区的先河，有利于统一的多民族国家的形成和发展。可以说，明代西番诸卫是安多藏区历史变迁中的重要阶段。研究《明史·西番诸卫传》的意义，正在于此。

(《中国藏学》,2006 年第 4 期。)

8 明代的河州卫

明代学者解缙洪武间谪居河州(今甘肃临夏)时,曾写过一首题为《镇边楼》的七绝,诗云:"陇树秦云万里秋,思亲独上镇边楼。几年不见南来雁,真个河州天尽头。"诗虽平平,但"河州天尽头"句,颇反映了明人的观念。由于明王朝是一个汉族人建立的中原王朝,它对地域辽阔、民族复杂、交通梗阻的西北地区的经营管理,必然受到很大的局限。因此,我们看到,在中世纪晚期的亚洲舞台上,明王朝既丧失了蒙元进军西北、横扫中亚的宏伟气魄,又缺乏清帝国前期大规模开发经营西北边疆的勃勃生气,拘谨防御的"备边"思想,始终是明王朝西北政策的主干。而作为"关陇藩翰"的河湟洮岷一线,在明代的西北防务中,不仅占有十分特殊的地位,而且,这些地区自身复杂的民族状况,又使明王朝的边疆政策,表现出显著的民族倾向和地方特色。故清修《明史》,把河州、西宁、洮州、岷州等"番族诸卫"合称"西番诸卫"列入《西域传》,是颇具眼光而深得其奥的。

本文拟就明代河州卫的建置沿革、开发经营做一初步清理,以区域性的研究,剖析《明史·西番诸卫传》。

8.1

据《元和郡县图志》《元丰九域志》,河州为"禹贡雍州之域,古西羌地也",两汉名枹罕,属金城郡。前凉张轨立为晋兴郡。张骏二十一年(344)分置,以《禹贡》"导河积石,至于龙门"之积石为州界,始称河州。乞伏炽磐曾都于此。后魏平定秦陇,改置枹罕镇。孝文帝太和十六年(492),改镇复为河州。隋大业三年(607)罢州改为枹罕郡。唐高

·欧·亚·历·史·文·化·文·库·

祖武德二年(619)讨平李轨,改置河州。唐代宗宝应元年(762),陷于吐蕃。北宋神宗熙宁六年(1073),收复仍旧置。[1] 元代为河州路,先属巩昌总帅府,至元六年(1269),"以河州属吐蕃宣慰司都元帅府"。[2]

河州是古西羌地,"族种最多",民族情况本来就很复杂。经历了魏晋时代民族迁徙融合大冲击后,又被吐蕃控制了三百余年。毫无疑问,"吐蕃化"的态势是时代主流。较之中原内地,唐宋以来河州与藏族地区的政治、经济、文化联系,似乎更为直接而紧密。在这里,民族的血缘的纽带,表现得更加强烈,部族制的社会结构日趋稳定。但是另一方面,包括河州在内的河、湟、洮、岷地区又处于十分重要的战略地位,中原王朝视之为"西北屏藩",吐蕃人则视之为通向中原内地的桥梁。事实上,自吐蕃民族兴起后,这一线已成为吐蕃与中原直接接触发生关系的交汇点。对此,中原王朝从不掉以轻心,吐蕃人亦不敢等闲视之。所以,元朝尚未立国的宪宗三年(南宋理宗宝祐元年,1253),蒙古人即建吐蕃宣慰司都元帅府于河州。并在元世祖至元六年,从陕西行中书省巩昌总帅府属下析出河州,直接划归吐蕃宣慰司,统辖洮、湟、黎、雅诸州,隶属于中央政府宣政院,从行政建制上,完善了统治藏地的体系,使河州成为管理卫藏以外藏区的一个军事重镇。元英宗至治以后,吐蕃宣慰司都元帅改由吐蕃上层人物担任。很显然,蒙古人是充分意识到河州的特殊地位的。

蒙古人统治的百余年间,河州在加强中原与藏地的联系上发挥了更大的作用。同时,这一地区的民族构成也有一些新的变化。蒙古人、汉人的成分有所增加,并在伊斯兰化进程中,形成新的民族共同体,如东乡、保安等族,还有一些新的部族的迁入。像早先生活在中亚的乌古斯部的撒鲁尔人,就是在元代辗转进入河州地区的。后来形成一个新的民族——撒拉族。加之藏传佛教在蒙古人中的广泛传播,使得元代

---

〔1〕以上见《元和郡县图志》卷39,《元丰九域志》卷3。

〔2〕《元史》卷60《地理志》。

的蒙藏关系更为紧密。可以说,到公元1369年,明王朝进军西北时,蒙古人在河州一带的影响及当地民族构成的复杂程度,更甚于以往。

　　洪武二年(1369),朱元璋命令徐达进军西北。徐达会诸将在凤翔议师所向,确定了先攻临洮的战略方针。一路破竹,连下巩昌、安定等地。接着,李思齐以"西通番夷,北界河湟"的陇右重镇临洮府降明,河州及洮、岷一线已暴露在明军的军事攻击之下。当时河陇一带的吐蕃人曾力图反击,夺回临洮,《明实录》中就有这样的记载:

　　　　洪武二年七月丁未

　　　　西蕃达达寇临洮,会宁指挥杨广击走之[1]。

　　　　洪武二年九月乙卯

　　　　吐蕃寇临洮,屯于洮河原,指挥韦正率兵御之[2]。

　　见于史籍的吐蕃部落对明军的这两次军事行动,都发生在朱元璋遣使招谕吐蕃的五月之后。元朝灭亡,顺帝败退漠北,也已二年。深受蒙古人优待的吐蕃上层,仍然是忠于蒙元王朝的。

　　"吐蕃未即归命",而且不断发动反击,并未影响朱元璋"招谕为主,军事行动为辅"的战略决策。洪武三年(1370)五月,明"左副将军邓愈自临洮进克河州",军事上取得了决定性的胜利。然后"遣人招谕吐蕃"[3]。在这之前,还派出归明的元陕西行省员外郎许允德招降吐蕃。针对吐蕃笃信藏传佛教的特点,又"命僧克新等三人往西域招谕吐蕃"[4],在这些使者中,最引人注目的是许允德,由于他元故官的身份,而取得了吐蕃上层的信任,替明政府招抚了吐蕃宣慰使何锁南普等一大批元朝委任的吐蕃首领,并使元宗室、镇西武靖王卜纳剌归降,从而,为明王朝在河湟一带建立西蕃诸卫所铺平了道路。《明太祖实录》卷53载:

　　　　洪武三年六月乙酉[5]

〔1〕《明太祖实录》卷43。
〔2〕《明太祖实录》卷45。
〔3〕《明太祖实录》卷52。
〔4〕《明太祖实录》卷53。
〔5〕《明史》卷330将何锁南普的归降时间系于洪武三年五月,恐误。

·欧·亚·历·史·文·化·文·库·

故元陕西行省吐蕃宣慰使何锁南普等,以元所授金银牌印宣敕诣左副将邓愈军门降,及镇西武靖王卜纳剌亦以吐蕃诸部来降。先是,命陕西行省员外郎许允德诏谕吐蕃十八族、大石门、铁城、洮州、岷州等处,至是,何锁南普等来降。

攻克河州和何锁南普等一大批元朝委任的吐蕃首领的归降,表明了朱元璋决策的成功,同时,在藏族地区也产生了深远的影响,中原通向藏地的门户被打开了。"于是,河州以西、甘朵(当为朵甘)、乌斯藏等部皆来归,征哨极甘肃西北数千里始还。"[1]这时,在原吐蕃宣慰司所在地的河州及其统辖区,建立什么样的一种行政体制,就成为一个至关重大的问题被提到议事日程上来了。

8.2

洪武三年(1370)六月,何锁南普归降。十二月底,何锁南普到南京进马及方物,受到明政府的礼遇,"帝喜,赐袭衣"[2]。十天之后,即洪武四年(1371)正月辛卯,朱元璋就决定建河州卫指挥使司,"以何锁南普为河州卫指挥同知,朵儿只、汪家奴为佥事。……仍令何锁南普子孙世袭其职"[3]。

《明史·兵志》云:"明以武功定天下,革元旧制,自京师达于郡县,皆立卫所。外统之都司,内统于五军都督府,而上十二卫为天子亲军者不与焉。征伐则命将充总兵官,调卫所军领之;既旋则将上所佩印,官军各回卫所。盖得唐府兵遗意。"[4]所谓"边腹内外,卫所棊置,以军隶卫,以屯养军"[5],构成了明代军制的一套完整体系。洪武二十六年(1393)定天下都司卫所,共计内外卫三百二十九,守御千户所六十五。后多所增改,卫增至四百九十三,千户所三百五十九。另有"蕃边都司

---

〔1〕《明史纪事本末》卷10。

〔2〕《明史》卷330。

〔3〕《明太祖实录》卷60。

〔4〕《明史》卷89。

〔5〕《明史》卷90。

卫所"等四百七,是"洪武、永乐间边外归附者,官其长"的所谓"羁縻卫所"。[1] 如东北奴儿干都司所属三百八十四卫、二十四所,西北的塞外六卫及乌斯藏都指挥使司、朵甘卫都指挥使司等。河州卫属右军都督府陕西都司管辖,非"羁縻卫所"是不言而喻的。但是,处在明政府"内华夏外夷狄"分界线上的一个边卫,河州卫担负的任务不同,行政建制上与腹内诸卫也有很大的差异(详后)。

河州建卫后的相当时期,事实上仍履行着元代吐蕃宣慰司都元帅府的职责,甚至还有所扩大。这在明初的史料中是有反映的。如:

洪武五年四月丁酉

河州卫言:"乌斯藏帕木竹巴故元灌顶国师章阳沙加,人所信服。今朵甘赏竹监藏与管兀儿相仇杀,朝廷若以章阳沙加招抚之,则朵甘必内附矣。"中书省以闻。诏章阳沙加仍灌顶国师之号,遣使赐玉印及彩缎表里,俾居报恩寺化导其民。[2]

洪武六年二月癸酉

以摄帝师喃加巴藏卜为炽盛佛宝国师。先是遣员外郎许允德使吐蕃,令各族酋长举故官至京授职,至是喃加巴藏卜以所举故元国公南哥思丹八亦监藏等来朝贡,乞授职名。……未几,喃加巴藏卜等辞归,命河州卫镇抚韩加里麻等持敕同至西番,诏谕未附土酋。[3]

洪武六年十月乙酉

河州卫言:"朵甘思宣慰赏竺监藏举西域头目可为朵甘卫指挥同知、宣抚司、万户、千户者二十二人。"诏从其请,命铸分司印与之。[4]

何锁南普本人也因奉使乌斯藏而受到朱元璋的表彰。河州卫或者向中央政府反映全藏区的情况,或者受中央政府委派诏谕未附的吐

---

〔1〕《明史》卷90。

〔2〕《明太祖实录》卷73。

〔3〕《明太祖实录》卷79。

〔4〕《明太祖实录》卷85,内"宣抚司"似为"宣抚使"之误。

蕃首领,甚至一些国师、卫所官员的任命,亦由河州卫拟请申报,实际上起着联系明政府与藏地的桥梁作用。正因为如此,明政府一度在河州建立西安行都指挥使司,以便更好地行使对藏地的管辖。《明太祖实录》卷91载:

> 洪武七年七月己卯
>
> 诏置西安行都指挥使司于河州,升河州卫指挥司[1]韦正为都指挥使,总辖河州、朵甘、乌斯藏三卫。升朵甘、乌斯藏二卫为行都指挥使司,以朵甘卫指挥同知琐南兀即尔、管招兀即儿为都指挥同知。

朵甘、乌斯藏二卫虽上升为行都指挥使司,但仍由镇守河州的都指挥使韦正"提调"。河州的行都司工作了两年便被裁撤,洪武九年(1376)"罢西安行都指挥使司。"[2]后虽重新恢复,但已不设在河州了。十二年(1379)"复置陕西行都指挥使司于庄浪。后徙至甘州"[3]。

明初,河州也曾设立州县,司民事,掌钱粮,然"寻罢之"。[4] 州县的建置在当时的河州,似无多大必要。河州卫既掌军事,亦兼管民事,实施边境地区的军事管制。洪武十二年,明政府宣布"改河州右卫指挥使司为河州军民指挥使司,革河州府"[5],更进一步明确了河州卫军政合一的性质。永乐时,解缙在谈到河州行政建制上的这些变迁时说:

> 国初置陕西行都司于河州,控西夷数万里,跨昆仑,通天竺,西南距川,入于南海。元勋大臣先后至其处,军卫既肃,夷戎率服,通道置驿,烟火相望。乃罢行都司,革河州宁河等府县,设军民指挥使司治之,与中原郡县等[6]

解缙说的河州卫军民指挥使司"与中原郡县等",实际上指的就是

---

〔1〕此"指挥司"应为"指挥使"。

〔2〕《明太祖实录》卷110。

〔3〕《明太祖实录》卷122。

〔4〕《明太祖实录》卷78,洪武六年正月庚戌条。

〔5〕《明太祖实录》卷127。

〔6〕《明经世文编》卷11。《解学士文集·送习贤良赴河州序》。

河州卫履行着中原地区郡县的职责。这种军事民事统于一卫的管理体制,大约持续了一百年。随着河州社会经济的发展,人口的增加以及河州在西北边防地位上的一些变化,河州的军事管制局面必然也要做些调整。明宪宗成化九年(1473),复设河州,军民分治:

> 成化九年十二月癸酉
>
> 复设陕西河州及文县、礼县。巡抚都御史马文升奏:"陕西布政司原有河州及文县、礼县。后革河州,而以其民属河州卫,又以卫为军民指挥使司;革文县,而以其民属文县千户所;革礼县,而以其民属秦州。然各州、县所管辖者皆土达人户,实被军职扰害,且地相隔远,赋役不便。乞复河州,仍隶临洮府,除知州、同知、吏目各一员,专除判官各一员,监收河州卫仓粮。……"从之。[1]

马文升指出的"实被军职扰害"和"赋役不便",的确道出了军管的流弊,到了一定时候,设立州县也就势在必行了。

明代河州卫统辖的千百户所,亦有一些变化。《明史·西番诸卫传》云:"设千户所八、百户所七,皆命其酋长为之。"这个数字是不确切的。《明太祖实录》卷60曾列有河州建卫后所属千百户所的名称:

> 置千户所八:曰铁城、曰岷州、曰十八族、曰常阳、曰积石州、曰蒙古军、曰灭乞军、曰招藏军;军户千户所一:曰洮州;百户所七:曰上寨、曰李家五族、曰七族、曰番客、曰化州等处、曰常家族、曰爪黎族;汉番军民百户所二:曰阶文扶州、曰阳呕等处。

对照《明史》和《明实录》中的这两条材料,我们不难看出,《明史》在采撷《明实录》的这条材料时,出现了一个失误:脱漏了"军户千户所一"和"汉番军民百户所二"。这样一来,河州卫初建时,实际统辖的千户所百户所各为九个。当然,这些千户所还有一些升降变迁,如洮州千户所、岷州千户所,以后都上升为卫。但河州卫以后还陆续增置过一些千百户所,据《明实录》的记载,《明史》漏载而可考的千户所有:

(1)必里千户所

---

[1]《明宪宗实录》卷123。

123

洪武四年十一月丁丑

置必里千户所,属河州卫。以朵儿只星吉为世袭千户。必里在吐蕃朵甘思境,故元设必里万户府,朵儿只星吉为万户。至是来降,河州卫指挥使韦正遣送至京,故有是命。[1]

必里千户所在永乐初升为卫,事具《明太宗实录》卷20。

(2)喃加巴千户所

洪武八年正月辛巳

河州卫请以喃加巴总管府为喃加巴千户所,酋长阿乱等六人为千百户。从之。[2]

(3)失保赤千户所

洪武八年五月戊辰

置失保赤千户所,以答儿木为正千户,世袭其职,隶河州卫。[3]

(4)川卜族千户所

永乐元年五月辛巳

设川卜族千户所,隶河州卫,以头目会真奔等为千百户,给印、诰,赐冠带、织金文绮袭衣。[4]

增置的百户所,因史籍缺略,多不可考了。

8.3

如前所述,河州卫既非"羁縻卫所",全由当地部族首领充任卫官。但与腹里诸卫相比,行政建制上又有很大的差异。这种差异,主要表现在卫官的组成上,是"汉官"和"土官"的混合编制。也就是西番诸卫所独有的"土流参设制"。《明史·西番诸卫传》云:"又遣西宁等四卫土

---

〔1〕《明太祖实录》卷69。
〔2〕《明太祖实录》卷96。
〔3〕《明太祖实录》卷96。
〔4〕《明太宗实录》卷20。

官与汉官参治,令之世守。"

从历史上考察,促使明政府在河州及其他西番诸卫建立"土流参设制"的因素很多,但根本的一点是,这些地区复杂的民族状况和所处的战略地位。朱元璋起兵江左,统一全国,建立明王朝,但败退于漠北草原的蒙古人始终是王朝的主要威胁,心腹大患。尤其使明代统治者担心的是"北虏"与"西番"连成一片,以致中原两面受敌,疲于应付。所以,明政府对待"北虏"与"西番",首先是"拒虏抚番",其次是隔绝"虏番"。所谓"备虏十九,备番十一""制西番以控北虏"表述的就是政府明确的战略思想和策略布置。终明之世,这两条是作为既定国策奉行的。"原夫太祖甫定关中,即法汉武创河西四郡隔绝羌胡之意,建重镇于甘肃,以北拒蒙古,南捍诸番,俾不得相合。"[1]河、湟、洮、岷一线,在明政府看来,既是"内华夏外夷狄"的一条缓冲地带,又是控制藏地、抚谕"诸番"的前哨阵地,隔绝"羌胡"的南翼防线。明代的统治者,不可能也不愿意把如此重要的地区交给那些当地的少数民族首领去管理控制。传统的根深蒂固的民族偏见,封建统治者"家天下"的狭隘意识,总使他们对"远方蛮夷"心怀疑惧,这是他们永远也无法克服的。所以,河州及其他西番诸卫,尽管有元代敕封的大量土官,但明政府在这一地区并未推行土司制度,也没有全部任命当地民族首领以建羁縻卫所,实行间接统治。

然而,明王朝又不能不正视这一地区的现实:"西番,即西羌,族种最多,自陕西历四川、云南、西徼外皆是。其散处河、湟、洮、岷间者,为中国患尤剧。汉赵充国、张奂、段颎,唐哥舒翰,宋王韶之所经营,皆此地也。"[2]而元代在河州建吐蕃宣慰司,对这些地区的统治,从根本上说,是通过任命各民族部族首领来实现的。朱元璋当然不可能照搬元人的一套做法,但是为了控制这一地区,保持这一带的统治秩序,又不能不妥善地安置明初归降的一大批元故官和各族首领。于是,我们看

---

[1]《明史》卷330。
[2]《明史》卷330。

·欧·亚·历·史·文·化·文·库·

到,洪武四年(1371)正月河州卫宣布建置,何锁南普、朵儿只、汪家奴等归降的元故官立即被安插任职。六月,"以吐蕃来降院使马梅为河州卫指挥佥事,故元宗王孛罗罕、右丞朵立只答儿为正千户,元帅克什巴卜、同知卜颜歹为副千户,同知管不失结为镇抚百户"[1] 九月,又"以故元降臣汪瓦尔间为河州卫指挥佥事,赐文绮、袭衣"[2]……一批批元代降官都成为卫所军官。在卫所军人"世官"的名义下,准予"子孙世袭其职",保持其原有的地位和世袭特权。但另一方面,明又驻重兵于河州,率兵的大将宁正充任河州卫指挥使,执掌卫事。后河州卫改为军民指挥使司后,宁正已升任都指挥使,改由凤阳寿州人徐景任指挥使,[3]权力始终操控在统帅军队的汉族军官手中。所以"土流参治",明显蕴含着以流管土的控制机制。

可以认为,河州卫的建置是一个模式,它标志着朱元璋在甘青地区创立土流参设制的开始。继洪武四年河州卫建立,西宁、洮州、岷州、庄浪、临洮等卫所次第设置,一批批元故官、土官及各地的部族首领随即编入各个卫所,令之世守。利用他们的势力和影响,控制"番众",稳定地方。而这些人为保持自己的特权和地位,亦效忠于明王朝,服从征调、守卫、朝贡、保塞之令,有"捍卫之劳,无悖叛之事"[4]。从明代历史上考察,甘青地区的土流参设制度,以流管土,以土治番,是很有远见的一项战略措施,在安定西北方面,起了积极的作用。

推行这种土流参设制的区域,据英宗正统二年(1437)"给陕西河州等八卫备边土官俸"[5]的记载,至少有八卫之多,大体分布在河、湟、洮、岷一带。而各卫的土流比例,恐怕不尽一致。目前可考的是庄浪卫,在《万历庄浪汇记》中有"汉官指挥千百户共五十九员""土官指挥千百户二十六员"的记载。土官有职无俸,正统二年始有俸。流土各官月俸大致相等,但流官另有一份可观的"折俸",在汉中府关领。

---

〔1〕《明太祖实录》卷66。

〔2〕《明太祖实录》卷68。

〔3〕《河州志》(明)卷2。

〔4〕《清史稿》卷517。

〔5〕《明英宗实录》卷27。

河州卫的属官,据明《河州志》载,计有:指挥使三人,指挥同知三人,指挥佥事十人,正副千户十二人,镇抚五人,百户三十九人。这是嘉靖年间的数字,较庄浪卫相去不远。但土流比例上,土官大约比庄浪卫要多。翻检《明实录》《明史》《河州志》《循化志》等书的记录,明初河州卫可考的土官就有:

河州卫

何锁南普	指挥同知
朵儿只	指挥佥事
汪家奴	指挥佥事
马梅	指挥佥事
汪瓦尔间	指挥佥事
孛罗罕	正千户
朵立立答儿	正千户
克什巴卜	副千户
卜颜歹	副千户
管不失结	镇抚百户
神宝	百户

河州卫西番十八族千户所

包完卜乩	正千户
七汪肖	副千户

河州卫必里千户所

朵儿只星吉	千户
阿卜束等十五人	千百户

河州卫喃加巴千户所

阿乩等六人	千百户

河州卫失保赤千户所

答儿木	千户

河州卫川卜族千户所

令真奔等	千百户

·欧·亚·历·史·文·化·文·库·

以上所列,自然不是一个很完整的名单。余如河州卫建置时所属的铁城、岷州等九千户所,上寨、李家五族等九百户所,尚未计入。上面仅列出西番十八族千户所的正副千户,其他八千户所、九百户所也大体上是以元代土官、归降的当地部族首领为千百户。如洪武元年(1368)二月,"置洮州、常阳、十八族等处千户所六,百户所九,各族都管十七,俱以故元旧官軼軼等为之"。[1] 河州沿边原有老鸦、积石、乩藏等二十四关,《河州志》《循化志》有所谓"二十四关土司"的记载,后虽湮没失考,但追其先世,身份大多还是土官。故河州卫的"土流参治"中,安插的土官数量是相当大的。不过随着时代的推移,因为坐罪、更调、战乱、兵燹等多种因素,大多失去承袭,数传既废。至清代末年,只有何锁南普、神宝等人的后裔,节辈传替,成为分土司民的土司家族。实际上,是朱元璋在甘青地区创设的"土流参设制"的一个遗留物。

控制这样一个地处要冲、族种复杂、元代降官及少数民族地方上层大量任职的地区,明政府当然不能掉以轻心。其中一个重要措施就是,在河州派驻重兵。明代军卫一般为五千六百人,但河州卫建立时,额定的官军人数为九千八百八十八名,较一般卫多出将近一倍。弘治、正德以后,军丁大量逃亡,嘉靖时仅余五千五百五十九名,[2]仍够普通军卫兵丁人数的足额。于是,方有嘉靖三十八年(1559)在河州"改设参将,增兵三千人"的疏议。[3]

简单地考察了河州地区的土流参设制度,我们有一个感觉,大批少数民族上层对明王朝招谕的归顺,固然是为了保持其权势地位,但这一事实却表明,两汉以来中央王朝对这些地区的开发经营,中原地区高度发展的物质文明与西北地区的频繁交流,在河州及其他少数民族聚集区有着十分深远的影响,使他们非常重视与中原王朝的联系,产生并保持着"内附"的向心力。对我国统一的、多民族的国家的形成

---

〔1〕《明太祖实录》卷79。

〔2〕《河州志》(明)卷2。

〔3〕《明世宗实录》卷470。

与发展,有着积极的意义。而朱元璋创设的土流参设制,客观上顺应了这种历史发展的趋势,应该予以肯定。

8.4

作为一个少数民族聚集区,明代河州地区经济生活中占有突出地位的是茶马贸易。它对河州以及其他少数民族地区的政治、经济、民族关系都产生过十分深远的影响。

中原王朝与西北少数民族之间的茶马贸易,并不始于明。所谓"以摘山之利而易充厩之良",唐宋既有之。然而,将这种贸易制度化、体系化而作为政府的一件大事来抓的,是明代。无论就其指导思想、管理体制,还是贸易规模,都达到了前所未有的成熟和完善。可以说,明代的茶马贸易,是趋于成熟达到鼎盛的一项经济活动,所体现的封建王朝统治下的民族关系是十分突出而典型的。

奠基江南的朱明王朝,在开国之初派军北伐时,就深感对马匹的需求之重要。洪武三年(1370),朱元璋在给进军西北的大将军徐达的敕谕中,就有"凡获牝马悉发临濠牧养"[1]的指令。第二年,户部开始筹划陕西汉中府各县茶园的茶叶收购,"每五十斤为一包,二包为一引,令有司收贮,令于西番易马"。[2]接着,户部又制定了四川"巴茶"的收购办法,"岁计得茶万九千二百八十斤,令有司贮,候西番易马"。[3]洪武五年(1372),在"惟西番夷僚用之"的"剪刀"茶的产地碉门、永宁诸处建立五茶局,预计每年收茶近百万斤。[4]并先后建秦州(后迁西宁)、河州、洮州、雅州等茶马司,主持与西番地区的茶马贸易。"自碉门、黎、雅抵朵甘、乌思藏,行茶之地五千余里。山后归德诸州,西方诸部落,无不以马售矣。"[5]

---

〔1〕《明太祖实录》卷51。
〔2〕《明太祖实录》卷70。
〔3〕《明太祖实录》卷72。
〔4〕《明太祖实录》卷77。
〔5〕《明史》卷80《食货四》。

河州茶马司建于洪武七年(1374),设大使副使二员,主要职责是"收放茶斤,招易番马,给以边操"。[1] 洪武八年(1375),就有在河州进行茶马贸易的记载:

洪武八年五月戊辰

遣内使赵成往河州市马。初上以西番素产马,其所用货泉与中国异,自更钱币,马之至者益少。至是,乃命成以罗绮绫帛并巴茶往市之。仍命河州守将善加抚循,以通互市,马稍来集,率厚其直偿之。成又宣谕德意。自是番酋感悦,相率诣阙谢恩,而山后归德等州西番诸部落皆以马来售矣。[2]

上述材料反映出:第一,洪武初,河州及其他西番地区与明政府的茶马贸易形式,是"互市"。明政府以布帛、茶叶,西番诸部以马,双方是地位平等、互通有无的交换。第二,在交换中,明政府"率厚其直偿之"。明政府并未把茶马贸易看成是一项纯经济活动,而是通过交易,以优厚的马价拉拢西番诸部,即所谓"用茶易马,固番人心,且以强中国"。第三,明政府派出的交易使者还担负着"宣谕德意"的使命,政治意图是十分显然的。可以说,朱明政权刚刚建立,影响还未达于边远地区,西番许多部落还在观望之际,明政府在河州等地的茶马"互市"及在交易中的姿态,产生了预期的效果,"自是番酋感悦,相率诣阙谢恩"。这一时期,扩大政治影响是首要的,因而市马的数量并不大。据洪武九年(1376)十二月兵部所奏市马之数,"秦州、河州茶马司,市马一百七十一匹……"[3]洪武十一年(1378)十二月,兵部所奏市马之数,"秦、河二州及庆远、顺龙茶盐马司所易马六百八十六匹"。[4] 但从洪武十二年(1379),似有激增:

洪武十二年十二月壬辰

兵部奏市马之数:秦、河二州茶马司以茶市马一千六百九十

---

[1]《河州志》(明)卷1。
[2]《明太祖实录》卷100。
[3]《明太祖实录》卷110。
[4]《明太祖实录》卷121。

一匹……[1]

洪武十三年九月戊戌

兵部奏:河州茶马司市马,用茶五万八千八百九十二斤,牛九十八头,得马二千五十四。[2]

市马的数量并不稳定。洪武十四年(1381),秦、河二州以茶市马的数目又降到 181 匹。[3] 十五年(1382),秦、河、洮三州茶马司及庆远裕民司,市马仅 585 匹。[4] 洪武十七年(1384),秦、河州市马 560 匹。[5] 从材料中看,四川、贵州市马的数量更大一些。如洪武十八年(1385),四川、贵州二都司送所市马 11600 匹至京师。[6] 明政府所缺马匹并不完全依赖各茶马司,需要时,政府派出使者直接到西番地区市马:

洪武十九年九月癸亥

行人冀忠往陕西市马还,得马二千八百七匹。[7]

洪武二十三年九月甲寅

陕西都指挥使聂纬以西安左右等卫所市马七千六十匹送京师。以尝命户部运钞六十万锭往西宁、岷州、河州市易故也。[8]

同时,在西番地区的军事行动中,也可获一定数量的马匹,如洪武十一年(1378),蓝玉同沐英率兵征西番,"擒其酋长瘿嗦子三副使,获马二万余匹,牛羊十余万头。"[9]

这时,虽已有"禁秦、蜀军民毋得入西番互市"的命令[10],但因明政府在互市中"厚其马值"的做法,私茶易马的情况不多。

---

[1]《明太祖实录》卷 128。
[2]《明太祖实录》卷 133。
[3]《明太祖实录》卷 140。
[4]《明太祖实录》卷 150。
[5]《明太祖实录》卷 168。
[6]《明太祖实录》卷 170。
[7]《明太祖实录》卷 179。
[8]《明太祖实录》卷 204。
[9]《明太祖实录》卷 194。
[10]《明太祖实录》卷 106。

以上可视为明政府与西番地区茶马贸易的第一阶段——市马阶段,基本上是因袭唐宋旧法,无多大更动。河州市马地点在州境积石关。[1]

第二阶段为金牌信符制时期。这一时期的下限不很清楚,大体始于洪武二十六年(1393),中经永乐(一度停止),至宣德朝金牌信符制终止。

当"厚值"市马、拉拢诸番的工作取得一定成效,西番地区日渐稳定时,封建统治者奴役各族人民的本性就暴露出来了。这在洪武十六年(1383)朱元璋给松州卫指挥金事耿忠的敕谕中就已有所流露。朱元璋说:"西番之民,归附已久,而未尝责其贡赋。闻其地多马,宜计其地之多寡以出赋。如三千户则三户共出马一匹,四千户则四户共出马一匹,定为土赋。庶使其知尊君亲上奉朝廷之礼也。"[2]这里所说的"三千户则三户共出马一匹,四千户则四户共出马一匹"的设想,是毫无道理的,但"征赋"的意思是说得再清楚不过了。所以,洪武二十五年(1392)十三月,"遣尚膳太监而聂、司礼太监庆童赍敕往谕陕西河州等卫所属番族,令其输马,以茶给之"。[3] 由"市马"演变为"令其输马,以茶给之",已明确表现出明政府茶马贸易政策的根本性变化。终于导致了洪武二十六年(1393)金牌信符制的颁布施行:

> 洪武二十六年二月癸未
>
> 遣使往西凉、永昌、甘肃、山丹、西宁、临洮、河州、洮州、岷州、巩昌沿边诸番,颁给金铜信符。敕谕各族部落曰:"往者朝廷或有所需于尔,必以茶货酬之,未尝暴有征也。近闻边将无状,多假朝命扰害尔等,使不获宁居。今特制金铜信符,族颁一符。遇有使者征发,比对相合,始许承命。否者,械送京师,罪之。"[4]

分析一下这条材料,我们不难发现:第一,金牌信符制的施行区域,

---

〔1〕《循化志》卷2。
〔2〕《明太祖实录》卷151。
〔3〕《明太祖实录》卷217。
〔4〕《明太祖实录》卷225。

大体在今河西走廊及河、湟、洮、岷一线,正是明政府"断匈奴右臂"的防线。毫无疑问,金牌信符制是作为"隔绝羌胡"的重要手段来强化对这一地区控制的。第二,敕谕多少反映了当时"边将无状,多假朝命扰害"番民的真实情况。第三,在敕谕冠冕堂皇的言辞背后,宣布了政府的明确方针,"市马"变为"征发",以金牌信符的"比对相合",实行国家垄断,不许他人插手。为此,明政府三令五申,严禁茶叶走私。对于违犯禁令贩卖私茶的人,处以严酷的刑罚。连驸马都尉欧阳伦也因私茶"坐死"。

所谓"金牌",实一铜牌。《明史·食货志》云,篆文上曰"皇帝圣旨",左曰"合当差发",右曰"不信者斩"。实际,这仅是铜牌背面的文字。据河州地区一家土司所藏铜牌实物,正面尚有编号和"信符"二汉字[1]"下号金牌降诸番,上号藏内府以为契。三岁一遣官合符。"[2]在我们现在所看到的明人记载中,这种征发的仪式、规模都颇为可观:

> 每三年一次。钦遣近臣赍捧[上号金牌]前来,公同镇守三司等官,统领官军,深入番境扎营,调聚番夷,比对金牌字号,收纳差发马匹,给予价茶,如有拖欠之数,次年征收。[3]

无疑,还带有炫耀武力、弹压"番夷"、协调关系等多种使命。

那么,金牌信符制度下的马价如何呢?明代与西番地区的茶马贸易,因时因地,马价各不相同,差异很大。总的来说,金牌制下的马价偏低。我们举永乐年间河州的一个数字:

> 永乐八年十一月己丑

> 镇守河州卫陕西都指挥同知刘昭奏:"陆续收到河州卫各番族马七千七百一十四匹。上马每匹茶六十斤、中马四十斤,下马递减之。……"[4]

以当时的物价计,所纳"差发"马的马价,最好的是"上马",折银还

---

[1]《循化志》卷5。

[2]《明史》卷80《食货四》。

[3]《明经世文编》卷115《杨石淙奏疏》。

[4]《明太宗实录》卷110。

不足四两,完全是国家控制下的一种不等价交易。而在统治阶级看来,这是理所应当的,"如田之有赋,身之有庸,必不可少"。

明代一谈起朱元璋创设的金牌信符制度,无不交口称颂。弘治年间,御史杨一清督理马政,他在"议复茶马旧制"的奏疏中说道:"……所谓以摘山之利而易充厩之良,戎人得茶不能为我害,中国得马足以为我利。计之得者,宜无出此。至我朝纳马,谓之差发,如田之有赋,身之有庸,必不可少。彼既纳马,而酬以茶斤,我体既尊,彼欲亦遂,较之前代曰互市、曰交易,轻重得失,较然可知。"他又说:"以马为科差,以茶为价,使知虽远外小夷,皆王官王民,志向中国,不敢背叛。且如一背中国则不得茶,无茶则病且死,是以羁縻之贤于数万甲兵矣。此制西番以控北虏之上策。前代略之,而我朝独得之矣。"[1] 其实,国家控制下的这种不等价交易,弊病是很多的。

首先,不等价交易的剥削,最后都落在诸番的下层牧民头上,引起普遍的逃亡。即使是在明代的官方记录中,逃避差发马的事例也屡见不鲜。

其次,不管政府公布什么样严酷的刑罚,都禁止不了私茶。政府压低差发马价,使得贩卖私茶成为一项极有利可图的事。茶叶走私已变成一股不可遏止的潮流。金牌信符制颁布后,政府严厉打击走私而走私之风愈炽,是很说明问题的。从这个意义上讲,金牌信符制对西北少数民族地区和中原地区的交流往来是一个障碍。宣德以后,政府不得不放弃。《明史·食货志》将金牌制的废止归结为"番人为北狄所侵掠,徙居内地,金牌散失"是不确的。实则是这种制度自身行不通。

第三阶段,茶马贸易的紊乱。宣德以后,明代政治日渐腐败,军事形势日益恶化。因之,对于西北少数民族地区的茶马贸易,已失去章法。"听其以马入贡"而给予赏赐,在茶马贸易中占的比重愈来愈大。茶禁亦时严时弛,无定例。市马日益亏损,严重影响到明王朝的国防力量。终明之世,政府主持下的茶马贸易,再也没有起色。相反的,民间

---

〔1〕《明经世文编》卷115《杨石淙奏疏》。

贸易日渐兴盛,继续着中原地区和西北少数民族地区的经济联系。

河州在明代的茶马贸易中占有十分重要的地位。洪武初年西北的"市马",大多在河州进行;金牌信符制颁行,四十一面铜牌中,河州的纳马番族给二十一面,额定的差发马数,超过了其他各地的总和。另有相当数量的商茶,亦在河州集散。据《循化志》卷3,清初河州还有明代商人所建茶库八十间。当时,运茶的通道有二:一是四川的碉门,二是河州。它已成为西北地区茶叶的集散地和贸易中心。这种地位,促进了河州地区的经济发展,密切了各族人民之间的关系和友好往来。

最后,我们要探讨一下河州地区的"纳马番族",考察金牌信符制对这些部族的影响。《明史·食货志》云:金牌"凡四十一面:洮州火把藏、思囊日等族,牌四面,纳马三千五百匹;河州必里卫西番二十六族,牌二十一面,纳马七千七百五十匹;西宁曲先、阿端、罕东、安定四卫,马哇、申中、申藏等族,牌十六面,纳马三千五十匹。"河州的纳马番族,这里作二十六族。《明会典》卷37、《明经世文编》卷115均作二十九族。但到了清代康熙年间,河州知州王全臣纂修《河州志》时,纳马番族可考的只有十九族,名称如下:

珍珠族　　世袭国师一禅师一土舍一

弘化族　　世袭国师

灵藏族　　世袭禅师

乩藏族　　世袭百户

沙马族　　世袭指挥同知

葱滩族　　　老鸦族　　　撒剌族

牙塘族　　　川撒族　　　打剌族

向化族　　　古都族　　　巴咱族

红崖族　　　端言族　　　回回族

迭古族　　　仰化族[1]

按,纳马十九族,虽明代文献统称西番,实际上并非同一民族。如

---

〔1〕此据《河州志》(清)卷2。

回回族,显然指河州境内的穆斯林民族。又如撒剌族,即为中亚迁入河州境内的撒鲁尔部族,亦为穆斯林民族。其二,不少纳马族以地而名,如老鸦族、葱滩族、牙塘族、红崖族等。一族内最初属同一民族,后来逐渐各族混杂居处。清初,珍珠族土司韩成璋向清政府呈报珍珠族户籍时,就有"番汉土民居址"之说[1] 其三,由于纳马族领有政府金牌信符,不承担赋役,有相当的独立性,形成"自相君长"、世代承袭的管理体系,不少纳马族首领即转化为分土司民的土司。此为甘青土司的一个来源。清初,曾任河州知州的王全臣就谈到这种情况,他说,"查河州沿边有土司国师共十九族,其中如弘化族弘化寺国师张老卜藏坚错、灵藏族马营寺禅师赵罗藏索南、珍珠族永昌寺韩且令札失俱奉旨颁有敕札印信。他如沙马族土司苏成威、乩藏族土司王镇海,虽无印信,俱有部札号纸,世相承袭。其余则并无部札号纸,止因隶河司(河州茶马司)中马,遂各自分为族类,自立为头目者也。伊等各有衙门,各设刑具,虎踞一方,威势赫炎"[2],成为河州地区一个严重的社会问题。

但是我们不能不看到,明代在河州地区的茶马贸易,积极作用是主要的。解缙在永乐年间谈到它的影响时说:"先太祖高皇帝因其利而利之也。置茶马司于河州,岁运巴陕之茶于司,官茶其民得以马易之,夷人亦知有法禁忌畏,杀害之风帖息,而茶之缪恶亦少。数年之间,河州之马如鸡豚之畜,而夷人亦往来,慕知识,效信义,在仕为宦者,不但茶马之贡而已。"[3]平心而论,作为民族政策的重要一环,茶马贸易确实含有积极经营的意义。河州自明清以至近当代,一直保持着西北民族贸易中心的地位,明代茶马司的建置和运行应该是不可忽略的一个因素。

---

〔1〕《循化志》卷4。

〔2〕《河州志》(清)卷2。

〔3〕《明经世文编》卷11《解学士集·送习贤良赴河州序》。

8.5

元明之际的战火动乱,使河州地区人口流亡,社会经济残破。洪武三年(1370)九月,大将韦正被派去镇守河州时,所见到的是"城邑空虚,人骨山积",以致"将士见之,咸欲弃之"[1]。河州卫建立后,韦正被任为指挥使,即着手召集流亡,恢复社会生产。"正日夜抚循军民,河州遂为乐土。"[2]韦正也因此而受到明太祖的嘉奖。明太祖亲赐玺书慰劳他说:"卿守西疆今已九年,恩威远播于戎羌,号令严明于壮士,忠心昭著于朝野,朕甚嘉焉。"[3]其后,继任指挥使的徐景,永乐、宣德间镇守河州三十余年的刘钊等,对河州地区的开发经营,均有建树。

总的来说,由于明政府对河州的重视,各族人民的共同努力,河州地区的社会经济,在明代有较大发展。明人说河州在"秦陇川西,繁华称首"[4],恐非夸大之辞。但是,因资料缺略,我们已经很难知道其全貌,只能从以下几个方面略做考察。

第一,河州地区的屯田。

河州地区的屯田主要是军屯。河州卫初建时,军丁的缺粮问题即很突出,指挥韦正不得不征得朱元璋的同意,"以茶布给军,令自相贸易,省挽运之苦"[5],以解决军粮供给。但这只能是权宜之计。根本的办法,还是朱元璋在腹里、边地大力推行的卫所屯田。

河州卫的屯田始于何时,没有明确的记载。《明史·陆聚传》说,洪武八年(1375),河南侯陆聚同卫国公邓愈屯田陕西。镇守河州的韦正是邓愈的部下,受邓愈节制。由此推想,河州卫的屯田亦应始于洪武八年前后。到洪武十三年(1380),包括河州卫在内的陕西诸卫的屯田,已逐渐推行而颇具规模了,故朱元璋"诏陕西诸卫军士留三分之一

---

〔1〕《明史纪事本末》卷10。
〔2〕《明史纪事本末》卷10。
〔3〕《明太祖实录》卷105。
〔4〕《河州志》(明)卷1。
〔5〕《明史》卷134《宁正传》。宁正幼为韦德成养子,昌韦姓。后复宁姓。

守御城池,余皆屯田给食,以省转输"[1],规定屯守比例。河州卫军丁近万人,按照这个比例,屯种的军丁有六七千人。而屯种的土地则有3452 顷 73 亩。[2] 据明《河州志》,嘉靖时河州有户 5208 户,居民90845 口,而耕种的土地仅 3558 顷 84 亩,与河州卫军屯的地亩几乎差不多。这几个数字的对比,说明河州卫旗军屯田在河州地区的农业生产中已占有相当大的比重。

以六七千之军丁,屯种 3400 余顷土地,河州卫军屯分地一份的亩数约 50 亩。这和全国大多数军卫屯田分地亩数是相符的。[3]

明《河州志》所载河州卫的屯粮是 20692 石 3 斗 8 升有奇,屯草额31038 束有奇。这是嘉靖以前的数字,也可认为是"原额"。平均每顷征收的屯田籽粒是 6 石多,屯草约 9 束。明代军屯的定额征收和制度划一是明成祖即位以后的事,而且在英宗正统二年(1437)"令每军正粮免上仓,止征余粮六石"[4],也就是说,从正统二年以后,屯军每分地规定交纳的籽粒(相当于地租)是 6 石。河州卫军丁分地每份约 50 亩(半顷),那么河州卫每份地征收的屯田籽粒是 3 石多。如果这几个数字误差不太大的话,那么,河州卫屯田份地的征收率较大多卫所屯田籽粒的征收率要低一半左右。这恐怕是因边卫所处地位特殊,政府的考虑应有差别。

河州卫的屯田组织是建所立屯、因屯设寨。卫下左、右、中、前、后、中前 6 个屯田所,加上归德千户的中左屯田所,共 7 所,每所建 10 个屯寨,河州卫共有 70 屯寨。

明代的军屯,说到底是一种强制性的封建奴役制度。屯田的军户地位低下,负担沉重。随着明代政治危机的加深,军屯的积弊也日益严重。屯政大坏、军丁逃亡、屯田抛荒、屯粮失额的情况在明代河州卫的军屯中有相当典型的反映。请看下面我们根据明《河州志》的材料制

---

〔1〕《明太祖实录》卷 133。

〔2〕屯地亩数和下面几个数字均见《河州志》(明)卷 1。

〔3〕参见王毓铨《明代的军屯》。

〔4〕《大明会典》卷 18《户部·屯田》。

作的简表:

	原额	现在
卫军	9888 名	5559 名(弘治正德后)
屯田	3452 顷	2666 顷(嘉靖后)
屯粮	20692 石	4716 石(嘉靖后)
地亩银	344 两	78 两(嘉靖后)
屯草折粮	2172 石	490 石(嘉靖后)
此表地亩顷以下、粮石以下、银两以下均略去不计。		

但是另一方面,我们也应看到明代军屯的积极作用,特别是像河州卫这样的边远地区,明代前期的军屯不仅部分地解决了卫所军人的俸粮,强兵足食,减轻了转运之劳;而且复垦了荒闲地,增加了生产。同时,也加强了各族人民之间的交流联系,军户的屯垦戍边对开发河州有着积极的贡献。如河州卫有贵德千户所,永乐年间拨派军丁一百二十五名,建十屯以屯田。十屯之中有名吴屯者,"其先盖江南人,余亦有河州人。历年既久,衣服言语渐染夷风,其人自认为土人,而官亦目之为番民矣"。[1] 这里所说,是清代乾隆年间的情况,去明未远,很能反映江南籍的屯田军户与当地各民族人民共同开发建设河州地区做出的巨大贡献。

第二,河州地区的集市与番厂。

河州地区的集市以粮食和畜类贸易为主。据明《河州志》的记载,有大市即粮货市,中市即畜类市,"五谷充积","六畜咸集",交易均"至午而散"。弘治八年(1495)以后,又在州南六十里的宁河镇、州南一百二十里的定羌镇立市,每三日一聚。由于河州是明代西北茶马贸易的集散地,处在中原与藏地联系的重要桥梁地位,所以,四方商贾云集该地,汉藏贸易占有十分突出的地位。河州南关市有"客店一十八座,四

---

[1]《循化志》卷4。

方商贾居焉"〔1〕此外,是所谓"番厂"之设。

番厂是专为藏族和其他一些少数民族来河州贸易所建的居留之地。据载,"周围一百三十八丈,长四十三丈,阔二十六丈。正厅七间,大门三间,二门三间,厢房一百二间"〔2〕,就当时而言,颇有些规模,透露出少数民族商业贸易繁荣的情况。但是,也应看到,河州番厂的设立,又是明代统治者民族歧视民族隔离政策的产物。明《河州志》说得很清楚:"自建茶马司以来,诸番悉假居民舍,有识者病焉。至嘉靖己酉创建番厂,番汉截然,交通遂绝。"所谓"番汉截然,交通遂绝",只不过是统治者的设想。各族人民之间的商业贸易和友好往来,岂是一个番厂所能限制的。

第三,河州地区的水利。

河州在明代二百多年间,自然灾害较多。洪武十三年(1380)九月、十一月、十二月,河州连续三次发生强烈地震〔3〕 天顺五年(1461)七月,河州南山发生山崩,大夏河为之阻断,数日不流。成化三年(1467),"大旱,饥,人相食"〔4〕 成化十七年(1481)五月,河州又有强烈地震〔5〕 嘉靖十四年(1535),"大雨,洪水,河溢十余丈",东西六十里,淹没房屋人畜无数。嘉靖四十四年(1565),河州遭大荒,"人相食,城池四野积尸无数"〔6〕

以上,只是河州地区见于记载的特大灾害,至于旱涝等一般性的天灾,那就更多了。如洪熙元年(1425)至宣德二年(1427)连续三年"天旱薄收",政府蠲免河州税粮16841石,〔7〕即为一例。

在灾害如此频仍的自然条件下,兴修水利就成为河州发展农业生产的一个至关重要的问题。明河州地区河流纵横,北有黄河,南有大夏

〔1〕《河州志》(明)卷1。
〔2〕《河州志》(明)卷2。
〔3〕见《明太祖实录》卷133、134。
〔4〕《河州志》(明)卷1。
〔5〕《河州志》(明)卷1。
〔6〕《明宪宗实录》卷215。
〔7〕《明宣宗实录》卷37。

河、牛脊河,东有洮河,西有洪水河,东北大通河,西北银川河、样卑河、老鸦关河,东南广通河、三岔河,西南槐树关河,多可兴灌溉之利。而人工疏通的灌溉渠道,则以沟通州城西北的老鸦山口和州城东的九眼泉的灌溉系统为最著。据载,成化十九年(1483),河州守备指挥康永设坝编次人户,"轮流浇灌,百五十里内田间,水道周流不息,民咸利焉"[1] 后因年久湮废,又于隆庆四年(1570)重修,开渠疏通,"人民遇旱浇灌,甚有济焉"[2] 并且沿这条灌溉植树二千棵。

水力资源的利用不只是灌溉,明代河州地区的水磨在西北各地也是首屈一指的。《河州志》上说,河州境内的每渠都有水磨 1 轮、2 轮、3轮不等,总数在 1800 以上。不仅便利了人民生活,而且水磨课税成为当地政府的一项稳定收入。它是河州地区农业生产发达的一个标志。

第四,河州地区的驿站和桥梁。

因为河州在明代汉藏交通和西北边防上所处的重要地位,政府很重视河州地区的驿站建设。元代河州境内有"纳邻七站",即三岔、讨来、边多、保安、清水、长宁、银川七驿,明代仍之。每站置马八匹,军五名。此外,明代在通往西宁卫及青海藏区的交通要道上,增设了凤林驿和凤林递运所,在通往洮岷及乌斯藏的通道上增设和政驿、定羌驿和和政递运所、定羌递运所、三岔递运所。这样,明代河州境内的驿站和递运所,相当于元代的二倍。在这条驿站遍置的大道上,政府使团、商旅及藏地朝贡使节往来不绝,加强了各族人民的政治、经济、文化交流,密切了汉藏关系。

河州地区河流纵横,见于记载的桥梁有大夏桥、左丞桥、折桥、浅湖桥、永济桥、南门桥、宁河桥、银川桥等,虽然并非全是明代所建,但大多在明代经过重修整治。此外,还有几个重要的渡口:一是通往西宁方向的黄河上渡,置官船 2 艘,水夫 20 名;二是通向庄浪卫的黄河下渡,明设千户 1 员把守,嘉靖时动支官银,造船 2 艘,编金水夫 6 名;三是通向

---

〔1〕《河州志》(明)卷1。
〔2〕《河州志》(明)卷1。

兰州的洮河渡口,有船 1 艘,水夫 4 名。这些桥梁和船渡,便利了交通。

第五,河州卫的杂造局。

像河州这样的边卫,军队的武器装备是怎样解决的呢?明《河州志》记载说,河州卫在明洪武年间,就建立了由军器库、匠房、官厅组成的杂造局。这个杂造局每年可制造:

甲	260 副	盔	160 顶
弓	200 张	刀	300 把
撒袋	200 副	箭	1500 支
弓弦	300 条	斩巴刀	40 把
长牌	40 面	涌珠炮	52 佐
快枪	359 杆		

《河州志》在"快枪"后附注,称此为隆庆三年(1569)河州参将张翼创造,"本营军前使用"。[1]

如果河州卫的杂造局每年都可按上述项目、指标完成制造的话,这个杂造局的规模、产量是相当可观的。它完全可以满足一个卫的军械供应和更替补充。限于材料,我们对河州杂造局的情况还不能有更多的了解,但仅此一点,对明代卫所建置的研究,也是宝贵的材料。

《明史·西番诸卫传》在记述了明代河州等边卫的开发经略和历史变迁后说:"原夫太祖甫定关中,即法汉武创河西四郡隔绝羌胡之意,建重镇于甘肃,以北拒蒙古,南捍诸番,俾不得相合。又遣西宁等四卫土官与汉官参治,令之世守。且多置茶课司,番人得以马易茶。而部族之长,亦许其岁时朝贡,自通名号于天子。彼势既分,又动于利,不敢为恶。即小有蠢动,边将以偏师置之,靡不应时底定。……故议者以太祖制驭为善。"这段话,出自清初文人之手,自然带有浓厚的正统意识和民族偏见。但是,它也确实总结了明朝政府开发经营河、湟、洮、岷地区的历史经验。从这个意义上讲,河州卫的研究,是有特别价值的。

(原刊《西北民族研究》,1986 年第 1 期。)

---

〔1〕以上均见《河州志》(明)卷2。

9 《明史·兵志》中的必里卫

9.1

  1962 年 1 月 17 日,《光明日报》刊登了署名徐建竹的文章《明朝必里卫在什么地方》。该文根据《明实录》的材料,订正了《明史·兵志》及《大明一统志》《寰宇通志》《皇舆考》《名山藏》《明通纪》《满族源流考》《明元清系通纪》诸书将必里卫系于辽东奴儿干都司的严重失误,断定明代必里卫在西北,隶于陕西都司。作者虽然没有考察必里卫的确切方位,但辨析《明实录》的有关记载时,推测必里卫"与河州卫邻近"。接着,在同年 6 月 20 日《光明日报》的"读者来信"栏中,刊出柳义南的一封短信,从明人王世贞的《弇州史料》中,抄出"必里卫"的一段材料,以补徐说。时隔不久,《北京师范大学学报》1963 年第 1 期上,发表了张鸿翔先生的《明代必里卫考》(以下简称《考》)的长篇考订,进一步探讨了明代必里卫的隶属、方位诸问题,提出"河州地区无必里卫","必里卫在朵甘都司",其地望即今"青海星宿海之西南"。该文搜采宏富,征引资料几 60 种[1],对必里卫及明代在藏族地区的行政建制研究,无疑是有研究价值的。

  但是,我们不能不看到,明代在藏族地区(包括川、贵、甘、青藏区)的管理统治体制,本身是一个较为复杂的问题;截至目前,学术界的研究尚嫌不足,还有不少空白和难点疑点;加之藏汉文史料的缺略和歧异,必然造成研究中的一些障碍。我们仔细检读了《明代必里卫考》一

---

[1]见《考》文附记:征引书版本。

·欧·亚·历·史·文·化·文·库·

文,深感作者的论证方法及其考证结论,都存在相当的偏差与舛误。虽然《考》文已刊布近 30 年,但仍有重新考察订正的必要,故作《新考》以辨析。

9.2

首先,我们来检查《考》中论证"河州地区无必里卫"的三条证据。

其一,疆域。

《考》引述了清张瓒《河州志》(康熙)卷 1"疆域","河州东西相距八百六十里,南北相距四百五十里",认为"明代陕西一处普通州县的界至,似不可能有东西八百六十里之长的,令人怀疑,不可置信"。作者相信什么呢?唐李吉甫《元和郡县志》卷 38 谓"唐时河州州境东西二百二十八里,南北三百七里"。清王全臣《河州志》(康熙)卷 1 说"河州东西相距二百二十里,南北相距三百一十里"。"两志所记略同","可知张说之夸张"。

这种论证是不能成立的。

众所周知,历史上我国的州县建置和行政区划,很少是一成不变的。大多是随政治、经济、军事、人口、自然条件诸因素发生地域辖境的历史演变。我们既不能以"两志所记略同"来判断正误,也不能用唐代州境、清代州境来确定明代河州的州境。事实上,早于王全臣《河州志》的张瓒《河州志》所记河州境域,恰恰是照录了明吴祯的《河州志》(嘉靖),反映了明代河州的疆域区划。《河州志》(嘉靖)卷 1"疆域"条:

> 东西相距八百六十里,南北相距四百五十里。至狄道县三渡水界东百八十里,至归德守御千户所生番界西七百里,至洮州卫界南二百八十里,至西宁界北百七十里。

很清楚,作为明代西北重镇的河州,其疆域较唐代、清代为广。这是一个历史存在,不必以"令人怀疑,不可置信"而臆断为一种"夸张"。

《考》文在考究了三志异同后又说:"经仔细研究河州地图,凡集镇和卫的治所与名称,皆未见有'必里'二字,此河州境内无必里卫证一。"这里,作者虽未明确他仔细研究的河州地图出自何处,但应承认,在科学技术还不发达普及而地图编绘尚未达到相当水平的明代,一般地方舆图的编制是比较粗糙的,远远谈不到完备、准确、可靠,尤其是对周边少数民族地区的地理情况的表述,更是如此。以此作为判定河州境内有无必里卫的证据之一,未见恰当。而《考》文作者一再引用的王全臣的《河州志》(康熙)中,明确记录了必里卫的建置,管辖及卫的编制。这一材料,出自明吴祯《河州志》(嘉靖),对解决必里卫的隶属关系有决定意义。[1] 如此明白无误的材料,作者何以视而不见,偏偏要花大气力在河州地图上去找"必里"二字呢?

其二,官制。

《考》文在引述了《明文武官制全书》有关卫所制度的记载后说:"河州是一处普通的卫,它对必里卫是官级相同,无有隶属关系,所以必里卫不附属于河州卫是显而易见的。此河州地区无必里卫之证二。"

这段论述的前提是错误的。

第一,作者在文章中曾用很大的篇幅、专辟一节论证了"必里非边卫而是羁縻卫",这个观点无疑是正确的。必里卫的地位,相当于明代在西北建立的安定、曲先、阿端、罕东、赤斤、沙洲、哈密等"关西七卫"。

明代羁縻卫虽名为卫,实际上是政府在无力直接统治的周边少数民族地区推行"以夷治夷"的一个老办法,行政建制上有其特殊性。这些羁縻卫一般都是由附近边卫控制,实行间接统治。所以,西北的"关西七卫"受当时西宁、甘州等卫的节制,必里卫则归河州卫节制,这在明代史料中是不乏记载的(详后)。《考》文以《明文武官制全书》的记录,仅仅依据必里卫同河州卫同名为"卫",就判定二者"官级相同,未有隶属关系",论证自相抵牾,实不足取。

第二,河州并非"是一处普通的卫"。从明代西部的整个防务系统

---

〔1〕参见《河州志》(嘉靖)卷1"地理志"、王全臣《河州志》(康熙)卷1。

来考察,河州处在明政府"内华夏外夷狄"的分界线上,它既是控制藏地抚谕"诸番"的前哨阵地,又是明太祖朱元璋设计的"隔绝羌胡"战略中南翼防线上的一个军事重镇。明代河州鼓楼上曾悬挂过这样两幅匾额:一曰"河湟雄镇",一曰"夷夏大防"[1],是很能说明河州的特殊地位的。故河州卫的编制较一般军卫大,额定官军近万人,几乎是一般军卫五千六百人编制的二倍。[2] 且设镇守之职,主持河州的军政。明初,陕西行都司一度设在河州,"总辖河州、朵甘、乌斯藏三卫"[3]。后虽迁甘州,朵甘、乌斯藏亦升为行都司,但仍由明初镇守河州的都指挥使韦正"提调"。《河州志》(嘉靖)卷2"官制志"说:

> 洪武初,以河州地方为西陲之地,钦命帅臣镇守,控制番夷,因建帅府。每有更替,必赐敕书。委任之重,凡一应军马、城堡、关隘、番族,具听节制。

河州镇守亦称守备,明人王珣的《河州守备题名记》中又说:

> 河湟属三陕极西边陲,乃重地也。洪惟我朝列圣相承,每怀西顾之忧,乃简都指挥以上武臣守备兹土,练兵申警,控制华夷,于兹百七十年。[4]

至正统嘉靖间,河州改置参将,仍履行镇守和"控制番夷"之责。明代大量史料证实,河州卫绝非"是一处普通的卫"。正如元代在河州设吐蕃宣慰司都元帅府一样,明代的河州卫实际上是作为明政府与藏族地区的桥梁枢纽而发挥其重要作用的。[5] 因此,河州卫的建置、统辖及职责,不同于一般军卫,更非必里卫这样的羁縻卫可以相比。谈不到二卫"官级相同",当然也就不能作为判定"无有隶属关系"的依据。

其三,河州卫隶属。

《考》文根据明人《边政考》和《皇明四边图》中"国初设河州卫,领归德千户所"的记载,认为二书"未说领有必里卫,此河州地区无必里

---

〔1〕见《河州志》(嘉靖)卷4《重修河州鼓楼记》。
〔2〕《河州志》(嘉靖)载河州卫额定官军9888名。
〔3〕《明太祖实录》卷91。
〔4〕文见《河州志》(嘉靖)卷4。
〔5〕参拙著《明代的河州卫》。载《西北民族研究》1986年第1期。

146

卫之证三"。

《边政考》和《皇明四边图》虽为明人著作,但成书较晚,著者囿于闻见,记载多有缺漏舛误。既以河州卫领属的千百户所而言,《明太祖实录》卷60云:

> 置千户所八:曰铁城、曰岷州、曰十八族、曰常阳、曰积石州、曰蒙古军、曰灭乞军、曰招藏军;军户千户所一:曰洮州;百户所七:曰上寨、曰李家五旗、曰七族、曰番客、曰化州等处、曰李家族、曰爪黎族;汉番军民百户所二:曰阶文抚州,曰阳呕等处。

这是洪武四年的事,河州卫领属计有千户所九、百户所九。这里还未提及后来增置的归德千户所。此外,据《明实录》载,洪武四年建置必里千户所[1],洪武八年建置哺加巴千户所和失保赤千户所[2],永乐元年建置川卜族千户所[3],均属河州卫统辖。洪武至永乐初,河州卫领属的千户所既达14个。当然,一些千户所后来都有升降变化,如洮州、岷州、必里诸千户所升格建卫,还有一些千户所被裁撤。但河州卫领属的千户所绝非《边政考》《皇明四边图》中所述,仅"领归德千户所"。《考》文作为"河州地区无必里卫之证三",亦不能成立。

9.3

必里卫究竟在河州卫还是在朵甘都司,必须从两个角度解决:一是隶属关系,二是地望。二者既密切相关,又有区别。《考》文的作者,试图合隶属关系与地望为一体来确定必里卫,势必造成研究中的模糊概念。由此,作者对纷杂众多的明清史料,或回避事实,随意曲解,或截减原文,任意取舍。例一是作者在论证"河州未有必里族"时,前录王全臣《康熙河州志》卷2所载"中马番族"十九族之名,后引小字附注,偏偏"遗漏"了中间"以上系现在中马番族"一行大字,于是,康熙年间

---

[1]《明太祖实录》卷69。
[2]《明太祖实录》卷96。
[3]《明太祖实录》卷20。

河州地区的纳马番族,变成了明代河州无必里族的例证。例二是《考》文对"必里卫在朵甘都司"的论证。作者说:"为了解决这个问题,我们应先考必里千户所是如何建置起来的。"接着引述了《明太祖实录》卷69的一条材料:

> 洪武四年十一月丁丑,置必里千户所,以朵儿只星吉为世袭千户,在吐蕃朵甘思界,故元设必里万户府,朵儿只星吉位万户。至是来降,河州卫指挥使韦正遣送至京,故有是命。

检录原文,我们发现,作为判定"必里卫在朵甘都司"唯一依据的这条材料,引述中出现了两处遗漏:一是在"置必里千户所"句后,遗漏了"属河州卫"四字;二是"在吐蕃朵甘思界"前,遗漏了"必里"二字。如果说后者的遗漏影响还不大的话,第一处遗漏则是至关重大的。由于"属河州卫"四字的"遗漏",这明确体现必里千户所隶属关系的历史记录从《明实录》中消失了。也正因为这一"遗漏",导致了《考》文立论的根本性错误。

分析《明太祖实录》卷69中完整的原始记录,我们不难看出:第一,明置河州卫在洪武四年正月[1],置朵甘卫在当年十月[2],而同年十一月所建的必里千户所,明确隶属于河州卫;第二,元必里万户府万户朵儿只星吉归降后,由河州卫指挥使韦正遣送至京,明政府因元必里万户府地而建必里千户所,以朵儿只星吉为世袭千户;第三,必里在吐蕃朵甘思界。

应该说,必里千户所的隶属关系是相当清楚的。这一点,还可以从下述实物资料得到印证。

洪武六年,明政府在必里千户所安置了一批归降的蒙古人,《明太祖实录》卷84"洪武六年八月戊寅"条云:

> 以故元蒙古世袭万户阿卜束等十五人为必里千户所千、百户,领其土人,镇御番溪[3]界首。

---

〔1〕参见《明太祖实录》卷60。
〔2〕参见《明太祖实录》卷68。
〔3〕"番溪"疑为"番汉",存考。

明太祖封阿卜束的诰封发现于 20 世纪 60 年代民族地区社会调查中。在今青海省黄南藏族自治州首府同仁县瓜什则寺的昂索[1]家发现明政府册封当地藏族阿哇日部落头人的诰封 4 件,计有:洪武六年册封阿卜束为必里千户所副千户诰;永乐元年册封阿卜束子结束为必里卫指挥佥事诰;永乐二年册封结束弟阿哈巴为必里卫指挥佥事诰;永乐四年册封笼班为必里卫百户诰。[2]

现录洪武元年诰于下:

奉天承运,皇帝圣旨:朕君天下,凡四方慕义之士,皆授之以官。尔阿卜束久居西土,乃能委身来附,朕用嘉之。今命尔为河州卫千夫长,俾尔子孙世袭。尔尚思尽乃心,谨遵纪律,抚安部众,庶副朕之委令。可夫武略将军、必里千户所副千户,宜令阿卜束准此。

洪武六年八月

册封阿卜束的官职是河州卫千夫长、必里千户所副千户,足证必里千户所与河州卫之间的领属关系。

必里千户所升格为必里卫是永乐元年,《明太祖实录》卷 20 "永乐元年五月辛巳"条载:

升必里千户所为必里卫,以故千户哈即尔加弟剌麻失加、千户阿卜束男结束为指挥佥事。

考虑到该地区藏传佛教的势力和影响,建卫时的这一任命显然体现了明政府"僧俗并用"的原则。而必里千户所上升为必里卫,似乎与阿卜束家族很有关系。明成祖册封阿卜束子结束的诰命说:

奉天承运,皇帝制曰:俺汉人地面西边,西手里草地里西蕃各族头目,与俺每近磨道。唯有必里阿卜束,自俺父皇太祖高皇帝得了西边,便来入贡,那意思甚好。有今俺即了大位子,恁阿卜束的儿子结束,不忘俺太祖高皇帝恩德,知天道,便差俺阿卜束来京进

---

〔1〕昂索,藏语,意为土官、头人。
〔2〕原件存否,需做调查。抄件今藏青海省档案馆,录文见《青海省藏族蒙古族社会历史调查》(青海人民出版社,1985 年)。

贡,十分至诚。俺见这好意思,就将必里千户所升起作卫。中书舍
人便将俺的言语诰里面写得仔细回去,升他做明威将军、必里卫
指挥佥事,世世子孙做勾当者。本族西蕃听管领着。若有不听管
属者,将大法度治他,尔兵曹如敕勿怠。

永乐元年五月五日

永乐二年,阿卜束长子结束病故,次子阿哈巴差人向明廷报告,并
要求承袭结束职务,明成祖仍册封阿哈巴为必里卫指挥佥事[1]。

上述诰封反映出:明成祖将必里千户所升为必里卫,并非军事需
要独立建卫,而是笼络阿卜束家族的一个手段。此为明政府设置羁縻
卫的通例。因之,《河州志》(嘉靖)所载必里卫的职官编建,远较一般
军卫小,不设指挥使,仅设指挥佥事二员,不过是因人设职。且无额定
官军驻防。其职官编建,一直在河州卫领属之下。《河州志》(嘉靖)在
其下属的"归德州"条下,详列了必里卫的职官编建:

> 必里卫
> 掌牌指挥二员、头目二名
> 掌牌千户五员、头目五名
> 掌牌百户十四员、头目十四名
> 镇抚一员[2]

如果没有隶属关系,州志有什么必要详列必里卫的官职系列呢?

从明代史料看,必里卫建置后,一应事务俱由河州卫节制调处。

必里卫的经济生活,与明政府关系最大的是茶马贸易。这项工作,
是由河州卫管辖的。《河州志》(嘉靖)说:

> 路道疏通,奏设必里一卫,分二十一族,颁赐金牌二十一面为
> 符。每牌刻印字号,上书"不信者斩",留半内府,永为信记。每年
> 各族茶马,俱听河州守备招调,今改参将领之。……成化四年,添
> 设巡按御史,招番易马,每年调马一千七百有奇[3]。

---

〔1〕见"永乐二年诰"。
〔2〕见《河州志》(嘉靖)卷2"官政志"。
〔3〕见《河州志》(嘉靖)卷1。

河州卫的纳马番族和纳马数量,《明史·食货志》作"河州必里卫西番二十六族,牌二十一面,纳马七千七百五匹"。《明会典》及杨一清《修复茶马旧制疏》[1]作"西番二十九族",纳马数量同。纳马番族或因时间不同记载各异。但必里卫征调的马匹在河州卫茶马贸易中占有相当大的比例。具体工作由河州茶马司负责,"其直皆河州军马运茶与之"[2]。主管官员是河州守备,后由河州参将兼领,成化四年后,更因整顿茶马贸易,添设巡按御史专理其事。例如宣德七年,镇守河州的都督同知刘昭曾就河州地区的征调马匹情况上奏朝廷:

> 所征河州卫各番族茶马七千七百余匹,已征六千五百余匹,给与陕西官军操练。其未到者,乃必里卫诸族。缘今年畜牧多疫死,且西番苦寒,请俟来年征之,就给各卫。[3]

上述材料与《明史·食货志》、《明会典》、《河州志》(嘉靖)等材料相互参证,完全可以说明,必里卫的茶马贸易,是河州卫统管下的河州地区茶马贸易的一个组成部分。

不仅如此,凡涉及必里卫的有关事务,亦由河州卫奏报朝廷,由河州卫长官具体处置。请看《明代宗实录》卷 225 的这条材料:

> 景泰四年正月己未,镇守河州都指挥同知蒋斌奏:"欲将果吉族移往黄河迤南莽剌等处旧地,恐因而激变,宜仍存留黄河迤北住牧,令河州必里卫管束,善加抚恤,密切防闲,不许擅去西宁等处抢掠头畜。如违,该管头目一体治罪。"从之。

必里卫从永乐元年建置后,历洪熙、宣德、正统几朝,至代宗景泰年间以后,不再见于《明实录》的记载。仅就这几朝实录所见,凡提及必里卫,大多冠以"陕西必里卫"或"河州必里卫"[4],从无"朵甘必里卫"的记录,完全可证必里卫与河州卫的隶属关系。我们很难理解,自称"余年来数阅关于朱明十五朝实录"的《考》文作者,缘何对如此明确而

---

[1]《明经世文编》卷 115。

[2]《明太宗实录》卷 27。

[3]《明宣宗实录》卷 97。

[4]参见《明太宗实录》卷 61"永乐七年二月戊寅"条、《明仁宗实录》卷 4"永乐二十二年十一月乙未"条、《明代宗实录》卷 225"景泰四年正月己未"条。

大量的实录材料如此视而不见。

9.4

关于必里卫千户所及后来升格为必里卫的确切位置,《考》文断定"是在现时青海星宿海之西南"。

作者的考证很简单,既然《明太祖实录》卷69说"必里在吐蕃朵甘思界,故元设必里万户府",那么,明人朱国达《地图总要》"西番图"中"绘在朵甘思西南地方,有'孛里'一地",即为必里卫。

'孛里'是否是"必里"之异译,"孛里加千户所"是否指"必里千户所",皆缺乏文献佐证,不足为据。至于"吐蕃朵甘思界"之"界"字,显指"边界""界限",而非"界内""境内"。顺着这条线索,稽考元明史料,元必里万户府及明必里卫的位置事实上是很清楚的。

由于《大元一统志》的缺略,我们对元代必里万户府的情况所知甚少。但《元史》卷63《地理志·河源附录》多少向我们透露了必里万户府的地望情况。《河源附录》系据都实考察河源记录、由潘昂霄撰成的《河源志》及明代地理学家朱思本从八里吉思家所得藏文典籍考订而成,皆为亲历实录,翔实可靠。其记载黄河流经贵德州一带的地理情况时说:

> 河水北行,转西流,过昆仑北,一向东北流,约行半月,至贵德州,地名必赤里,始有州治官府。州隶吐蕃等处宣慰司,司治河州。又四五日,至积石州,即《禹贡》积石。五日,至河州安乡关。……

又云:

> 世言河九折,彼地有二折,盖乞儿马出及贵德必赤里也。

按黄河自巴颜喀拉山发源,流经青海南部果洛藏族自治州而入川,为岷山所阻,转而向北,流经甘肃南部复入青海。乞儿马出,即乞里马出河,源于四川若尔盖地区,在今甘肃南部玛曲县汇入黄河,此处为九曲黄河第一弯。河水西北向,流经青海河南蒙古族自治县、海南藏族自治州同德县境、贵南县境,在贵德县境转向东流。贵德县,元为贵德州,元初置,初隶巩昌等处总帅府,至元六年河州建吐蕃宣慰司都元帅府后,改隶吐蕃宣慰司,属宣政院辖地。必赤里,当为必里。《河源附录》虽未明言"必赤里"就是必里万户府治,但明代史料关于必里卫的记载完全可以印证,明代必里千户所、必里卫因元代必里万户府建置之地,就是《河源附录》中所说的"必赤里"。

《明太宗实录》卷79[1]"永乐九年十月辛卯"条云:

> 镇守河州都指挥使刘昭言:"河州归德千户所,去卫七百余里,东距川卜千户所,西距必里卫番族,南距朵土川藏,北距黄河罕东卫界。"

此"归德千户所",即元贵德州,属河州卫管辖,在今青海贵德县境。"西距必里卫番族"所交代的必里卫的位置,不仅对解决明代必里卫的地望问题至关重要,而且可印证《河源附录》中所说的"必赤里",就是元代必里万户府所在地。

据此,我们可以确信,元代必里万户府所在地就是元贵德州境,今青海贵德县境。明代因必里万户府之地而建置的必里千户所、必里卫与归德千户所东邻,亦在青海贵德县境。

至于必里卫的确切位置,还可做进一步的考究。前引《明代宗实录》卷225镇守河州都指挥同知蒋斌给明廷的奏折说:"欲将果吉族移往黄河迤南莽刺等处旧地,恐因而激变,宜仍存留黄河迤北驻牧,令河州必里卫管束,善加抚恤,密切防闲,不许擅去西宁等处抢掠头畜。……"仔细体味蒋斌奏折所言,参证前述元明史料,我们不难看出:河水在必赤里折向东流,形成东西走向,而必里卫则在贵德县境黄河北岸。故此,蒋斌奏请政府,将果吉族"仍存黄河迤北驻牧,令河州必里卫管束","不许擅去西宁等处抢掠头畜"。

结论:明代必里卫属河州卫管辖,其地望在今青海省贵德县境黄河北岸。

---

[1]梁本卷79,北图馆本卷120。

9.5

明代必里卫研究中,尚有不少遗留问题,如:

(1)明代中晚期史料中,缘何不见必里卫的记载?

(2)拥有明政府敕封的阿哇日部落何时迁入毗邻贵德的同仁县?

(3)现为藏族部落的阿哇日部落首领,世代传袭收藏着明确的蒙古族诰封,阿哇日部落究竟是藏族还是蒙古族?

(4)从汉藏文史料中看,必里卫的衰落似乎与明代中晚期隆务寺政教合一势力的崛起很有关系,其消长情况如何?

限于篇幅,上述问题容另文探讨。

(原刊《西北民族研究》,1993 年第 1 期。)

10 《明史·西域传》订误

10.1

冬,何锁南普等入朝贡马及方物。帝喜,赐袭衣。四年正月设河州卫,命为指挥同知。予世袭。知院朵儿只、汪家奴并为指挥佥事。设千户所八,百户所七,皆命其酋长为之[1]

按:这里所记河州卫属千百户所的数字有误。材料所本之《明太祖实录》卷60。原文如下:

> 洪武四年正月辛卯
>
> 以何锁南普为河州卫指挥同知,朵儿只、汪家奴为佥事。置所属千户所八:曰铁城、曰岷州、曰十八族、曰常阳、曰积石州、曰蒙古军、曰灭乞军、曰招藏军;军民千户所一,曰洮州;百户所七:曰上寨、曰李家五族、曰七族、曰番客、曰化州等处、曰常家族、曰爪黎族;汉番军民百户所二:曰阶文扶州,曰阳瓦等处。仍令何锁南普子孙世袭其职。

对照《明史》和《明实录》的材料,我们不难看出,《明史》在采摭《明实录》的材料时,出现了一个失误,脱漏了"军民千户所一"和"汉番军民百户所二"。实际上,河州卫初建时,统辖的千户所、百户所各为九个。

当然这些千百户所后来还有一些升降变迁,如洮州千户所、岷州千户所,皆升为卫。但也陆续增置过一些千百户所,据《明实录》的记

---

[1]《明史·西域二·西番诸卫》,中华书局校点本,8540 页。

载,增置的千户所有必里千户所[1],喃加巴千户所[2],失保赤千户所[3],川卜族千户所[4],贵德千户所[5]。增置的百户所则多不可考了。

10.2

又遣西宁州同知李南哥等招抚其酋长,至者亦悉授官。

乃改西宁州为卫,以南哥为指挥。[6]

按:此叙李南哥在元明之交的身份不确,可考见本书卷6《青海民和〈李氏宗谱〉跋》、卷7《〈明李南哥墓志〉跋》。李南哥并非元西宁州同知,明初归降,曾招抚青海境内的西番部落,为明政府迅速平定西北建立过功勋。翻检《明实录》的记载,李南哥并非一开始就被任为西宁卫指挥之职,在西宁卫建置后的相当一个时期,李南哥一直任卫镇抚之职。《明太祖实录》卷23:

> 洪武二十七年正月丙午
>
> 西宁卫镇抚李南哥等建佛刹于其地,以居番僧,来请寺额,赐名曰宁番寺。

《明太宗实录》卷15云:

> 洪武三十五年十二月癸亥
>
> 西宁卫土官卫镇抚李南哥进马,赐钞二百锭、彩币十表里。

以上两条材料表明,直到明成祖即位之初,李南哥仍不过是西宁卫镇抚。但到第二年,《明实录》中再次出现李南哥的记载时,他已是西宁卫指挥了。《明太宗实录》卷26云:

> 永乐元年十二月庚寅

---

〔1〕《明太祖实录》卷69,必里千户所永乐初升为必里卫。

〔2〕《明太祖实录》卷96。

〔3〕《明太祖实录》卷96。

〔4〕《明太宗实录》卷20。

〔5〕《河州志》(明)。

〔6〕《明史·西域二·西番诸卫》,中华书局校点本,8540页。

西宁卫土官指挥李南哥率把沙等十族番酋却约思等,及河州番酋米卜等来朝,贡马。赐银钞、彩币有差。

因此,李南哥升任西宁卫指挥,应是永乐即位以后的事。洪武六年建西宁卫,李南哥所起作用恐怕远不如当时归明的元甘肃行省右丞朵儿只失结,因此,《明太祖实录》卷78在谈到西宁卫的建立时说:

置西宁卫,以朵儿只失结为指挥佥事。朵儿只失结,西宁人,仕元为甘肃行省右丞。初,王师下关陕,与太尉朵儿只班在青海,朵儿只班遣其来朝进马。上赐以袭衣、文绮,令还招谕其部曲。朵儿只班不奉诏,遁甘肃。朵儿只失结自率所部二千余人还西宁,遣其弟赍达等赴京,言朵儿只班不奉诏之故。及宋国公冯胜总兵征甘肃,遂以所部从行。胜乃命朵儿只失结同指挥徐景追袭朵儿只班,获其金银印及军士马匹,遣其弟答立麻送京师。至是,立西宁卫,命朵儿只失结为指挥佥事。

此朵儿只失结之裔后来也成为甘青地区的世袭土司,但其势力和影响稍逊于李土司家族。大约也正因为如此,《明史》在记叙西宁卫建立时,出现了"以李南哥为指挥"的失误。

10.3

十八年复命诚及中官郭敬赍敕及彩币报之。[1]

十八年遣使来贡,命诚及内官郭敬赍书币往报。[2]

十八年偕哈烈、八答黑商诸国贡马,命参政陈诚、中官郭敬等报以彩币。[3]

按:以上三条皆采自《明太宗实录》卷226:

永乐十八年六月己酉

广东布政司右布政陈诚为右参政,命同中官郭敬等使哈烈诸

---

〔1〕《明史·西域四·撒马尔罕》,中华书局校点本,8599页。
〔2〕《明史·西域四·八答黑商》,中华书局校点本,8613页。
〔3〕《明史·西域四·于阗》,中华书局校点本,8614页。

国。时哈烈、撒马尔罕、八答黑商、于阗诸国,皆遣使贡马,故遣诚等赍敕各赐彩币等物。

然而,《明实录》的这条材料本身就有问题。作为这次奉使的主要人物陈诚,在永乐十一年、永乐十四年、永乐十六年三次出使西域哈烈、撒马尔罕诸国,著有《西域番国志》《西域行程记》,录其亲历见闻与行程道里。此外,陈诚从曾孙陈汝实所辑《陈竹山先生文集》还保存了陈诚的不少诗文著述。该集内篇卷2有陈诚手书的《历官事迹》1篇,"将历官略节事迹逐一开记,以示后之子孙",实为研究陈诚生平的珍贵史料。《历官事迹》记他第三次出使西域时说:他于永乐十六年八月回江西吉安老家安葬自己的母亲,十月初二日起程,前往西域。历时二年。

永乐十八年庚子岁十一月初一日又回到北京。进马二十五四。十二月初十日,升除广东布政司右参政。从三品散官亚中大夫。仍给马钱钞十万二千贯。赏纻丝三表里。

《明实录》所记之永乐十八年六月,恰好是陈诚返国途中,断无从北京再派出使之理。即使中途领受使命,也不会十一月就返北京。而且,直到十二月,陈诚仍在北京,"复拟西域之行",结果,由于永乐十九年四月初八日,皇宫失火,延烧三殿,四月十一日,"大赦天下,停止西夷差使,蒙恩旨记名放回原籍,听候取用"。陈诚六月离京,由南京搬移家小,九月十八日回江西吉安老家,修建房舍、丧妻安葬。直到永乐二十一年二月重新回到北京,二年之中并无远行。故《明实录》所载永乐十八年六月陈诚同郭敬的出使,实际并未成行。至少,陈诚同这次出使无关。修《明史》者不察,在《西域传》中屡载陈诚同郭敬的出使。缘其致误之由,纯系《明实录》记载不实。

10.4

十六年,贡使速哥言其王为从弟歪思所弑而自立,徙其

158

部落西去,更国号曰亦力把里。[1]

按:此条亦本于《实录》。《明太宗实录》卷 197 载:

永乐十六年二月庚戌

别失八里头目速哥、克剌、免剌等来朝贡方物。具言其王纳黑失只罕为从弟歪思杀之而自立,徙其国西去,更号亦力把里。

《明实录》的这一记载及《明史·西域传》的采撷并无大的问题,关键是别失八里王国的西迁,《明实录》的记载有重大缺漏。因之,后世史家皆据此判定。别失八里王国从别失八里城(今新疆吉木萨尔县境内)迁到亦力把里(今新疆伊宁市一带)是永乐十六年(1418),直到近年来的一些历史著作,仍采此说。甚至最新出版的个别著述还用了相当的篇幅来探讨歪思汗离开别失八里城西迁的"背景和原因"。

别失八里王国是察合台后王黑的儿火者被帖木儿击溃后在别失八里城重新建立的政权,立国在洪武三年(1370)。其后传子沙迷查干。永乐初,马哈麻承袭兄位为别失八里王;马哈麻死后无子,继子纳黑失只罕嗣位,不久,即为其从弟歪思袭杀。《明实录》中才出现了歪思西迁亦力把里的记载。

但是,上文提到的屡使西域的陈诚在其《西域行程记》中,却以其亲历见闻,向我们提供了别失八里王国西迁的新的时间表。《西域行程记》所录,是李达、陈诚所率明政府使团从陕西行都司肃州卫(今甘肃酒泉)出发至哈烈(今阿富汗赫拉特城)的全部行程,时间是永乐十二年正月十三日至当年闰九月十四日,历时九月。该书按日记程,录其道里行止,甚为详尽。

《行程记》说,使团进入新疆后,经哈密、鲁陈、火州、土尔番,然后在土尔番西北的崖儿城停留了十七天。

[三月]二十四日,晴,明起。由崖儿城南顺水出山峡,向西南行,以马哈木王见居山南,遂分南、北两路行。

这里所称的马哈木王,即《明史》中的别失八里王马哈麻。分析这

---

[1]《明史·西域四·别失八里》,中华书局校点本,8608 页。

个简单记录,我们不难看出,永乐十二年初,明政府使团准备前往别失八里城会见马哈麻时,马哈麻已离开该地西迁了。明政府使团不得不分为二路,前去寻找马哈麻。陈诚所在南路使团由崖儿城径直向西,二十天后,翻越天山,进入伊犁河谷。《行程记》记载这一段行程说:

> [四月]十五日,大雪,午后晴起北行,过一山,约行五十余里下山。东西一大川,有河水西流,地名孔葛思。安营住一日。
>
> 十七日,晴。明起,向西行约五十余里,地名忒勒哈剌,近夷人帐房处安营。马哈木王遣人来接,住一日。
>
> 十九日,晴。明起,顺河西下,行五十里,近马哈木王帐房五、七里设站舍处安营,住十三日。

翻越天山后,"东西一大川",当指今新疆新源县境内的巩乃斯草原,"有河水西流,地名孔葛思",河即巩乃斯河,蜿蜒向西,汇入伊犁河。由此西行五十余里,在忒勒哈剌地方与前来迎接的马哈木王使臣相遇。再顺巩乃斯河西下,行五十里,"近马哈木帐房",则到达今新源县城附近。

陈诚亲历材料完全可以证实,至晚在永乐十二年(1414)初,在马哈麻王时期,别失八里王国已西迁到伊犁河流域。《明实录》中所说的歪思汗夺取汗位后的西迁,实际只是在伊犁河流域的一次短距离迁徙,从新疆巩乃斯河上游迁到伊犁河南岸的亦力把里,即由今日之新源县城附近迁到伊宁市一带。别失八里王国的西迁,主要是在马哈麻时代,歪思不过使西迁更进一步,从而使亦力把里成为王国新的统治中心。《明实录》的记载恰恰遗漏了马哈麻时代西迁巩乃斯河的关键材料,导致了《明史》记载的含混不清,进而使人们对别失八里王国西迁产生误解。而陈诚之《行程记》存佚补阙,填补了史籍记载的这一空白,足以纠正研究中的失误。

10.5

　　无官府,但有管事者,名曰刀完。[1]

　　按:永乐十三年,陈诚奉使西域回国,曾将西使的几种著述"汇呈御览",后宣德朝纂修《明太宗实录》,节删《使西域记》,载于《明太宗实录》卷169。其中谈到哈烈时曾说:

　　不设官府,惟设管事者称之曰刀完。

　　毫无疑问,《明史·西域四·哈烈》的上条记叙来自《实录》。但是,陈诚上书时,曾"藏其副于家",原本得以保存流布。《竹山文集》所载之家藏本中称:

　　不设大小衙门,亦无官制,但管事之人称曰刁完。

　　刁、刀形近易讹,《明实录》因以致误。考之于家藏原本,当为"刁完"。

10.6

　　岁以二月、十月为把斋月,昼不饮食,至夜乃食,周月始茹荤。[2]

　　按:此处记哈烈国伊斯兰教徒开斋后"周月始茹荤",乃一常识性错误。究其致误之由,实因明代史臣不谙伊斯兰教,妄改陈诚原文,因而在《明太宗实录》卷169中就出现了谬误。清修《明史》,移录《明实录》记载,以讹传讹。查阅陈诚家藏原本的记录,此处为"周月之后,饮食如初"[3]。指斋月之后,恢复白昼饮食的习惯,并非把斋月内不吃荤,"周月始茹荤"。

　　　　　　　　　　　　　　(《新疆社会科学》,1988年第3期。)

---

〔1〕《明史·西域四·哈烈》,中华书局校点本,8612页。
〔2〕《明史·西域四·哈烈》,中华书局校点本,8612页。
〔3〕见《竹山文集》内篇卷1。

11 《明史·鲁鉴传》订误

甘肃永登连城土司鲁氏家族是甘青土司中最显赫的家族之一,其家族最著名者为鲁鉴、鲁麟、鲁经祖孙三人。均见于《明史·鲁鉴传》。

明末鲁氏家族曾受到李自成义军贺锦部的沉重打击而一蹶不振,"图书法物,烬于兵燹"。清末,其十五世裔孙鲁纪勋重纂《鲁氏世谱》授梓,其家藏《鲁氏家谱》今仍见在。近年来,《明故荣禄大夫靖虏将军总兵官都督鲁公(鉴)墓志铭》面世,现据此对中华书局点校本《明史》之《鲁鉴传》做一订误。

(1)《明史·鲁鉴传》云:"祖阿失都巩卜失加,明初率部落归附,太祖授为百夫长,俾统所部居庄浪。"此述鲁鉴之先祖世系,事迹多误。

第一,"阿失都巩卜失加"应为"阿失都、巩卜失加",非一人而系兄弟二人,据载,均为蒙古人脱欢子。《鲁氏世谱》云:"洪武九年丙辰,脱欢公卒,长子阿实笃嗣。洪武十年丁巳,实笃公由兰州卫改调庄浪卫百户。洪武十一年戊午,实笃公擒逆番达官□只,斩之。即以目盲寻卒,二世祖巩卜失杰嗣职……"《世谱》之"阿实笃"即《明史》之"阿失都","巩卜失杰"即"巩卜失加"。鲁鉴先祖世系,《世谱》《家谱》皆载之甚明:

脱欢 ┬ 阿实笃(阿失都)
　　　└ 巩卜失杰(巩卜失加) ── 鲁贤(失加) ── 鲁鉴 ── 鲁麟 ── 鲁经(下略)

因此,确切地来说,鲁鉴的先祖应为巩卜失加。

第二,依上列谱系,鲁鉴的先祖还可追溯到阿失都和巩卜失加的父亲脱欢。脱欢其人,《鲁氏家谱》卷3《始祖传》载之甚详:"始祖讳脱欢,元世祖之孙也。仁宗皇庆二年,晋爵安定王,历事英宗、泰定帝、明宗、文宗。元统至元之间,四方兵起,宇内分裂,明太祖龙分淮甸,不数载群雄渐次削平。至正间,帅师北定中原,所向无不披靡迎降。公喟然涕曰:大势去矣! 吾惟竭吾力耳。……兵势愈警,渐逼京畿,帝乃与太子、皇孙、诸王夜半逊国而去,公率数十骑从不及,又闻两都失守,遂流落北地。每言及帝,辄抚膺悲恸。明太祖闻而义之,命行人召赴行在。及进见,谕慰至再。欲官之,乃愀然曰:亡国贱夫,不足以辱圣世也。太祖益重之,使召集部落,仍守其地。……洪武三年,王保保自甘肃来攻金城,上命西平侯沐英同公援韩温温。公随方设谋,固守无虞,屡乘其怠破之。明年,扩廓帖木儿入寇……遂攻兰州。公以书招扩廓帖木儿,譬喻百端,不从。公守益坚,适大将军徐达救至,城赖以全。八年,西何酋朵儿只巴叛,上命公与都督濮英帅师讨之,大破其众,焚其巢房,其部酋只巴仅以身免。师还叙功,命入京师,会因疾不果,明年遂卒。朝廷悯其功,授子阿失都百户……"《世谱》在"洪武三年五月"条下载:"徐达克兴元,遣邓愈招谕西部,始祖脱欢公归附,从达北征,与扩廓帖木儿战沈儿峪。"《世谱》又载清顺治二年六月,鲁鉴后裔鲁允昌妻杨氏在给顺治皇帝的呈文中称:鲁氏始祖脱欢,"因大明兴兵,率领部落避入河西,嗣后纳降,赐姓为鲁,敕封世守庄浪"。虽然这些材料的某些情节还值得进一步考究,但毫无疑问,明初率部落归附者乃脱欢,而非阿失都或巩卜失加。而阿失都所授职务则为百户。

第三,鲁鉴始祖脱欢,《家谱》《世谱》均载为元宗室,封安定王。然据《元史》之《宗王世系表》和《诸王表》《南村辍耕录》之《大元宗室世系》,安定王脱欢系成吉思汗四子阔列坚的支裔,元时即由其子朵儿只班承袭安定王,何能至明初再归降朱元璋。相比之下,恐怕《鲁鉴墓志铭》中所说"曾祖为元平章"似更可信。《元史·宰相年表》载顺帝至正元年,任为平章政事有名脱欢者,大约即为鲁氏始祖,而鲁鉴则为蒙古人后裔。

(2)《明史·鲁鉴传》云:"传子失加,累官庄浪卫指挥同知。"此述失加官职有误。

失加,即谱系之三世祖鲁贤,《明实录》称鲁失加,为巩卜失加子,

·欧·亚·历·史·文·化·文·库·

鲁鉴父。永乐八年,巩卜失加虎从明成祖北征,战殁于哈喇哈,次年鲁失加即嗣职(见《世谱》)。失加南征北战,屡立功勋,其功绩最著者,为仁宗洪熙元年,随陕西行都司都指挥李英征罕东、安定与曲先三卫。《宣宗实录》卷10称其为"庄浪卫土官指挥同知鲁失加"。但次年,明廷给他的敕谕中即称失加为都指挥佥事(见《世谱》《家谱》)。宣德年间,失加又因护送侯显出使乌斯藏、征哈思散即思等功,升右军都督府同知。英宗正统年间,失加屡次奉调参与许多军事行动,拜骠骑将军右军都督府佥事。正统十二年,鲁失加卒(均见二《谱》)。故此,失加的累官,应至右军都督府佥事。

(3)《明史·鲁鉴传》云:"正德二年,经既袭指挥使,自陈尝随父有功,乃以为都督佥事。未几,麟卒。"此处将鲁麟之卒系于正德二年后,恐误。《鲁氏世谱》云:"武宗正德元年丙寅,麟卒。""赠右军都督佥事,遣陕西布政使参政周载谕祭三坛。"《世谱》《家谱》一般记谱主生卒年较为可靠,故鲁麟之卒年,似以正德元年为是。

(4)《明史·鲁鉴传》云:"嘉靖六年冬,以都督同知充总兵官,镇守延绥。大学士杨一清言:'……今陕西总兵官张凤乃延绥名将,若调凤延绥而改经陕西,自可弹压庄浪,无西顾患。'帝立从之。居二年,竟以疾致仕。"此处将鲁经任延绥总兵的时间系于嘉靖六年,恐误。杨一清疏言张凤与鲁经对调,似应在他总制三边任内的嘉靖四年以前。故《鲁氏世谱》载嘉靖四年"经挂靖虏将军印镇守延绥总兵官"为是。又《世谱》,嘉靖五年,鲁经"乞休解兵,许之",与《明史》"居二年,竟以疾致仕"。对照,时间相合。如依《明史》鲁经任延绥总兵为嘉靖六年,致仕时间就推到嘉靖七年,不仅没有材料印证,且与《世谱》《家谱》所载抵牾。

(《中国史研究》,1987年第1期。)

12 读《明史·侯显传》

侯显，《明史》卷304有传，然阙其年里，其生平事迹，大致在15世纪前期，明代永乐、宣德间。起先为司礼少监，后以出使之功迁司礼监太监。

明代宦官，自靖难之役，始掌出使、监军、专征、分镇、刺臣民隐事诸大权。侯显同郑和一样，以出使闻名。《明史·侯显传》云："当成祖时，锐意通四夷，奉使多用中贵。西洋则和、景弘，西域则李达，迤北则海童，而西番则率使侯显。"在明代中外交往和民族交往中，侯显的出使活动尤其值得注意。就其当时的影响而言，仅次于七下西洋的郑和。故《明史》本传称"显有才辩，强力敢任，五使绝域，劳绩与郑和亚"。

见于记载的侯显的第一次出使活动是永乐元年（1403）出使西藏地区。

西藏地区自明初洪武间归服明朝中央政府以来，与中原内地的关系日渐密切。中央王朝频繁地派出政府使团，深入藏地，执行各种使命。其中扶植和利用藏传佛教，敕封各级僧人，确定朝贡制度，即为一项重要内容。永乐元年二月，当时还做司礼少监的侯显，受成祖朱棣之命，选壮士健马护行，率政府使团使藏，赍书币征召乌斯藏高僧哈立麻。《太宗实录》卷17载：

> 遣司礼监少监侯显赍书、币往乌斯藏，征尚师哈立麻。盖上在藩邸时，素闻其道行卓异。至是遣人征之。

哈立麻，即噶玛，名得银协巴，是西藏喇嘛教噶玛噶举派黑帽系第五世活佛。明成祖邀他来京，根本的原因还是考虑到这位佛教领袖对藏族地区的影响，"因通迤西诸番"。

侯显此行数千里，历尽艰辛，至永乐四年（1406）的十二月，始与哈

·欧·亚·历·史·文·化·文·库·

立麻同来北京。《太宗实录》卷 62 云:

> 遣驸马都尉沐昕迎尚师哈立麻。先是,命中官侯显等往乌斯
> 藏征哈立麻。至是,显遣人驰奏已入境,故遣昕迎之。

明成祖在奉天殿延见哈立麻,听其说法,赏赉优渥,仪仗鞍马什器多用金银为之,道路煊赫。后敕封如来大宝法王,领天下释教,给印诰制如诸王。而侯显也因奉使功劳,升为司礼监太监。

侯显在完成这项使命后,参加了郑和的第二次、第三次下西洋。这无疑开阔了他的视野,增加了他与域外交往的知识和才干。

永乐十一年(1413)二月,明成祖派侯显出使尼泊尔。《太宗实录》卷 137 载:

> 遣太监侯显赍敕赐尼八剌国王沙地新葛、地涌塔王可般锦绮。

侯显此行的道路,《明实录》不载,但尼泊尔毗邻卫藏,侯显又有往返汉藏地区的经历,很可能侯显是通过卫藏地区进入尼泊尔的。侯显的奉使取得很好的成果。

> "尼八剌王沙地新葛遣使随显入朝,表贡方物。诏封国王,赐诰印。" (《明史·侯显传》)

永乐十三年(1415)七月,成祖又"遣太监侯显等使榜葛剌诸番国,赐国王绒锦、金织、文绮、绫绢等物。"(《明太宗实录》卷 166)榜葛剌即今孟加拉国,《明史》"称其国即东印度之地,去中国绝远"。此前与明政府并无联系。通过侯显的出使通问,"其王赛佛丁遣使贡麒麟及诸方物。帝大悦,赐予有加"。(《明史·侯显传》)侯显去榜葛剌是率舟师出行的,据说受到当地国王极隆重友好的接待。当侯显率船队到达察地港时,国王派了一千多人到港口远迎,然后又用大象接载到皇宫,由国王赛佛丁亲自主持欢迎仪式,双方互赠礼物,盛宴款待侯显及其使团。

侯显的出使,使明政府与榜葛剌等国建立了和平友好的关系,甚至当榜葛剌与邻国发生纠纷时,榜葛剌都请求明政府予以调解。

> 榜葛剌之西有国曰沼纳朴儿者,地居五印度中,古佛国也,侵榜葛剌。赛佛丁告于朝。 (《明史·侯显传》)

于是,明政府再次以侯显为使者,代表明政府斡旋调解。《明太宗实录》卷229"永乐十八年九月乙亥"条载:

> 遣中官侯显等使沼纳朴儿国。时榜葛剌国王言沼纳朴儿国王亦卜剌金数以兵扰其境,故遣显等赍敕谕之。俾相辑睦,各保境土,因赐之彩币,并赐所过金刚宝座之地酋长彩币。

侯显不辱使命,终于使沼纳朴儿国"罢兵"。这固然表现了明朝政府在南亚诸国中的威望,但与侯显的才干也是分不开的。侯显末一次的出使已到了宣宗朝:

> 宣德二年四月辛酉
>
> 遣太监侯显赍诏敕往乌斯藏等处谕帕木竹巴灌顶国师、阐化王吉剌思八监藏巴里藏卜、必里工瓦阐教王领真巴吉监藏、灵藏赞善王喃葛监藏、尼八剌国王沙地新葛、地涌塔王子可般、辅教王喃葛列思巴罗葛啰监藏巴藏卜等,各赐绒锦、纻丝有差。

(《明宣宗实录》卷27)

此行自然是通过西藏去尼八剌等国的,但主要还是在西藏地区。这很像是一次中央大员对西藏地区的视察活动。为此,明政府"以遣太监侯显往乌斯藏、尼八剌等处抚谕给赐,遣人赍诏谕都督佥事刘昭,领指挥后广等原调洮州等六卫官军护送出境。仍敕川卜、川藏、陇答、罕东、灵藏、上笼卜、下笼卜、管牒、上邛部、下邛部、乌斯藏帕木竹巴、必里工瓦等处及万户、寨官、大小头目、军民人等,给道里费,且遣人防护。"(《明宣宗实录》卷27)侯显的出使和视察整整经历了两年,宣德四年(1429)四月才返回京城。《宣宗实录》卷52说:

> 太监侯显等归自乌斯藏,以乌斯藏所遣剌麻僧人入见。命行在礼部供给如例。其留止河州者,敕都督同知刘昭如例给之。

不久,侯显上奏宣德皇帝,在谈到他这次的经历时说:

> 先使乌斯藏,至邛部之地,遇贼劫掠官军牛马,随行官军与贼对敌,有勇敢当先者,有齐力向前者,有擒贼者,有宰贼首级者,有阵亡者,通四百六十余人,悉具名闻。上命行在兵部:擒贼及斩首与当先者,皆升一级;齐力向前者,加赐赏;阵亡者,升用[其子],

仍恤其家。 （《宣宗实录》卷 62）

仅立功及阵亡官兵具名的就有 460 余人，可见侯显此次所率使团的规模是相当大的。翻检《明实录》，除了正德年间使藏地的司礼监太监刘允所率使团外，侯显使团就是明政府派往藏地的最大使团了。

侯显的使藏，无疑加强了藏地区与中原内地的联系。而这种联系的加强，对统一的多民族国家的形成，对汉藏人民之间的友好往来，是有积极作用的。正因为如此，侯显在藏族地区很有影响。直到清代末年，洮州（今甘肃临潭）园成寺藏族世袭僧纲家族，仍奉侯显为始祖，来追记他们的世系。此说存疑，有待考证，但洮州园成寺确系侯显捐资扩建，当地人皆称侯家寺。其族人世袭洮州卫僧纲，直至民国年间。当地传说，侯显晚年回到他的家乡甘肃临潭，主持园成寺寺务，惜无史料证实。侯显的身份应为藏族。

（《兰州大学学报》1987 年第 2 期。）

卷　　3

13 明太祖《阿都剌除
回回司天少监诰》跋
——兼评《中国回回历法辑丛》

《回族人物志·明代卷》卷 27、附卷之五录明太祖朱元璋《阿都剌除回回司天少监诰》，所涉问题不少，值得讨论。

13.1

阿都剌除回回司天少监诰

天文之学，其出于西域者，约而能精。虽其术不与中国古法同，然以其多验，故近代多用之。别设官署以掌其职，盖慎之也。以尔阿都剌敏而多识，回回天文之说，实世守之。朕仰观天象，敬授民时，乃循近制，仍设其职。而命尔复居厥官。尔尚勤于推测，谨于敷陈，恪守攸司，以称予意。

13.2

明太祖起自草莽，为文率直。此诰文辞浅显明了，通畅达意，无须诠释。但作为一代开国之君，其文关系史事，与明初创设制度及参用回回历法相关，不能不细心探究。

13.3

在传世的《明太祖集》的若干版本中，《阿都剌除回回司天少监

·欧·亚·历·史·文·化·文·库·

诰》,仅见于明嘉靖本《高皇帝御制文集》,[1]所以,应先考察《明太祖集》的版本及该诰收录问题。

《明太祖集》,最早为翰林学士乐韶凤、宋濂编录的5卷本,集后有刘基、郭传、宋濂后序3篇。宋濂后序称,"文与诗凡五卷,续有制作,复编类为后集云"。[2] 此为洪武七年(1374)事。至洪武末,《明太祖集》已增至30卷。焦竑《国史经籍志》、黄虞稷《千顷堂书目》皆有著录。文集计收文515篇。

其次,则有嘉靖八年(1529)唐胄云南刻本,嘉靖十四年(1534)徐九皋江都刻本,皆20卷。经雠校补除,收录672篇。

万历十年(1582),姚士观、沈鈇校刻《高皇帝御制文集》20卷,增至687篇。此万历刻本,应该说是明代《高皇帝御制文集》最完善的本子。

洪武5卷本、30卷本传世极少,清修《四库全书》,所见只《高皇帝御制文集》20卷,认为与焦竑《国史经籍志》著录同,为万历本,"所谓三十卷者,今未见传本,其存佚均未可知"[3]。说明洪武30卷本到清乾隆年间已不复得见,四库馆臣都无法判定其存佚、版本。

1989年,胡士尊先生点校《明太祖集》,即以万历本为底本,"有疑误处,参照明初刻三十卷本和嘉靖十四年二十卷本予以订正"[4]。可以说,明代的主要传本,均已披览使用。而且,还参照了清四库馆臣未曾寓目的洪武30卷本。

然而,遍查点校本《明太祖集》,却不见前述的这篇《阿都剌除回回司天少监诰》。

《回族人物志·明代卷》录文所据,一见北京图书馆藏《高皇帝御

---

〔1〕又《皇明经世文编》卷4收录明太祖《阿都剌除回回司天少监诰》,当出自嘉靖本《明太祖集》。

〔2〕宋濂《恭题御制文集后》。

〔3〕《四库全书总目》卷169。

〔4〕胡士尊《点校后记》,见《明太祖集》,黄山书社,1991年。

制文集》嘉靖刻本[1]，一见《皇明经世文编》[2]。点校本《明太祖传》的底本，是在嘉靖本基础上增补的万历本，那为何遗漏了这篇重要的诰文呢？这一疑点，在目前无法比勘诸本源流的情形下，一时无法确定，但对整理点校《明太祖集》来说，是不应有的疏忽失误。

当然，无论是洪武本、嘉靖本、万历本的《明太祖集》，都只是一个选本，不可能录入朱元璋一生全部的诗文，尤其是明人编选《明太祖集》，必然会受到观念、时代的制约，其中的"扬弃""回护""藻饰"是不可避免的。譬如朱元璋早年自撰的《朱氏世德碑》，因用韩林儿龙凤之制，隐讳而致不传[3]。诛杀功臣宿将勾当的内幕，绝对是不可公之于众的，明初许多隐匿不清的问题，正是在编录《高皇帝御制文集》中芟剪失漏了。

《明太祖集》的遗漏失载，有相当部分是明人编纂中无法寓目的文字。一类是事涉宫禁秘闻，内外有别而不便公开的诏敕谕旨。前些年，美籍明史学家陈学霖教授曾介绍过庋藏于台北故宫博物院的手写本《明太祖御笔》和《太祖皇帝钦录》[4]。其中，《太祖皇帝钦录》一种系民国十四年（1925）俞平伯先生奉命检览故宫文物时发现于景阳宫御书房，明代不曾流布，历来簿录未有记载。据昌彼得为之所作的《叙录》[5]，《太祖皇帝钦录》系明太祖敕谕其藩王诸子的圣旨或函札，共106件。多数内容为声斥其不肖子孙诸藩王的荒诞败德罪行，亦有面授北部边防之机宜对策，于明初史事有极高参考价值。但因涉帝室"家丑"而不能外扬，《明太祖集》编纂时当然无有收录。另一类是域外史料，如《高丽史》、朝鲜《李朝实录》等等，明代儒臣无法披览，造成《明太祖集》大量资料的遗漏。据陈高华先生考察，《明太祖集》失载的御制诗文尚不至此，还包括一批明代政书及大量明代典籍，如《皇明诏

---

[1]《回族人物志·明代卷》附卷之5，宁夏人民出版社，1988年。

[2]《回族人物志·明代卷》卷27。

[3]夏燮《明通鉴》卷2"考异"。

[4]见陈学霖《关于〈明太祖钦录〉的史料》，文载《暨南史学》第2辑。暨南大学出版社，2003年。

[5]（台北）《故宫图书季刊》第1卷第4期，1970年。

·欧·亚·历·史·文·化·文·库·

令》《皇明制书》《金陵梵刹志》等等。[1]

长期以来,朱元璋和明初政治变革研究一直是明史研究的一个热点。时至今日,朱元璋生平思想的真实轨迹,仍在不断揭示和探索之中。然其根本,还在资料的完整性、系统性和原始性。前述问题给我一个感觉,重新编订《明太祖集》或许是十分必要的。

13.4

回回历法传入中国并影响到中国的传统历法,明清以来的学者皆据《元史·历志》认为始于成吉思汗、窝阔台西征时耶律楚材所作的《庚午(1270)元历》。至元四年(1276),又有回回人札马鲁丁撰进《万年历》,"世祖稍颁行之"。[2] 但自 20 世纪 70 年代,安徽《怀宁马氏宗谱》、河北《青县马氏门谱》先后发现后,揭出北宋太祖建隆二年(961),精通西域历法的阿拉伯人马依泽"应召入中国修天文"的史实,马依泽参与编修的北宋《应天历》奉诏颁行后,马依译及其子马额、马怀等留居中国,并长期在宋司天监任职。故此,家族谱的发现者、台湾学者罗香林先生指出:

> 近人每谓中国历法之受回历影响,殆始于蒙古成吉思汗西征时采用回历。至元世祖忽必烈时,诏许衡、王恂、郭守敬等治新历,其所修《授时历》,即为曾受回历影响。此盖就其较为显著者之耳,若穷原竟委,则不能不谓肇始于宋初马依泽之自西域入华修历也。[3]

一些天文史学者通过对宋《应天历》天文星象的考察,识别了《应

---

〔1〕见陈高华《论朱元璋的诏令》,文载《商鸿逵教授逝世十周年纪念论文集》,北京大学出版社 1995 年;陈高华《关于朱元璋文的整理问题》,文载《明清论丛》,北京紫禁城出版社,1999 年。

〔2〕《元史》卷 52。马坚先生认为,元代以后颁行的授时历,是在庚午年历和万年历的基础上编制的(见马坚《回回天文学对中国天文学的影响》,文载《回族史论文集》,宁夏人民出版社,1983 年。)

〔3〕罗香林《族谱中关系中西交通若干史实之发现》,文载台湾《中央研究院历史语言研究所集刊》第 40 本,1968 年。

天历》中确有回回历法的成分。[1] 从而,从专业领域印证了罗香林先生的推论。

罗香林先生的推论,虽然得到学术界的认可,被认为"信而有据"之说,但也不尽然。晚近成书的《清史稿·汤若望传》中,对回回历法初传中土的年代又揭出隋开皇一说。清初,任清回回科秋官正的吴明炫明确说:

> 臣祖默沙亦黑等一十八姓,本西城人。自隋开皇己未,抱其历学,重译来朝,授职历官,历一千五十九载,专管星历行为。[2]

吴明炫其人,清康熙朝任司天监回回科秋官正,为世代相传、家学渊源的回回历官。其祖默沙亦黑等一十八姓西域人,"自隋开皇己未,抱其历学,重译来朝,授职历官,历一千五十九载,专管星历行为"。其说言之凿凿,当有所本。如是,则回回历法初传中国的年代,似为隋开皇己未,即文帝开皇十九年,公元 599 年。较《怀宁马氏宗谱》《青县马氏门谱》所载,又早出 3 个多世纪。

而至关重要的是,元朝为回回天文学者设立了第一个专业机构——西域星历司。[3] 忽必烈曾命叙利亚聂斯脱里派教徒爱薛掌管西域星历、医药二司,并创立了以回回天文学观象定历的回回司天台。[4]

此为明太祖《阿都剌除回回司天少监诰》的历史渊源。

13.5

明朝立国,于前朝制度多所承袭,回回司天监即为其一。洪武元年(1368),明朝甫经立国,即置回回司天监于南京,"诏征元太史院使张佑,回回司天太监黑的儿等共十四人,寻召回回司天台官郑阿里等十

---

〔1〕见陈久金、马肇曾《回人马依泽对宋初天文学的贡献》,文载《中国科技史料》1989 年第 2 期。

〔2〕《清史稿》卷 272《汤若望传》。

〔3〕《元史》卷 134《爱薛传》。

〔4〕《元史》卷 90《百官志》。

一人至京,议历法",[1]第一批诏征的十四人,《明史纪事本末》有一个详细的名单:

> 洪武元年冬十月,征元太史院使张佑、张沂,司农卿兼太史使成隶,太史同知郭让、朱茂,司天少监王可大、石泽、李义,太监赵恂,太史院监侯刘孝忠,灵台郎张容,回回司天监黑的儿、阿都剌,司天监丞迭里月食一十四人,修订历数。

第一批诏征,筹建回回司天监的黑的儿、阿都剌、迭里月食等人,其身份应是供职于元朝天文机构的回回人。可以确定,明太祖《阿都剌除回回司天少监诰》的颁发时间,在洪武元年(1368)十月。据《诰》中"以尔阿都剌敏而多识,回回天文之说,实世守之"看,阿都剌生活在一个精通回回历法的穆斯林仕宦之家,其先世与本人均供职于元朝的西域星历司。明太祖设回回司天监,阿都剌即被征用,以擅回回历法服务于新朝。在目前尚未发现阿都剌家世生平事迹其他资料的情况下,这一点是十分重要的。

明初征召的回回天文学家,姓名可考者有阿都剌、黑的儿、郑阿里、迭里月食等4人,如加上洪武十五年(1382)诏命参与回回历法翻译的海答儿、阿答兀丁、马沙亦黑、马哈麻,共计8人。其中,郑阿里率11人恢复回回司天台工作,"占天象",班底大约都是一批回回人。

13.6

明代回回历法对中国传统历法的影响及作用有几个令人关注和值得研究的问题。

(1)明朝筹建立国的吴元年(1367),即颁行了新朝使用的《大统历》。《明史·历志》云:

> 吴元年十一月末冬至,太史院使刘基率其属高翼上《戊申大统历》。

---

[1]《明史》卷31《历志》。

戊申是 1368 年,是明王朝建国之年,朱元璋对新历的颁行十分重视,明确做出指示。

> 古者季冬颁历,太迟。今于冬至,亦未善。宜以十月朔,著
> 为令。

朱元璋确认的颁历时间为十月朔,但明之《大统历》,是以元之《授时历》为基础而加损益修成,《明史·历志》明确说:

> 惟明之《大统历》,实即元之《授时》,承用二百七十余年,未尝
> 改宪。

元代郭守敬的《授时历》,是中国古代最杰出的一部历法,为中国古代历法的集大成之作。在欧洲历法未传入中国之前,"测验之精,远逾前代"[1]。《授时历》之精密,在专业领域是公认的。用郭守敬自己的话来说,凡"考正者七事","创法者五事"。其推算的一年为365.2425日,是历史上最精密的数值,与现在通行的《格里高利历》是一致的。由于元代中外文化交流的频繁、涉及领域和《授时历》"不用积年""不事虚算""全凭实测"的特点,学者认为《授时历》明显受到回回历法影响,[2]此为明之《大统历》与元之《授时历》及回回历法的关系之一斑。

(2)前文所举明初征用回回人重立回回司天监和回回司天台表明,朱元璋对回回天文学成就和回回历法的精密是有相当认可的,主张传统历法对回回历法借鉴,在《阿都剌除回回司天少监诰》中即说:

> 天文之学,其出于西域者,约而能精。虽其术不与中国古法
> 同,然以其多验,故近代多用之。

洪武十五年(1382),在诏命李翀、吴伯宗翻译回回历书时又说:

> 迩来西域阴阳家,推测天象,至为精密有验,其纬度之法,又中
> 国书之所未备。此其有关于天人甚大,宜译其书,以时披阅,庶几

---

〔1〕柯劭忞《新元史》卷 41。
〔2〕马坚《回回天文学对于中国天文学的影响》。见《回族史论集》,宁夏人民出版社,1983
年。

观象,可以省躬修德,思患预防,顺天心,立民命焉[1]。

这一指导思想,确立了回回历法在明代的官方地位,进而促进了回回历法在明代的传播、发展和研究。

天文学界很早就注意到,在西洋历法未传入中国前,中国古代的天文历法,以元明二代最为精密。这里固然有一个人类认识天体运行的渐进过程,先疏后密,自古亦然;但回回司天监、回回司天台等专业机构的设立,重视和培养回回历法的专业人才,参照和借鉴回回历法的研究成就,是一个重要因素。

(3)明代回回天文机构的设置沿革,《明史·历志》说得很清楚:

洪武元年(1368),在设置司天监的同时,"又置回回司天监";回回司天监是职能有别于司天监的一个独立天文机构。

洪武三年(1370),司天监改名钦天监,"设四科,曰天文,曰漏刻,曰《大统历》,曰《回回历》,以监令、少监统之"。回回历科的设置,实际表明了明政府统一天文历法机构的意向。于是,洪武三十一年(1398)"罢回回钦天监,其回回历科仍旧"。回回司天监(洪武三年改称回回钦天监)独立存在的时间为三十年,此后统于钦天监的回回历科,这一建置格局一直持续到明末。

(4)见于文献记载的首次回回历书的译介工作亦始于明初,《明史·历志》载:

[洪武]十五年九月,诏翰林李翀、吴伯宗译《回回历法》。

关于这次具有历史意义的译介工作,吴伯宗《回回天文书序》中说:

皇上奉天明命,抚临华夷。车书大同,人文宣朗。爰自洪武初,大将军平元都,收其图籍经传子史,凡若干万卷,悉上进京师,藏之书府。

万机之暇,即召儒臣进讲,以资治道。其间西域书数百册,言殊字异,无能知者。十五年秋九月癸亥,上御奉天门,召翰林臣李

---

〔1〕吴伯宗《回回天文书序》,《回族人物志》明代卷27。

翀、臣吴伯宗而谕之曰："天道幽微，垂象以示人。人君体天行道，乃成治功。古之帝王，仰观天文，俯察地理，以修人事、育万物。由是文籍以兴，彝伦攸叙。迩来西域阴阳家，推测天象，至为精密有验，其纬度之法，又中国书之所未备。此其有关于天人甚大，宜译其书，以时披阅，庶几观象，可以省躬修德，思患预防，顺天心，立民命焉。遂召钦天监灵台郎臣海答儿、臣阿答兀丁，回回大师臣马沙亦黑、臣马哈麻等，咸至于廷，出所藏书，择其言天文、阴阳、历象者次第译之。且命之曰：尔西域人，素习本音，兼通华语，其口以授儒，尔儒译其义，辑成文焉。惟直述，毋藻绘，毋忽。臣等奉命惟谨，开局于右顺门之右。相与切摩，达厥本指，不敢有毫发增损。越明年二月，天文书译既，缮写以进。有旨命臣伯宗为序。臣闻伏羲画八卦，唐尧钦历象，大舜齐七政，神禹叙九畴，历代相传，载籍益备。其言天地之变化，阴阳之阖辟，日月星辰之运行，寒暑昼夜之代序。与夫人事吉凶，物理消长，微妙弘衍矣。今观西域天文书，与中国所传，殊途同归。则知至理精微之妙，充满宇宙，岂以华夷而有间乎！"……

需要指出的是，明初译介的这批回回天文书，出自元大都旧藏中的"西域书数百册"。送到南京后，因"言殊字异，无能知者"。明太祖对回回天文历象典籍至为关注，遂命李翀、吴伯宗等主持翻译其中的天文历象之书。但李、吴等儒臣并不通西域文字，明太祖复诏命当时在钦天监供职的海答儿、阿答兀丁、马沙亦黑、马哈麻等一批回回人，"咸至于廷，出所藏书，择其言天文、阴阳、历象者次第译之"。翻译的分工原则和工作程序，明太祖都有明确指示："尔西域人，素习本音，兼通华语，其口以授儒，尔儒译其义，辑成文焉。惟直述，毋藻绘，毋忽。"应该说，在当时的历史条件下，回汉天文学者合作互补的这一翻译模式还是严谨科学的。

明初回回历法的这次译介工作，启动于洪武十五年（1382）秋九月癸亥。"越明年二月，天文书译既，缮写以进，有旨命臣伯宗为序。"于洪武十六年（1383）正式完成，前后持续半年。至于翻译了多少典籍，除流传至今的《天文书》《回回历法》二种外,其余已很难考知了。

关于这次译介工作的意义,多年搜求辑录、潜心研究中国回回历法的马明达先生、陈静先生曾有一个简要的论述评价。他们认为:

> 洪武中对回回天法典籍的评介,标志着独具特色的伊斯兰天文历法著作第一次较系统地介绍到中国。如前所述,在中国历史上第一次以回回历法为撰述内容的著作,是蒙古成吉思汗、窝阔台时期的大臣耶律楚材的《麻答把历》。至元四年,札马鲁丁撰进《万年历》,而在元朝的回回民族中又一直行用《回回历》。但是,《麻答把历》几乎仅见其名,《万年历》流传时间很短,连明初的大学者宋濂也只有耳闻的缘份。至于当时穆斯林所用的《回回历》,因其主要以指导宗教生活为宗旨,内容当是十分简略的,难与明代行用的同名著作等量齐观。所以洪武中对回回天算著作的译介,是中国历史上第一次,实际上也是唯一一次由官方组织的较系统的译介工作。此后,直到今天,中国人对回回历法的了解、使用和研究,很少不是以这次译介为根据的。[1]

(5)中国人对回回历法的整理研究亦肇始于明代,据马明达先生、陈静先生考察,事迹、著作可考者,正统、成化年间有刘信、贝琳,嘉靖、万历年间则有唐顺之、周述学、陈壤、袁黄和雷宗,详见《中国回回历法辑存·前言》及《中国回回天文历法研究述评》,[2]兹不赘述。

明代对回回历法的借鉴使用,对回回天文学典籍的翻译介绍,对回回历法的整理研究,标志着明代回回历法的传播发展达到了一个新的高度,远超前代,从一个侧面反映了明代中外文化交流的活跃。在晚明更为先进精密的欧洲天文学传入中国前,这也许是中国回回历法的最后一段辉煌岁月了。这一切,都与明太祖对回回历法的重视认可,确立回回历法的官方地位有直接关系。明太祖《阿都剌除回回司天少监诰》的意义,正在于此。

---

[1]《中国回回历法辑丛·前言》,甘肃民族出版社,1994年。
[2]文载《西北民族研究》1991年第2期。

13.7

　　回回历法自公元 6 世纪中传入中国并影响到中国的传统修历,至 18 世纪中叶康熙朝废止回回历法而采用西洋历,前后持续了一千余年,这是就官方修历而言。至于民间,因广大伊斯兰教徒宗教生活的需要,回回历法一直使用至今。这是回回历法研究中需要注意的一个问题。

　　明清二代的学者曾对回回历法做过大量研究,但存在重大的疏漏与失误,其中的原因是不难想见的。首先,语言文字障碍,明清从事回回历法研究的学者罕有通阿拉伯语言文字者,无法直接利用阿拉伯天文学的系统典籍,所赖者唯洪武十五年译介的一些回回天文书,不免零星片断,疏漏比比皆是,以致凿枘难通,无法形成系统的研究理念和完整的研究成果。此明代徐光启批评的“入室无因,更张无术”[1]。其次,历法体系的隔膜。来自阿拉伯世界的回回历法是与中国传统历法迥然不同的两个天文学体系,彼此存在很大差异,明清时代天文历法学家很难窥其全貌,观察视野必受很大局限,其研究成果不免盲目臆断、望文生义、毫厘千里。第三,研究方法的滞后。明清二代的学风屡有变异,那也不过是“汉学”“宋学”之别,说到底,还是在传统经学的治学路子里绕圈子,近代科学研究方法对他们来说是不可企及的。明清关注回回历法的学者虽然表现出某种先知先觉的敏锐,但却摆脱不了传统治学方法的桎梏,致使其研究重点仍在对流传汉籍回回天文书的搜集、整理、诠释、疏解、考证上,加之前述两个因素,远远达不到科学意义上的研究。

　　这种状况,直到民国以降,始有改观。20 世纪初,中国学术界在欧洲东方学和日本东洋史学的影响冲击下,展现出开拓新研究领域的发展态势。传入中国一千余年的阿拉伯回回历法问题受到有识之士的

---

〔1〕徐光启《新法算术》,四库全书影印本,第 788 册。

·欧·亚·历·史·文·化·文·库·

再度关注。其中反映的中外文化交流内涵和阿拉伯天文学体系,成为学术界关注的一大热点,学者开始重新审视中国回回历法的传世著作。其代表成果,则为1925年出版的陈垣先生的《中西回史日历》。学界称其有"划时代的意义"[1]实不为过。此后,学术界从多角度、多层面展开对中国回回历法的阐发研究,取得了相当的研究成果与突破。可以说,中国回回历法的基本脉络及其中反映的中阿文化交流内涵,已大体显现出来。

但是,科学的研究必须建立在完整系统的资料基础之上,中国古代回回历法典籍的蒐集、整理已成为进一步研究的必备条件和刻不容缓的事情。故此,马明达、陈静先生积多年之功,蒐集、整理、点校的《中国回回历法辑丛》,可以视为中国回回历法研究的一项奠基性工程。

13.8

《中国回回历法辑丛》是国家"八五"民族古籍整理重点项目。80年代立项,1993年初结稿,1996年由甘肃民族出版社正式出版,大16开本,169万字。在该书长篇前言中,马明达、陈静先生详尽地阐述了回回历法(阿拉伯历法)的天文学体系,考究了回回历法传入中国的时间及流变,尤其对回回历法传入中国后,历法的研究及相关著作,进行了系统料理与评述,建立了中国回回历法著作辑注的选择取舍与辑录标准。辑注者谈到该书编写的目的和缘起时说:

在中外关系史上,特别是中外文化交流史上,有许许多多可供我们探索研讨的课题,自阿拉伯传入中国的回回历法即其中之一。毫无疑问,回回历法在中国长期流传、实行的历史,以及由此而产生的一系列典籍,乃是中国文化与阿拉伯文化交流融合的见证与成果,是我们研究中阿关系史时必不可忽视的一个内容。同

---

[1]陈静《中国回回天文历法述评》。文载《西北民族研究》1991年第2期。

时,回回历法不仅曾经是古代中国的官方历法之一,而且它从古至今同中国穆斯林的宗教生活和世俗生活有着密切的关系。出于不同的目的,我国不同民族的学者,尤其是汉族和回族学者,在对它的研究整理工作上,倾注了大量心血,取得了丰硕成果。这不仅使回回历法得以流传下来,而且也使它具有鲜明的中国特色。

事实上,中国的回回历法不再是阿拉伯伊斯兰文化的一个派生物,而应该是我国穆斯林文化,特别是回族文化的一个重要组成部分,是中华民族一笔丰厚的科技文化遗产。

回回历法在长期行用和对其探研的过程中,产生了一系列有关的著作。我们以为这些著作不仅是研究回回历法诸问题的基本资料,而且具有多学科的利用价值,是民族古籍中一宗出类拔萃的精品。可惜这些典籍自明清以来就流传不广,少数传本星散于海内外,或封尘于架上,或濒临于失散,一直没有人进行过系统的摸底,自然也就无人整理出版。为了挽救这批珍贵资料,为多方面的研究者提供资料,我们积数载之功,广事搜求,深入鉴别,以古籍整理的通常方法,编成《中国回回历法辑丛》一书。

这里,辑注者对明清以来流传至今的汉籍回回历法的文化内涵做了精辟的阐述,充分肯定其文献价值,并从中外文化交流的见证、中华民族优秀文化遗产等层面全方位揭示出这批汉籍回回历法著作的学术地位,条分缕析,定位准确。

《中国回回历法辑丛》是中国古代回历著作的汇编之书,在广事搜求的基础上,首先遇到的问题便是选择取舍。为此,辑注者为《辑存》确定了两条入录原则:(1)选优汰劣;(2)免其重复。

依据上述入录原则,辑注者对流传汉籍回回历法著作进行了大量的对照比勘,如王鸿绪《明史稿·回回历法》3卷,与《明史历志·回回历法》3卷颇多重复,且有不少讹误,而《明史·历志》是清初《明史》馆臣集体搜求整理的一项成果,先后有吴任臣、汤斌、徐可善、刘献延、杨文言、黄宗羲、黄百家、梅文鼎等当时的一批一流学者参与其事,"博访専门之裔,考究其原书,以补其脱落,正其讹误,为《回回历法》,著于篇"[1],反映了清初回回历法的最高研究水平,故此,辑注者选录《明史·历志·回回历法》,而舍弃《明史稿回回历法》。又如清人薛凤祚的《西域历并表》,其卷1所述推步与明代贝琳的《七政推步》基本雷同,卷2回回历法的助算表格,分量上少于《明史·回回历法》和贝琳的《七政推步》,显然是明清回回历法助算表格的一个摘录,价值不高,亦不收录。又如编纂于朝鲜李朝世宗时期的《七政算》,原本是由中国传去,加之其本身确有独特的价值,故本书特予收录。这些,都表现了辑注者严谨审慎的科学态度,为该书的辑录整理奠定了良好的基础。

经过上述比勘选择,《中国回回历法辑丛》共收入《明译天文书》《西域历法通径》《七政算》《七政推步》《唐顺之周述学论回历二种》《历法新书》《梅文鼎论回回历法三种》《明史·回回历法》《天文历源》《回回历释》《天方教历》等11种,基本涵盖了明清以来汉籍回回历法的全貌,是现存中国回回历法典籍的精华。

按照古籍整理的常规,辑注者对入录典籍做了标点、校勘,并为每部书写了提要,简明扼要地介绍所收典籍的作者、成书过程及著作内容、流传版本等。整理是科学规范的。

特别值得一提的是,辑注者"为了增进对有关情况的进一步了解和研究,补充正文部分信息量的不足",[2]特为辑录编写了三种资料,即"传记资料""书目资料"和"中国回回历法大事系年"附全书之末,鉴于这三种资料互相参证补充,构建了中国回回历法研究的系统性基础。特予以简要介绍评述。

(1)传记资料。

包括了见于记载的中国历史上回回天文学的引进者、编纂者和研究者的传记资料,始于宋初马依泽,终于清末洪钧,计23人。其中不乏向被淹没的一些人物传记资料,如明代刘信、贝琳等。辑录出入正史、

[1]《明史》卷37《回回历法·一》。
[2]《中国回回历法辑丛·前言》。

实录、笔记、文集、方志、谱牒,体现了辑录者广博的野视和良好的治史根底。但是否有遗漏呢?如前文明太祖《阿都剌除回回司天少监诰》,本身就透露了出身于回回天文世家的阿都剌明初被征召任回回司天少监的史实,似可做传记资料处理。又《明史·历志》之修,集中了当时一批一流学者,《明史·历志》中的《回回历法》又是《中国回回历法辑丛》收录的典籍之一,而传记资料中仅收梅文鼎一人,似可商榷。清代治回回历法有成就有事迹者无虑十数人,黄宗羲、江永、李锐等名家都曾涉猎,《传记资料》只录梅文鼎、马复初(德新)、顾观光、洪钧四人,显得单薄,毕竟,康熙时官方废止回回历法,但民间的使用、研究并未中断。

(2)书目资料。

计分 4 节,目录序跋资料,严敦杰回回历法书目,明清学者论回回历书,本世纪[1]以来刊行的天文历法论文目录。这份资料的编纂相当系统完善,确为研究者提供了进一步研究的门径。

(3)中国回回历法大事系年。

此系年不限于回回历法传入流传的主要事件,旁涉相关的影响背景资料,故始于唐高宗永徽二年(公元 651)大食国遣使入唐,中阿官方往来正式建立,终于中华民国十四年(1925)陈恒《中西回历年表》刊行,时代跨度大约 1200 余年,但主体资料也就是元、明、清三代的 700 年间。辑注者把握住了回回历法传入、流传、研究的重大史实,搜求探颐,基本勾勒出中国回回历法的流变,此大事系年可作为一部简明的中国回回历法史来读。

古籍整理是一项繁难浩杂的系统工程,中国回回历法因其资料的星散、歧异、孤本无证等因素,更其如此,其中的艰难是可以想见的。马明达、陈静先生积数年之功,广事搜求,不畏艰辛,悉心勘校,奉献给学界这样一部有特别意义的皇皇巨著,为中国回回历法研究做了奠基性的工作,嘉惠士林,功不可没。

---

〔1〕指 20 世纪。

14 《凉州麦神父碑记》跋

　　《凉州公教信友迁葬麦神父并兴修公坟碑记》（以下简称为《麦神父碑记》），1981 年发现于甘肃省武威市高坝镇。碑高 149 厘米，宽 66 厘米，厚 14 厘米，碑石今存武威市文庙。20 世纪末，武威纂修市志，碑文碑影见载于《武威金石录》，后收入《武威民族宗教志》，此前未揭。

　　凉州即今武威市，位于河西走廊中段，古丝绸之路上的一座文化名城，中外经济文化交流的一个重要驿站。自汉武帝建河西四郡置武威，迄今已有两千多年的历史。境内名胜古迹众多，文化遗存丰富，雷台出土的"铜奔马"已作为中国的旅游标志，风靡世界。

　　麦神父墓原在武威市南门外，抗日战争中兴修兰新公路，麦神父墓适当其冲。凉州总铎钱忠安倡教友捐地捐款，迁葬于武威东乡之高坝镇，并借此兴建天主教教友公墓。民国三十年（1941）八月一日竣工，勒石为文，以记其事。

　　《麦神父碑记》虽立于 1941 年，但所涉问题关系天主教在华传播历史，故作"跋"以申之。

14.1

凉州公教信友迁葬麦神父并兴修公坟碑记

　　武威正南门之南不二里，歼罔累连，荒冢严错，内有大铎德麦公之墓焉。□□□□□□□如次。公讳传世永文，泰西意大利人，圣方济各会修士，于康熙五十七年来传天主圣教于兰、凉。后于一七三七年乾隆二年丁巳升代牧大主教[1]，未及赴，以疾终本郡凉州圣堂，时五月十五日，年五十三岁。景教后学立石，中行大书"大铎德麦老先生之墓圣名方济各"；左下旁书又"二十二年七月仝立"八字。据其文义则知，麦公之来兰、凉传教，实继方公之后。盖□方公之来敷教于吾教区之永宁堡也，尚在康熙中叶。故老相传，遗泽未斩，史编集志，有遗迹可循。而独麦公之丰功伟绩，嘉言懿行，堪称吾甘北后先，媲美之宗。徒文献无考，传述难征；微寥寥之碣文，几不知其为何时人吁，可慨也。兹者兴修公路，武威城周适当其冲，而公之墓正临道旁，深虞湮没，宜图久安。况以宣劳天国攻陷□之遗骸，使集处异端乱坟之中，尤属不宜。忠安秉铎斯邦，每念之而与怀者久矣。联想所及，因念我信友生前共堂同神敬拜，身后并跻天国永享欢乐，又胡为以荣望复活之躯，与外教异端之流为伍。斯信斯忘，既为麦公所，则此身此骸亦宜为麦公之伴侣。庶群羊随牧，不惟至一之精神昭著，抑且通功之神效，易举质诸信众询谋佥请上峰，秉承迁葬麦公并创修凉州本堂信友公坟之举。蒙照准，遂经始首由东乡韩金堂会长慨施水地二，信友乐捐凑款五百余元，众志既合，义举遂，筑垣平土，不日而成。工既竣，会濮大主教与国籍司铎来凉避静。国历八月一日法驾亲临，率全体男女神修班众信友同赴墓次。众谨启发，骷髅骨骼安全无缺，黄发金须，宛然如巾，圣衣残片，可辨正身无误，皆大欣慰。移殓既竟，迁葬东堂新茔，悉依圣教典礼，并由濮大主教举行祝圣公坟焉。呜呼！后之人有仰先贤而靓斯慕者，当思善牧觅羊之勤劳而肃然起敬。复念永暂升堕之关系而慑然惕厉于神功相通，存亡无闻则斯冢之立，不惟枯骨之安，抑且以勖灵修而广教泽也。是为序。

兰州教区宗座代牧主教濮登博率□咸公教进行会全体仝立

马玉汝敬撰　段文奇书丹

民国三十年八月一日，凉州总铎钱忠安监立，进行会

---

[1]此句疑有脱落讹误。

□□□□□立□。

14.2

据《武威金石录》《武威民族宗教志》所载《麦神父碑记》,碑文残损漫漶不清处共 20 字,依上下文意可补出 3 字,余则无关宏旨,碑文基本完整。

《武威民族宗教志》录文有多处明显讹误,如"乾隆二年丁巳"误作"乾隆二年丁酉","濮登博"误作"濮登傅"、"方济各"误作"方济名"等,皆已订正。余则待来日以原碑订补。标点错误,则直接更正,不再赘言。

14.3

首先,我们对基督教在河西、凉州的传播做一简略考察。

基督教传入中国的确切时代是唐初贞观年间,见载于唐建中二年(781)《大秦景教流行中国碑》。景教即当时基督教的异端支派聂思脱里派,由"波斯僧"传至中国。景教的传播路线,与明清以来的海路传播不同,乃沿古丝绸之路陆路传入中国内地。河西走廊、凉州为必经之地。河西之地,应有景教的传播,惜无史料可证。

20 世纪初,敦煌藏经洞大批古文书发现后,内有景教经典数种。王国维当即指出:"诚为千载秘籍,闻之神往",叹为奇宝。这些景教经典,或为伯希和携去巴黎,或沦为个人私藏,秘不示人。陈垣先生考究基督教入华历史,仅从日本人的收藏中获取 3 种副本。[1] 据最新调查,敦煌藏经洞所出景教文献共 6 种,均为汉译景教经典,计有:

(1)P.3847《尊经》;

(2)P.3847《大秦景教三威蒙度赞》;

(3)日本京都大学富刚谦私藏《一神论》;

---

〔1〕陈垣:《基督教入华史略》,见《陈垣学术论文集》,中华书局,1980 年版,第 85 页。

（4）日本帝国大学高楠顺次郎私藏《序听迷诗所经》；

（5）《志玄安东经》；

（6）《大秦景教宣元本经》。

后两种系李盛铎窃取私藏，倒卖给日本人后下落不明。今存羽田亨先生录文[1]。

敦煌文书中景教汉译经典的发现有力证明，作为中外经济文化交流通道的河西走廊，唐代就有基督教的传播，且形成一定的译经规模，凉州自不例外。

P.3847《大秦景教三威蒙度赞》写本内有"译得三十部卷"及 30 部经名。可见当时敦煌、河西地区流传的景教经典当不止敦煌藏经洞发现的数种。译经之多与传播之众应是同步的，景教在敦煌河西地区（包括凉州）的传播已形成一定的规模。还应指出的是，晚唐武宗"灭佛"，禁断各种宗教，中原内地的景教趋于灭绝。而当时的河西、陇右为吐蕃人统治，唐政府的这一禁令并未波及河西、陇右。景教在这一地区的传播并未受到很大影响而致中断，应该说河西地区的基督教继续在传播发展。直到成吉思汗西征，这里的聂思脱里派仍有很大势力。

成吉思汗西征和蒙元帝国的建立，使中外经济文化空前地传播、交流和融合。基督教在华传播也得以很大发展。此即陈垣先生所谓的基督教在华传播的第二时期，即也里可温教时期。

元代河西地区基督教徒的活动，最早见于元世祖忽必烈时期。《元史·世祖纪》云：

> 至元十九年冬十月己丑，敕河西儒、道、也里可温有妻室者，同民纳税。

这里的也里可温，当指聂思脱里派教徒。到元代中期，河西地区基督教徒的活动史不绝书。《大元马政记》中记载说：

> 大德三年二月，枢密院奏：河西不曾刷马之地，和尚、先生、也里可温、答失蛮马匹尽行拘刷。

〔1〕黄征、陈惠新：《劫尘遗珠》，甘肃教育出版社，1999 年版，第 233 页。

直到元末,河西基督教仍很盛行。《元史·顺帝纪》有一条河西甘州(今甘肃张掖市)基督教堂的材料:

> 至元元年三月丙申,中书省臣言:"甘肃甘州路十字寺奉安世祖皇帝母别吉太后于内,请定祭礼。"从之。

13世纪中叶,聂思脱里派主教驻节表中,将南亚、中亚至中国共划分为25个教区,其中之一便是唐古特教区[1]。宋元时期的唐古特,指包括河西地区的西夏故地。此河西地区基督教盛行的证据。

元朝建立的1271年,意大利著名旅行家马可·波罗起程来华,沿丝绸之路进入中国,穿越河西走廊时,先后访问过肃州(今甘肃酒泉市)、甘州(今甘肃张掖市)、凉州(马可·波罗称为"甘州的近邻——西凉王国")、额济纳(马可·波罗称"伊齐纳城")等地,而且不知什么原因,马可·波罗在甘州城滞留了将近一年的时间。[2] 关于这些地方的宗教信仰,马可·波罗均有记录。如写肃州:

> 居民大多数是佛教徒,也有少数是信仰基督教的。他们都是大汗管辖下的臣民。[3]

记甘州:

> 人民大多数信仰佛教,也有一部分基督教徒和回教徒。基督教在该城建筑了三座宏伟壮丽的教堂……[4]

记凉州:

> 这个王国境内,有几个诸侯的领地。居民大多数信仰佛教。不过,也有一些回教徒和聂斯托里派的基督教徒。[5]

甚至武威南部的西宁,也有基督教徒,迄东的宁夏境内,"聂斯托里派的基督教徒有三个教堂"[6]。

---

〔1〕玉耳:《中国和通向中国之路》卷1,转引自韩儒林主编《元朝史》,人民出版社,1986年版,第355页。

〔2〕《马可·波罗游记》,第1卷,第44章,陈开俊等译,福建科学技术出版社,1981年版。

〔3〕《马可·波罗游记》,第1卷,第43章。

〔4〕《马可·波罗游记》,第1卷,第44章。

〔5〕《马可·波罗游记》,第1卷,第57章。

〔6〕《马可·波罗游记》,第1卷,第58章。

上述亲历记录表明元代河西及周边地区基督教传播的盛况。

河西地区基督教传播的中断是明代。洪武二年（1369），明太祖严禁传教，作为明王朝防御蒙古的西部防线，战略要地，河西地区军镇卫所林立，执行明太祖禁教命令必然雷厉风行。明代史料中再无河西基督教传播的记载，足证有明一代基督教在该地区的传播中断。尽管明中期基督教在华传播一度弛禁，有新的发展，但也未达河西这些边防要塞。

明代与河西有关的唯一的一位耶稣会士是葡萄牙传教士鄂本笃，他也是明代唯一从陆路来华的传教士。据《中国天主教史人物传》载，鄂本笃受东印度耶稣会巡视员比门达的派遣，探查一条从印度去中国传教的捷径。鄂本笃化装为亚美尼亚商人，随同一个五百人组成的商队东行，他们取道撒马尔罕、喀什噶尔、叶尔羌，穿越塔克拉玛干沙漠，于1605年即明万历三十三年十月十七日行抵哈密，一月后入嘉峪关，在当年圣诞节前后到达肃州。在北京的耶稣会士利玛窦接到鄂本笃的信后，派钟鸣礼前往迎接。似不幸的是，当钟鸣礼于万历三十五年（1607）三月底赶到肃州时，鄂本笃已一病不起，四月即逝于肃州。其陆路探险、传教终成未竟事业。

以上是清代以前，河西、凉州基督教传播的大致情形。清代的有关问题，当结合《麦神父碑记》予以讨论。

14.4

《麦神父碑记》首要涉及的问题是清代天主教初传凉州的时间与地点。《麦神父碑记》云：

> 麦公之来兰、凉传教，实继方公之后。盖□方公之来敷教于吾教区之永宁堡也，尚在康熙中叶。故老相传，遗泽未斩，史编集志，有遗迹可循。

这里提到在麦神父之前，有一位方神父来凉州传教，时间在康熙中叶。

旧志所述天主教在甘、凉地区的传播，多系传闻。如《甘肃通志稿》上说：

> 或云明神宗时传来，由西安总堂管理；又云康熙十四子允禵
> 奉天主教，凉州天主堂即其所施。

志稿的编纂者张维虽述其事，但不无疑惑地说："不知确否？"传闻
失实，显然不确。

在明代耶稣会士入华传教的中西文献中，至今尚未见到西北传教
的记载，且"西安总堂"如系指陕西代牧区，则设立于清康熙三十五年
（1696），首任主教为意大利方济各会士叶宗贤。如系指划分为关中、
陕南、兰州、山西四总铎区的西安教区，更迟至康熙四十九年（1710）。
明神宗万历年间，何来"西安总堂"？至于康熙十四子允禵奉天主教
事，向为小说家言，涉笔成趣，法国毕嘉《中国天主教之发展》第1编第
4章称：1659—1663年间，"又有一人远至甘州劝化三百人入教"。
1659年为清顺治十六年，1663年为清康熙二年，汤开建先生从《入华耶
稣会士列传及书目》上册87《李方西传》中转引了这条资料，认为："这
是首次见到天主教入甘肃省的记载。"[1]如其不谬，那么，清代天主教
传入河西地区的时间应为顺治末康熙初，传教的地点在凉州毗邻的
甘州。

凉州初传天主教的方神父，有人认为是在西安、汉中传教的法国
传教士方德望，[2]《武威民族宗教志》云："清顺治十二年（1655），比
利时耶稣会会士方玉清自陕西汉中来到凉州西乡松树庄传播'清贫福
音'。"王步贵先生在《基督教在甘肃的传播与影响》中写道："清康熙年
间，比利时耶稣会士方玉清由汉中到凉州、甘州一带传教。"[3]1655年
为清顺治十二年，王文实沿《武威民族宗教志》之说。方德望，字玉清，
故称。然将其国籍写为比利时则一明显失误。凉州初传天主教的一段
时间，教务由陕西教区控制。做此推想，亦不无道理。但略加考察，便
产生疑问。

---

〔1〕汤开建：《顺治时期天主教在中国的发展与传播》，载《基督教研究》2002年号。
〔2〕《武威民族宗教志》，第13章。
〔3〕文载《甘肃社会科学》1997年第2期。

方德望入华传教在明崇祯三年(1630)。崇祯四年(1631)由澳门抵山西绛州传教,崇祯九年(1636)奉命入陕,与葡萄牙传教士郭纳爵长期主持陕西教务。清顺治十一年(1654),他曾应汤若望之邀赴北京,协助汤若望奉劝顺治皇帝入教,"而皇上终未奉教"[1]。方德望在北京待了一年多又返回陕西。顺治十六年(1659)病逝于陕西汉中小寨。法国费赖之的《在华耶稣会士列传及书目》、法国荣振华《在华耶稣会士列传及书目补编》[2]方德望的传记均未提及他去凉州传教之事。只是说:"德望有时居西安,有时居汉中,纳爵则传教其他城市。"[3]

如果《麦神父碑记》所云的先于麦神父"来兰、凉传教"的方公不是方德望,又是何许人呢?我很怀疑是西安教区的方启升,亦为意大利方济各会修士。此人大致与麦神父同期来华,分发在西安教区。麦神父很可能是接方启升神父的班,继续在凉州的传教事业。但目前还未找到方启升来凉州传教的直接资料,只能是一个推测。

《武威民族宗教志》所载顺治年间方德望来凉州松树庄传教事既未知所据,复与现行资料抵牾,其草率为文,令人莫名惊诧。

相比之下,《麦神父碑记》为教内人士撰写,对当地天主教传播的记述应是可靠权威的。《碑记》上说:"故老相传,遗泽未斩,史编集志,有遗迹可循。"据此可断,清代天主教传入凉州大致的时间,为康熙中叶,传入的地点则为凉州北的永宁堡。

由《麦神父碑记》还可澄清的一个问题是,清代来甘肃凉州传教的并非耶稣会士,而是方济各会的修士,因为方启升、麦传世均属意大利方济各会。

14.5

《麦神父碑记》的发现,还为天主教方济各会入华传教史提供了一

〔1〕箫若瑟:《天主教传行中国考》,卷6,上海书店,1991年。
〔2〕两书均见中华书局1995年版。
〔3〕〔法〕费赖之:《在华耶稣会士列传及书目》(上册),第65页,《方德望传》。

些有价值的信息。天主教入华传播史的研究,近十几年间已取得长足的发展,无论从史料的开掘,还是专题的深化,抑或西文文献的翻译介绍,都呈现出前所未有的态势。不容忽视的是,内地学者很容易形成热点学科导向。以天主教入华史研究例,重头的专题,几乎全集中于明清耶稣会士的研究。

固然,明清耶稣会士在西学东渐、东学西渐中的地位呈现出的主流特质,其历史功绩应予充分发掘。但不免有纷至沓来、陈陈相因之感,并未把握住16—18世纪入华传教士的全貌,其间的空当、缺项还是不少的。天主教入华史中,方济各会的研究,即明显的一例。

方济各会是天主教最重要的托钵修会之一。它从1209年经罗马教皇批准认可后,一直活跃在世界舞台上。

蒙古世界帝国兴起时,罗马教廷曾派出各派传教士,与蒙古人沟通,唯有方济各会修士孟德高维诺取得最大成功。至元三十一年(1294)来中国传教,不久任汗八里(元大都)总主教兼东方宗主教,实际主持天主教在华传播事务。元代的也里可温教,并非专指聂斯托里派,也包括了入华传教的方济各会。元代天主教在华的盛行,与方济各会有着密不可分的关系。

明代中期,方济各会曾派出一批又一批的传教士入华传教,有人统计,1583年(明万历十一年)前,先后来华的方济各会修士就有22人[1],但均未获得成功。直到明末崇祯年间,圣方济各会西班牙修士利安当(一译李安堂),才由台湾进入福建传教,后经耶稣会德国神父汤若望的推介,前往山东济南传教,于清顺治八年(1651)在济南建立了方济各会在华的第一座天主堂。至康熙年间,方济各会的传教不仅在沿海各省区有很大的发展,而且深入到内地各省区,如江西、山西、陕西、湖北、四川等地。有关情况,汤开建教授综合中西文材料,在《明清之际方济各会在中国的传教》一文中,做了填补这一空白的奠基性论

---

〔1〕汤开建:《明清之际方济各会在中国的传教》,"16—18世纪的中西关系与澳门"国际学术研讨会论文。

述。他认为:"方济各会在中国传教的发展一直持续到康熙去世,雍正皇帝即位(1723)后,全国性大教难开始,方济各会从此转入艰难困苦的地下传教之中。"

《麦神父碑记》的发现,一方面确证了方济各会向西北边地传播的史实,为清代方济各会在华传播范围提供了一个例证。另一方面,与其他史料比对互补,反映了雍正禁教令后,方济各会修士在华传教的艰难历程。在方济各会史料发掘不足、研究相对滞后的情形下,《麦神父碑记》的发现与解读有着特别的意义。

14. 6

《麦神父碑记》为民国三十年(1941)迁葬碑,其可珍视处,在于转录了麦神父原墓碑文的内容,为后世保留了康雍乾之际这位意大利传教士在河西凉州传教的简略事迹。关于麦神父原墓碑文的内容,《麦神父碑记》转录如次:

> 公讳传世永文,泰西意大利人,圣方济各会修士,于康熙五十七年来传天主圣教于兰、凉。后于一七三七年乾隆二年丁巳升代牧大主教,未及赴,以疾终本郡凉州圣堂,时五月十五日,年五十三岁。景教后学立石,中行大书"大铎德麦老先生之墓圣名方济各";左下旁书又"二十二年七月仝立"八字。

由麦神父享年、卒年,可推算出其生年为 1685 年。立石的时间似为乾隆二十二年(1757),上去麦神父去世恰好 20 年。

根据碑文,我们大致可以做出一个麦神父略传:

麦传世,字永文,生于 1685 年,意大利人,圣方济各会修士。清康熙五十七年(1718)来甘肃凉州传教,前后达 20 年。乾隆二年(1737)升任代牧大主教,未及赴任,病逝于凉州,享年 53 岁。

在手边别无资料,会议在即仓促成文的情形下,我曾根据《麦神父碑文》推断,似乎麦神父自康熙末年来凉州传教后,一直未离开凉州,最后竟卒于他传教之地。其传教时间,正在清代禁教最严厉的雍正、乾隆年间。尤其是雍正元年(1723)撤销康熙保教令后,严厉禁止天主教在中国的传播,除京城保留少数传教士外,各地传教士均被驱逐到澳门,教堂封闭,传教活动停止。而意大利传教士麦永文独能羁留凉州,至死一直继续他在凉州的传教活动。是否凉州地处西部偏僻,禁教令执行得并不很彻底,抑或其他原因,很值得考究。

2003 年 11 月初,我应邀赴澳门参加"16—18 世纪的中西关系与澳门"国际学术研讨会,向大会提交的是这篇文章的跋文。途经广州,就相关问题向暨南大学汤开建教授讨教,方知他们已将方济各会入华传教史作为重点课题之一,发掘中西文史料,予以突破。其前期成果,已蔚然可观。澳门理工大学崔维孝教授的《方济各会中国教区中西文档案史料介绍》,也见载于《暨南史学》第 1 辑。在汤开建教授惠赠的资料中,便有北京第一历史档案馆提供的乾隆十一年(1746)《甘肃巡抚黄廷桂奏复遵旨访辑并无西洋传教士在境折》,其文曰:

> 兹据该司详称,甘肃地处边陲,土瘠民贫,耕牧者多,识字者少,先于康熙五十一年,有西洋人麦传世、叶宗贤二人先后来兰[州],于东门外创立教堂,当有无知愚民崇奉其教,吃斋诵经。迨至数载,叶宗贤知边地苦寒,不能久住,旋即他往,未复回兰,止留麦传世一人在甘。雍正二年,奉旨着将西洋之人送回本国,随将麦传世委员伴送广东,转发澳门安插。所遗教堂,入官改作甘司茶库在案。迄今二十年来,并无复有西洋之人在境。惟麦传世去时,教内一切图像经卷,原未令其销毁,以致入教之民,间有收存者。今查兰州府属皋兰县民,有王俊、李玉、朱珍等二十一人,西宁府属西宁县民,杨春禄及已故之宋文志,凉州府属武威县有兰州人流寓凉州居住之魏简及本地民人冯训、张明宣,并已故之卢斌、孙龙菊,俱系当日兰[州]拜叶宗贤、麦传世为师,吃斋诵经,各首出图像、经卷、念珠等物,讯非近日入教,并不曾设立会长、创建教堂,亦无

引诱男妇礼拜诵经各项情事,先行详报前来。[1]

这份极为珍贵的方济各会传教甘肃、青海的中文档案里,破译了《麦神父碑记》中隐匿不清的若干问题,透露了麦传世神父在甘传教的艰难历程,与《麦神父碑记》互补互证,揭出当日的一些真实情形:

(1)清代天主教传入甘肃的时间为康熙五十一年(1712),首传的地点为兰州,"于东门外创立教堂"。

(2)来甘肃传教的是意大利方济各会修士麦传世、叶宗贤。

(3)"叶宗贤知边地苦寒,不能久住,旋即他往,未复回兰,止留麦传世一人在甘。"此述叶宗贤神父行止有误。意大利方济各会初创时,即以麻衣赤足、托钵乞食、步行传播"清贫福音"为宗旨,是天主教各派中最富于吃苦、互助与献身精神的教团,故称"方济各会托钵修会";该会规定修士以"小兄弟"相称,所以又称为"方济各小兄弟会"。身为方济各会修士的叶宗贤断不会因甘肃"边地苦寒"而逃逸。黄廷桂折显然是不明底蕴的一个误解。事实上,叶宗贤离开兰州,是为扩大新教区。据法国荣振华《1700 年前后中国北方的传教》介绍,叶宗贤 1713年(康熙五十二年)离兰后,"遂迁往凉州和西宁,在那里工作到 1716年"[2],即康熙五十五年,去了生活环境更艰苦的凉州、西宁。叶宗贤本人则有《1713—1716 年青海与甘肃传教分布图及文字说明》,现藏梵蒂冈图书馆编号为"中国城镇类一 507 号"[3],为研究清代天主教传播甘肃、青海的第一手资料。

(4)麦传世神父在雍正年间禁断天主教在华传播中亦未能幸免,"雍正二年,奉旨着将西洋之人送回本国,随将麦传世委员伴送广东,转发澳门安插。所遗教堂,入官改作甘司茶库在案"。也就是说,雍正二年(1724),在麦神父赴凉州传教 7 年后,在全国大规模驱逐西方传

〔1〕中国第一档案馆、澳门基金会、暨南大学古籍所汇编:《明清时期澳门问题档案文献汇编》,人民出版社,1999 年。

〔2〕原文载《耶稣历史协会档案》第 24 卷第 89 期。转引自房建昌:《从罗卜藏丹津的生年看西方天主教传教士叶宗贤对青海史地的描写和价值》,载《青海师范大学学报》1987 年第 4 期。

〔3〕原文载《耶稣历史协会档案》第 24 卷第 89 期。转引自房建昌:《从罗卜藏丹津的生年看西方天主教传教士叶宗贤对青海史地的描写和价值》,载《青海师范大学学报》1987 年第 4 期。

教士的形势下,麦神父被甘肃当局委员押送,经广东到了澳门。

(5)《麦神父碑记》云:"后于一七三七年乾隆二年丁巳升代牧大主教,未及赴,以疾终本郡凉州圣堂,时五月十五日,年五十三岁。"麦传世神父雍正二年(1724)被递解到澳门,而病逝凉州于乾隆二年(1737),其间有 13 年的空档。由之可以断定,麦传世神父被驱逐到澳门后,并未放弃他在凉州的传教事业,最后还是秘密潜回凉州,继续他在凉州的传教活动,这是可以认定的。至于他潜回甘肃凉州的时间,途经路线,目前尚无佐证材料。

雍正年间全国禁断天主教,驱逐传教士于澳门,远在西北凉州的麦传世亦未能免,表明雍正朝全国政令之雷厉风行及缜密效率。但传教士们坚忍不拔、献身上帝事业的精神亦令人敬佩。雍乾之际,天主教在华传播的未曾中断,全在这些传教士的精神。《麦神父碑记》的价值之一,就在于此。

(《西北民族论丛》第 4 辑,中国社会科学出版社。)

卷　　4

15 "大国学"视野下的
中国少数民族文献

15.1

2008 年 11 月,在季羡林先生的关怀下,中国敦煌吐鲁番学会成立少数民族语言文字专业委员会,中国敦煌吐鲁番学会秘书长柴剑虹先生在兰州中国敦煌吐鲁番学会少数民族语言文字委员会成立暨学术研讨会上,转述了年届 97 岁高龄的季羡林先生"弘扬大国学"的理念,给学术界以深刻启迪和科学真理的回味。启迪和回味使我们深入思考,"大国学"的内涵到底是什么?

由此想到中国历史文献学和中国史学史上的一个突出问题。

20 世纪初中国诸多新学科的开创时期,曾有梁启超、容肇祖、汪辟疆、缪荃孙、余嘉锡、郑鹤声、姚名达、王重民等前贤就中国历史文献学的学科体系出版发表过不少论著,但基本未摆脱"清学"的藩篱,从传统汉学的目录、版本、校勘、音韵、训诂、考据、辨伪、辑佚为主线来建构"中国历史文献学"的学科体系。就其历史定位,实际上是汉文文献学。

就汉文文献学而言,初期的学科构建已存在重大失误偏颇,譬如当时普遍忽略对中华文化构成影响极大的"佛藏""道藏"等宗教文献,就是一个明显的事例。

15.2

而最突出的问题,则是中国少数民族在中华民族发展史中的作用和中国少数民族文献在中国历史文献学中的地位。

中国自古以来就是一个多民族共存共发展的国家,民族观、国家观的形成,经历了一个漫长的历程。在中华民族形成的上古时期,本无种族观念。考古发现和古代文献证实,中华民族的初始阶段就呈现出种族多元和向黄河中下游凝聚的态势,创造了五彩纷呈的华夏文明。

夏商周三代,夏、周起于西羌,商源于东夷,直至西周分封制,始有内外之说。周平王东迁,中原周王室及所封诸侯国自称"诸夏",未封之地为"夷狄",因有孔子"内诸夏而外夷狄"[1]之说。此为中华民族分野之滥觞。当时的"夷夏观",只能看作是以西周分封制为基础、以黄河中下游地区为中心的一个地域概念。至春秋战国时代的诸子百家,逐渐将这一概念演化为种族概念,产生了新的"夷夏观"。《礼记·王制篇》讲"中国戎狄五方之民,皆有性也",中国之外,有所谓北狄、南蛮、东夷、西戎,这一"夷夏观"一直影响左右着此后两千年的中国社会。

秦汉大一统王朝,面临的最大威胁是北方匈奴,司马迁在《史记》中因有"北有强胡,南有大汉"之说。中原汉王朝与漠北匈奴对峙冲突的事实,进一步明晰了种族概念的"夷夏观"。

旧史所谓的"五胡乱华",实际上是在司马迁"胡汉"分野观念导引下的历史观察。今天看来,各民族逐鹿中原,形成民族大迁徙、民族大融合的浪潮,在中华民族形成中起过极为重要的作用,从而造就了灿烂夺目的盛唐文化。

宋、辽、金、西夏时期(公元9世纪中叶至13世纪末)是中原大地各民族政权并立共存,各民族文化交融的新时期,对峙冲突中蕴含着民族融合的新基因,产生了若干新质文化,至今仍在发现探索之中。

元明清三朝近7个世纪,其间元、清二王朝都是少数民族入主中原,传统的"夷夏观"实际在"异化"之中。但因为经略"四夷"一直是中原王朝一以贯之的国策,从而形成中华帝国辽阔的疆域和多民族共

---

〔1〕《春秋公羊传注疏》卷18。

存的分布格局。从中华民国建立时宣布的"五族共和"到中华人民共和国的民族区域自治，都从历史与现实表明了中华民族多元一体各民族共存的认同。

15.3

记录中国历史文献而确认最早的文字系统是商周时代的甲骨文、金文，它们开启了华夏文明的曙光。但如果从种族的观念看，商族来自东夷，周族源于西羌，华夏文明的创始阶段，就呈现出种族多元的特质。

战国秦汉时期的匈奴未有文字的遗存，仅在汉文典籍中保留了一些匈奴语词汇。国内外学者大多认为匈奴语属阿尔泰语系，但我们至今无法在中国历史文献学和中国史学史中表述其文献与史学。

魏晋南北朝时期，北方各少数民族逐鹿中原，建立政权，但其文化取向，普遍表现出的是一种"汉化"趋势，未见有民族文字的创制和民族文献的流传。反而在张骞"凿空"后的西域，因受希腊文化、印度文化的影响，先后产生过佉卢文、焉耆-龟兹文、于阗文、粟特文，并有相应的文书文献流传，在19世纪20世纪之交的中亚探险考古大发现中，一一呈现于世，引起国际学术界的强烈震撼和极大兴趣，由此激发了国际东方学研究的诸多新领域。这是流传于世的最早的一批中国少数民族文献。

继上述民族文献流传于世的是突厥文、回鹘文民族文献，大致在公元6—9世纪的隋唐时期。文字使用者主要是突厥汗国、回鹘汗国及所属相邻各部族。文献流传量虽不大，但在突厥史、回鹘史研究中有重大价值，一直为国内外学术界广泛关注。

宋、辽、金、西夏时期的中国，呈现出分立对峙格局，文化上一个突出现象是各独立政权少数民族文字的创制。契丹有契丹大字、小字文，女真有女真大字、小字文，而西夏有西夏文，各称"国书"，皆有文献传世。由于汉字的悠久历史和文化交流的渗透影响，辽、金、西夏"国书"一个显著特点是参用汉字增损之，这是各民族文化交流的一个必然映照。

公元 13 世纪初,成吉思汗崛起于蒙古高原,曾令俘获的畏兀儿人塔塔统阿以"畏兀儿字书国语",用回鹘字母拼写蒙古语,这种文字称"回鹘式蒙古文"。元朝建立后,元世祖忽必烈命帝师八思巴以藏文字母创制文字作为"国书",称"蒙古新字",但流传不广。元成宗时,"回鹘式蒙古文"经搠思吉斡节尔做过规范化,一直沿用至今。清初,和硕特蒙古咱雅班第达又在回鹘式蒙古文的基础上创制托忒文。现今流传下来的蒙古族历史文献,主要是规范化回鹘式蒙古文和托忒文历史文献,在中国少数民族文献中占有重要地位。

中国少数民族文献中很值得注意的是随着外来宗教传播而形成的维吾尔文历史文献。10 世纪下半叶,喀拉汗王朝时期,伊斯兰教传入新疆,南疆地区首先废弃回鹘文,开始用阿拉伯字母的文字。14、15 世纪,当伊斯兰教成为天山南北占统治地位的宗教时,阿拉伯字母的文字日渐成为维吾尔人的通行文字,产生了大量用阿拉伯字母的文字书写的维吾尔族历史文献,其最著者有《突厥语大辞典》《中亚蒙兀儿史》等。

满族入关以前,使用的是蒙古文文字。1599 年,努尔哈赤命额尔德尼·噶盖依照蒙古文字母创制满文,此为"无圈点满文",亦称"老满文"。后因这种满文字母不能准确记录满语,故在 1632 年,皇太极命达海改进,这种新满文重新规范了字母形式,被称为"有圈点满文"或"新满文"。"老满文"仅仅使用了 30 余年,存世文献不多,最大的一部是《满文老档》。满族入主中原后,建立了大一统的清王朝,实施满汉两种文字并行制度,故"新满文"历史文献的总量极大,仅中国第一历史档案馆所藏满文档案就有 145 万余件,对满族史、清朝史的研究具有特殊的意义。

中国少数民族文献中蕴藏量最大的当数藏文文献。公元 6 世纪,藏族历史进入吐蕃王朝时期,创制了最早的藏文文字,通常称为古藏文。公元 9 世纪初,藏文文字改革,形成规范化的书面语。流传下来的古藏文文献以金石铭刻、竹木简牍、文书写卷为主。规范化书面藏语的早期应用,大多是翻译佛经。14 世纪以后,以教法史、高僧传、寺院志为主流的藏族史学日趋活跃,藏族学者的历史著作大量涌现,卷帙浩繁,藏量丰富。举世闻名的藏文大藏经《丹珠尔》《甘珠尔》中,蕴藏着十分丰富的史料,天文、历法、医药、逻辑、文学、修辞、艺术等方面的典籍,从各个层面反映了藏族高度发达的古代文明和丰富文化,有待发掘研究。此外,西藏噶厦地方政权建立后,留存有公元 18—20 世纪原始藏文档案,这批档案藏量极大,至今未见系统整理编目,但就翻译公布的一些专题档案文献看,内容涉及清政府、中华民国政府有效统辖治理西藏的各项措施、藏区当时的社会状况、西藏噶厦地方政府与英、俄、印等国的交往事务,西藏政教势力的分合演进等一系列重大问题,极具史料价值和现实意义,是藏文文献中不可或缺的部分。

我国其他少数民族中,亦有自己的文字和民族文献流存,如彝族的彝文文献、纳西族的东巴文文献、白族的白文文献、傣族的傣文文献等等,种类繁多,存量很大,反映了各民族形成的历史进程和文化构建。

15.4

中国少数民族文字文献具有独特的学术价值。

公元 2—5 世纪,我国西域曾出现过于阗王国和鄯善王国,是西域三十六国中举足轻重的两个地方政权,备受学术界关注。早期的于阗国史、鄯善国史的研究,依据的是《史记》《汉书》的相关记载及希腊、罗马史书中的零星资料,不免间接片段,凿枘难通,若干重大问题一直在云山雾障之中。19 世纪末以来,俄、英外交使团和外国探险队相继在我国新疆发现一批"汉佉二体钱"和佉卢文文书,文书以世俗文书为大宗,主要为:国王敕谕、公私信札、契约借券、簿籍账历,涉及于阗王国、鄯善王国生活、政治、经济、司法、军事、交通、文化等各方面的问题,史料价值极为珍贵,为于阗国史、鄯善国史的研究提供了直接的第一手资料。因为于阗、鄯善在古丝绸之路的重要地位,佉卢文书的发现为丝绸之路和中外文化交流研究,开辟了一个新领域。

　　于阗文是我国古代于阗地区塞种人使用的文字,公元 10 世纪以后废弃不传。19、20 世纪之交,在环塔里木盆地边缘地区和敦煌藏经洞发现一批于阗文文书。内容以佛教经典为主,也有不少世俗文书。这些文书的出土和成功解读,揭示了不少湮没已久的史实,对塞种人、佛教经典、于阗国史乃至整个西域文化的研究,都有着十分重要的意义。而最具史料价值的是一批世俗文书,包括敕令、行纪、账目、函件、奏报、医药、文字、语汇等内容。如《于阗沙州纪行》,叙述了于阗国遣使前往沙州的情形,涉及于阗年号、沿途城镇及沙州种族、地理、官职等一系列问题。又如《甘州回鹘纪事》是于阗国使亲历甘州回鹘内讧向于阗国王的奏稿,其事为汉文资料失载,这份奏稿为使臣目击记录,显现出特别的价值。《于阗王致曹元忠书》则为考察于阗王国与归义军曹氏政权关系的第一手资料。

　　"粟特"之名始见于《魏书》,汉为康居属国,隋唐时期,其地为昭武九姓所居,8 世纪上半叶,亡于阿拉伯人入侵。粟特人在历史上以善贾著称,是中亚国际商路上的中介,因此,粟特文曾一度通行西域,后来的回鹘文、蒙古文、满文的创制,都受过粟特文的影响。现存粟特文献始于公元 2 世纪,最后消亡于公元 11 世纪。粟特文书简涉及中国古代汉魏间史事,对粟特人由河西进入中原地区经商的规模、范围、商品种类、行市等情形,多所记录,对研究粟特史及丝绸之路上中外贸易、民族变迁,都是难得的材料。而粟特文佛教、摩尼教、基督教经典,对校勘宗教典籍、考察中古时期西域地区各种宗教的传播和相互渗透影响,也是大有裨益的。

　　突厥文是中古突厥汗国、回纥汗国、高昌回鹘王国及其所属西域民族流通的文字,自 17 世纪就陆续有文献发现,一直无法解读。1889 年,俄国考古队在鄂尔浑河流域、和硕柴达木湖畔发现汉突两种文字的《阙特勤碑》《毗伽可汗碑》,使突厥文的辨识解读成为可能。传世的突厥文献以突厥文碑铭、写本为主,记叙了突厥汗国、回鹘汗国一些名王、名臣的文治武功,其间政治派系、内部斗争、各民族之间的复杂关系等史实十分具体,可与汉文及其他文种的史料相互比证补充。

回鹘文在 9—15 世纪的西域曾广泛使用,蒙古人早先就使用回鹘文,后来在回鹘文基础上创制回鹘式蒙古文。回鹘文传世的一类是以佛教经典为大宗的摩尼教、景教、伊斯兰教等宗教文献;另一类是世俗文献,主要有公文、契约、碑刻、字典、医书、文学作品。公文中最有代表性的是明代四夷馆编辑的《高昌馆来文》,碑铭中有叙述回鹘起源与西迁的《亦都护高昌王世勋碑》《九姓回鹘可汗碑》等,契约中有奴隶与土地买卖的经济文书,而历法、医药、文学等回鹘文文献,则从不同层面反映了维吾尔族历史上回鹘文化的繁荣。回鹘文文献中为世瞩目的是《福乐智慧》《乌古斯可汗的传说》等史诗作品,其文化史上地位早已超过文学范畴,成为那个时代的百科全书,形象艺术地再现了西域社会风情,保存了古代维吾尔人文学、语言、哲学、宗教等方面珍贵的史料。

与唐王朝几乎相始终的吐蕃王朝,曾有过高度发达的古代文明,但在公元 10 世纪,朗达玛灭佛中遭到一场文化典籍浩劫,西藏本土的吐蕃文献几丧失殆尽。而吐蕃在安史之乱后,控制河西陇右近百年,有大量的文献遗存,仅敦煌藏经洞打开后发现并流散英、法的吐蕃文书即达 5000 卷号以上,从不同角度反映了吐蕃史事与吐蕃文化,包括了吐蕃历史、语言、文化、艺术、宗教、法律、科技、社会生活等方面的内容。其中,分藏于英、法两个卷号拼接的《敦煌本吐蕃历史文书》就是一部系统的吐蕃王朝史。其内容之丰富、涉及面之广、文献价值之高,是任何藏文典籍和两《唐书》、《册府元龟》等汉文典籍所无法比拟的。有些学者把它的发现视为藏学界的重大事件,甚至断言,如果没有这份文书的问世,吐蕃王朝史将会成为千古之谜。古藏文文献的学术地位和史料价值由此可见一斑。14 世纪后,藏族学者的历史著作大量出现,产生了《红史》《布敦佛教史》《王统世系明鉴》《青史》《贤者喜宴》《巴协》《新红史》《如意宝树史》《西藏王臣记》《白史》等一大批藏文史著,其他如教法史、寺院志、高僧传、大德文集等更是卷帙浩繁、数量丰富,是研究藏族史、藏传佛教史、藏族文化史的根本资料。藏学研究的深化,基点还是在于对这批藏文文献的解读诠释。

西夏文字随着西夏王国的亡国而至湮灭不传。元修《宋史》《金史》《辽史》,独不修西夏史,造成西夏史研究基础史料的严重散佚缺失。西夏文字废止后近三百年间不为人知,有人误认为西夏文为女真小字,甚至误以为古藏文。直到清代中叶,陇上学者张澍指出新发现的《凉州感应塔碑》上的文字为西夏文,始为西夏文研究开辟出新途。1908—1909 年,沙俄皇家地理学会柯兹洛夫探险队二次到我国西夏故城黑城子搜寻发掘,获得大批西夏文书、文物。其中,西夏文、汉文双解字典《番汉合时掌中珠》的发现,使西夏文的解读和西夏史的研究进入一个新阶段,形成国际东方学研究的"西夏学"。今藏于俄罗斯列宁格勒东方研究所的西夏文文献,总登录号在 8000 余种。科学意义的西夏研究,应建立在西夏文传世文献基础之上。

蒙古族历史文献最著名的是被称为蒙文三大典籍的《蒙古秘史》《蒙古黄金史纲》《蒙古源流》。《蒙古秘史》是成吉思汗黄金家族的编年史。它上溯成吉思汗的二十二代先祖,记叙了约五百年的历史,涉及蒙古族起源、氏族发展为部落和部落联盟的进程,及当时社会生产力、生产关系、部落组织、政治军事制度、民族意识形态等一系列重大问题,包含了 12、13 世纪蒙古族社会状况的丰富资料。由于它多取材于蒙古人的口头传说,真实地再现了历史原貌,于蒙古史的研究有特殊意义,备受学术界关注,被翻译为多种文字,广为流布,形成《蒙古秘史》研究的"秘史学"。据统计,海内外对《蒙古秘史》的译注、音写、研究专著至少在 300 种以上,表明了国际学术界对《蒙古秘史》关注的程度。《蒙古黄金史纲》《蒙古源流》是蒙古族接受藏传佛教后产生的史著,历史编纂学上深受藏族佛教史学的影响,在叙述蒙古族历史时,以佛教在蒙古地区的传播为纲,记录蒙古的汗统,体现了蒙藏文化交流的深层内涵。不仅如此,蒙古族史学还出现一批用藏文撰写蒙古族历史的著作,例如成书于清乾隆年间的《蒙古佛教史》,就是蒙古学者固始噶居巴·洛桑泽培用藏文撰写的一部蒙古佛教史。

15.5

　　中国少数民族文献的学术价值早就引起国内有识之士的关注。清初孙承泽编撰《元朝典故编年考》,就曾著录《蒙古秘史》。乾嘉考据学者钱大昕用《永乐大典》本《蒙古秘史》校勘《元史》的讹误,其后张穆、叶德辉、魏源、屠寄、柯劭忞、李文田等人都用《蒙古秘史》等蒙文文献考究蒙元史。蒙元史一些重大问题的研究突破澄清,实赖于蒙文历史文献。

　　但我们不能不看到,真正全面关注利用研究中国少数民族文献的是西方学术界。

　　19 世纪至 20 世纪初,西方自然学科、人文学科有过一个开拓创新迅猛发展的阶段,诸多新学科的创立,建构起对人类历史文化的认知体系。其间,中国少数民族文献备受世界关注,引起海外学者的极大兴趣与研究热情,兴起国际东方学研究的诸多新学科。

　　其次,西方殖民主义者对亚非的侵略扩张,激发了西方学术界研究东方的现实需求。尤其是西方探险队、考察队在东方的一系列重大发现和文化劫掠,造成了中国少数民族文献的大量外流。

　　与之相比,国内关于少数民族文献的研究明显滞后,其中固然有少数民族文献外流的因素,但传统古典文献学的四部体系严重制约了文献学者的视野。卷帙浩繁的文献目录学著作中,几无少数民族文献的一席之地。

　　20 世纪以来,国内不少专门史、断代史研究的学者,日渐重视少数民族文献的价值,从各专题领域形成一批突破创新成果。中国少数民族文献的发掘、利用和研究呈现出良好的发展态势。相形之下,中国少数民族文献在传统中国历史文献学和史学史研究中严重薄弱,诸多文献学、史学史论著并未受到应有的关注,有些甚至只字不提,表露出学科体系上的重大缺陷。

　　季羡林先生"弘扬大国学"的新理念,对中国少数民族文献在中国传统历史文献学做的历史地位做了高屋建瓴的解读诠释,指出了一个方向。中国历史文献学和中国史学史学科体系的改造完善,应在"大国学"视野下再做探索。

16 《吐蕃历史文书》

　　《吐蕃历史文书》，系举世闻名的敦煌遗书中的一件古藏文文书，故又题称为《敦煌本吐蕃历史文书》。整理本以流散在英国和法国的两件文书拼接而成，首尾残缺，无年代标识，据推测，当书写于公元728—848 年吐蕃占据河西时期。[1]

　　敦煌 17 窟藏经洞发现的古藏文文书数千件。其主要部分在1907—1908 年间被斯坦因、伯希和盗运国外后，分别庋藏于英国伦敦印度事务部图书馆（后改归大英博物馆图书馆）和法国巴黎国家图书馆。英国收藏部分由比利时藏学家布散编纂成《印度事务部图书馆藏敦煌藏文写本目录》（1962 年出版），法国收藏部分由法国女藏学家拉露编成《巴黎国家图书馆藏敦煌藏文写本目录》（第 1、2、3 集分别于1939、1950、1961 年出版）。两份目录题录的古藏文写本编号在 5000件以上。英、法收藏的残页、碎片及流散国内外的其他藏文写卷，尚未有编目公布。对西藏早期历史文化的研究，它至今还是一个未经充分开掘的宝藏。

　　由于吐蕃王朝崩溃后，文献典籍丧失殆尽。而后世藏文典籍中对吐蕃王朝史的记录又深受佛学体系的影响，夹杂了大量神话、迷信的成分，因而，作为吐蕃王朝时期遗留物，这批敦煌古藏文写本，就是现存最早的，也是最主要的藏文史料。较之后期神话传说、史诗、教法史一类的藏文典籍，价值自然不可同日而语。这批古藏文写卷流散国外不久，即引起国际学术界的极大兴趣，他们在对这批古藏文写卷进行登录编目的同时，也开展了一些研究工作。其中，法国高等学术研究院教

<hr>

〔1〕关于吐蕃势力支配河西的时间，学术界尚有分歧，本文取日本学者藤枝晃说。

·欧·亚·历·史·文·化·文·库·

授、法兰西语言科学院士巴考和法国藏学家杜散,与英国伦敦印度事务部图书馆馆长、牛津大学教授托马斯三人通力合作,将法国 P. 252 写本与英国 S. 103 写本拼接起来,整理成《吐蕃历史文书》,于 1940 年以英、法译文及拉丁文转写原文刊布,引起了学术界的高度重视。"当时,就有人说过,此书一出,西藏史的研究将进入一个新的境界。至今已三十余年过去,人们还认为它是研究藏族古代史、古代语言和古代社会的最有影响的著作之一。"[1]

巴考等人认为,收藏在英国的 S. 103 号藏文写本和法国的 P. 252 号藏文写卷原属同一件文书,只是被斯坦因、伯希和分别携出后,人为地分为两件。其中,S. 103 号写卷长 3. 64 米,P. 252 号写卷长 0. 70 米,全卷共长 4. 34 米,立高 0. 256 米。

1948 年,曾从巴考先生学习过藏文的于道泉教授回到中国时,将《吐蕃历史文书》译注本带回国内,以后又转交给王尧先生。王尧先生与陈践先生合作,"历二十寒暑,几作几辍,时废时兴",终于在 1979 年先以汉文译本在国内刊布。[2] 第二年,又以汉藏文对照本由民族出版社正式出版。[3] 这份流散异国的珍贵的古藏文文书,才得以和国内学术界见面。嘉惠士林,实赖王尧、陈践二位先生之力。

王尧、陈践先生译注本前有长达 14 页的"导言",概要地介绍了吐蕃王朝时期的遗存文献,叙述了这份古藏文文书的内容、史料价值及流传、整理经过。正文藏、汉文书之后,有 36 页 411 条"语词释义",34 页"名物疏证",译解文书中疑难语词之含义,考究文书中涉及的史实,征引宏富,取证实多,于阅读和进一步研究文书,颇为有益。尤其是王尧、陈践译注本依据藏文原卷,参照藏文典籍《贤者喜宴》等及安多方言译解文书,订正了巴考等人英文、法文译本的某些误译之处,无疑,更准确地反映了文书的内容。书后有 5 个附录:(1)地名索引(包括族名、种姓);(2)吐蕃五茹及四至;(3)吐蕃六十一东岱;(4)吐蕃赞普世

---

〔1〕王尧、陈践译注本《敦煌本吐蕃历史文书·导言》。
〔2〕《敦煌古藏文历史文书》青海民族学院铅印本。
〔3〕《敦煌本吐蕃历史文书》汉藏译注本,民族出版社,1980 年。

系表;(5)吐蕃赞普序位表。应该说,这是一个相当完善的译注本。

《吐蕃历史文书》按其内容可分为 3 个部分,分述如下。

16.1　吐蕃大事纪年

此写本前阙,作为第一部分的"大事纪年"始于"赞蒙文成公主由噶尔·东赞域宋迎至吐蕃之地"。按,文成公主入藏在公元 642 年(唐太宗贞观十六年)。因之,大事纪年的起始年代当为公元 642 年。藏史一般以松赞干布的嗣位为吐蕃王朝史的开端,如以藏族学者根敦群培《白史》的说法,松赞干布生于公元 617 年。那么,文成公主入藏时松赞干布年 25 岁,即位仅 12 年。据此推断,写卷"大事纪年"前阙不多。

"大事纪年"在记叙文成公主入藏后,仅有二条纪年材料:一是"此后三年",征服象雄部落;二是"此后六年"松赞干布去世。合计九年,与下文"及至狗年"(唐高宗永徽元年,公元 650 年)相接,但与下文逐年纪事体例不尽相合。松赞干布时期是吐蕃王朝的开创时期,文治武功,堪为藏族史家自豪,理应大书详录于史册,缘何叙事反而较后简约,其中原因,尚需考究。或许,可以为这份历史文书的著作年代,提供一些线索。

从"及至狗年"以下逐年起记载史事叙事,末尾皆书"是为一年"。体例甚为整齐。但在"及至猪年"(唐玄宗天宝六年,公元 747 年)记事中写卷残佚。计存 98 年史事纪录。合前述 9 年,共 107 年。

巴考等人在"及至猪年"写卷残断后,又取伦敦所藏 S.8212(187)残卷补充,复补出天宝二年(743)至天宝六年(747)的纪事 5 年,中阙 7年,新补出天宝十四年(755)至唐代宗广德二年(764)的纪事 10 年。实际编年纪事新增 10 年。总纪事年代为 117 年。

值得注意的是,巴考等补充大事纪年中复出的 5 年纪事,与原卷相比,体例虽然一致,但在文字和内容上颇有出入。试就首尾完整的猴年、鸡年、狗年(玄宗天宝三年至五年)3 年的纪事对照如下:

·欧·亚·历·史·文·化·文·库·

原卷	S.8212(187)
及至猴年 　　夏,赞普巡临北方,还,牙帐设于逻册尔。唐廷使者张员外、突骑施使者前来致礼。清点各地方军丁白册,冬,牙帐驻于札玛,于"畿"之萧玛苑,由大论穷桑、论结桑二人集冬会议盟,进行征兵点兵大料集,将赞普之令从红册木牍移入黄纸册上。是为一年。	及至猴年 　　赞普牙帐立于"朋尔布",巡临北方。冬,由大论穷桑与末·车则布二人于畿·萧玛苑,集会议盟。征四茹之大料集。是为一年。
及至鸡年 　　夏,赞普驻于倭塘。冬驻于札玛,于"扎尖尔"集夏季大会议盟。"仲巴"尚·哲恭被放逐,以属庐·玛恭补任,森哥彭拉结被放逐,以娘(明)·都孔补任,各自进行点交、清查。祭祀王妃墀尊之遗体。是为一年。	及至鸡年 　　赞普牙帐驻于羊卓之"益塘",唐廷元帅马将军引廓州之唐人斥堠军至。王甥吐谷浑小王、论·莽布支二人攻下计巴堡寨,引军追击来犯之唐廷斥堠军于计巴、本昆、大城堡,唐军大半被歼。冬,赞普驻于札玛。是为一年。
及至狗年 　　夏,赞普牙帐驻于那玛。冬,驻于札玛,于"畿"之猎狩园,由大论穷桑与论·结桑顿到布二人集冬会议盟。大料集四茹之牧场、草料。依赞普诏令:将东岱(千户所)列乌套那地方之差役负担者另行拔出。大论以下各官员均申誓言,严切诏告,减轻庶民黔首之赋税。是为一年。	及至狗年 　　夏,赞普驻于那玛,至赛孔(金矿)处宴游。冬,赞普驻于札玛,于"畿·甲林园"由大论穷桑、末·东则布、朗·迈色三人主持集会议盟。征四茹牧场之"大料集",收集已摊派之一切奴户之赋税,明令奖谕论·结桑达囊。是为一年。

　　即使写卷残缺不全的羊年(天宝二年,公元743年)和猪年(天宝六年,公元747年)的片断记录中,亦可明显看出某些差异。对读表明,同样作为吐蕃王朝大事纪年的 S.8212(187) 号写卷与 S.103 号、P.252 拼接写卷,不仅文字详略不同,内容亦有不少互出之处。它似乎向我们

透露出这样一个事实,记录吐蕃王朝时期史事的大事纪年的古藏文文书,决非一种。至少我们目前所能见到的,就有两种。而且,从编写体例和文字格调上考察,出自官方记录的可能性较大。或者,我们可以这样推测,在汉藏文化交流相当频繁深入的吐蕃王朝时期,已经有了类似中原王朝实录的编年体官方记录。流传到敦煌一带而被保存在藏经洞的这些古藏文历史文书,即是取材于官方记录的佚名藏族史家的传抄本。

16.2 传记

"传记"共 10 篇,文字总量略多于"大事纪年"。尤具特色的是,这些传记融历史、文学、神话传说为一炉,更多地保留了早期藏族史学的风貌。

第 1 篇,记止贡赞普的事迹、三子的复仇及工布小王的由来。学者一般认为,止贡赞普及其子布带巩甲时期,是西藏父系氏族社会崩毁、奴隶制产生的时代。这篇颇具传奇色彩的故事,反映了西藏阶级社会形成前夕,为争夺权势、地位、财富的斗争已十分激烈。战争"将能站立直行之人众置于囹圄,将俯地而行之牲畜悉数劫走",已非单纯的血亲复仇。而止贡赞普是"天神之子"的记载,对后世藏史著作无疑产生了深刻影响。

第 2 篇,大相位序。始于赞普岱处保南木雄赞时代,即藏史中所谓"鹘提悉补野部"的"八德统王"时期,约为公元前后。王权的加强,扩张兼并的需要,辅佐赞普执政的大相的位置越来越重要。因而,本篇记载了前后相承的三十九位大相的姓名,有些还列举了某些大相的品格及事迹。

第 3 篇,森波达甲吾部落内部矛盾重重,离德离心。其部臣娘氏、韦氏等有势力的家族,"归心于赞普悉补野氏,共立极重的盟誓"。

第 4 篇,伦赞赞普与娘氏、韦氏、农氏、蔡邦氏盟誓,里应外合,征服苏毗。"自是,上起'中自'之夏瓦那以下,直至工布哲那以上,均为赞普统领之辖土矣。"这次征服,是吐蕃地区诸部走向统一的前奏,在吐蕃王朝开国史上有重要意义。南木日伦赞在分赐勋臣后,又征服了达布。

第5篇,墀都松赞普与韦氏家族盟誓。君臣表示团结一心,永不变心。本篇原文记录了这次盟誓各自的誓词及参与盟誓人的姓名,表明这时的悉补野部已具备国家的雏形,但事实上还是很不稳定的部落联盟,需要用"盟誓"这一形式维系联盟的团结。

第6篇,记囊日伦赞逐次征服吐蕃各部后,部落联盟内部又发生危机,象雄、苏毗、达布、工布、娘布诸部公开叛变。囊日伦赞被进毒遇弑,王子松赞幼年嗣位,对进毒为首者断然"尽行斩正",重新收复苏毗,"首次将吐谷浑人收归辖下"。后松赞干布为琼保氏挑拨,攻杀大相娘·芒布结尚囊。琼保氏欲借宴会之机杀害松赞干布,被噶尔·域宋察知,琼保氏知事败露自杀。

第7篇,主要记述了墀都松赞普和墀德祖赞赞普的事迹,其时吐蕃不断走向强盛。取青海,北犯唐瓜沙诸州及安西四镇,陷茂州,迫使南诏入贡。本篇特别记叙了吐蕃对唐战争中获得大量财物及与南诏盟誓的情形。

第8篇,记墀松德赞赞普的文治武功。此篇内文字错讹,错入松赞干布事迹,主要是征服象雄的详细过程。但有一段文字引人注目:

> 吐蕃古昔并无文字,乃于此王之时出现也。吐蕃典籍律例诏册,论、相品级官阶,权势大小,职位高低,为善者予以奖赏,作恶者予以惩治,农田耦耕一天之亩数,牧场一件皮褐所需之皮张,食货之均衡流通,乃至升、合、斤等一切量度,举凡吐蕃之一切纯良风俗,贤明政事,均为此墀松赞王者之时出现也。一切民庶感此王之恩德。乃上尊号曰"松赞干布"。

这表明,创制文字,制定法律,完善职官制度,统一度量衡等,均完成于松赞干布时期。松赞干布的这一系列措施,奠定了强盛的吐蕃王朝的基础。

第9篇,主要是几段歌词,体现的内容则是年事渐长的墀都松赞普对专权的噶尔家族的不满。

第 10 篇,噶尔钦陵与唐将王孝杰之间的论辩舌战。征之于汉文典籍,此事当在公元 695—696 年唐蕃第二次大规模的战争期间,末一段是记墀都松赞普攻杀噶尔钦陵后,钦陵之弟赞婆及其子莽布支收率部众归唐。从文字看,似有部分残缺。

总的来说,巴考等人整理的传记部分还存在一些问题,有待继续考订研究。

16.3　小邦邦伯家臣及赞普世系

这部分内容不多,如题所示,一篇是吐蕃王朝末统一前西藏境内的十七个小邦的名称、邦伯和家臣的名单,最终统一于鹘提悉补野部;一篇是吐蕃王朝的赞普世系表。

与后世数量众多、卷帙浩博的藏文史籍相比,《敦煌本吐蕃历史文书》只是一小卷残缺的文书抄本。但其内容丰富,涉及面之广,文献价值之高,却是任何藏文典籍都无法比拟的。对西藏古代社会的研究,它提供了最直接、第一手的宝贵资料。某些学者把它的发现视为藏学研究界的重大事件,甚至断言,如果没有这份古文书的问世,吐蕃王朝史将会成千古之谜,高度评价了《敦煌本吐蕃历史文书》的学术地位和价值。

《敦煌本吐蕃历史文书》的刊布,推进了国内外藏学界对吐蕃王朝史的研究。半个世纪以来,关于吐蕃王朝时期历史文化的描绘和研究,无不从这份文书中吸取有价值的资料,获得众多的成果和重大的突破。不少论著中关于吐蕃王朝的叙述,基本上是以这份文书为主干资料。最明显的便是近年来国内相继出版的几部藏族史。[1] 其学术价值已为藏学界公认,其丰富内容还有待于深入研究。

王尧、陈践译本《导言》中,从纠谬、补阙、印证三方面论述了《吐蕃

---

[1]王辅仁、索文清编著《藏族史要》(四川民族出版社,1982 年版);《藏族简史》编写组编写《藏族简史》(西藏人民出版社,1985 年版);黄奋生编著《藏族史略》(民族出版社,1985 年版)等。

· 欧 · 亚 · 历 · 史 · 文 · 化 · 文 · 库 ·

历史文书》的"权威性",并列举了大量的例证。可以参考,兹不赘述。

如果从历史编纂学的角度考察《吐蕃历史文书》,一方面固然反映了藏族史学的传统风格,另一方面,也可以窥见中原地区已经相当成熟的历史编纂学对吐蕃王朝的影响。其"大事纪年"与汉文典籍中的"编年体"史书相仿;"传记"与"纪传体"的帝纪、列传相类;"小邦邦伯家臣及赞普世系"则有"表谱"编纂的痕迹。联系到吐蕃王朝时期与唐王朝的频繁往来和文化交流,这种影响是不能排除的。

最后,简单介绍一下对《敦煌本吐蕃历史文书》本身的研究。巴考、杜散、托马斯刊布的整理本与王尧、陈践的汉藏文译注本已如前述。值得特别注意的是美籍华裔学者张琨的《敦煌吐蕃纪年之分析》[1]。这篇长达 52 页的论文是对敦煌本吐蕃纪年的某些内容和词语的一个详细的分类索引,共分 8 个部分,每部分下还有若干子目,后有 3 个附录。这 8 个部分为:(1)导言;(2)统治家族;(3)官制;(4)政府工作;(5)区域划分;(6)边区;(7)被征服的领土;(8)外族。这篇文章可以说是研读《敦煌本吐蕃历史文书》的一本小型工具书,可供研究者检索、使用。法国女藏学家麦克唐纳发表在《拉露纪念文集》(1971)中的一部专著,[2]将伯希和几个吐蕃文卷子与《吐蕃历史文书》联系进行分析,以确定这些写卷的年代、次序,同时,对卷子中涉及的一些吐蕃王朝的重大问题,做了不少考证。此外,日本学者佐藤长的《古代西藏史研究》,藤枝晃的《吐蕃支配时期的敦煌》《敦煌发现的藏文文书试释》,匈牙利学者乌瑞关于吐蕃文献的一系列文章[3]等,都涉及《敦煌本吐蕃历史文书》及其他藏文写卷的考订研究,在国际藏学界有很大影响。

目前国内通行的版本是王尧、陈践译注的藏汉合文《敦煌本吐蕃

---

〔1〕Chang Kun,*An Analysls of the Tunhuang Tibetan Anuals*,Journal of Oriental Stuohies,Vol 5,No Jand 2,1959/1960,pp. 122 – 173.

〔2〕麦克唐纳的这部专著题为《关于伯希和第 1286、1287、1038、1049 及 1029 藏文卷子的解释——兼论松赞干布王族形成中政治神话的形成和使用》。一般称《敦煌吐蕃历史文书考释》,国内有耿昇译本,青海人民出版社,1991 年版。

〔3〕主要有《对敦煌的一件藏文军事文书的说明》《关于在古藏文纪年中的一个年代学问题的说明》《关于吐蕃的史书编纂以及官僚的运用》等。

历史文书》,民族出版社 1980 年版。正文部分与"导言""语词释义"
"名物疏证"及附录合计 276 页。汉译间有错讹不准确之处,需与藏文
对读研究;"名物疏证"部分的问题,可参见黄正建《敦煌本吐蕃历史文
书大事纪年有关唐蕃关系的译注拾遗》[1]。

---

〔1〕载《西藏研究》1985 年第 1 期。

17 《青史》

作者廓·宣奴贝(又译作桂·宣奴贝或廓诺·迅鲁伯),藏传佛教噶举派的著名僧人和佛经翻译家。生于明洪武二十五年(1392),卒于明成化十七年(1481),享年90岁。宣奴贝勤奋好学,遍访名师。他一生所依止问学的著名僧人有60多位。"他翻译了许多梵文经典,成为当时精通梵文、学贯五明的著名藏族学者。宣奴贝著作宏富,传世的有文集十函,包括《时轮续大疏》《时轮释难》《宝性论大注释》和《青史》等著作。其中以《青史》最负盛名。"〔1〕

我们据宣奴贝的生平传记和《青史》的记载及郭和卿先生之言推断:明成化十二年丙申(1476)宣奴贝开始撰写《青史》。明成化十四年戊戌(1478)完成初稿。明成化十七年辛丑(1481)经过校正,刻板梓行。《青史》梓行的同一年,宣奴贝即与世长辞。

《青史》藏名《德特尔俄宝》,是15世纪以前的一部系统的西藏史。汉译本全书共分15辑,从目录中,大致可了解每辑的内容:第1辑教法来源、西藏历代王朝、西藏前宏期佛教;第2辑西藏后宏期佛教;第3辑旧译密乘;第4辑新密乘及随来的道果等法类;第5辑阿底峡尊者传承录;第6辑峨诺、巴操传承录及中观、因明、慈氏法类如何而来的情况;第7辑密续部说规如何而来的情况;第8辑大译师玛尔巴传承录及著名的噶举派;第9辑廓乍巴和里姑玛的史略;第10辑《时轮》传承及其教授如何而来的情况;第11辑大手印法门谭;第12辑息结派初、中、后三期传承情况;第13辑能断魔境行者及喀惹巴的概况;第14辑大悲观音法门及金刚鬘法类;第15辑往昔僧众来源及问答等类。全书章节析

---

〔1〕见藏文版《青史》所附东嘎·洛桑赤列为作者写的传记。

分清楚,各辑末尾或总括本节内容,如第 3 辑末尾一段写道:

> 总的说来,从朗达玛毁灭佛教后,约经七十余年间,前后藏是
> 没有一个出家人的。幸而有许多宁玛派的咒师们在各地区修行,
> 由这些特殊修士作出吉祥事业;而俗家人众也对这些修士敬信,
> 并以衣食等作供养承事。仅依一次净瓶灌顶,而使渐次成熟身心。
> 继有鲁麦等普遍传承卫藏六人或说八人来到的时候,各地区中,
> 始发展出无数的寺庙和僧伽大众。往昔西藏王臣在位时,所翻译
> 的《甘珠尔》和《丹珠尔》,幸还未毁失而足够受用。继而传承出许
> 多善巧成就的士夫;而直至由一切智至尊敬安叔伯传承诸人来作
> 抚育众生等事业。以上系教授诸法类的史事阶段。统为旧译密乘
> 的篇章终。[1]

或者说明资料来源,如第 4 辑末尾:

> 以上漾温巴的史事,是根据旺秋鲁漾温巴传中选择少部分而
> 撰著的,以上系玛译师和夏玛姊弟如何守持教法的阶段终。[2]

或者交代协助宣奴贝撰写《青史》某些章节的僧人姓名,如第 7 辑
末尾说:"以上为亥母六论的情况,执笔者系垛巴尼侠师。"[3]某些对经
典介绍和论述的章节,结尾时还一一列举其不同的译本和版本,如第
10 辑末一段就详细地罗列了《时轮》的多种译本及异同,[4]对深入了
解该经典是颇有价值的。

该书第 15 辑的末尾部分,不仅交代了著作写成及刊刻的年代,著
作的缘起,资助者、校正者、书写者、刻板人的姓名,而且介绍了作者的
家族情况。这些,都为考订《青史》的成书和研究其作者的生平事迹,
提供了极宝贵的资料。

同绝大多数藏文史著相同,《青史》的记事是从印度佛教追述的,
但这部分内容极简。对中原王朝世系、西藏王朝世系和前宏期佛教,亦

---

[1]《青史》,郭和卿译本,第 133 页。
[2]《青史》,郭和卿译本,第 158 页。
[3]《青史》,郭和卿译本,第 268 页。
[4]《青史》,郭和卿译本,第 133 页。

仅做一提要式的说明。就中涉及藏族起源时,《青史》曾说:

> 蕃这个地区,和印度一样,自古以来,就有这个地方,并且有人们在居住。

这一说法,已经为青藏高原的考古发现证实。特别是昌都地区卡若古文化遗址的发掘表明,早在 5000 年以前,青藏高原上就有藏族先民的活动。而《青史》关于中原王朝和吐蕃王朝世系的记载,大都有文献依据,时间较为准确。

就《青史》全书而言,以上内容约占全书的二十分之一,很像是一篇追溯历史的序言;百分之九十以上的文字是西藏后宏期佛教的传播、教派的形成、传承系统、各派名僧、寺院、经典的记叙。因此,确切地说,这部西藏史,是一部 9 世纪中叶至 15 世纪末的西藏佛教史,是藏传佛教教派形成和发展的历史。举凡后宏期以来各重要教派,如噶当派、噶举派、宁玛派、萨迦派等,均有详细记叙。由于后宏期是藏传佛教的复兴时期,也是藏传佛教这一佛教体系正式确立的时代,以教派林立为特点,形成大大小小的政教合一统治和僧权割据势力,对此后藏族社会带来深远的影响。因此,《青史》所记录的这一时期的历史资料,就显得十分珍贵。特别是作者宣奴贝精通教法,深研经说,学识渊博,对各教派的经义及传承关系了如指掌,他的记叙颇得其真蕴,毫无隔膜之感,堪称藏文典籍中的上乘之作。阿底峡大师是西藏阿里古格王朝请到西藏的孟加拉高僧,对西藏佛教的传播和复兴起过重要作用,在中外文化交流中也是个有影响的人物。《青史》专章记叙了阿底峡大师的家世、生平及到西藏的经过、传教活动和传承关系。其中,迎请阿底峡来西藏的一段经历,写得翔实生动,对我们了解研究阿底峡大师的事迹,都是颇为有用的。

宣奴贝是噶举派名僧,因之,《青史》对噶举派的记事尤详,用力至勤。内容几占全书的三分之一。噶举派在藏传佛教各派中支系纷杂,有"四大八小"之说,元明时期,曾控制过西藏政权,与中原王朝的关系十分密切,在各教派中势力较大,影响较广。这恐怕是《青史》侧重记录噶举派史事的另一原因。从公元 12 世纪初,噶举派创立到宣奴贝写作《青史》的 15 世纪末,噶举派已有 300 多年的历史。其间支派盛衰更替,传承关系纷杂,非谙熟此中奥秘者不能料理。《青史》于此派独能缕分条析,各支系的传承,经义的异同,原原本本,为研究噶举派的历史,提供了第一手的资料。以噶举派各支系的名僧为例,《青史》记录下来的就有 100 多人,大多有详略不等的传记,传承关系清楚,于考证史事,裨益良多。过去国内外研究者都十分重视这些资料,但其内涵,仍需进一步探讨。这一章节的记事亦有缺漏。最大的问题是忽略了噶举派僧人与元明中央王朝的关系,忽略了噶举派神权政治在西藏政治历史中的作用。而这两方面的问题,恰恰是噶举派兴起和发展中的重大问题。《青史》是一部编年史,在记叙教法源流和教派支系的历史时,以传承关系为纲,以时间先后为序,纲目分明,事具首尾。名僧大师的生平活动,大多记有生年、卒年及某些重大事件的年代,一般准确可靠;有疑义或不同说法者,兼做考证辨析。例如对噶举派大师米拉日巴的大弟子热穹巴的享年,《青史》即列出两种说法,并做出自己的判断:

> 如是热穹巴作了广大利益众生事业后,于辛巳年(公元 1161)享寿七十八岁而逝世。从热穹巴所传《珠嘉玛长寿法》史事中,虽说有热穹巴享寿八十二岁,然其嫡传诸殊胜弟子所作《佛教传流世纪计算法》中,明显标出是七十八岁。[1]

作者对某些时间的考察,显然有助于解决藏传佛教史上的一些重大问题,如下面一段:

> 从藏王松赞干布诞生后,时过三百二十九年,岁次戊午,大译师仁清桑波诞生。赤汤连纳所撰传记中记载说:大译师年属十三岁时,于堪布·耶协桑波座前出家。这样看来,大译师出家之年,已是辛酉年,西藏佛教毁灭后七十年了。而且说明佛教传来西藏是阿里地区比前后藏为早。[2]

可以说,纪年清晰准确,是《青史》的一大特色,也是它比许多藏传

---

〔1〕《青史》,郭和卿译本,第 289 页。

〔2〕《青史》,郭和卿译本,第 47 页。

佛教史著更有价值之处。

当然,出自一位虔诚的佛教徒之手的这部史著,不可避免地带有浓厚的宗教神学色彩,尤其对不熟悉藏传佛教的人来说,有不少晦涩难懂之处。阅读和研究这部史著,确有一定的难度。但是,成书于15世纪末期的这部藏文名著,在藏族文化史上享有很高的声誉,对以后藏文文献的写作,曾产生过重大影响。不少藏文典籍,如达热耶它的《印度佛教史》、土观·罗桑却吉尼玛的《宗教源流镜史》、贡波交的《教法史》等,均曾取材于《青史》。20世纪以来,《青史》一直被推崇为研究藏族史和藏传佛教史的信实资料,受到藏学研究者的重视。《青史》内容丰富,史料翔实,是藏文典籍中的一部名著。国内外一些学者将《青史》与《王统世系明鉴》和《布敦佛教史》合称为藏文三大典籍,不是没有道理的。

关于《青史》的版本。1985年,四川民族出版社出版了《青史》的藏文本,计1274页。系据拉萨功德林本和安多本校勘整理,是目前最好的本子。15章,分上下册,有长达18页的纲目。还附有东嘎·洛桑赤列为作者宣奴贝写的小传。同年,西藏人民出版社出版了郭和卿翻译的汉文本《青史》,计718页,50万字。郭译本虽用力颇勤,但译文生硬不畅,又有不少漏译之处。再加译文章节不清,翻阅十分不便。使用时,需与藏文本对照。此外,某些年代的注释,亦有可斟酌商榷之处。国外藏学界对《青史》注意较早,20世纪50年代就有苏联藏学家罗列赫的英译本问世。这个英译本在国际藏学界颇受重视。

18 《佛教史大宝藏论》

《佛教史大宝藏论》，因藏语简称《布敦却郡》，故又称《布敦佛教史》，又译为《善逝教法史》。该书主要内容，一是对佛教显密各宗教法理论的纲要性阐述；二是对藏文《大藏经》目录的编纂，涉及佛教史的文字比重不大。因之，单一地称其为"佛教史"殊为不妥。最新出版的郭和卿先生译本题为《佛教史大宝藏论》，名实相符，较为妥帖。

《佛教史大宝藏论》的作者布敦·仁钦珠，是西藏佛教界的一代名师，也是西藏著名的史学家、目录学家。他于藏历第五饶迥金虎年，即元至元二十七年（1290）生于后藏墨卜夏地方，为噶举派绰浦译师的三传弟子，同时深入钻研过萨迦派、噶当派等派经典和教法。精通五明，修学兼优，被誉为"布敦一切知"。

布敦成名后，受请担任夏鲁寺住持。土观活佛善慧法日之《宗教流派镜史》记述其事说：

> 另有佛祖第二布敦大师，被迎至霞鲁寺，霞鲁甥舅等为彼施主，广兴四本续灌顶及讲解密经传授教敕，经历多时。曾建时论及金刚界为首之瑜伽部曼陀罗约七十种。其及门有贡松巴法祥、穹勒巴、扎泽巴等。宗喀巴大师曾依上三人学时轮、胜乐、瑜伽续类。布敦圆寂后，扎泽巴继承法座，继出霞勤及称陀罗巴等哲嗣。此派则名为霞鲁派或布鲁派。[1]

夏鲁派是藏传佛教教派中的一个小派别，之所以能在西藏佛教史上有一席之地，恐怕很大程度上是因为布敦大师的地位和声望的缘故。

布敦大师学识渊博，著述宏富，传世的文集共 26 函，论著计 200 余

---

〔1〕《宗教流派镜史》，刘立千汉译本，第 117 页。

种。这些论著,内容丰富,举凡显密二宗,明处诸论及文献、历史、文学、医药、科技等方面均有涉及;用笔精湛,说理透辟,于藏传佛教的理论颇多建树,反映了布敦大师治学的广博和精深。其中,尤以《佛教史大宝藏论》最负盛名,不仅在西藏佛学界影响深远,而且一直受到国内外藏学研究者的重视。

在萨迦派得势的元代,因夏鲁寺与萨迦派关系密切,布敦大师亦为元朝统治者注意。元顺帝曾邀请布敦大师去北京,但不知什么缘故,布敦大师未奉诏晋见。顺帝至正二十四年(1364)布敦圆寂于夏鲁寺,享年75岁。布敦大师是西藏佛教史上集大成的学者。不主一家,精通各派教法,为其治学的一大特色。他为各教派所尊奉,其因亦在于此。

《佛教史大宝藏论》成书于藏历第五饶迥水狗年(元英宗至治二年,1322),虽然布敦·仁钦珠当时只有33岁,但已显示了他精湛的佛学修养和惊人的才华。郭和卿先生在《译后记》中说:

> 像这类佛教史专著,在布顿以前是没有的,书中确有不少珍贵资料。以佛教史料来说,浩如烟海,演变莫测,颇难撰著。而布顿这一著作,则是摄略史料,扼要写出。尤其本书能正确地解释显密佛学的纲要,其理论透辟,用笔精湛,明辨各宗,有理有据。细究书中各节,均有特殊见解。

此可谓对《佛教史大宝藏论》内容价值的高度概括。据作者在各章节后的明确标目,《佛教史大宝藏论》共分4卷:

第1卷,讲说与听闻之理;

第2卷,总说佛法出现于世的情况;

第3卷,正法传到西藏的情况;

第4卷,佛教法典分类目录。[1]

结构线索颇为清晰;但由于布敦在"序"中声称,此中有如下4总纲:

第1总纲,明闻、说正法的功德;

---

[1]各卷标目分别见郭译汉文本《佛教史大宝藏论》第45、162、207、448页。

第 2 总纲,明所闻、说之法;

第 3 总纲,如何闻、说及修学法;

第 4 总纲,所修之法如何而来的情况。[1]

故郭和卿汉译本以此总纲来析分章节,把藏文原本的第 1 卷析分为 3 个总纲,第 4 总纲则包括了原本的 2、3、4 卷。这样分章析节的翻译布局,固然体现了作者的著书宗旨,但从结构上考察,似乎全书显得不大平衡。郭译《佛教史大宝藏论》全书加简注 451 页,实际上前三总纲合计只有 45 页,占全书的十分之一,第 4 总纲则占了全书的十分之九。

稽考全书,《佛教史大宝藏论》的内容可分为 3 个部分:

第 1 部分,对佛教教法理论的纲要性阐述,重点是对佛教基本理论和名词术语的解释。布敦大师通晓梵文,深谙佛学经义,因此,在选择和解释这些名词术语时,往往能从梵文词义的辨析入手,钩玄提要,颇得其奥。虽寥寥数语,然准确通达,无艰涩之感。如解释"法",首先从字义上阐述:

> 梵语说"达摩",意为"法"。其境界梵语说"舍达惹勒",意为"能持",以此名为"法"。……当知能持的共相为——诸行无常,有漏皆苦,诸法无我,涅槃寂静。所谓"意境",是说持自相,或说"意持",故名为"法"。所谓"寿"是说能持身,或说能持同种,故名为"法"。所谓经典……道、涅槃、福三者,能记持堕业,因此是法。……[2]

如是解释,即将佛教中"法"的内涵一一揭示了出来。其次又解说"法"的性能,再次从果法、修法、讲说法三项做详细辨析。即使是不明佛学之人,亦可从中对佛教的基本理论获得初步的认识。这一部分,完全可以作为佛学入门的教科书来读。基本上是《佛教史大宝藏论》藏文本第 1 卷的内容,郭译汉文本前三总纲的内容。

---

[1]《佛教史大宝藏论》,郭和卿汉译本,第 3 页。

[2]《佛教史大宝藏论》,郭和卿汉译本,第 10 页。

·欧·亚·历·史·文·化·文·库·

第 2 部分,佛教的产生及在西藏的传播。相当于藏文本第 2 卷、第 3 卷,郭译汉文本第 4 总纲前半部的内容。重点是记叙释迦牟尼的生平和创立佛教及其弟子传播佛教的事迹。

布敦大师先在"总说世间中佛法如何而来的情况"的标目下,征引了大量的佛教经典,力图阐明佛教产生的必然性和合理性。作为中世纪时代的一位佛教僧人、宗教学者,布敦不可能对佛教产生的历史背景做出科学的分析和说明,也不可能从公元前 6 到公元前 5 世纪的古印度社会矛盾中去透视佛教产生的真正原因。因而,他对这一问题的叙述必然是唯心的、无力的。但阅读这部分时,布敦大师对佛教经典的娴熟给人留下深刻的印象。

记叙释迦牟尼的下降、诞生、离俗出家、苦行、得大菩提、转法轮、降魔成佛及涅槃等 12 种事业,亦存在上述问题,但生平事迹中多有真实之处。

作者对西藏前弘期、后弘期佛教传播发展的情况记录较简,正如作者所说,"阅读其他史书便可知道这些详细的情况",故对此仅仅是概要性叙述。可贵的是文后的两个附录:一是来西藏传播佛教的 93 位班智达大师的名单,一是西藏著名的 192 位译师的名单,对西藏佛教史有贡献的著名学者和高僧大都记录在内。这两个名单,对于藏传佛教史的研究,无疑是一份重要的参考资料。

第 3 部分,是藏文《大藏经》目录。这一部分占的比重比较大,几近全书的五分之三。编制这份藏文《大藏经》目录的资料来源,第 4 卷结尾一段曾做了明确交代:

> 本著作是以显密经典及其释论为根据,是以印度、喀什米尔、金洲、楞伽洲、邬仗那、萨霍尔、尼泊尔、黎域、汉地、西藏等地的大善巧人士们所作的各种论著和所译的诸经论为根据,是以《颇章东塘敦嘎目录》和其后出的《桑野青朴目录》《澎塘嘎麦目录》、后期出的《纳塘丹珠尔译本目录》、大译师所译和著作的目录为根据,是以鲁麦等人所著的《显密经典分类和并列目录》为根据,并在此基础上,再补充后期出的译本,又增补各寺院所见书籍中凡

未被列入目录,而又符合正量的诸教典,最后编成本书中的目录。本书弃而不用的书目,为数不多。以后如能找到"经""论"中的无垢教典,尚可再补入本目录中。[1]

据此看来,布敦至少以5种目录为基础,增补了这些目录学著作以后出的新译本及各寺院收藏而未列入上述目录的论著,才修成这份目录。因而在收录的完备上,达到了当时的最高水平。

《佛教史大宝藏论》的经论目录不仅著录完备,而且在目录分类上有不少特点值得注意。"判经(甘珠尔)论(丹珠尔),别大小乘,析显密乘",分类明晰仔细。该目先将藏文经论分为"显教方面"和"密教方面"两大部类,两大部录下又各分"经典"与"论典"二类,"经典"与"论典"下又各有二到三级小部类,子目清楚,甚便查阅。

其次,著录存佚。如显教经典类后著录了"尚缺的三十五种经典"等。

第三,兼出按语,对某些著作存在的疑点加以辨析。有些是对著作者的考察,如对显教论典中的《解深密经广释》,前人以为无著所作,布敦在说明中从其成书的合理时间推断为"是西藏的一位善巧人士著的。可能是鲁伊绎称所著"。但在著录时,仍以"缺名"标示。[2] 有些是对说法歧异之处以按语两说并存,如对《轨论释解颂》,布敦著录为4100颂,但同时又加以说明:"此部解颂,在三种旧目录中,说是十五卷计四千五百颂。……均应加以考究。"[3]有些则是对分类的不合理加以订正。如显宗经典类中,布敦指出:"有人说《普贤行愿王经》等为小乘经颂。此说不合理,因为此类愿史出自大乘经典及陀罗尼等著作中,故仍属大乘经典。如果将此类愿文与其出处的大乘经典另立起来,那是不合理的。"[4]此类例子尚多,很能反映布敦治学的严谨作风。

布敦大师对藏文经论的分类,对后世产生重大影响,尤其对密宗

〔1〕《佛教史大空藏论》,郭和卿汉译本,第448页。
〔2〕《佛教史大宝藏论》,郭和卿汉译本,第264页。
〔3〕《佛教史大宝藏论》,郭和卿汉译本,第270页。
〔4〕《佛教史大宝藏论》,郭和卿汉译本,第243页。

经典的分类,为后世所遵,成为定说。

布敦大师的《佛教史大宝藏论》收在其文集,拉萨版木刻本,共 212 页。汉文译本为郭和卿先生译注,民族出版社,1986 年 3 月第 1 版,451 页。

19 《新红史》

《新红史》,藏文全称为《王统幻化之钥新红史》,又称《王统幻化之钥》,简称《新红史》。成书于明嘉靖十七年(1538)。

《新红史》的作者班钦·索南查巴,全称泽塘巴夏孜班钦索南查巴。藏历第八饶迥阳土狗年(明成化十四年,1478)生于泽塘,父名囊巴朗巴。班钦·索南查巴幼车随钦波索南扎西出家,先后在桑浦尼玛塘及色拉寺学法,依喇嘛屯月贝甸巴学文殊菩萨之道,广通经义。继从喇嘛桑吉桑波受沙弥戒及具足戒,从上密院之吉强曲甸洛垂巴习学密咒,并取得大格西学位。索南查巴潜心佛学,刻苦钻研,在这些名僧的教诲下,造诣日深。公元 1513 年,当索南查巴 36 岁时,就宣讲了自己的著作《吉祥集密生圆二次第大疏》,获得很高声誉。他在上密院学经和讲述密法达 14 年之久,47 岁时(1524)开始担任哲蚌寺洛塞林之讲经法台,次年又任甘丹寺夏孜札仓法台。52 岁(1529)升任甘丹寺法台。58 岁时回哲蚌寺任法台。此后十余年间,索南查巴先后担任色拉寺、帕木寺、尼定、约纳、仁钦林等寺之主管,曾为三世达赖喇嘛索南嘉措授戒赠献名号。明嘉靖三十三年(1554)去世,终年 77 岁。

班钦·索南查巴学识渊博,显密兼通,尤精于佛历年代学,对西藏历史及藏传佛教各派均有深刻研究。著述宏富,身后有《班钦·索南查巴全集》传世,当时佛教界曾以"布敦大师转世"来赞誉他在佛学上的成就。

索南查巴的传世著作不仅数量多,而且涉及面广,表现了他专心佛学、勤于著述的献身精神和深厚全面的学术修养。如历史和宗教史方面的《新红史》、新旧《噶当史》;佛教大事年表方面的《佛历表明灯》;佛学论著方面的《俱舍论释》《毗奈耶佛教史》《四续部释》《四续部论释》《纳若六法》《大手印六善饰》《三要义》《七十二天训》等；文学方面的《具善格言》等。

《新红史》是索南查巴关于西藏历史的代表作，也是藏文史籍中久享盛誉的一部名著。它对元明西藏史的研究，有重要的参考价值。

为了考察《新红史》的内容及史料价值，现将其目录开列于下：

（1）印度王统；（2）香跋拉王统；（3）吐蕃王统；（4）汉地王统、西夏王统、蒙古王统；（5）关于汉蒙在西藏的统治：萨迦、江卡孜哇、洛巴、绛巴、浪卡子巴、雅桑巴、蔡巴、嘉玛哇、止贡巴、达垅巴、帕木竹巴、小结、约卡、查噶、琼结、桑岱、贡噶希佐巴、恰巴、仁邦、乃乌巴、聂。

从上列目录可以看出，《新红史》在叙述西藏历史时，仍然沿袭着藏文史籍的传统写法，即从印度王统、吐蕃王统、汉地王统、蒙古王统的追叙，来开启作者对西藏史的记述。这在记载西藏史的藏文典籍中几乎是毫无例外的。但是：

第一，前四部分的王统追叙极简，不到全书的三分之一，重点内容是"关于汉蒙在西藏的统治"。亦即说，从元帝国将西藏纳入中国版图以来的西藏历史变迁，是作者所要记录的主要内容。正如作者在《新红史》结尾时曾声称的："其间讲到十三万户，特别是帕木竹巴之第斯，作为关于他们形成过程的一部极为丰富的历史是肯定必要的。"[1]因此，从某种意义上来讲，《新红史》可视为一部简明的元明西藏史。

第二，吐蕃王朝崩毁后的西藏史，呈现出极为错综复杂的局面：地方势力的割据混战，藏传佛教各教派的形成和消长，元代统治藏区的格局和十三万户的建置，明代西藏政权的更迭及西藏政教合一体制的形成等等，头绪纷繁，向为治藏史者难以理清。而这一切，又对近代西藏产生过深刻影响。班钦·索南查巴生在明代中期，熟悉西藏政局变迁，尤精于各教派的底蕴，以当代人而记录近现代西藏史，确系第一手之宝贵资料。特别是《新红史》侧重政治，以西藏政治势力的兴衰为主线，避免了此前藏文史著，如《红史》《青史》大多只记佛教传承关系的

---

[1]《新红史》，黄颢译注本，第115页。

不足。本书这一大特色，提高了其史料价值。国内外学者极重《新红史》，其因正在于此。

　　基于上述特点，《新红史》记录了许多为他书所不载的珍贵资料，可补史之阙佚，订史之伪误。

　　《新红史》的重点内容是记叙萨迦及帕木竹巴等 20 个封建割据势力的历史，其中帕木竹巴用笔尤多，约占全书的三分之一。在《新红史》之前的汉、藏文史料中，有关元代西藏十三万户的情况记录甚少，令人不得其详。而《新红史》不仅记载了十三万户的名称、辖区范围，而且记载了十三万户的变迁。如拉堆洛、拉堆绛两个万户，《新红史》既记录了他们各自的兴衰，又记录了这两个万户最后合二为一的历史过程，解决了元代十三万户研究中的一个疑点。西藏在帕木竹巴时期曾建十二豁卡、十三宗，《新红史》的材料，于此甚详，且有为其他藏文典籍漏载的一些豁卡、宗，例如十二豁卡中的羊卓曲甸嘎豁卡，十三宗中的白朗宗，未计入十三宗中的齐达斯宗，都是《新红史》独有的记载。

　　《新红史》正文中作者所加的一些注释亦很有价值。例如南宋少帝赵㬎，藏史称为合尊，他被元朝统治者送往西藏后的活动，汉文史料中几无记载。而藏文典籍《红史》《青史》《贤者喜宴》等书虽载有合尊在萨迦学法译经之事，但语焉不详。《新红史》的注释提供了赵累"在萨迦寺任总持"的重要史料。

　　此外，应该指出的是，由于《新红史》的作者索南查巴精通佛历年代学，使这部史著的人物、历史事件大多有明确纪年。虽然某些纪年尚有失误之处，但毕竟为我们提供了一部有年代标志的西藏史。

　　作者的修史态度也较严谨，对某些尚有疑问的前人记载，宁以疑传疑而不盲目信从。例如作者在记叙到成吉思汗派拉齐及多达率蒙古军队进藏时说："……在热振及杰拉康寺，据说许多僧人被杀。此系《青史》所载。然而，在热振的其他地区所见不明，故尚待研究。"[1]

　　《新红史》叙事简洁明晰，文笔流畅，长于史实而少议论，实为藏文

────────────

〔1〕《新红史》，黄颢译注本，第 51 页。

典籍中的一部佳作。

《新红史》藏文本十分罕见。1971年,意大利藏学家图齐曾刊印过《新红史》的一个藏文抄本,并加以校订和英译,题为《新红史:索南查巴所著西藏编年史》。抄本影印十分清楚,共103页。国内黄颢先生即据此抄本汉译,西藏人民出版社1984年正式出版。

由于《新红史》是一部纲要性的西藏史,有些地方过于简略,有些地方与史实尚有出入;同时,大量的人名、地名、宗教术语及某些历史事件,给阅读带来一定困难。因之,黄颢先生的汉译本为《新红史》做了大量的注释和附录。粗略估算,注文相当于原书的5倍,参照文献以藏文典籍为主,多达120种。注释兼有考订,辨析精到,增补的材料颇有价值,是目前最好的译注本。书前有黄颢先生的序,对班钦·索南查巴的生平事迹,《新红史》的内容、特点、史料价值及版本做了详尽的介绍。本篇叙录即参照黄颢先生序写成。

20 《卓尼丹珠尔目录》

　　《卓尼丹珠尔目录》藏文全名称《善逝教义之论疏丹珠尔目录·如意珠鬘》,简称《卓尼丹珠尔目录》。是安多藏区著名高僧、拉卜楞寺活佛第二世嘉木样协巴·久美旺布为卓尼杨土司雕版刊印藏文《大藏经》而撰写的目录,在藏文目录学著作中占有重要地位。

　　据藏文典籍《安多政教史》记载,第二世嘉木样协巴·久美旺布族姓东氏,于藏历第十二饶迥土猴年(清雍正六年,1728)生于青海同仁县囊惹地方的一个土官家庭。父名阿旺南杰,母名南木古。5岁时,由瑙务坚参大师授居士戒。6岁从格徐曲结大师出家为僧。7岁随叔父东科活佛习诵佛经,从舅父比丘洛哲嘉措学习藏文。13岁时,由东科活佛授沙弥戒。久美旺布聪慧好学,16岁前就有著作传世,因之远近闻名。1743年16岁时,在经历了一番曲折之后,由主持拉卜楞寺嘉木样活佛转世事宜的德哇仓罗桑顿珠等认定,作为第一世嘉木样转世,被迎至拉卜楞寺坐床。22岁时,在章嘉活佛绕贝多吉大国师座前受具足戒,并进一步钻研诗学、韵律、修辞、星算等学问。25岁赴西藏学法,进哲蚌寺郭莽札仓,在桑杰多吉、洛桑达吉等著名高僧指导下研习显、密经典。八年间专心致志,刻苦学习,于是通达五论、四续要旨,获得格西学位。久美旺布在西藏曾得七世达赖、三世班禅的亲传讲授,又虚心向卫藏地区的高僧大德请教,佛学造诣日进,深得西藏僧界好评。1759年(清乾隆二十四年)离开西藏时,西藏地方政府赐他"具善明教班智达诺门罕"的称号,并颁赠敕印、服饰、伞盖、乐器、乘骑等堪布全副用品及氆氇。次年(1760),就任拉卜楞寺堪布。之后,先后兼任青海佑宁寺法台、塔尔寺法台。1769年(清乾隆三十四年),42岁时,他应内蒙古乌都斯主邀请,赴东蒙四十九旗讲经传法。后又取道北京,从章嘉呼图克图金刚持学习集密"五种次第明灯",又从善巧密续之参珠堪钦学弥多罗修行百种灌顶法。1772 年(清乾隆三十七年)返回拉卜楞寺。同年,乾隆皇帝敕封他为"扶法禅师班智达额尔德尼诺门罕呼图克图"。58 岁时,久美旺布再赴西藏,广为布施,并搜集经典,运回拉卜楞寺。1789 年又兼任青海夏琼寺赤哇。1791 年(清乾隆五十六年)圆寂于青海甘都地方,享年 63 岁。

在拉卜楞寺及安多藏区佛教发展史上,第二世嘉木样协巴·久美旺布无疑是个有很大影响的人物。拉卜楞寺的寺院建筑、经堂教育的典章制度、典籍的丰富收藏、政教合一体制的形成及在安多藏区佛教界影响的扩大,大都肇基于二世嘉木样时期。

第二世嘉木样就任拉卜楞寺堪布之初,正值拉卜楞寺内争夺权力的斗争趋于白热化。不少寺院上层僧侣卷入,僧人逃跑 300 名。第二世嘉木样果断妥善地处理了这场内部纷争事件,"从此以后,才断除了结党徇私的恶习"[1]。稳定了局势。此后,将原为 80 根柱子的大经堂扩建为 140 根柱子、可容纳 3000 僧人在内诵经的大经堂,并在辖区内普遍兴建、扩建寺院。"拉卜楞寺属下一百零八寺",即是在这一时期内第二世嘉木样主持组织扩建新建起来的。各寺下属的藏族部落,随其寺主都归入拉卜楞寺管辖,由拉卜楞寺委派执事僧官前往管理。拉卜楞寺就通过众多属寺,由控制所在部落的教权,进而控制政权。拉卜楞寺的势力很快从大夏河流域向外扩展,发展和强化了由嘉木样一世时开创的政教合一体制。

不仅如此,第二世嘉木样还在寺内修建了时轮学院和医药学院,确立了以显密二宗教授为主,以医药、历算、声明、音韵、辞章、书法、雕版印刷、绘画、书法、歌舞等为辅的学习体系,建立了各个学院的考试制度。在闻思学院,创立了"多仁巴"制,每年规定考取 2 名,设立 13 个学级。在续部下学院、时轮学院和医药学院,各设 3 个学级、9 个学期的教学体制。同时,参照西藏一些著名寺院的典章法规,制定和完善了

---

〔1〕见《安多政教史》第 10 章《拉卜楞大寺志及其传承关系》。

拉卜楞寺的规章制度。大经堂依据西藏哲蚌寺典制予以革新使用。闻思学院诵经法及经典辩论,按照拉萨哲蚌寺郭莽札仓加以改革。此外,还主持建立了各种法会及法会程序。上述措施,无疑加强和完善了拉卜楞寺的经院教育体系,扩大了拉卜楞寺的影响。

拉卜楞寺向以丰富典藏闻名于世,总藏量约 6 万余部。其典籍的集聚亦始于第二世嘉木样第协巴。1784 年(清乾隆四十九年),第二世嘉木样第二次赴藏时,曾遍访前后藏各大寺院,搜求、抄写各寺藏经,共得 1 万余部。返回时全部运回拉卜楞寺,为拉卜楞寺的藏经和经院教育奠定了基础。关于这一点,可参见马秉勋的《嘉木样二世对拉卜楞寺藏书的贡献》。[1]

第二世嘉木样继承一世的事业,终生奔走跋涉,弘扬佛法,遍迹于前后藏、安多、康巴、东蒙诸地,声誉甚高,弟子众多。其中,著名的高僧如堪布仓活佛、阿里活佛、土观却吉尼玛、隆多朱旺等,皆出其门。一时各方僧众云集于拉卜楞寺,以留学拉卜楞寺为荣。第二世嘉木样佛学造诣深厚,著述颇丰,传世的主要著作有《第一世嘉木样传》《章嘉·绕贝多吉传》《班禅洛桑华丹益喜传》《入中论之探论》《般若八品之探讨摄要》等,还有本篇叙录要介绍的《卓尼丹珠尔目录》。

《卓尼丹珠尔目录》从结构上讲,共分 6 章:

第 1 章,叙述佛祖释迦牟尼的诞生及佛教的创立;

第 2 章,叙述藏文大藏经《甘珠尔》《丹珠尔》的编纂及分类;

第 3 章,叙述佛教在印度、汉地、西藏的传播及历代高僧大德弘扬佛法的事迹;

第 4 章,叙述卓尼的地理概况、种族的区别及杨土司家族的历代传承关系;

第 5 章,叙述卓尼版《丹珠尔》编纂、雕版刊印的时间、依据版本及目录编写情况;

第 6 章,叙述卓尼《丹珠尔》雕版刊印的意义及美好祝愿。

---

〔1〕载《西北民族学院学报》,1989 年第 4 期。

正如我们在《德格丹珠尔目录》中所说,大型的藏文目录,不仅是一个典籍编排目录,往往兼带记叙佛教发展史、编纂地区的政教史及编印过程等等,因而,这些目录本身就是重要史料。《卓尼丹珠尔目录》也不例外。从上述内容看,佛教发展、卓尼地区政教史和卓尼《丹珠尔》的编印过程,是《卓尼丹珠尔目录》的主体内容。其中,卓尼杨土司家族的兴衰历史、卓尼地区政教合一制度的形成及卓尼《丹珠尔》的编印过程,即目录的第4章,尤具史料价值,弥足珍贵。

卓尼杨土司家族是甘青土司中最显赫的家族之一,自明清以来,世袭罔替,雄踞一方,对这一地区的政治、经济、军事、文化乃至民族关系,都曾产生过深刻影响。杨土司家曾藏有家谱一函,惜毁于近世"卓尼事变"。因之,考察杨土司先祖、世系,《卓尼丹珠尔目录》是现存唯一的一份原始资料。

据该目录载,杨土司家族先祖出于吐蕃王朝噶氏家族的"虎纹部",其先祖噶益喜达尔吉是藏王赤热巴巾的大臣。当吐蕃势力控制甘青部分地区时,噶益喜达尔吉被赤热巴巾派往安多下部征税。于是就定居于"作格"(今四川阿坝、松潘、若尔盖一带),领有其地,成为当地蕃人的首领。后来,迁入卓尼的是噶益喜达尔吉后裔中的一支,《目录》记叙其事说:……大臣益喜达尔吉长子的后裔中出了些地、傲地二人。……他们兄弟二人聪明有智,认为上下作格的牧场虽好,还得找一处适于农业发展的地方。于是来到农区,到了达高波的地方,用树枝搭一窝棚暂住下来。兄弟二人不仅有过人的智慧,有行善和爱民的品质,而且具有统领汉、藏两族的本领,赢得了百姓的敬重和拥护。另外设立了区分善恶是非的官职,百姓们唯命是从,百依百顺。

文中"达高波"一地,据考察在今甘肃卓尼申藏乡。那么,卓尼杨土司的先祖,当为西藏噶氏家族支裔的些地。

杨土司家族在卓尼统治权的确立,与控制这一地区的宗教大权是密切相关的。

公元13世纪末,萨迦派高僧八思巴应元世祖忽必烈邀请前往中原时,途经卓尼,曾建禅定寺(又名卓尼寺)以扩大影响。八思巴及后继的萨迦派高僧,以帝师的身份扩充实力,在元代地位尊崇。因之,禅定寺在卓尼一带的影响也非一般藏传佛教寺院可以匹敌。些地在卓尼一带统治权的确立,需要宗教势力的支持;而禅定寺僧侣上层,也需要世俗势力的扶植。彼此的需要使二者结合在一起。《卓尼丹珠尔目录》简略地提到这件事:

> 一次些地来朝寺院,格西问他:"你为何而来,途中看见了什么?"些地答曰:"我来统领藏地,途中遇见大水的洪峰。"格西说:"噢,你的后辈定像贡噶河一样源源不断,子孙旺盛,属民会不断增加。从今后,你就是藏人的首领和寺院的施主。"于是将寺院的佛殿等委托给些地头人,些地兴而接受,对各佛殿的供养以及对僧人的侍奉则持之以恒,从不间断。

明王朝建立后,相继置西番诸卫以统辖安多藏区,卓尼藏族首领些地亦向明政府称臣朝贡。《目录》中说,些地在永乐十六年(1418)以头人身份去京朝贡,被授为武德将军。

核之于汉文史料,《明太宗实录》卷196"永乐十六年正月己未"条载:"西宁卫隆奔等族札省吉省、吉儿迦及洮州卫着藏族头目失加谛等来朝贡马。命札省吉省、吉儿迦二人为指挥佥事,可鲁阿、失加谛六人为正千户,你麻尔迦十四人为副千户。赐诰敕、冠带、衣、币有差。"考《明史·职官志》:"凡武官六品,其勋十有二。"其正五品,"初授武德将军,后授武节将军。"[1]而正千户品阶为正五品。[2]着藏族为些地统辖部落,隶洮州卫。对照汉、藏文史料,《明实录》中的"失加谛"或为"些地"的异译。他在永乐十六年(1418)向明政府朝贡后,被封为正千户,授勋武德将军。至于《目录》说他"因守护茶马司和边塞有功,又封为世袭指挥佥事",恐有讹误。根据《明实录》的记载,些地直到去世,职务仍然是正千户。[3]

些地卒于何年,汉藏文史料失载。但《明宣宗实录》卷15"宣德元

---

〔1〕见《明史》卷72"职官一"。
〔2〕见《明史》卷76"职官五"。
〔3〕详后。

年三月戊戌"条说:陕西洮州卫着藏族故土官正千户些的子昝秀乩等贡马。

因此,我们推测,些地的卒年,应为宣德元年(1426)前。

些地以后的承袭世系,汉藏文史料记载歧异,最逗纷乱。些地子昝秀乩的名字除在《明宣宗实录》卷 15 中又出现过一次外,此后了无踪影。而《目录》于此亦语焉不详,含混不清地说:头人些地的后代相传数辈,又生了英武的兄弟四人。长者执政,其余三人剃度为僧……相传长子名叫赞普……

民初撰修《清史稿·土司传》,于最纷乱处索性略而不记:

> 些的,洮州卫卓尼族番人。明永乐二年,率叠番、达拉等族投诚。十六年,授土官指挥佥事。正德间,玄孙旺秀调京引见,赐姓名杨洪。[1]

然近世以来的研究者,多以赞普续接些地,以为传承世系,实系明显失误。

明代番族朝贡频繁,《明实录》中有两条材料引起我们注意。

(1)《明宣宗实录》卷 100 宣德八年三月癸未,"……着藏族土官百户朵儿只秀遣舍人昝卜……等来朝贡马"。

(2)《明宣宗实录》卷 101 宣德八年四月壬寅,"赐……着藏族土官舍人昝卜……等钞、币、绢、布及金织袭衣等物有差"。

虽然这两条材料没有明确交代昝秀乩与朵儿只秀的关系,但从时间上推断,昝秀乩与朵儿只秀似应为父子关系。此与《目录》中所说"头人些地的后代相传数辈……相传长子名叫赞普"较为接近。综合汉藏史料,我们初步可将些地至赞普之间的世系表列如下:

些地——昝秀乩——朵儿只秀——赞普(昝卜)……

赞普统治时期发生的一件大事,是原属萨迦派的禅定寺改宗格鲁派。《目录》于此事记载独详:说赞普的三个弟弟均出家为僧,其中二人住禅定寺守护寺院;另一位叫仁钦龙布的弟弟前往西藏学习佛法,

---

〔1〕《清史稿》卷 517《甘肃土司传》。

当时正值宗喀巴去世不久,由他推动的"宗教改革"运动方兴未艾。仁钦龙布立即接受了格鲁派的理论,研习宗喀巴及其弟子的论著。回来后,将禅定寺改为格鲁派寺院,自任法台。由于杨土司家族势力和禅定寺的特殊地位,禅定寺的改宗格鲁派,无疑对安多地区格鲁派的发展产生了积极影响。

赞普传子札西,札西传子噶吉,噶吉传子旺秀,大体经历了明代景泰、天顺、成化、弘治到正德初年的半个多世纪。杨土司家族由明廷赐姓为杨即在旺秀时代。《目录》记载说:噶吉生有二子,长子旺秀管理政务,于藏历第九甲子年八月初八,即正德三年去京朝见皇帝。帝大喜曰:"尔在藏汉之界护政传法,所做之事有关朝廷之兴盛。今赐姓为杨改名为洪,今后要一如既往,善用智慧维护汉藏黎民。"同时赐给许多贵重的礼品……旺秀无子,从《目录》中看,此后承袭土司职务的是旺秀(杨洪)之弟的儿子杨臻。杨臻传子杨葵,杨葵传子杨国龙,国龙传子杨朝梁(才旺栋柱)。在此期间,这一地区的政教合一体制有了进一步的发展。

杨朝梁统治正值明清鼎革之际,他借镇压当地的残明势力和安抚地方,获得了清政府的信任。

康熙间爆发"三藩之乱",陕西提督王辅臣攻陷兰州,关陇震动。叛乱波及洮岷,杨朝梁奉命出兵镇压,《目录》对洮、岷地区的战事记录甚详,尤其对康熙十四年四月至九月的记载近于逐日记录,可补汉文史料的不足。

杨朝梁对清政府的效忠,颇得康熙皇帝的赏识,康熙亲赐杨朝梁土司职衔,并给予世袭特权。《目录》载有康熙的诰命一通:"尔先时镇压长毛屡建奇功,与朕之命运有很大益处。而今居守住地,护汉、藏、蒙三族交界之边塞,扬名显誉。赐尔子孙世袭土司,并于每年赏白银二百四十四两。"可以说,杨土司家族在卓尼地区政教合一的统治,因参与平定"三藩之乱",又得到了清政府的正式认可。以今甘肃卓尼为中心、包括迭部全境及舟曲和临潭部分地区的属下四十八旗的统治体系,即奠基于杨朝梁(才旺栋柱)及其子罗桑栋主时期。

据《目录》记载,杨朝梁借平叛中发展起来的军事力量和获得的特权,先后用武力征服了欧化、卡加六部和迭部,"将迭部的大小头领几乎全部灭绝"。然后在辖区内登记户口,划分管辖范围;并在土司衙门设置了"七内臣"、"四外臣"、管家等管事官员,旗下设立总管,各部委派头人。仅《目录》中记名的内外臣、总管、头人就有60余人。

杨朝梁之后的罗桑栋主时期,迭部复叛,"于是遣大军与迭人酷战。杀死很多人马,捕获其首领,向众人宣布法律和安民告示。从而将迭部沟全部征服,分给各个军营,各营选派秉性端正、勇敢坚强、善分善恶是非、服从土司命令的人作为头人"。

一面是残酷的武力征服,一面是尊崇佛教。杨朝梁时修建的禅定寺大经堂规模宏大,工艺精巧,堪为安多藏区诸寺之冠。同时对各寺院广为布施,举办盛大法会,用金银粉汁书写佛经。罗桑栋主时期,新修佛塔、佛像,整理补齐《丹珠尔》藏经,书写《甘珠尔》。形成佛教在安多藏区东部发展的鼎盛时期。清代西北用兵频繁,杨土司家族一直效忠清王朝,多次派兵参与清政府的军事行动,如平定准噶尔战役,镇压苏四十三、田五起义等等。这些情况,虽然在《目录》中反映不多,但结合丰富的汉文史料,大致可以确知历代杨土司所率"土兵"在这些战争中的活动。这些军事行动,不仅使杨土司能保持一支数量较大的军队,维护他的统治;而且,频繁的调选出征,获得了清王朝对历代杨土司的信任,其特权得以世袭发展。雍正年间开始的大规模"改土归流",丝毫未影响杨土司在安多藏区的统治。土司制度在崩溃瓦解,即使同处于安多藏区的其他土司势力衰落的时代,杨土司仍能维持旧有的统治秩序,这不能不说是杨土司效忠清王朝而获得的酬劳。

《目录》中记载的一件事是颇能反映这种情况的。

雍正年间,洮州勺哇三族首领南拉秀等率领部落,欲摆脱杨土司的统治,投靠政府。在杨土司的控制下,地方官吏未敢接纳。南拉秀逃往北京告状。

由于勺哇南拉秀出逃,来到皇廷,经大臣告于皇帝,帝降旨:"卓尼土司,乃陕西省下土官之中最优秀者。朕历代父王时，做了不少有益的事情。各位臣下要详细调查，然后作出正确的判决。"

廷议此事交陕西总督处理，将南拉秀带于其地，让他禀明事情的前因后果，同时，土司也派人奏明各种内情。陕西总督将审理情况报告皇帝，帝降旨：

> 南拉秀等人的呈文，仅是他们图谋反对自己土司的种种诡辩，没有一点可以置信的地方。又土司呈文，勺哇三族本属土司管辖。因此将南拉秀及其家人流放到三千里外的地方。三年之内不得让桑吉意希、路考加等人回家。其他的百姓仍按原先的规矩隶属于土司之下。圣旨于乙卯年（1735）九月三日才收到，正值皇帝驾崩。土司向大小汉官请求，不要将勺哇人流放外境。于是从罪恶中得以解脱，居住在自己家乡……

此事不见于《清实录》的记载，内幕似有模糊不清之处，但清政府的态度是很明朗的，不仅不准属民脱离杨土司的统辖，反将谋叛者给予处罚。联系到雍正时期大规模的"改土归流"，对杨土司的这一特殊恩宠是很不一般的。

《卓尼丹珠尔目录》还用较多的篇幅记录了卓尼版《丹珠尔》雕版刊印的情况。归纳起来，有 4 个方面的内容：（1）刊印《丹珠尔》的时间；（2）所参阅的版本；（3）雕版刊印《丹珠尔》的具体过程；（4）编纂《卓尼丹珠尔目录》的情况。由于卓尼版《丹珠尔》在藏文大藏经中的重要地位，上述问题的记载很能显现出它的史料价值。

《卓尼丹珠尔目录》中还有一些杨土司家族与汉族通婚、研习汉文等资料，从一个侧面反映了民族杂居地区民族融合的事实。

卓尼版《丹珠尔》雕版刊印的时间为乾隆十八年（1753）至乾隆三十七年（1772），先后历 20 年。雕版完成时，正值嘉木样二世从东蒙、北京返回拉卜楞寺，杨土司约请他编此目录，即在此年。

《卓尼丹珠尔目录》目前尚无整理新印本，流传的本子均附于卓尼版《丹珠尔》。近年来，为编写《卓尼县志》和研究地方史的需要，帕巴才让从《目录》中辑录了有关卓尼地方史的部分材料，题为《卓尼政教

·欧·亚·历·史·文·化·文·库·

史》。由卓逊·道尔吉（杨士宏）译为汉文，西北民族学院研究所内部刊印。本篇叙录引用的材料，多采自《卓尼政教史》汉文译文，不再一一注明。

21 《蒙古佛教史》

21.1

　　《蒙古佛教史》是蒙古族学者固始噶居巴·洛桑泽培用藏文撰写的一部蒙古佛教史,全名为《大霍尔地区正法如何兴起情况讲法阐明佛教之明灯》。藏文木刻本阴面左侧标明书名全称之缩写"hor chos vbyung",藏文音译为"霍尔却穹"。因而此书以"霍尔却穹"闻名于世,中外的蒙古学研究者皆称固始噶居巴·洛桑泽培的这部蒙古佛教史为"霍尔却穹"。

　　早在 1894 年,就有德国蒙古学学者胡特的德文译本《霍尔却穹》问世。1940 年,又有日本外务省调查部委托桥本光武的日文译本《蒙古喇嘛教史》刊行,在国际学术界产生很大影响。

　　1990 年,陈庆英、乌力吉汉文译注本译为《蒙古佛教史》,由天津古籍出版社出版。

　　《蒙古佛教史》作者固始噶居巴·洛桑泽培的生平史料不多。据《蒙古佛教史》,作者固始噶居巴·苏蒂阿育哇尔达,"亦名央金格贝洛追晋美日比多吉",显然是修持藏传佛教后的藏文名号。北京民族文化宫所藏固始噶居巴·洛桑泽培的传世文集木刻本共 8 种 9 函,皆用藏文著述,可见,作为蒙古族高僧的固始噶居巴·洛桑泽培毕生以藏文为其著述文字,反映出蒙古族宗教信仰与藏蒙文化交流的深层内涵。

　　固始噶居巴·洛桑泽培的著述与他的人生经历及宗教传承有很大关系。

　　固始噶居巴·洛桑泽培大约生于清乾隆二十五年(1760)前后蒙

古喀喇沁土默特的卓索图的一个蒙古族之家,自幼出家,学习藏传佛教经典。乾隆四十五年(1780),六世班禅罗桑巴丹益喜进京朝觐,恭贺乾隆七十寿辰,前往承德避暑山庄途中,曾在土默特有过短暂停留。年仅 20 岁的固始噶居巴·洛桑泽培有幸得六世班禅的摩顶赐福,并与400 余蒙古僧人在六世班禅前受比丘戒。所以,固始噶居巴·洛桑泽培后来一直称自己是六世班禅罗桑巴丹益喜的"微末弟子",[1]并以此为荣耀。

甘肃夏河拉卜楞寺,是藏传佛教格鲁派六大名寺之一。清康熙年间,在青海河南蒙古亲王的赞助和督修下建成,清代一直以佛法昌盛、高僧云集闻名于世。因与蒙古亲王的供施关系,蒙古地区的僧人多选拉卜楞寺为进修寺院。固始噶居巴·洛桑泽培亦入拉卜楞寺,依止寺主二世嘉木样活佛官却晋美旺波研习佛法,同时,问学于拉卜楞寺各高僧大德。后来,拉卜楞寺四大赛赤之一的萨木察二世噶藏晋美南喀活佛嘱固始噶居巴·洛桑泽培编写《蒙古佛教史》,应有师承渊源关系,上师所命不能不勉力为之。

固始噶居巴·洛桑泽培的卒年不详。

21.2

《蒙古佛教史》编纂的缘起,作者在书末有一个明确的交代:

此《蒙古佛教史——显明佛教之宝灯》写于作者之缘起如下:当全部教法之主赤钦萨木察活佛·遍入金刚·晋美南喀应邀到我们土默特旗的佛教大施主贝子诺颜的寺院时,我前去拜见他。上师对我说:"你用藏文和蒙文写一本讲述蒙古地方的王统及佛法如何传扬的书。"我回答说:"有许多事难以判明,写不出来。"上师两次严肃地对我说:"你能写,应该写出来。"我才答应下来。因此由我——遍知一切的班禅大师洛桑贝丹意希和嘉木样活佛官

〔1〕陈庆英、乌力吉合译:《蒙古佛教史》,天津古籍出版社,1990 年版,第 145 页。

却晋美旺波之微末弟子固始噶居巴·苏蒂阿育哇尔达亦名央金格贝洛追晋美日比多吉进行编写。

按文中所说的赤钦萨木察活佛晋美南喀指甘肃拉卜楞寺四大赛赤活佛系统之一的萨木察二世晋美南喀活佛。他生于清乾隆三十三年(1768),因其一世俄昂南喀桑生于萨木察部落(今甘肃碌曲双岔乡),故称萨木察活佛系统。晋美南喀是拉卜楞寺历史上第一位蒙古族出身的转世活佛,也是继贡唐仓二世俄昂丹贝监赞之后拉卜楞寺第二位受召前往清廷供职的"站班喇嘛"。从他开始,拉卜楞寺萨木察历代活佛成为清廷驻京八大呼图克图之一,在蒙藏佛教界享有很高声誉。

晋美南喀于嘉庆三年(1798)赴京后曾任北京雍和宫法台,在北京和中原内地活动时间长达10年,藏文典籍《安多政教史》《拉卜楞寺志》关于晋美南喀这一时期的行踪事迹绝少记载,但我们推想,晋美南喀在中原,尤其是藏传佛教盛行的蒙古地区的弘法活动绝不会少。因此,《蒙古佛教史》中说"当全部教法之主赤钦萨木察活佛·遍入金刚·晋美南喀应邀来到我们土默特旗的佛教大施主贝子诺颜的寺院",应为嘉庆三年至嘉庆十四年(1798—1809)之间。《蒙古佛教史》的撰写当在此时。至于完成时间、记录人,《蒙古佛教史》"后记"明确交代:"于第十四绕迥的土兔年(汉地称乙卯)七月在扎西甘丹雪珠林寺完成,记录者为固始洛桑勒雪达杰和固始勒雪却增二人。"亦即嘉庆二十四年(1819)。

由于固始噶居巴·洛桑泽培与拉卜楞寺的师承渊源关系,晋美南喀要固始噶居巴·洛桑泽培"用藏文和蒙文写一本讲述蒙古地方的王统及佛法如何传扬的书"时,洛桑泽培虽辞以力不胜任,但最终还是领受师命,撰写了这部《蒙古佛教史》。

值得研究的是,《蒙古佛教史》的汉译者陈庆英、乌力吉在该书"前言"中提及,《蒙古佛教史》还有一种"鲜为人知"的蒙文手抄本藏于内蒙古社会科学院图书馆。经译注者对照,蒙文手抄本与藏文《蒙古佛教史》同为一书。令译注者困惑的是:"蒙文本没有留下有关译者的信息,目前尚不能确定译于何时。"[1]但据该书编写缘起,晋美南喀明确给固始噶居巴·洛桑泽培说"你用藏文和蒙文写一本讲述蒙古地方的王统及佛法如何传扬的书",我们推断,内蒙古社科院所藏的《蒙古佛教史》蒙文手抄本,实即固始噶居巴·洛桑泽培于藏文《蒙古佛教史》同时编写的蒙文本,只不过洛桑泽培"刻板印行"了藏文本,蒙文本则以抄本传世。

21.3

《蒙古佛教史》的史料来源,固始噶居巴·洛桑泽培在书中有一个简单的说明:

> 关于蒙古王统部分,参照了呼图克图彻辰洪台吉之侄子彻辰萨囊台吉写的《王统世系·花厅》等蒙文著作,至于各个传法大德的事迹则从各个学者的藏文著作中汇集精要。

书中唯一提到的彻辰萨囊台吉写的《王统世系·花厅》,即著名的蒙文典籍《蒙古源流》。该书以藏传佛教为经,以元末至清初蒙古各汗王的传承世袭为纬,是蒙古史学典籍中佛教史学体系的集大成之作,保存了14—17世纪蒙古族发展演进的大量史料。此为蒙古王统部分。其他部分,作者依据的是各高僧大德的藏文著述,亦即藏族学者的教法史。故《蒙古佛教史》依据的基本典籍是藏文文献,就其基本内容而言,是一部蒙古族传承藏传佛教的史学著作。

21.4

《蒙古佛教史》在固始噶居巴·洛桑泽培文集中收入第7函,木刻本162页。原文无目,但作者称:"在叙述时分为两个部分,一是历代王统的传承,一是佛法及执掌佛法的大德的历史。"[2]故陈庆英、乌力吉

---

〔1〕陈庆英、乌力吉合译:《蒙古佛教史》,前言,天津古籍出版社,1990年版。
〔2〕陈庆英、乌力吉合译:《蒙古佛教史》,前记。

汉译本据其内容,析分为2章26目,并加420条注释,编制了人名地名索引。应该说,与德文本、日文本相比,这是最完善的一个译本。

《蒙古佛教史》在内容上分为两大部分。第1部分叙述了:(1)印度及吐蕃之王统;(2)蒙古早期之王统;(3)元朝以后的蒙古王统;(4)明朝和清朝的王统。

这一部分是蒙藏佛教史撰写的通例,辗转相抄,陈陈相因,文字亦甚简略。但"元朝以后的蒙古王统"一节,取材于《蒙古源流》而略有增补,于明代蒙古史研究仍有价值。

《蒙古佛教史》的第2部分"佛教在蒙古地方的传播"为该书的重点,也是作者用力之处。洛桑泽培明确说:"本章分为二个部分,一是佛陀的教法传播情况的总说,二是专讲第二佛陀宗喀巴大师的教法传播情况。"[1]

固始噶居巴·洛桑泽培从佛教在蒙古早期传播述起,特别记录了萨迦班智达及其侄元帝师八思巴在蒙古地区的崇高地位和弘法活动。作者以相当篇幅记载了八思巴及其他元代高僧的事迹,详细阐述了萨迦派在蒙古地区的传播影响。从中反映出,正是八思巴及萨迦派和元王室的提倡,造成了蒙古人一统于藏传佛教的宗教信仰。但是,藏传佛教在蒙古地区的传播,当不限于萨迦派。《蒙古佛教史》记载了一位蒙哥汗时代前往汉地和蒙古地方传扬佛法的噶玛拔希,即《西藏王臣记》中的却季喇嘛。"拔希"是蒙古语,意为轨范师。而噶玛拔希的身份是噶举派的高僧。此为藏传佛教在蒙古传播的早期情形,汉文史料和藏文史料皆有大量记载。

藏传佛教在蒙古地区的强势传播发展在公元16世纪,时宗喀巴改革藏传佛教,严明戒律,藏传佛教格鲁派独盛。蒙古地区各大寺院纷纷改宗皈依,格鲁派几传承于蒙古各大寺院。由之形成了蒙古地区各寺院一统于格鲁派的局面。蒙古各寺院的高僧大德,几乎全受教于藏地各名寺,以研习深造,提升自身地位及其属寺的声望。《蒙古佛教史》

---

[1]陈庆英、乌力吉合译:《蒙古佛教史》,第31页。

的作者固始噶居巴·洛桑泽培即出自格鲁派六大寺院之一的拉卜楞寺,师承拉卜楞寺寺主嘉木样二世。并在《蒙古佛教史》中专门记述了"二世嘉木样的事迹""赤钦活佛晋美南喀的事迹""德哇活佛绛央图丹尼玛的事迹""参卓堪钦绛央喜年的事迹"。其中前三位都是拉卜楞寺闻名遐迩的活佛,也是亲自授业洛桑泽培的上师,洛桑泽培的记述有不少亲历的内容。第四位参卓堪钦绛央喜年则是出身于拉卜楞寺的高僧,游历西藏后前往蒙古巴林旗弘扬佛法,奠定了藏传佛教在蒙古巴林地区传播的基础。

《蒙古佛教史》最具史料价值的是记述了清代蒙古各地的高僧及他们在佛教传播中的业绩。如兴建蒙古尔津寺(瑞应寺,在辽宁阜新蒙古族自治县境内,蒙语称"葛根苏木")的察罕达因齐、夏茸喇嘛阿旺嘉措;在土尔扈特部喀尔喀地方修建寺院的梅智呼图克图;在准格尔地区传教弘法的墨尔根喇嘛阿旺洛追、乌格隆大德;土尔扈特部高僧顿珠嘉措、洛桑年扎;在喀尔喀蒙古颇有影响的恰多尔堪布;在蒙古敖汉地区弘扬佛法的格西喇嘛阿旺洛桑。"由上述这些恩德上师传出的固始、却杰等人,在土默特、蒙古尔津、喀喇沁、乃曼等旗有许多,他们广布菩提道次的讲授。在蒙古尔津旗,由岗甘噶居喇嘛宏传菩提道次的讲授。在土默特旗,有译师拔克西和奈曼瑜伽扎日喇嘛的弟子黑勒甘台洛桑却杰等讲授菩提道次的学者。"[1]《菩提道次弟论》是宗喀巴创立格鲁派的根本经典,上述记述较为全面地展示了格鲁派在蒙古地区弘扬传播的盛况。

固始噶居巴·洛桑泽培在"蒙古的高僧"一节中,用相当大的篇幅记述了自己的上师金刚持拉然巴扎西达杰的生平业绩。由于固始噶居巴·洛桑泽培师从扎西达杰先后5年之久,因之对自己上师的生平经历多为亲耳聆听,亲身感受,非常熟悉,记述娓娓道来,翔实生动。传记详述了扎西多杰的生卒年代、出身,6岁入寺读写,8岁出家,14岁游学蒙古各地寺院,17岁入西藏哲蚌寺,以甘丹赤巴南喀桑布为师学习

〔1〕陈庆英、乌力吉合译:《蒙古佛教史》,天津古籍出版社,1990年版,第118页。

五部大论,先后问学求教于达赖、班禅、章嘉名僧大德而佛法大进,26岁学成返回故乡,兴建博尔汉召和达赉大寺两座寺院,培养了62名高徒,建立了菩提道次扎仓,广布《菩提道次第论》格鲁派经典等等。虽其中不乏一些预言、梦境、怪异的情节,但生平经历信实可靠。扎西达杰是在西藏哲蚌寺获得拉然巴格西学位的第一位蒙古族学者,在清代蒙藏佛教界享有很高的声望,其生平传记最为详尽的当推他的弟子洛桑泽培《蒙古佛教史》中的这段记载。后世蒙藏教法史著作,大都以《蒙古佛教史》的扎西多杰传记来转述这位蒙古族高僧的事迹。直到2007年出版的拉科·盖西多杰的《藏传佛教高僧传略》[1]中的《咱西喇嘛·阿旺东珠传》,仍以《蒙古佛教史》的记述为蓝本和根本史料,咱西喇嘛的生平事迹,几乎照录了洛桑泽培在该书中对其上师的记载。这也从一个侧面反映了洛桑泽培这部《蒙古佛教史》的文献价值。

《蒙古佛教史》"蒙古各地的高僧"中,洛桑泽培还藉其上师扎西多杰的传记,透露了他的一些个人行止。如洛桑泽培曾应蒙古甘丹寺主持阿旺洛桑嘉措之邀在甘丹寺建立讲经院,主讲显宗摄类学、般若学基本经典,"培育出许多智慧的求法僧,继承诸位贤哲的事业"[2]。

《蒙古佛教史》的文献价值当不止此,若细心研究,清代蒙古地区佛教传播的许多情节都可得以印证和深化。研究清代以来的蒙古佛教史和蒙藏关系史,此书应为基本典籍。19世纪至20世纪,先后有德文译本、日文译本和汉文译本的问世,说明中外学者对其学术价值的重视和肯定。

21.5

关于《蒙古佛教史》的著作背景,还需要做一些历史考察。

公元1247年的"凉州会盟",不止使西藏纳入中国版图,而且开启了藏传佛教在蒙古族中传播的历史。蒙元王室尊崇藏传佛教,大力倡

---

〔1〕拉科·盖西多杰著:《藏传佛教高僧传略》,青海人民出版社,2007年版。
〔2〕陈庆英、乌力吉合译:《蒙古佛教史》,第123页。

导,藏传佛教得以在蒙古地区普遍流行传播,成为联系蒙藏民族政治、经济、文化交流的纽带。

藏传佛教格鲁派兴起后,促成其迅猛发展及在蒙古族中传播的直接导因是顾实汗入藏及"仰华寺"会谈,形成日后的"达赖""班禅"两大活佛系统,特别是 1588 年三世达赖索南嘉措圆寂后,从蒙古土默特部俺答汗家族中产生了转世灵童四世达赖云丹嘉措,蒙古人有了自己的活佛,更造成了蒙古各部唯格鲁派为尊的局面。如果说 16 世纪后,藏传佛教在藏族地区还有各教派生存发展的空间,那么,蒙古地区则是统一于藏传佛教格鲁派,形成蒙古族宗教信仰的唯一性。对蒙古族而言,他们信仰的佛教就是格鲁派佛教。蒙古族高僧大德,无不以格鲁派的 经典为其修持的根本。《蒙古佛教史》中屡屡提及的《菩提道次第论》就是宗喀巴创立格鲁派佛教的理论基础,足以证明当时蒙古地区格鲁派独盛及传播之广,这是民间文化交流的情形。而在官方,处于明蒙对峙冲突下的明王朝,对此浑然不知,始终未能利用宗教信仰来软化协调双边关系。今天看来,这是明朝历代君臣政治决策的一大失误,其失在只看到对立冲突,缺乏了解沟通。

建州女真崛起东北,很快就认识到北方蒙古与西南吐蕃的重要,这是他们与明王朝争雄的借助力量,也是必然的战略选择。所以,皇太极崇德年间,就开始联络西藏地区、蒙古地区的实力派和政教领袖,确立了扶植格鲁派、联合介入西藏政局的顾实汗和和硕特部的方针,此清代学者所谓的"惟悍准夷而扶植和硕特"[1] 由之形成有清一代独尊格鲁派和"兴黄教以安众蒙古"一以贯之的国策。蒙古土默特地区,地域上接近中央,感受尤深,由之产生了这部反映满蒙关系、蒙藏关系的《蒙古佛教史》。

《蒙古佛教史》的编撰,反映了清代处理蒙藏问题的民族政策、宗教政策的导向,也揭示出清代蒙藏文化交流的深层内涵。其意义在于:一是开启了蒙古族学者以藏文撰写蒙古史的先河;二是承袭了藏族史

---

[1]魏源:《圣武记》卷 3。

学传统,以藏传佛教史为主线记录蒙古族历史,这是蒙古族史学继《蒙古源流》后的一大嬗变。早期的蒙文典籍,有家族编年史和史诗编纂学的特征,如成书于 13 世纪的《蒙古秘史》既是成吉思汗黄金家族的编年史,又是蒙古族史诗的伟大巨著。但自蒙元帝国接受崇尚藏传佛教,对蒙古族的历史编纂学产生了深远的影响,藏传佛教历史编纂学日渐影响到蒙古族的史学著作,形成一种趋向,应予关注研究。

(《西北民族研究》,2011 年第 3 期。)

22 《四部医典》与藏医学的海外研究

藏医学是中华民族医学的重要组成部分,也是19世纪以来国际藏学界十分关注的一个课题。本文分3个方面简要介绍国外关于藏医学研究的概况。

22.1

关于《四部医典》的研究。欧洲文献中最早介绍藏医学的是英国医生萨乌·杰尔斯,他于1783年作为英国考察队的成员访问了西藏。在他的报告中,有一章是专门介绍藏医学关于饮食矿泉疗法的。他还带回了他所收集的70种藏医药材,但未能分析其化学成分。在以后长达两个世纪的时间里,学者们最为关注的还是对藏医学经典《居希》的编辑翻译和研究。

按,《居希》通称《四部医典》(或译《医方四续》),是藏医学的古典名著和奠基之作,成书约在8世纪下半叶。全书157章,分为4部:《札居》、《协居》(通称"总则本")、《门阿居》(通称"论述本")、《钦玛居》。各章均附以彩图。《四部医典》采用诗体语言,其目的是便于习诵。一千多年来,这部医学典籍及大量注释,一直是藏医治病防病的指南和依据,对藏医学的形成、发展和传播起过重要作用。

欧洲学者对《四部医典》的介绍和研究,始于匈牙利藏学家乔玛。1835年,他在孟加拉《亚洲协会杂志》第4期上发表了题为《一部西藏医学著作的分析》一文,概要介绍了此书的内容。乔玛并未见到《四部医典》原文,据说,这些内容是他从一个西藏喇嘛那里了解来的。

最早把《四部医典》翻译介绍给国外学术界的是俄国人Π.A.巴德玛耶夫。在1898年出版的《论西藏的医学体系》一书中,巴德玛耶夫翻译了《四部医典》的"总则本"和"论述本",前面有篇介绍性的"引论",后面加了一些注释。译文有许多不准确之处,注释亦有讹误。但作为《四部医典》最早的外文译本,仍受到学术界的重视。后来,这部书重新修订后又出了第2版、第3版。

1908年,在彼得堡出版了波兹德涅耶夫从蒙文本翻译的《四部医典》第1、2两部的俄文译本,书名题为《藏医学教程》。译本曾对照参考了藏文本。

意大利学者菲里奥札特,详细分析了《四部医典》第1部的第3章,并吸收了其他一些藏医学典籍的材料,提出了一个研究藏医学文献的重要问题——藏医学使用的名词术语问题。不少藏学家都曾致力于解决这一难题。例如西德学者弗格里,多年来从事印度医学典籍和藏医学典籍的比较研究,他的著作对考订藏医学名词术语是颇有价值的参考资料。应该特别引起重视的是印度学者达什的比较研究,他在20世纪70年代至80年代发表了一系列关于藏医学的论文和专著,其中相当一部分是对印度医学和藏医学体系及名词术语的比较分析。收入西藏佛教经典中的从梵文译成藏文的医学文献为数不少,达什从中挑出藏医学的名词术语,同梵文原本进行对照,分两类提供了藏医学疑难名词术语的词汇。达什搜集的词汇相当丰富,对确定藏医学文献的名词术语极有价值。在此基础上,作者认为:印度医学对藏医学的创立形成曾留下了重大影响。

目前,《四部医典》较好的译本是西德学者芬克的《藏医学基础:根据〈居希〉一书》(第1卷,1976)。前面有十四世达赖写的"序言"。这本专著由两部分组成:一是《四部医典》的摘译,二是对《四部医典》的研究。作者通过对《四部医典》内容的分析,阐述了藏医学的三条生理原则,特别注意了藏医的诊断方法,详细介绍了藏医关于健康人和病人的观点,治疗方法及饮食、生活方式等。

国际藏学界长期流行着这样的观点,即认为藏医典籍《四部医典》

·欧·亚·历·史·文·化·文·库·

是梵文的藏文译本,对此,德国的藏学家陶贝持怀疑态度。他说:迄今为止,我们所知的《居希》的各种版本都没有有关的题记能告诉我们,《居希》是翻译文本,也没有任何记载能给以证明。陶贝在研究了许多藏文文献后得出结论,《四部医典》的出现当在 12 世纪前不久,15 世纪它才成为公认的藏医学教科书,流传中有不少修改和增补。以上见于他《论〈居希〉的历史渊源》一文。

然而,对《四部医典》成书年代的考察最有意义的,是 20 世纪初日本探险队在中亚发掘到的古藏文《四部医典》的残页。1957 年,日本学者芳村修基发表了《龙谷大学西域资料中的西藏医学文献残页》一文,首次刊布了这份珍贵的手稿,考证出这个抄本的时间是唐代。芳村修基的研究表明,公元 9 世纪前后,《四部医典》已经在藏族地区广泛地流传。

英国的古于阗文专家埃默瑞克近年来也研究译释了《四部医典》,1975 年他在英国《泰东》杂志上发表了题为《〈居希〉的一章》的论文。该文对《四部医典·总则本》第 3 章的藏医学病理、生理做了最详尽的文献考证。

俄罗斯藏学家巴达拉耶夫则对《四部医典》的全书结构及反映的藏医学体系做了系统研究,1981 年,在新毕尔斯克出版了他的《对〈居希〉整个结构和体系的探索》一书。同时,他还总结了藏文医学文献的研究成果,发表了《从印度－西藏医学史科学的研究中所得出的若干结论》(1979)。

总之,对以《四部医典》为代表的藏医学经典的译释和研究,是国际藏学界比较活跃的一个研究领域,取得了不少成果,也带动了藏医学文献的整理和出版。《西藏丛书》的编者之一,印度藏学家罗克什、阐德拉在达拉姆萨尔藏医学中心已经出版了所有已知的藏医学文献,无疑为藏医学研究的深入,提供了有利的条件。

22.2

关于《藏医学图册》的研究。1687—1688年,著名的藏医学者、五世达赖时的摄政王第悉·桑杰嘉措编著了题为《〈四部医典〉兰琉璃》的4卷本文集。它是藏医学经典《四部医典》最权威的标准注释本,保存了不少极有价值的资料。据说,第悉·桑杰嘉措委托一个名叫布达·阿普吉的人为其论著插图,取名为《藏医学图册》(以下简称《图册》)。从《图册》与《〈四部医典〉兰琉璃》协调一致的程度推断,插图很可能是在第悉·桑杰嘉措的直接监督下绘制的。文集完成于1688年,《图册》的成书不会早于是年。

《图册》今存俄罗斯汉加洛夫地志博物馆。关于它的来源,有两种说法。一种是谓《图册》是巴兰津教授在拉夫兰得到的,当时(1905—1907)他正在安多旅行。(见《藏文、拉丁文、俄文藏医学药用植物辞典》)。第二种说《图册》是19世纪末一个名叫苏努耶夫的医生在西藏东部的一个寺院中发现的,苏努耶夫就在那里学习藏医学。随后,他把《图册》带到赤塔州的一个喇嘛庙里,辗转流传,于1936年被送到当时的反宗教博物馆即今汉加洛夫地志博物馆(见《印藏医学源流研究》)。

该《图册》依原编号顺序为77幅,第62图缺,实有76幅。《图册》尺寸为65厘米×88厘米。内中图的尺寸为54厘米×62厘米。每图有不同数量的画像和图形,从92到274不等,全部《图册》约有1万幅插图。在头15幅插图的最上边,画有神话传说中的人物和藏族历史人物。根据传统说法,这是对藏医学的创立和发展有过贡献的人物,计182人,可视为一幅藏医学史发展的画卷。而《图册》的内容则从不同方面反映了西藏民族的古代文明和社会生活,对西藏社会、历史、哲学、宗教、艺术及各种医学学科的研究,无疑是一份珍贵的文献。

除汉加洛夫地志博物馆的收藏外,国外迄今再未发现完整的《藏医学图册》。因此,有关《图册》的研究,长期以来,还停留在片断的零星的介绍阶段。而且,主要是苏联及东欧的学者在进行这项工作。1963 年,加梅尔曼和谢米乔夫主编的《藏文、拉丁文、俄文藏医学药用植物词典》曾对《图册》的来源及内容有过提要式的说明。巴尔丹热波夫在《印藏医学源流研究》中探讨了该《图册》在藏医学文献中的地位和价值。格拉西莫夫在自己藏医学研究的著作中披露了《图册》的一些图表片断,并应用这些图表和说明释读了一些难解的术语。他还注意到,《图册》有关测定人体穴位的方法完全与传统的人体测量方法相吻合。格拉西莫夫指出,根据《图册》中的一些人体透视图等材料,就有可能正确地解释关于密宗研究中一些不清楚的问题。德国的藏学家兰格曾对《图册》的绘制经过做过探讨,但论证并不充分,只是提到该《图册》的一个解剖图表。

1979 年,联合国教科文组织的《信使》杂志上发表了苏联学者洪丹诺沃的论文《藏医学》,作为附图,该文公布了《图册》第 24 图关于天然药物的一个片断、第 30 图关于治疗方法的两个片断及第 4 图,颇引起藏学研究者的注意。《信使》杂志还影印了收藏在拉萨藏医研究所的《图册》中的一个图表,图表下部的藏文题词表明,这是拉萨藏本的第 27 图。苏联学者很快就发现,这幅图表与汉加洛夫地志博物馆收藏的《图册》第 25 图相合。这样就产生了一个疑问,为什么同一幅图表的顺序编号不一致。很可能,《图册》在传抄中原来的编号次序被打乱了。而法国藏学家梅耶尔曾经访问过苏联和中国。他在《藏医学体系》一书中选印了拉萨收藏的《图册》中的第 9、10、13、26 和 34 图,为《藏医学图册》的研究提供了又一抄本系统的资料。现在,据苏联学者波尔索霍耶娃讲,汉加洛夫地志博物馆的《藏医学图册》手稿已经苏联学者复制整理,译为俄文,详加注释,交苏联艺术家出版社出版。前面有波尔索霍耶娃、格拉西莫娃、达什耶夫合写的长篇序言,而注释则采用了藏文、俄文及西欧国家语言多种语言的注释方法。计划将来还要出版《图册》的英文版、法文版和德文版。国际藏学界正期待着这一完整《图册》的公布。我们相信,《图册》的出版,对包括藏医学在内的整个藏学研究,都会产生深远的影响。

此外,1965 年在德国莱沃库森的巴乌埃尔出版社曾经出版过 12 幅藏医学的图表。这些图表的抄本据说是美国的汉学家列辛格在北京的一个佛教寺院中发现的,抄本被他带到美国,现收藏在加利福尼亚大学东方图书馆。1967 年,这 12 幅图表又在巴黎重版,并由医学教授胡拉尔写了序。这批图表主要是藏医学的一些解剖图表,说明放血治疗、烧灼术治疗和针灸治疗穴位。从它的流传范围上分析,应该是藏医学广泛应用的教学图表。这 12 幅图表究竟是《藏医学图册》的一部分,还是一个独立的藏医图解系统,至今尚未有人做过专门探讨,仍是一个悬而未决的问题。

22.3

关于藏医学和藏医学史的研究。总的来说,国外藏医学的研究,偏重于藏医学文献。《四部医典》和《藏医学图册》之外,还涉及收入藏文大藏经《丹珠尔》的许多医学文献和零散的一些医学文献。苏联著名的东方学家阿别尔米列尔在其东方目录学中编纂了《藏医学文献研究指南》,他不仅详细地开列了《丹珠尔》中梵文与藏文的基本医学文献,而且指出了对梵文本医学文献和藏文医学文献进行比较研究的途径。不少从事藏医学研究的学者,如印度的达什、德国的弗格里等,都在使用比较研究方法中取得了可喜的成果,推进了藏医学研究。

由藏医学文献入手,进而扩展到藏医学各个学科理论和实践的研究,是国际藏医学研究的一个趋势。1979 年,乌兰乌德出版了苏联藏学家洪达诺夫、洪达诺娃、巴札龙合著的《论西藏医学》一书。这部专著在文献研究的基础上,阐述了藏医学的理论及治疗实践中的科学意义。

1981 年,达拉姆萨尔的藏医学研究中心出版了扎龙特、德拉克顿、乔姆普列赫合著的《藏医学原理》,这是一部难得的藏医学理论体系探讨的专著。全书分为 3 章:第 1 章"藏医学的传统观念",总结了藏医学关于人体生理认识的理论,第 2 章"寓意的树",阐述了藏医学者想象中的逻辑体系,表示了藏医学医疗疾病的辨证关系,第3章是带有注释的藏医学文献书目。1979—1981年,辛比尔斯克出版了苏联医学家连赫色耶夫的一系列著作:《内科病因》《脉诊知识》以及他与热姆巴尔达格鲍耶夫合著的《论药用植物和食物的寒温性质》。这几部书中都涉及藏医学的理论、诊断、药物及临床实践问题。显然,作者是把藏医学纳入传统东方医学范畴中来讨论的。

对藏医药学的研究,值得一提的是前已述及的《藏文、拉丁文、俄文藏医学药用植物词典》。这部词典是1963年在苏联乌兰乌德出版的。《词典》收集了737种藏医药用植物名称,在他们看来,能真正起到治疗作用的药用植物只有413种。布昂的《西藏医疗艺术》一书主要是对西藏医药学的理论和实践的概括说明,其中,关于癌的一章曾以《关于癌的藏医药学》为题发表在新德里的《西藏评论》1975年第10卷上。此外,苏联学者阿谢耶娃、勃林诺娃、雅可福列夫合著的《藏医学药用植物的植物生理和药物生理研究》,可以认为是对藏医药学进行详细分析研究的一部专著。但是,藏医药用植物的分类研究,至今仍是藏医药学研究中的一个薄弱环节。

关于藏医学中的兽医学研究,近年来最引人瞩目的是法国藏学家布伦多编译的一部著作:《西藏马体结构学和医马术研究资料:根据敦煌写卷》,此书在藏医学研究中很有影响。

对藏医学经典、理论体系、临床治疗、药用原料及兽医学等方面的研究,都不可避免地要涉及藏医学产生、形成和发展的历史。例如对藏医学古典名著《四部医典》的研究,首先遇到的问题就是它的来源问题及与中医学、印度医学之间的渊源关系。而国际藏学界长期流行着《四部医典》来自古印度吠陀医学典籍的观点,甚至有人指出把梵文译成藏文的是克什米尔人强得拉南特和西藏翻译家瓦依罗恰纳。因此,对整个藏医学史的研究,有着重要的意义。近年来,发表过不少论文和专著,苏联学者普吉岑的《从人种学看外贝加尔藏医学的历史》、瓦尔拉柯夫的《藏医学史纲及其文献资料》等,都是专门研究藏医学史的论著。而在国际藏学界影响最大的,也是迄今为止最详尽的一部藏医学史专著,则推西藏学者日琼仁颇且·甲白衮桑的《西藏医学》一书。这部用英文写的著作1973年由伯克利的加利福尼亚大学出版。

作者甲白衮桑出生在拉萨,被认为是日琼活佛的第十四世化身。1959年定居于锡金,在甘托克的纳姆加尔藏学所从事研究工作。据说该所珍藏着近2万种藏文古籍,无疑为甲白衮桑的研究提供了有利条件。甲白衮桑对古藏文有较深的造诣,又精通英文,曾被伦敦威尔康医史博物馆授予名誉会员称号。

《西藏医学》虽然也摘译了《四部典医》的某些章节,有注释和大量的文献书目,但其重点内容是藏医学史。作者不仅详细地叙述了藏医学体制的发展历史,更重要的是,第一次向国外藏学界披露翻译了《四部医典》的编纂者、古代著名藏医学家老宇妥·元丹贡布的珍贵传记资料,这部分内容约占全书的三分之二。由于老宇妥·元丹贡布在藏医学形成中的重要地位,他的传记实际上是一部早期藏医学史。据传记说,老宇妥大约生活在公元8世纪,曾经是赤松德赞的宫廷御医。他学识渊博,毕生致力于藏医学的挖掘整理和总结研究,并到过中原内地、印度等地,研习中医学和古印度吠陀医学的理论及临床实践经验。他在藏医传统治疗方法的基础上,吸收了中医学、印度医学的丰富内容,完善了藏医学体系。他和当时西藏的一些名医编撰的《四部医典》,奠定了藏医学的理论基础,对藏医学的形成和发展起过深远的影响。藏族人民尊称他为"医圣"。

老宇妥·元丹贡布珍贵传记资料的公布,澄清了藏医学史研究中许多悬而未决的问题,揭示了藏医学的历史渊源。因此,《西藏医学》一问世,就在国际藏学界引起了强烈反响。波兰学者卡尼亚认为,"该传记的出版是藏学上的一个重大事件"。美国医学史博士韦茨则说,本书提供的材料"如此之丰富,我们应该把它作为迄今所能见到的用西方语言写成的藏医著作中最值得一读的佳作之一",给了《西藏医学》以高度的评价。总之,甲白衮桑这部著作的出版,纠正了藏医史研究中的某些偏见和谬误,对正确认识藏医学形成和发展的历史,是大有裨益的。

国外藏医学研究涉及面广,著述丰富,但也存在着一些薄弱环节。大量的藏医学典籍还急待于挖掘整理,研究还有待于提高。

(《中国史研究动态》,1988 年第 5 期。)

卷　　5

23 《陇右方志录》校注补正序

23.1

　　近世陇上一代学人,首推临洮张维鸿汀(1889—1950)先生。

　　鸿汀先生出身书香门第,家学渊源,根基深厚,经史博通。处新旧时代巨变之际,又汲取新学,涉览极广,笃学而不泥古。其学既殊腐儒之空疏,而亦不同俗士之泛滥。当年顾颉刚先生西北之行,得读先生著述,接谈之下,惊叹其渊博,心折其谨严,颇多感触曰,"……予游西北,所接读书人不多,乃有此博雅之才,洵出人意外矣"[1],于西北民俗掌故多所请教。

　　鸿汀先生毕生致力于三陇文献,网罗放失,笔耕不辍,实有开创奠基之功。主持纂修之《甘肃通志稿》130卷,于旧志多有厘正补遗,又据时学创新体例类目,可为甘肃省志的集大成之作。辑考三陇金石之《陇右金石录》12卷、补2卷,搜岩剔薮,收集丛残,首次辑录了三陇金石资料,有极高的文献价值。尤其是半个世纪以来,三陇金石毁灭严重,《陇右金石录》的辑录考订更有其特别的意义。著录三陇方志之《陇右方志录》,采摭宏富,间及论断。其未刊之遗稿尚有数十种。西北地方文献之谙熟精到,至今仍罕有其比者。

---

[1] 钱谷融:《顾颉刚书话》,浙江人民出版社,1998年版。

·欧·亚·历·史·文·化·文·库·

23.2

《陇右方志录》初刊于 1932 年 11 月,鸿汀先生述其著书之旨云:

> 嗟乎！佚者往矣,今之存者又多为孤本。抄传以日即于澌灭,
> 此孰非载笔之士心力所萃？顾坐视其没落以同趋于尽,亦州里后
> 进之辱也。于是考稽陇右方志,厘为四类,凡为部二百九十有三,
> 详记其著作之人与其年代、卷目、存佚,具如左录。狭见寡闻,匪同
> 博远,其所未知,姑以阙如。[1]

1934 年 8 月,鸿汀先生又对《陇右方志录》做了一次增补,修订重
刊。先生"附记"云:

> 此录印行既逾年,以事至北平,暇日东走齐鲁,南浮江浙,所至
> 得浏览图书。于是,《陇右方志》又得未知之书十部,知而未见之
> 书四十二部,旧以为佚而今存之书五部,复参稽考证之于古今诸
> 书目,凡增旧录三十八部,改移八部,删重四部,序目按语亦因之多
> 有是正。[2]

《陇右方志录》增补修订本通计亡书,著录甘、宁、青方志凡 293
种。以鸿汀先生之淹博,三陇方志,略备于兹矣。而先生治学之严谨,
于此可见。

23.3

鸿汀少子张令瑄先生(1928—2003),幼承庭训,长继父业,因目疾
随侍乃父左右。鸿汀先生辞世后,令瑄先生心无旁骛,清贫淡泊,承父
遗绪,以乡邦文献为宗业,终其一生。整理、辑补、笺注鸿汀先生遗稿数
十种,其于《陇右方志录》,则有《三陇方志见知录》,连载于《西北史
地》1994 年第 4 期、1995 年第 1 期,前序说:

---

〔1〕《陇右方志录·序》。
〔2〕《陇右方志录》增补本"附记"。

此卷为十余年前浏览各地方志所作札记，今摭出先君子鸿汀先生《陇右方志录》著录未见之书二十一部，未著新编七十一部，抄集一册，以备随手参稽。……惟念《方志录》印行及五十年，后此诸作，尚无续录，存此一册，于西北方志之征访，或有少助，冀得就正于高明专家，则更所殷望也。[1]

　　由是，令瑄先生补出《陇右方志录》失载之书凡 93 种。合计《方志录》著录之 293 种，共 386 种。令瑄先生《见知录》所补，主要是《陇右方志录》刊布后新编的陇右方志。

　　1995 年，令瑄先生又在《图书与情报》上刊出《明代庆阳府各志考述》[2]，副题为《三陇方志见知录补稿》，补出《成化重修庆阳府志》《正德庆阳府新志》《嘉靖重修庆阳府志》三种。其中，成化志、嘉靖志今存，正德志亡佚。鸿汀先生《陇右方志录》失载成化志，列嘉靖志、正德志为佚书。

　　应该说，历经半个多世纪，积张氏父子二代之力，三陇方志有了一个较为翔实的志目和题解考论，这是张氏父子对西北文献和方志学的一大贡献。后之学人，或临文查找，或稽考史事，按图索骥，大有裨益。

23.4

　　古今官修目录，自可以充分使用国家馆阁收藏，征调民间秘籍，有无限制的人力财力支撑，具有得天独厚的条件。而私修目录则全凭个人知见积累，往往毕一生之力而不能求其全，遗漏疏误不免。鸿汀先生创修《陇右方志录》，时当 20 世纪初，国家残破，社会动荡，西北战乱频仍，志目编纂不能不受其时代环境制约。今举其大端：

　　其一，散失海外的孤本志书无缘得见。

　　今人谈及西域文献、敦煌文书，莫不为流散英、法、日、俄等海外诸国扼腕抱憾。其实，中国文献流散海外之孤本秘籍尚多，其中就有国内

---

　　〔1〕《三陇方志见知录》，文载《西北史地》1994 年第 1 期。
　　〔2〕《图书与情报》1995 年第 3 期。

不见而海外独存的一批志书文献。如《临洮府志》(万历),有万历三十二年刻本,清康熙刻递修本,然万历三十二年刻本的《临洮府志》国内无存,仅有的刻本藏日本国会图书馆。又如《宁夏志》(永乐)为明永乐时封藩宁夏的庆王编纂,当时并未刊刻,万历二十九年始有刻本刊行,唯岁久传湮,传世极罕,国内各大图书馆均无收藏,唯一的万历刻本《宁夏志》亦只存日本国会图书馆。又《重修庆阳府志》(嘉靖),有嘉靖三十六年刻本,国内无藏,只存日本国会图书馆。又《秦州志》(顺治),孤本存日本内阁文库。

上举几种,均为鸿汀先生无缘寓目者,在《陇右方志录》中著录存佚失误。

其二,流散民间的志书稿本、抄本,无法搜罗齐备。

1984 年,上海书店影印出版《陇右稀见方志三种》,内收《新增岷州志》《安西采访底本》《甘肃巩昌府会宁县乡土志》。三志系杭州刘子亚先生家藏稿本,公私无藏,陇右不存,极为罕见。当日鸿汀先生自无法得见,因之不见于《陇右方志录》著录。

其三,已佚而实存之志书未能收录。

《西宁卫志》(万历)是青海境内最早的一部志书,为万历年间西宁兵备道刘敏宽、同知龙膺纂修。刘敏宽、龙膺皆为万历间经略处置青海问题的决策人物,其《西宁卫志》,对明代边疆、民族问题研究有极高的史料价值。此志明末清初尚存,顾炎武辑《天下郡国利病书》曾抄录了《西宁卫志》的一些基本材料。1993 年,我据此辑佚校注,整理成《西宁卫志》(万历)3 卷,列入青海民族古籍整理项目,由青海人民出版社出版。《天下郡国利病书》抄撮的西北佚志不止《西宁卫志》(万历),尚有数种正在辑录整理中。

其四,公私馆藏的一些孤本善本志书无法收录。

明《宁夏新志》(弘治)8 卷,有弘治十四年刻本,然海内孤本仅见宁波天一阁收藏。在《天一阁藏明代方志》未刊行前,都是常人难见之秘籍。又《宁夏新志》(嘉靖)8 卷,刊于嘉靖十九年,亦仅见宁波天一阁收藏。又清《西宁志》(顺治)7 卷,有顺治十四年刻本,国内仅天津图书馆善本部收藏一部。这些都是张维先生当日无法寓目而又无志目可备稽考者,《陇右方志录》著录存佚失误。

23.5

因为做一些明清西北史地的专题研究,我于陇右方志素所关注留意,深感方志蕴含的社会史、文化史、地方史资料,绝非正史、实录、会典、一统志等"上行"史书所能替代。正如张维先生言:"愈微则记载愈详,事状乃愈真。自国而省而县,是分析之微也。详而能真,惟方志兼之。故觇一国之文化,求之史毋宁求之方志。"[1]故多年前手头备一部《陇右方志录》以供翻检,免许多劳动,受益匪浅。但在使用中也发现不少舛误遗漏,需做订正增补。之后,有所得辄批注于卷端,积累渐多,遂于 1988 年参照各类新修志目,撰成《〈陇右方志录〉补正》[2]一文,该文补正《陇右方志录》凡三:

(1)著录存佚失误者 19 种;

(2)著录缺漏失载者 103 种;

(3)著录失考误题者 5 种。

3 项合计,共 127 种。时令瑄先生《三陇方志见知录》尚未刊布。后经对比,《〈陇右方志录〉补正》较《三陇方志见知录》补录的 93 种尚多出 30 余种。如是,除非有新的发现,陇右方志目录大致齐备矣。

23.6

对《陇右方志录》的学术价值和学科地位应该充分认识:

首先,陇右方志,向无编目,张维《陇右方志录》为创始之作。历代公私书目,多著录方志。但以区域性方志为专题研究对象,录其存佚,评其优劣得失,张维《陇右方志录》是第一部,其在方志学研究中的地

---

[1]《陇右方志录·序》。

[2]《西北民族学院学报》,1988 年第 2 期。

位、价值应充分评估考察。

其次，《陇右方志录》并非单纯编目，于三陇方志皆一一著其存佚、作者、版本、卷数，品评其志之利弊得失，考据细微精到。兹举《狄道州志》（乾隆）一例：

狄道州志（乾隆）

存　　原刻本　　光绪末铅印本　　宣统元年翻刻本

清乾隆二十八年州人吴镇著

卷一星野（图）、建置沿革（表）、形胜疆域（图）、乡里山川（图）、城堡（图）、关隘公署（图）、仓廒站所，卷二职官、封爵，卷三贡赋（七目），卷四学校（五目）、选举（九目），卷五祠祀（六目）、寺观，卷六兵防（图、三目）、茶马、屯饷、驿递、水利（图）、津梁，卷七名宦（五目），卷八、九、十人物（十三目）、列女，卷十一祥异、风俗、物产（十目）、古迹、冢十、墓，卷十二、十三、十四艺文（十七目），卷十五纪事，卷十六拾遗。

维案：此志依据沈志，其义例颇为简当，而援引考证间或失检约之。

其长有五：依类为图，极便检证，一也；删证旧志，必作案语，以申明其意，二也；引书必缀书名，三也；"官制""赋税"详载旧规，四也；以州人著述编为经籍一目，得各史"艺文志"遗意，五也。

其误有十：汉安故县不引《水经注》在郡南四十七里，北魏水池县属洪和郡，后周之水池县为魏荤川县，所改非一地也，而合为一，误一。"行势"载汉曹凤奏议厥胜，南得钟存，北阻大河，非狄道事，误二。"古洮水图"赤水、步和水方向均与《水经注》不合，误三。"山川"载陇坻在州东南，不知陇坻即陇山，去州绝远；又载西强山在州西南一百五十里，不能指实其地，而云洮水故名溉川，在洮西者皆得以溉名之；又石门山引漓水所经则今临夏地也；又恒水在州西南三十里，此小水耳，强引《禹贡》"桓水"以当之。误四。"山川"载通谷在州东南三十里，宋熙宁初尝于谷口置堡，"城堡"则云寸金堡。宋熙宁时置一名寸金堡即通谷堡，而寸金堡在州北，前后两歧,误五。"职官"载汉节使将军俱非实官,北魏都督陇右诸军事、陇右行台临洮王友,北周都督监军行台僚佐,隋总管郡守,唐兵马元帅、副元帅、行军大总管节度使、防御兵马经略营田诸使,金行元帅宣抚使,元行省平章肃政廉访使,皆于狄道无关,而多所胪列,误六。晋、北魏时,狄道已改武始,不为陇西,宋、梁、北齐陇西非其领域;而宋、梁洮阳则皆零陵属县,今湖南地也,遥拜、虚封尽载封爵。误七。"人物"采录史传割裂过甚,巨室大族散佚不明,误八。"祥异"载后汉章帝建初三年甘露降于洮阳,亦零陵属县也,《兰州府志》已考证之;隋、唐陇西均非狄道,而载隋文帝仁寿二年陇西地震,唐太宗贞观八年陇右山摧。误九。"纪事"三国时既用蜀汉纪年,而建兴六年后忽间以太和二年,延熙十年后忽间以正始八年,蜀魏杂出,殊费寻绎;延熙十年后,七十年前又间以《通鉴·六年》姜维伐魏一条,无论蜀魏,均不衔接;志用蜀年,而《通鉴》则用魏年,考证未晰。误十。"沿革"表明临洮府栏羼著"神宗时恢复"五字,则又宋事而书误者。然其可议仅此耳。至编次有序,文笔高简,故不失为名志也。

吴镇编纂的《狄道州志》(乾隆)向为清代方志的上乘之作,鸿汀先生独能揭出该志的"五长""十误",可见先生之学术素养。每读鸿汀先生按语品评,其读书之细密,考论之严谨,给人以深刻印象,于细微之处见功夫,确有诸卷所无,足征独到之感。

其三,清代中期以降,一批学者抱经世致用之志,患边疆危机之忧,关注西北,著书立说,开拓了阵容强大的西北学。此为清代学术史上的一大变革,亦是晚清社会嬗变中令人瞩目、振聋发聩的进步思想浪花。张维之学,立足于三陇,承西北学之余绪而着力擘画,其陇右方志、金石、民族、宗教、土司、教育诸志皆为西北要务实学,极大地拓宽和丰富了晚清西北学的研究内容。今日审视晚清以来西北学的发展演进,张维对陇右文献的发掘、整理、研究、刊布,应占一席之地。其对西北学的建树与贡献,需做重新认识估价。

　　近阅王希隆先生《张维先生学术述略》[1],知希隆先生已将鸿汀先生遗稿搜集整理,成《还读我书楼文存》一书,即将由三联出版社正式刊行。《文存》披露了尘封已久的张维诗 94 首、文 56 篇、行纪 2 种、史著 3 种,整理点校。其中大量是鲜为人知散存各处的抄本底稿。此举为张维学术生涯的探索研究,提供了新资料,开拓了新思路,于西北学及张维之学的研究,有重要的文献价值。我们期待着《还读我书楼文存》的出版,也期待着张维之学的地位为世人认识。

23.7

　　鸿汀先生《陇右方志录》刊行近 80 年矣,其启迪泽被后人的学术价值仍在。今以补正为主,兼及校注,冀关心陇右文献者用以教之。

---

〔1〕《兰州大学学报》,2009 年第 3 期。

24 《陇右方志录》补正

近世陇上学者,以临洮张维先生著述最丰。主持纂修之《甘肃通志稿》130卷,于旧志多所厘正补益;辑考三陇金石之《陇右金石录》,搜岩剔薮,足资考证;著录三陇方志之《陇右方志录》,网罗宏富,间及论断,西北地方文献之谙熟精研,罕有其比者。

其《陇右方志录》初刊于1932年。嗣后,先生"以事至北平,暇日东走齐鲁,南浮江浙,所至得浏览图书。于是陇右方志又得未知之书十部,知而未见之书四十二部,旧以为佚而今存之书五部,复参稽考证之于古今诸书目,凡增旧录三十八部,改移八部,删重四部,序自按语亦因之多有是正"。(《陇右方志录·附记》)通计亡书,著录甘、宁、青方志凡293部,重刻于1934年。以张维先生之淹博,三陇方志,略备于兹矣。

然限于当时条件,《陇右方志录》舛误缺漏尚多。故作《补正》:一,存佚著录之失误皆予订正;二,缺而失载之志为之补遗;三,失考误题之处亦为是正。计127种。订正依原卷序次,补遗则分省著录。

24.1 存佚著录失误者19种

(1)《临洮府志》(万历)26卷

佚。

明万历时临洮府同知晋宁唐懋德著。

按,万历《临洮府志》有万历三十二年刻本,清康熙刻递修本。

万历刻本今藏日本国会图书馆,国内存缩微胶卷。康熙刻递修本藏北京图书馆,然缺卷1、2、11、12、13、14、15、18、21,计存17卷,其中卷

5、20、23、25 又系抄配,递修刻本实存 13 卷,仅及其半。

(2)《巩郡记》(嘉靖)30 卷

佚。

明嘉靖时秦安胡缵宗著。

按,嘉靖《巩郡记》有嘉靖二十五年清渭草堂刻本。据《中国地方志联合目录》(以下简称《联合目录》),甘肃省图书馆藏卷 1–4,四川省图书馆藏卷 13,北京图书馆(现国家图书馆)藏卷 14,计存 6 卷。虽非完本,仍可借以窥见是志大略。

(3)《重修庆阳府志》(嘉靖)4 册

佚。

明嘉靖三十六年庆阳王福等修。

按,著录有两误。其一,嘉靖《庆阳府志》有嘉靖三十六年刻本,今存日本国会图书馆,国内间有缩微胶卷收藏。其二,据藏本所示,纂修者为梁明翰、傅学礼。《陇右方志录》所本之《万历内阁书目》署"王福等修",恐有讹误。

(4)《宁夏新志》(弘治)8 卷

佚。

明弘治十四年卫人胡汝砺著。

按,此志著录有称《宁夏卫志》者,有称《宁夏镇志》者。弘治十四年刻本仅藏宁波天一阁,为海内孤本。甘肃省图书馆及宁夏大学、台湾有抄本。

(5)《宁夏志》(永乐)

佚。

明永乐时庆王朱楪梅著。

按,是志虽修于永乐年间,当时似未刊刻。日本国会图书馆所藏乃万历二十九年刻本,迄今为止,国内尚未发现传本。

(6)《宁夏新志》(嘉靖)8 卷

佚。

明嘉靖十九年卫人管律著。

按,是志刊于嘉靖十九年,岁久传湮,散失殆尽,唯宁波天一阁收藏一部。张维先生当年访书江浙,竟未能一观。1961年,宁波文管会梓行《天一阁藏明代地方志选刊》,其中就有嘉靖《宁夏新志》一种。是志始得广为流布,非昔日珍本秘籍之比。

(7)《西宁卫志》(万历)

佚。

明万历二十三年兵备道安邑刘敏宽修。

按,此志为兵备道刘敏宽、同知龙膺纂修,明代曾梓刻刊行,然传世极稀。至乾隆间,已湮灭殆尽,仅存宦绩及艺文数卷。但顾炎武《天下郡国利病书》原编第19册有辑抄本。1993年,笔者辑注整理,成万历《西宁卫志》3卷,由青海人民出版社出版。参见本书《辑本〈西宁卫志〉序》。

(8)《西宁志》(顺治)7卷

佚。

清顺治十二年西宁道交河苏铣著。

按,《陇右方志录》著录系据《四库全书总目·史部·地理类存目》,题为《西宁志》。有顺治十四年刻本。《联合目录》附注云:"书目题《丁酉重刊西镇志》,有补版。"原题应为《西镇志》。目前,刻本仅存天津市图书馆,不分卷。1987年秋,笔者曾专赴天津,访求是志,该馆以海内孤本为由,委婉谢绝。此外,甘肃省图书馆存"艺文志",并有全书抄本。1959年,青海省图书馆据抄本翻刻,有油印本。皆可见是书大略。1993年,青海人民出版社出版王昱、马忠校注本,析分为7卷,甚为易得。

(9)《秦州志》(顺治)

佚。

清顺治时分巡道莱阳宋琬修。

按,顺治《秦州志》有顺治十一年刻本,析为13卷。国内仅甘肃省图书馆存卷10-13。原刻足本日本收藏,据《联合目录》:"日本内阁文库藏有全帙。"

(10)《河州志》(正德)2 册

佚。

明正德时州人吴桢著。

按,吴帧《河州志》今存。明嘉靖间,又经刘卓增订,有嘉靖四十二年金台刘氏仕优堂重刻本,今北京大学、北京师范大学皆有收藏,国内间有抄本流传。《陇右方志录》维案称:"桢为成化甲举人,仕数年归,家居又三十余年,作志盖在正德时矣,故题正德。"实张维先生未见吴志臆猜失误。近年,各地整理旧志,临夏州又有扫描复印本刊布,此志已非稀见之书。

(11)《徽州志》(嘉靖)

佚。

明嘉靖四十二年州人郭从道著。

按,《陇右方志录》题《徽州志》,实为《徽郡志》。卷数未详,应为 8 卷。是志有嘉靖四十二年刻本,今北京图书馆、湖北图书馆有收藏。上海图书馆、甘肃图书馆皆有抄本。

(12)《通渭县志》(万历)4 卷

佚。

明万历四十一年知县刘世纶修。

按,此志纂修于万历四十一年,刊刻于万历四十四年。据秦大夔《序》称:知县刘世纶"锐意修志,属草盈筐。复延邑人白生编次之。"实成于二人之手,邑人白生者,白我心,曾做过龙安府经历。刻本仅存甘肃省图书馆,卷 4 缺佚。国内抄本数家,亦存卷 1 - 3。甘肃省博物馆所藏抄本有张维先生题记,可见张维后来曾阅此志,惜《陇右方志录》业已授梓,未遑修改。明代通渭有旧志,故刻本题"重修通渭县志"。

(13)《宁远县志》(万历)5 卷

佚。

明万历中知县郧县邹浩著。

按,万历《宁远县志》有万历十五年刊刻本,今北京图书馆收藏,然有缺页,漫漶不清处甚多。上海图书馆藏有抄本,甘肃图书馆有缩微胶卷,均出自北图缺页本。此志康熙《宁远县志》凡例云5卷,且有卷目,但刻本实有8卷,疑为刊刻时析分所致,或有5卷本,也未可知。宁远县即今武山县。

(14)《静宁州志》(康熙)

佚。

清康熙五十五年知州奉天黄廷钰修。

按,康熙《静宁州志》有康熙五十五年刻本,国内仅存甘肃省图书馆。《陇右方志录》不著卷数。据刻本,此志为14卷,首1卷。

(15)《广武志》(康熙)

佚。

清康熙时卫人俞益谟著。

按,康熙《广武志》有康熙五十六年刻本,国内仅甘肃省图书馆有藏本。20世纪60年代,甘肃省图书馆与宁夏图书馆均曾油印刊布。据刻本,此志全题为《朔方广武志》,2卷。

(16)《碾伯新志》

佚。

按,《碾伯志》张维先生向未寓目,仅据乾隆《甘肃通志》著录,书名不确,纂修者未详。此志未曾刊刻,唯北京师范大学藏一抄本。1959年,北京师范大学图书馆刊布过打印本,是志方得流传。据打印本,是志应题为《碾伯新志》,清康熙年间李天祥纂。碾伯即今青海乐都县。

(17)《武威县志》

佚。

按,《陇右方志录》据乾隆《甘肃通志》著录《武威县志》,实为复重。《甘肃通志》所引,乃乾隆《五凉考治六德集全志》卷1之《武威县志》,《陇右方志录》"府志类"业已著录。《五凉考治六德集全志》有乾隆十四年刻本,国内所藏,有数十家,民国后及近年来又有新印本,甚为易得。

(18)《古浪县志》

佚。

按,此志著录与前《武威县志》同误,亦为复重。志见《五凉考治六德集全志》卷4。

(19)《平番县志》

佚。

按,此志著录与(17)、(18)误同,重复互见而存佚失考。志见《五凉考治六德集全志》卷5。

24.2 著录缺漏失载者103种。其中,甘肃63种,宁夏10种,青海30种

(1)《皋兰县新志》(民国)

佚名纂。

民国间修,抄本,残,记事至民国二十年。甘肃省图书馆藏。

(2)《安定县乡土志》(光绪)不分卷

〔清〕王辅堂编。

光绪三十一年抄本,藏北京民族文化宫。

(3)《定西县采访录》(光绪)不分卷

〔清〕周凤勐纂。

光绪三十四年修,抄稿本,藏定西县文化馆。甘肃省图书馆有抄本。

(4)《重修定西县志》(民国)38卷首1卷末1卷

郭汉儒纂修。

民国三十八年修,稿本藏定西县文化馆。甘肃省图书馆有抄本。

(5)《会宁县志》(道光)2卷

〔清〕徐敬修,周西范纂。

清道光二十年刻本。上海图书馆、甘肃省图书馆有收藏,国内间有抄本。

(6)《会宁县志续编》(民国)

段燕平纂修。

民国二十九年修,抄本,国内仅甘肃省图书馆藏,存卷 9 – 11。书签题《会宁县志续编样本》。

(7)《续修通渭县志》(光绪)

〔清〕邢国弼修,卢敏纂。

光绪三十二年修,清抄本藏广西第一图书馆,甘肃省图书馆有抄本。

(8)《洮沙县志》(光绪)5 卷

张慎微修。

民国三十二年洮沙县志编纂委员会油印本。洮沙旧置,今并入临洮县。

(9)《临洮要览》(民国)

临洮县政府编,民国三十五年石印本。

(10)《渭源县风土调查录》(民国)

文廷美纂,高光寿编。

民国十六年铅印本。

(11)《续修靖远县志》(道光)

〔清〕李怀庚修,赵诵礼、严湘纂。

道光二十五年修,抄本,甘肃省图书馆有收藏。

(12)《续修靖远县志》(民国)

刘可宗纂修。

民国四年石印本,仅存甘肃省图书馆。

(13)《靖远志》(民国)

范振绪纂修。

民国三十五年修,甘肃省图书馆藏有抄本。

(14)《打拉池丞志》(光绪)不分卷

〔清〕廖丙文修,陈希魁等纂。

光绪三十四年修,抄本,又有油印本。打拉池原隶海城县,今划归靖远县。

(15)《平凉府志》(乾隆)40 卷

〔清〕佚名纂修。

乾隆间修,光绪间增修。仅有残缺抄本藏南京市图书馆,存卷1 - 14,18 - 36。

(16)《华亭县志》(民国)4 卷

张次房修,辛邦隆纂。

民国二十二年石印本,国内图书馆多有收藏,较为易得。

(17)《静宁县新志》(民国)

周廷元纂修。

民国六年修,稿本藏北京师范大学,仅存卷首、卷 1。全书卷数待考。

(18)《庄浪县志略》(乾隆)20 卷

〔清〕邵陆纂修。

乾隆三十六年刻本。

(19)《重修灵台县志》(民国)4 卷首 1 卷

高维岳、张东野修,王朝俊等纂。

民国二十四年南京京华印书馆铅印本,国内图书馆多有收藏。

(20)《泾州采访新志》

〔清〕杨丙荣纂。

宣统元年修。甘肃省图书馆有抄本收藏。

(21)《泾州乡土志》2 卷

〔清〕张元漆编。

光绪三十三年修。稿本藏甘肃省图书馆。甘肃省博物馆所藏抄本有张维先生题记,当系准备补入《陇右方志录》著录的一种地方志。

(22)《泾川采访录》(民国)

张振江纂。

民国十九年抄本,存甘肃省图书馆。此抄本封面题《遵章泾川县采访县治各项事件清册》,记事继乾隆张延福《泾川志》(《陇右方志录》已著录)至民国十九年。

(23)《崇信县采访乡土志》1 卷

280

〔清〕佚名编。

光绪三十年编。未刊,抄本藏甘肃省图书馆、博物馆。

(24)《庆阳府志续稿》(民国)14 卷

杨景修纂。

民国初修,记事至民国二年,有 1961 年油印本。

(25)《庆阳县志稿》(民国)

张精义原纂,陆为公、杨季熊整理。

民国二十年修。1963 年,甘肃省图书馆、博物馆油印本。

(26)《重修镇原县志》(民国)19 卷首 1 卷

钱史彤、邹介民修,焦国理、慕寿祺纂。

民国间修,稿本今存甘肃省图书馆。比较常见的是民国二十四年兰州俊华印书馆铅印本,国内多有收藏。

(27)《镇原县乡土志》1 卷

〔清〕宋运贡修,王柄枢、焦国理等纂。

光绪三十三年修,未刊。北京图书馆、民族文化宫有抄本,甘肃省图书馆存缩微胶卷。

(28)《秦州直隶州新志续编》(民国)8 卷

姚展等修,任承允纂。

民国二十三年修,二十八年铅印本。国内图书馆多有收藏。

(29)《天水县志》(民国)14 卷首 1 卷

庄以绥修,贾缵绪纂。

民国十七年修,二十二年续修,二十八年铅印本。国内图书馆多有收藏。

(30)《天水小志》

战区中小学教师甘肃服务团教材编辑组编。

民国间修,有油印本,藏南京市图书馆,甘肃省图书馆有缩微胶卷。

(31)《清水县志》(民国)12 卷首 1 卷

刘福祥、王凤翼修,王耿光纂。

民国三十七年石印本。

（32）《重纂礼县新志》（民国）4 卷

孙文俊纂。

民国十八年修，二十二年铅印本。此志据雷文渊光绪志（《陇右方志录》已著录）正谬，补阙，并续纂光绪、民国事。

（33）《徽县略志》（咸丰）4 卷

〔清〕阚凤楼纂。

咸丰五年修。传抄本存北京师范大学、上海图书馆。较为常见的为光绪三十三年武昌存古学堂铅印本。

（34）《阶州志》（万历）2 卷

〔明〕余新民修，蹇逢泰纂。

万历四十四年刻本，仅存北京图书馆。国内间有缩微胶卷或影抄本。《陇右方志录》曾著录明《阶州旧志》一种，所据为嘉靖《陕西通志》"风俗"所引，非万历《阶州志》甚明，故补入。

（35）《文县要览》（民国）8 卷

李秉璋、韩建笃纂。

民国三十六年石印本。

（36）《成县要览》（民国）不分卷

王作炎、乔荫远纂。

民国二十五年石印本。

（37）《新纂康县县志》（民国）24 卷

王世敏修，吕钟祥纂。

民国二十五年石印本。

（38）《康县要览》（民国）

孙述舜纂。

民国三十七年石印本。

（39）《岷州志》（光绪）

〔清〕王继政纂。

光绪八年修。未刊，稿本今存西北大学图书馆。

（40）《岷州续志》采访初稿（光绪）

〔清〕陈如平纂修。

光绪二十四年修。

(41)《河州采访事迹》(宣统)8 卷

〔清〕张廷武纂。

宣统元年修。未刊,抄本藏北京图书馆,甘肃省图书馆抄本存卷 1、3、4、5。

(42)《导河县志》(民国)8 卷

黄陶庵纂。

民国二十年抄本。甘肃省图书馆、博物馆有收藏。

(43)《夏河县志稿》(民国)10 卷

张其昀纂。

民国二十四年修,有抄本;又有民国二十五年铅印《方志月刊》油印本;又有 1963 年甘肃省图书馆油印本。

(44)《镇番县志》(宣统)10 卷首 1 卷

佚名纂。

宣统元年修。未刊,抄本仅南京大学图书馆有收藏。

(45)《镇番乡土志》(光绪)2 卷

〔清〕刘春堂、聂守仁编。

光绪间修。未刊,日本东洋文库藏一抄本,国内尚未发现抄本。

(46)《永昌县乡土志》(宣统)不分卷

杨鼎新编。

宣统元年稿本,今存台湾。

(47)《古浪县志》(民国)9 卷首 1 卷

李培清修,唐海云纂。

民国二十八年铅印本。

(48)《皋兰县红水分县采访事略》(宣统)不分卷

〔清〕李国华纂。

宣统元年清稿本,今存台湾。红水即今景泰县。

(49)《创修红水县志》(民国)

佚名纂。

民国十九年修。未刊,有 1963 年甘肃省图书馆油印本,惜残缺不全,仅存卷 2、3、4、5、6、7、10 等 7 卷,原卷数待考。

(50)《新修张掖县志》(民国)

白侯原纂,余炳元续纂。

民国三十八年修。稿本仅存卷 12 "大事记",藏中央民族学院图书馆;北京图书馆有抄本;又有民国油印本;又有 1959 年北京中国书店油印本;又有打印本。皆可查阅。

(51)《临泽县采访录》(民国)

临泽县县志局编。

民国十八年抄本。存甘肃省图书馆。

(52)《创修临泽县志》(民国)14 卷

章金泷修,高增贵纂。

民国三十一年兰州俊华印书馆铅印本。

(53)《肃州新志》(光绪)不分卷

〔清〕吴人寿、何衍庆纂修。

光绪二十三年修。未刊,甘肃省博物馆、图书馆有抄本,博物馆抄本有张维先生题记。

(54)《安西县采访录》(民国)

曹馥纂。

民国十九年修。未刊,抄本藏甘肃省图书馆。

(55)《玉门县志》(嘉庆)

〔清〕佚名纂。

乾隆间修,嘉庆间增补。未刊,有抄本流传。

(56)《敦煌县志》(民国)13 卷

吕钟纂。

民国三十五年修。未刊,甘肃省图书馆存抄本。

(57)《敦煌县乡土志》(光绪)4 卷

〔清〕佚名纂。

光绪末修。未刊,民国抄本存北京图书馆、甘肃图书馆(缺卷1)。

(58)《金塔县志》(民国)10卷

赵仁卿等纂。

民国二十五年修。1959年金塔县人民委员会油印本。

(59)《金塔县采访录》(民国)

金塔县政府修。

民国三十年修。未刊,抄本存甘肃省图书馆。

(60)《鼎新县志》草稿(民国)

张应骐修,蔡廷孝纂。

民国三十七年修。稿本今存甘肃省博物馆;1957年,金塔县人民委员会曾油印刊行。

(61)《居延海》(额济纳旗)

董正钧著。

有1950年北京中华书局铅印本、1952年再版本。

(62)《甘肃省乡土志稿》(民国)不分卷

朱允明编。

民国三十七年编。未刊,抄本存甘肃省图书馆。

(63)《甘肃便览》

〔清〕佚名纂。

未刊,有抄本;又有扫描复印本。

以上为甘肃省稿本。

(64)《宁夏省考察记》(民国)3编

傅作霖编。

民国二十四年南京正中书局铅印本。

(65)《宁夏纪要》(民国)

叶祖灏编。

民国三十六年南京正论出版社铅印本。

(66)《银川小志》(乾隆)

〔清〕汪绎辰纂。

乾隆二十年修。未刊,稿本今存南京图书馆;又有抄本。

(67)《豫旺县志》(民国)6 卷

朱恩昭纂。

民国十四年修。未刊,抄本今存台湾;宁夏图书馆所藏抄本仅存卷1。豫旺即今同心县。

(68)《宁灵厅志草》(光绪)不分卷

〔清〕佚名纂。

光绪三十三年修。未刊,日本东洋文库藏有抄本;国内尚未发现。

(69)《隆德县续志》(道光)

〔清〕黄壕纂修。

道光六年刻本。国内不存,美国国会图书馆有收藏。

(70)《重修隆德县志》(民国)4 卷

桑丹桂修,陈国栋纂。

民国二十四年修。有石印本;又有 1965 年甘肃省图书馆油印本;又有宁夏图书馆油印本。

(71)《化平直隶抚民厅遵章采访编辑全帙》(光绪)不分卷

王宾、张元泰编。

光绪三十四年修,稿本存台湾。化平即今泾源县。

(72)《化平县采访录》(民国)不分卷

佚名纂。

民国九年抄本,存甘肃省图书馆。

(73)《新编化平县志》(民国)4 卷

盖世儒修,张逢泰纂。

民国二十九年石印本;又有抄本。

以上为宁夏回族自治区稿本。

(74)《青海志》4 卷

〔清〕康敷额纂修。

未刊,台湾藏抄本。

(75)《青海图说》1 卷

章光庭纂。

民国石印本;又有晒印本,抄本。

(76)《青海志》(民国)

白眉初编。

民国间修。未刊,抄本存甘肃省图书馆。

(77)《最近之青海》

青海省民政厅编。

民国二十三年铅印本。

(78)《青海志略》不分卷

许崇灏纂。

民国间修,民国三十四年上海商务印书馆铅印本;又有抄本。

(79)《青海省人文地理志》

张其昀、李玉林编。

民国三十一年油印本。

(80)《青海省通志》(民国)

(民国)青海省通志编纂委员会纂修。

民国三十六年修。稿本存青海省图书馆,未有刊本及传抄本。

(81)《青海风土记》

杨希尧撰。

民国二十二年新亚细亚协会铅印本。

(82)《青海各县风土概况调查记》

有 1959 年甘肃省图书馆油印本。

(83)《青海》

中华西北协会纂。

有民国二十二年铅印本。

(84)《青海》

王慎余、邹国柱纂。

民国二十五年蒙藏学校铅印本。

(85)《青海》

周振鹤纂。

民国二十七年长沙商务印书馆铅印本。

(86)《西宁府续志》(民国)10 卷

邓承伟原本,基生兰续纂。

民国二十七年铅印本。

(87)《西宁县风土调查记》

民国二十一年纂。未刊,有抄本。

(88)《采录大通县乘佚稿》

光绪三十四年修。有抄本,又有油印本。

(89)《甘肃大通县风土调查录》

聂守仁编。

未刊,有抄本。

(90)《乐都县风土概况调查大纲》

民国二十一年纂。未刊,有抄本。

(91)《互助县风土调查记》

民国二十一年纂。未刊,有抄本。

(92)《民和县风土调查记》

民国二十一年纂。未刊,有抄本。

(93)《丹邑新志》草稿

稿本存青海省图书馆。

(94)《湟源县风土调查录》

有抄本存甘肃、青海省图书馆。

(95)《巴燕县风土调查概况》

民国十九年抄本,仅存甘肃省图书馆。

(96)《门源县风土调查记》

民国二十一年纂。未刊,有抄本。

(97)《贵德县志稿》(民国)4 卷

姚钧修,赵万卿纂。

民国二十九年修。稿本今存青海省图书馆;抄本甘肃省图书馆、博物馆有收藏;又有油印本。

(98)《贵德县风土调查大纲》

张右周编。

民国二十一年纂。未刊,有抄本。

(99)《共和县风土调查记》

民国二十一年纂。未刊,有抄本。

(100)《青海玉树囊谦称多三县调查报告书》

蒙藏委员会调查室编。

民国三十年编。有铅印本;又有油印本。

(101)《玉树县志稿》(民国)10 卷

周希武纂。

有抄本;又有 1959 年油印本。

(102)《玉树调查记》2 卷

周希武著。

稿本今存台湾;有抄本;又有民国九年上海商务印书馆铅印本。

(103)《玉树调查志略》

曹端荣编。

民国十七年甘肃印刷局铅印本;又有抄本存甘肃省图书馆。

以上为青海省稿本。

24.3 著录失考误题者 5 种

(1)《甘镇志》(顺治)

清顺治十四年分巡道昌平杨春茂著。

按,刻本书口题《丁酉重刊甘镇志》,乃杨春茂在顺治十四年重刊。是志记事至万历三十六年,当为《甘镇志》(万历),亦非杨春茂所著。《陇右方志录》所引《北平图书馆方志目录》辩之甚明,转录如下:"《甘镇志》不分卷,明纂修,佚名。清顺治十四年刻本。此志首册有《重刊甘镇志序》,杨春茂撰,内有靡不博采备陈、阅月成编锓版等语,玩其语气,似曾重修,故旧目误作顺治修。然细查内容,无万历四十年后事迹"。《联合目录》题"[万历]甘镇志六卷(明)佚名纂清顺治十四年(1657)杨春茂重刻本",较为准确。

(2)《丹噶尔厅志》(宣统)

清宣统时厅人杨景升著。

按,此志应题《丹噶尔厅志》(光绪)8卷。据《联合目录》,光绪三十四年修稿本今存台湾。《陇右方志录》著录,仅据宣统二年甘肃官报书局铅印本,因以致误。

(3)《会宁县志》(清)1卷

清初修。

按,此志为康熙《会宁县志》。

(4)《河州志》(康熙)

清康熙二十六年知州武定张质修。

按,张质应为张瓉。

(5)《续修永昌县志》(民国)1卷

按,此志义例一仍嘉庆旧志,应为8卷。

(《西北民族大学学报》,1988年第2期。)

25 《陇右稀见方志三种》跋

1984 年 10 月，上海书店影印出版《陇右稀见方志三种》，内收《新增岷州志》《安西采访底本》《甘肃巩昌府会宁县乡土志》。三志系杭州刘子亚先生提供的家藏稿本或抄本，上海书店的出版说明云："三书均流传极少，特据以影印，以供参考。"囿于当时的学术环境，该书仅印行 1000 册，且"内部发行"，流布有限。今对三志点校整理，并对其版本源流略做考究，以为治西北史地者之助。

25.1 《新增岷州志》

岷州地望即今甘肃岷县、宕昌、舟曲等地，始置于西魏大统年间（535—537）。元隶吐蕃等处宣慰司。明洪武十一年（1378）置岷州军民指挥使司，属陕西都司。清雍正八年（1730 年）改岷州，属巩昌府。

岷州地处边裔，最早的地方志当推康熙二十六年（1687）的《岷州卫志》（不分卷），仅有抄本存国家图书馆。其次则为康熙四十一年（1702）刻本的《岷州志》20 卷，较为通行。清末则有光绪八年（1882）《岷州志》，稿本只存西北大学图书馆。另有光绪三十四年（1908）《岷州续志采访初稿》抄本。

上海书店影印本出版说明云《新增岷州志》"记事最迟至清同治四年，原书封面盖有岷州官府的满汉文官印，书中并有增删涂改处，可知为当时州府所藏的誊清稿本"。然审读影印稿本，尚有若干疑义，须做讨论澄清。

首先，是书名。

《新增岷州志》计 144 页，每页 9 行，行字 23，全书不足 3 万字。原

·欧·亚·历·史·文·化·文·库·

抄无序无目,不详撰人,但细阅内容,编排清晰有序。其纲目如次:

岷州乡土志

  历史

  兵事录

  耆旧录

  人类

  户口

  宗教

  实业

岷州乡土志

  地理

  山

  水

  道路

岷州乡土志

  物产

  植物

  矿物

  商务

从纲目看,此志虽未分卷,但"历史""地理""物产"三卷结构分割明晰,目前皆署"岷州乡土志"。由此推论,此书应题《岷州乡土志》。依方志编纂体例,类目尚多缺失,似为一未定之稿本。

其次,此志与岷州现存各志的关系。

《岷州乡土志》不标纂述年代,但记事至清同治四年(1865),上距清康熙二十六年(1687)的《岷州卫志》、康熙四十一年(1702)的《岷州志》一个多世纪,显然是两种康熙本的续纂本。光绪八年(1882)的《岷州志》、光绪三十四年(1908)的《岷州续志采访初稿》,记事皆至光绪年间,应该又是《岷州乡土志》的续纂本。由此可以断定,同治《岷州乡土志》是上续二种康熙本岷州志书、下继二种光绪本岷州志书的一个中间志稿本。1987年,甘肃岷县县志编纂委员会刊印《岷州志校注》,所收为康熙本二种、光绪本一种,而不收同治本《岷州乡土志》及光绪八年本《岷州志》,应该说是一个不应有的失误。毕竟,同治本《岷州乡土志》已由上海书店1984年影印出版,光绪八年本《岷州志》稿本仍存西北大学图书馆,细加搜访,并不难得。

又,1990年大型原始资料总集《中国西北文献丛书》编辑出版。首类即为《西北稀见方志文献》,于岷州地方志,收录的是通行易得的康熙四十一年本《岷州志》,稀见的康熙二十六年本《岷州卫志》、同治本《岷州乡土志》、光绪八年本《岷州志》、光绪三十四年本《岷州续志采访录》等一种也未收录,又何云"稀见"? 其选择取舍标准颇令人疑惑。

第三,《岷州乡土志》的编纂人。岷州在清雍正八年(1730)设知州署理州事,"同治回变"中,知州觉罗旗人曾启死难。同治四年(1865)由江苏丹徒人徐扬文葆(字芝仙)出任岷州知州[1]。 徐扬文葆三年去职,同治七年(1868)由旗人德彬继任岷州知州[2]。《岷州乡土志》记事至同治四年,又有岷州官府的满汉文官印,我们推测,很可能是当时就任岷州知州的徐扬文葆主持纂修的。

第四,《岷州乡土志》的文献价值。

同治《岷州乡土志》的文献价值大致可以从三个方面考察:

(1)岷州志书的承启。岷州志书有康熙盛世所修的二种,记事最晚至17、18世纪之交,到19、20世纪之交始有二种光绪志,中隔近两个世纪。其间,唯有同治《岷州乡土志》的续纂。其上承下启之意义应予充分认识。岷州志书的流变可藉是志予以考究。

(2)清代西北战乱不已,大者如"三藩之乱"、川陕白莲教起义、"同治回变"皆波及岷境。是志中有不少他书不载或记而未详的材料,可供学者采摭,以深化专题研究。

(3)岷州自古以来为多民族聚居区,境内番、汉、回杂处,其来源、

---

〔1〕见光绪三十四年《岷州续志采访录·职官》。

〔2〕见光绪三十四年《岷州续志采访录·职官》。

分布、变迁、风俗及社会、经济等方面的资料多处可见,若细心披览,必有所得。

25.2 《安西采访底本》

安西为汉敦煌郡属地,唐置河西道领瓜、沙二州,大历中陷于吐蕃,宋代先后为回鹘、西夏所据。元初立瓜州,明为赤斤蒙古卫辖地。清雍正二年(1724),始有安西厅建置。乾隆中,安西升府,府治先后在安西、敦煌。乾隆三十九年(1774),为安西州。民国二年(1913)改为安西县。2006年8月,经国务院批准,安西县正式更名为瓜州县。

据上海书店影印杭州刘子亚家藏《安西采访底本》出版说明:"原书为清抄本,封面也有满汉文官印,并有'宣统元年闰二月十四日到'红色木戳,可知为清末县衙收藏的本子"。草于光绪年间,成于宣统元年(1909)。今阅影印抄本,共68页,前有"州署图"等8幅,文字60页,每页9行,行字25,全志约1.13万字。

安西旧无县志,今存唯一的志书为甘肃省图书馆收藏的《安西县采访录》抄本。此本与杭州刘子亚家藏本的关系须做一考究。

甘肃省图书馆收藏的本子封面题签为《甘肃省通志·安西县采访录》,封底题"截止民国十八年止,三月十日县长曹馥",据之可判定的是,此本系国民军主甘时期(1925—1929)计划纂修新的甘肃省志,令各州县所做的事迹采访录,故题《甘肃省通志·安西县采访录》而不题《安西县志》。甘肃省图书馆所藏甘宁青各州县的采访录尚有十余种,皆为这一时期的奉令之作,多系稿本,甚有价值。

《安西县采访录》全书工笔清抄,无一处涂抹改易,并有送交日期、县长签字、安西县官文印,可知为一誊清本。每页12行,行字24,共178页,分装3册,约6万字。经翻检比对,上海书店《安西采访底本》成书年代早于《安西县采访录》,前书纂于光绪,成于宣统,后书则成于民国。因此,《安西采访底本》是乾隆三十九年安西独立建置后,安西县的第一部志书,其创修之功与文献价值应予充分认识。

其次,二志在纲目设置上绝不相类,试做比对:

《安西采访底本》	《安西县采访录》
州署等八图	舆地 1
星野	建制 2
建置沿革	民族 3
疆域	民政 4
山川	财赋 5
城池	教育 6
公署	军政 7
学校	交通 8
关梁	交涉 9
祠祀	职官 10
田赋	选举 11
兵防	人物 12
水利	文艺 13
驿递	金石 14
	纪事 15
	灾异 16
	拾遗 17

光绪志纲目未见完善,但大体沿旧志例目;民国志则有一些新目的设置,如民族、民政、交涉等。

《安西采访底本》不署撰人,但志稿"宣统元年闰二月十四日到"安西州衙则明白无误。据民国本《安西县采访录》卷10"职官",光绪至宣统任安西知州者凡17人,宣统元年在任者为侯葆文。如是,该志稿纂修主其事者,当为时任安西知州的侯葆文。

25.3 《甘肃巩昌府会宁县乡土志》

会宁县始置于西魏,名会州。隋开皇十六年(596)改会宁县,属平

295

欧·亚·历·史·文·化·文·库·

凉郡,唐天宝中没于吐蕃。明洪武三年(1370),复置会宁县,隶陕西布政司。康熙五年(1666),建甘肃布政司,会宁县隶巩昌府。故署《甘肃巩昌府会宁县乡土志》。

《甘肃巩昌府会宁县乡土志》(下称《会宁县乡土志》)系稿本,计70页,每页16行,行字20,目下小字,双行,行30~40字,共3万余字。

会宁最早的县志为康熙《会宁县志》(不分卷),仅有民国抄本存国家图书馆。次则有清道光十一年(1831)《会宁县志》12卷、道光二十年(1840)《续修会宁县志》2卷,皆有刻本存世。民国年间,有段燕平纂修《会宁县志续编》。《陇右稀见方志三种》收录的《会宁县乡土志》系稿本,由该志"户口"条"同治□□年,陕回乱后扰攘,户口锐减,十不存一,迄今承平二十余年"观之,当纂修于光绪年间。《会宁县乡土志》未见著录,应视为海内孤本,犹可珍也。

《会宁县乡土志》不分卷,类目列历史、政迹录、兵事录、耆旧录、人类、户口、氏族、宗教、实业、地理、山、水、道路、物产、商务15目。其中氏族、道路、商务仅列标题,其余类目中户、口、里等数多有缺略,似为未成稿本。

1990年,《中国西北文献丛书》之《西北稀见方志文献》收录的会宁地方志是有刻本行世而易见的道光十一年本《会宁县志》,而"稀见"的康熙本《会宁县志》、道光本《续修会宁县志》、光绪本《会宁县乡土志》、民国本《会宁县志续编》等一种也未入录,编辑收录的宗旨颇令人疑惑。

2005年出版的会宁县志办《会宁旧志集注》[1]也遗漏了这部《会宁县乡土志》,可见这部志书传世之稀。今点校整理,以补会宁县志之阙。并对会宁县志各本源流略做考察。

康熙本《会宁县志》原本不传,仅有民国二十一年(1932)抄本存国家图书馆。甘肃省图书馆、中国科学院图书馆、南京大学图书馆亦有抄本。其"职官"门最后一任知县徐文竑系康熙二十三年(1684)任。该

〔1〕会宁县志办:《会宁旧志集注》,甘肃人民出版社,2005年版。

志纲目大致齐备,但内容疏略过甚,仅8000余字。由之推断,康熙本《会宁县志》很可能是徐文竑创修会宁县志的一个初稿,体例尚不完备,内容有待补充。故未有刻本行世,只以抄本流传。

会宁县志最为完备而刊行于世的当为道光十一年(1831)会宁知县毕光尧纂修的《会宁县志》。据毕光尧序称:

乃会自明万历间前县高公曾经纂修,嗣迭遭兵燹,沦失无存。

国朝雍正间前县杨公,乾隆初前县金公、黄公皆欲修而未竟。

序中透露出的信息,一是会宁县志的创修在明万历年间,主修人为当时会宁知县高拱辰,但迭遭兵燹,已"沦失无存";第二,序中称清雍正、乾隆年间,会宁知县杨稷、金兆琦、黄显祖等皆有意纂修会宁县志而未果;第三,序中不提康熙年间的《会宁县志》,表明康熙本《会宁县志》在道光年间已流失无存,主修县志的毕光尧竟一无所知。

道光十一年本《会宁县志》在传世的会宁县志中最称完善,体例严整,内容翔实,计分12卷,约14万字。依方志纂修视之,实有创始之功。

时隔8年后的道光十九年(1839),会宁知县徐敬又续纂会宁县志,故题为《续修会宁县志》。因去时未远,这部续志对前志主要是续纂、拾遗、补阙、纠谬,其续修凡例云:

一前志成于道光十一年二月,其编葺自十年止,今所志以十一年为始。

一前志分十二门,今所纂葺仅数年且系续修,不欲有所变更,而微著应改之义于小序中,以俟后之操笔削者。

一前志十二门,今所葺只七门,每门各有小序,其无志者亦有小序系之,申明未续之故。

一前志杂纪所葺均有未当,今改归一条入建置志中。

一前志分十二卷,兹编为数无多,仅分上下二卷。

一志例向不收本地见在人著作,兹编所采艺文无多,不忍割爱,各从其类,存之以俟后之载笔者定弃取焉。

民国十二年(1923),会宁县刘庆笃、张济川等纂辑《会宁县志续

编》,仍不知有这部光绪《会宁县乡土志》的存世。刘庆笃前序称:

> ……以县志年深阙略,谋所以赓续而新之者,而索阅旧志存本,则道光十年前令毕公光尧初刊以后,续有议修者,率寻作寻辍,迄无成帙,并遗稿亦随时散佚,无可复稽。

由之可以断定的是光绪《会宁县乡土志》确系一未成未刊之稿本,不为世人所知。即使留心会宁旧志而有志续纂的刘庆笃等人,亦不知这部光绪《会宁县乡土志》的存世。

光绪《会宁县乡土志》不署编纂者姓氏,但据稿本出自杭州刘子亚先生家藏推测,很可能为光绪间出任过会宁知县的浙江萧山人萧如霖。民国《会宁县志续编》"名宦"有萧如霖传:

> 萧如霖,字又岩,浙江萧山举人。光绪六年实授县事。性介廉,有德量,视民如子,兴利除弊,惟日孜孜。修城垣,清赋役,讼无冤狱。就育婴堂旧址改修孤贫院,收养贫民。尤重学校,建书院以养士,躬督课艺。其训士之勤恳,虽贤塾师不过焉。[1]

萧如霖在历任会宁知县中颇有政绩,又注重当地的文化建设,草就县志,不无可能。因志稿未成,卸任后携稿南归,后流于杭州刘家,不为世人所知。

以上只是我们对《会宁县乡土志》编纂者的一个臆猜,确否尚有待于新资料的印证。

(《西北师范大学学报》,2002 年第 2 期。)

---

[1]《会宁县志续编》卷9。

26　辑本《西宁卫志》序^[1]

万历《西宁卫志》3卷,辑自顾炎武《天下郡国利病书》原编第19册。

辑佚之举,本起于汉学家之治经。嗣后扩及四部,成果斐然。赓绩补苴,于学术研究之推进,裨益实多。青海古称"边外"之地,文献罕征,地志兴起较晚。境内地志之创修,始于明嘉靖间邑人张莱,次则为万历时刘敏宽、龙膺之《西宁卫志》。二志亡佚已久,今存最早的青海地志当推清顺治十四年(1657)苏铣编纂的《西镇志》,距今不过300余年,且残次不全,陋劣舛错,为学者所不齿。嘉靖张志已不复得见。万历《西宁卫志》的失而复出,重现于世,不能不说是一件幸事。虽非全帙,亦足可宝。

兹就万历《西宁卫志》的成书年代、作者、内容及史料价值,略做考述,以为序。

26.1

万历《西宁卫志》,不见于明人著录。检阅万历间及万历后编订的明代公私目录,张萱的《内阁藏书目录》、焦竑的《国史经籍志》、黄虞稷的《千顷堂书目》、高儒的《百川书志》、徐火勃的《红雨楼书目》等,均不著万历《西宁卫志》。清修《明史·艺文志》,专收有明一代典籍,明志著录约380种;编纂《四库全书总目》,为前所未有的古典目录学巨作。然亦不录万历《西宁卫志》。加之是志亡佚久矣,考订其成书年代

---

〔1〕《西宁卫志》,辑本,青海人民出版社,1993年版。

·欧·亚·历·史·文·化·文·库·

及刊刻流布,确有一些困难。

正式著录《西宁卫志》的,为近人张维辑考三陇方志之《陇右方志录》。其书"郡志"部"西宁府"下首先登录了:

> 万历《西宁卫志》
>
> 佚
>
> 明万历二十三年兵备道安邑刘敏宽修[1]

此说依据为乾隆《西宁府新志》,以下小字附注引《西宁府新志》:

> 万历二十三年十二月,兵备刘敏宽、同知龙膺修《西宁卫志》成。今不特无刻板,即当年印行者,遍觅仅得宦绩及艺文数卷。使其尚存,必不似现行《西镇志》之陋劣舛错也。惜哉![2]

从杨应琚的这段话中可以看出:第一,《西宁卫志》的作者是刘敏宽、龙膺;第二,《西宁卫志》修成于明万历二十三年(1595)十二月;第三,《西宁卫志》在明代曾椠刻刊行,然传世极稀,至乾隆年间,已湮灭殆尽。经杨应琚多方搜求,仅得宦绩及艺文数卷。原卷数已不可考矣。

《西宁卫志》原书亡佚,诸志不载,杨应琚《西宁府新志》所述万历二十三年十二月《卫志》成书一说殆成定案。后世因袭不改,相沿至今。如1980年出版的《青海历史纪要》说:

> 青海地区最早的地方志,当推1595年(明神宗万历二十三年)12月明朝兵备按察使刘敏宽与西宁卫同知龙膺所修的《西宁卫志》。该书现已散失无存。[3]

1985年出版的《青海地方志书介绍》说:

> 《万历西宁卫志》(佚)
>
> [明]刘敏宽 龙膺修 明万历二十三年(1595)刻本[4]

然稽考《天下郡国利病书》所录《西宁卫志》,万历二十三年以后明确纪年的材料计有3条。

---

〔1〕《陇右方志录》,北平大北书局本,1099年版,第17页。

〔2〕引文见乾隆《西宁府新志》卷31。

〔3〕《青海历史纪要》,青海人民出版社,1980年版,第72页。

〔4〕见"中国地方志评价丛书"之二十,"吉林省图书馆学会丛书"之四十二,《青海地方志书介绍》,吉林省地方志编纂委员会、吉林省图书馆学会,1985年版,第27页。

其一，"铁厂"条：

> 铁厂在北山五十里。万历二十四年，都御史田乐檄兵备按察使刘敏宽募铁师采矿烧铁。后时不给久，废，塞焉[1]。

其二，"堡塞"之"南川"条下：

> ……万历二十四年，议大修边榨，增置有党兴沟口马营。又八十五里有喇哈山城，增置将领官，通归德路[2]。

其三，"纲领志"[3]"已上龙膺志"的最末一条纪事：

> [万历]二十四年，议城喇哈山通归德路。议置玄朔城于玄朔山西。九月，西宁营哨骑同剌卜尔部蕃御虏于西海之明沙，斩首十五级。海虏永、瓦诸都遁居盐池脑，火苴渡河而南[4]。

既然明确纪年的叙事为万历二十四年，而且3条材料的截止年代又不约而同，我们完全可以判定，《西宁卫志》的成书年代绝不会早于万历二十四年。杨应琚"万历二十三年成书"说既未知何据，又与《卫志》纪年抵牾，显然是一个明显的失误。

26.2

辑佚必先辨伪，鉴定佚文的真伪，资料的归属是首要步骤。《天下郡国利病书》抄录的《西宁卫志》是否是刘敏宽、龙膺之《西宁卫志》，必须考察辨析。也就是说，对于我们这个辑本的来源，当有所交代。

《天下郡国利病书》是顾炎武汇钞的一部资料。顾炎武自序云：

> 崇祯己卯，秋闱被摈，退而读书。感四国之多虞，耻经生之寡术，于是历览二十一史以及天下郡国志书，一代名公文集及章奏文册之类，有得即录，共成四十余帙。一为舆地之记，一为利病之书。乱后多有散佚，亦或增补。而其书本不曾先定义例，又多往代

---

[1]《天下郡国利病书》原编第19册，第63页。四部丛刊3编本第23册（下同，不另注）。

[2]《天下郡国利病书》原编第19册，第64页。

[3]原抄无目，此"纲领志"系辑注者拟加。

[4]《天下郡国利病书》原编第19册，第51页。

之言,地势民风与今不尽合。年老善忘,不能一一刊正,姑以初稿存之箧中,以待后之君子斟酌去取云尔。[1]

崇祯己卯为崇祯十二年(1639),是明朝甲申(1644)亡国之前五年,明王朝在内忧外患中已风雨飘摇。科举失利的顾炎武,"感四国之多虞,耻经生之寡术",抱着经世致用的宗旨,历观二十一史及天下郡县志书、一代名公文集及章奏文册之类,"有得即录",共成 40 余帙。然后析分为二:一为舆地之书,即《肇域志》;一为利病之书,即《天下郡国利病书》。因其书未曾先定义例,故直到二书编订时,仍是辑抄的二本原始资料"存之箧中"。据清人钱邦彦依顾衍生(亭林养子)原本,参照张穆本、吴映奎本、车持谦本、周中孚本、徐松本校补的《顾亭林先生年谱》,[2]《天下郡国利病书》的编订,在康熙元年(1662),时顾炎武年50。如果从始录资料的崇祯十二年起算,共历 23 个春秋。此正与《肇域志》序中所谓"区区二十余年之苦心"相合。[3] 据此,《西宁卫志》的辑抄年代当在崇祯十二年至康熙元年之间。

如前所述,青海境内康熙元年以前的旧志仅有 3 种:嘉靖张莱志;万历刘敏宽、龙膺志;顺治苏铣志。嘉靖张莱志佚名,《天下郡国利病书》辑录的《西宁卫志》记事延至嘉靖以后的隆庆、万历,此志非张莱志是无可置疑的。顺治苏铣志今存,一则书名不符,《利病书》云《西宁卫志》,刊本或著录称《西宁志》或《西镇志》。更重要的是,稍加比勘,二志的体例、内容相去甚远,《利病书》抄录的《西宁卫志》非顺治苏铣志,也是不容置疑的。而可能性较大的,就是万历刘敏宽、龙膺志了。

我们判定此志是万历刘敏宽、龙膺志的证据有四:

第一,书名相同。

刘敏宽、龙膺志著录皆为《西宁卫志》。《天下郡国利病书》原编第19 册第 64 页首行署"西宁卫志"一处。

第二,纪事年代相符。

---

[1]《顾亭林文集》卷 6,中华书局 1983 年第 2 版,第 131 页。
[2]见《四部丛刊》三编本《天下郡国利病书》附录,第 26 册。
[3]《顾亭林文集》卷 6。

刘敏宽万历二十三年始任西宁兵备副使,二十五年迁按察使。龙膺万历间先任西宁卫监收通判,嗣迁同知。[1]《西宁卫志》的纂修当在此时。《利病书》迻录《西宁卫志》的部分涉及明代青海史事很多,大多有明确纪年,其中,前揭三条材料最迟纪年为万历二十四年。此与刘敏宽、龙膺任职西宁、撰修卫志的时间是吻合的。

第三,明确署名。

《西宁卫志》后经人续纂,至少"纲领志"部分有人做过简略的续补。《天下郡国利病书》所录《卫志》中的纪事续至崇祯十七年,便是明证。但在原编第 19 册第 51 页,万历二十四年与万历二十五年纪事间隔之处有"已上龙膺志"五字,无异明确标示了该志的作者。此为万历刘敏宽、龙膺《西宁卫志》的力证。

第四,内容与纂修者经历相合。

刘敏宽、龙膺任职西宁时期,恰逢明政府派兵部尚书郑洛经略青海,整饬兵备防务,招抚番族,以御"海虏"。并相继取得"湟中三捷"的战绩。刘敏宽、龙膺均参与戎事,或筹划兵防,率兵出战,或抚治番族,督运粮草,以功屡受赏赐升迁。这一经历无疑丰富了《西宁卫志》的内容,影响到《西宁卫志》的纂修。《利病书》所录《西宁卫志》反映明代青海军备防务的内容特别突出,尤其是"堡寨""峡榨""番族""四卫""海虏"等几部分,尤为详尽,许多记载就是郑洛经略青海时的实际措置;"海虏"一节还附载了长篇的"经略郑洛备御海虏事宜疏略",时代的痕迹十分明显。这些,一方面固然反映了顾炎武辑抄方志资料的宗旨和侧重,另一方面确也能印证《天下郡国利病书》抄录的《西宁卫志》就是刘敏宽、龙膺纂修的万历《西宁卫志》。

保存在《天下郡国利病书》中的万历《西宁卫志》依原抄计,共 31 页,不足 35000 字。无论从文字上考察,还是从方志编修体例上推论,远非《西宁卫志》足本是毫无问题的。原抄两种笔体,细玩书法,第 47 页至 52 页计 6 页系顾炎武亲笔大字抄录,第 53 页至第 78 页计 26 页

---

[1]《西宁府新志》卷 25《刘敏宽传》《龙膺传》,《明神宗实录》卷 291、309。

为另一人工笔小楷抄就。字体工整清晰,章节错落有致,其堡寨、峡榨、番族、四卫、海虏五节均抬头标目,其余则大致可分卷析目。原抄颇佳,错讹失误较少。比之于《天下郡国利病书》中其他方志之抄,《西宁卫志》相对集中整齐,尚无零乱失次之感。此其《利病书》抄《西宁卫志》之大略。

26.3

万历《西宁卫志》的卷数、目次已无从稽考,《天下郡国利病书》的《卫志》抄本亦无卷目标识。辑本的整理首先要解决的问题是析卷分篇。

《天下郡国利病书》系未成之稿,原不分卷。未刊之前,辗转抄写,"以意分析,失其元弟",《四库全书总目》谓100卷,坊刻本120卷。清代著名校勘学家黄丕烈以为"已失庐山面目",俱不足信。乾隆五十七年(1792),黄氏得传是楼收藏的《天下郡国利病书》原稿本,因据原书页面所标某省府决为34册(中阙第14册)。[1]《四部丛刊》三编本遵用黄氏校订的原编册数影印,堪称善本。因此,我们选用了《四部丛刊》三编本《天下郡国利病书》作为辑佚的底本,其卷目分篇,即依原编第19册"陕西下"中《西宁卫志》的撮录面目。原抄第47页至52页是明代青海地区的大事记,故仿《西宁府新志》卷目拟为"纲领志"一卷,不分篇,第53页至63页是青海境内的山川、古迹、城池的记载,一般都属于地理志的内容,故拟为"地理志"一卷,下隶"山川""古迹""城池"3篇,篇目均为辑注者拟加;第64页至78页前有小序,从青海地区的地理、民族环境谈到西宁卫的军事布防,以下依次为堡寨、峡榨、番族、四卫、海虏,分篇清晰,各有篇目,显然自成体系,大体是西宁卫的军事防务、番族部落分布、羁縻四卫及明代中期以后困扰青海的"海虏"等方面的内容,故拟为"兵防志"一卷,下隶"堡寨""峡榨""番族""四卫"

---

〔1〕《天下郡国利病书》黄氏题词。见《四部丛刊》三编本第19册。

"海虏"5篇,均系原抄标目。次序上,将原在前面的"纲领志"移后,首"地理志",次"兵防志",次"纲领志",以合方志纂修义例。"纲领志"前有西宁卫的疆域四至一段拟为"疆域"篇,移置"地理志"之首。整理后的辑本万历《西宁卫志》计分3卷10篇,目录及各篇大略字数如下:

卷1　地理志

疆域　约300字

山川　约8000字

古迹　约4000字

城池(铁厂附)　约1000字

卷2　兵防志

小序

堡寨　约2000字

峡榨　约5000字

番族　约4500字

四卫　约1000字

海虏　约3000字

卷3　纲领志　约3500字

从这一目录可以看出,万历《西宁卫志》的主干内容,或者说关于明代青海最有价值的一些材料,均已包括在辑本《西宁卫志》中了。

乾隆间杨应琚纂修《西宁府新志》,曾多方搜求万历《西宁卫志》,据杨氏自述云:"遍觅仅得宦绩及艺文数卷。"如果这一说法可靠的话,我们可以断言,至少《西宁府新志》之"职官志""艺文志",参照了《西宁卫志》的残本。《西宁府新志》万历二十四年以前的"职官"和"艺文",很可能是根据《西宁卫志》迻录而续补的(关于这一点,将在下文稽考二志关系一节中论及)。那么,辑本万历《西宁卫志》加上《西宁府新志》中万历二十四年以前的"职官""艺文"以及标明录自"卫志""旧志"的零星材料,大体上是可以恢复万历《西宁卫志》的原貌的。

26.4

万历《西宁卫志》的发现,使我们有可能对青海地区早期的几种方

·欧·亚·历·史·文·化·文库·

志源流做一考察。

顺治《西镇志》的基本情况已详校注本《西镇志》的代序:《关于〈西镇志〉》。正如我们所推测的,无论是甘州分巡道杨春茂纂修之《甘镇志》,还是西宁道苏铣编撰之《西镇志》《凉镇志》,均为立国之初,清统治者出于对比较陌生的西北边镇的了解而指令编纂的。内容或出于"上意",体例自不得随意。仓促属稿,拼凑成书,不免疏漏谬误。学者讥其"了草冗杂,绝无体例",[1]"时有错误",[2]"亦多阙略",[3]盖有因也。

对照《西镇志》与《西宁卫志》,《西镇志》在纂修中参阅了《西宁卫志》,摭取了一些材料,但二志体例绝不相类,至少从辑佚所得的《西宁卫志》片断部分考察,文字、内容相去甚远。顺治《西镇志》与万历《西宁卫志》的承袭渊源关系不是很密切。

然而,取乾隆《西宁府新志》与辑本《西宁卫志》对读,情形就大不一样了。

首先,篇目的设置上,《西宁府新志》脱胎于《西宁卫志》的痕迹十分明显。如果说"地理志"的疆域、山川、古迹、城池诸篇目系一般方志纂修之通例,不能证明二志间的承袭关系的话,那以下篇目的设置则过于相似了:

辑本《西宁卫志》	《西宁府新志》
堡寨	堡寨(卷 12)
番族	番族(卷 19)
四卫	明塞外四卫(卷 20)
海虏	青海(卷 20)
纲领志(拟目)	纲领志(卷 30、31)

番族、四卫、海虏系明代青海地区的一些特殊问题,不一定为志书的必置篇目。《西宁府新志》的这几个篇目,显然是袭用了《西宁卫

---

〔1〕《四库全书总目》卷 74"地理类存目"。

〔2〕《陇右方志录》张维按语。

〔3〕《凉镇志》(顺治)张昭美序。

志》。

其次,文字和内容上,《新志》抄录《卫志》的情况十分普遍。试以辑本《西宁卫志》的次序逐篇做一比较:

疆域

明清行政建置不同,疆域四至的标识亦有变化,"疆域"一篇全系重写。

山川

《西宁卫志》共录山川 110 处,《西宁府新志》增至 151 处。增录的主要是泉,《卫志》录泉 2 处,《新志》录 21 处。山谷、河流略有增补,至所增录之元朔山之观音洞、五峰山之北洞,于例不合,实无必要。文字抄录《卫志》者十之八九,兹举"昆仑山"一例:

《西宁卫志》	《西宁府新志》
昆仑山在卫治西北故临羌县境。《汉书·地理志》注云:昆仑在临羌,西北有王母祠石室、仙海、盐地。西有弱水、昆仑山祠。唐长庆中,刘元鼎使吐蕃云:三山中高四下,曰紫山,古所谓昆仑。鲁("夷"字之讹)曰闷摩黎山。元潘昂霄《黄河志》云:吐蕃朵甘思东北鄙有大雪山,即昆仑。自山腹至顶皆雪,炎夏不消,远年成冰。洪武间,西平侯沐英、征西将军邓愈追羌俱至此山。非古所谓昆仑也。自酒泉太守马岌傅会立西王母祠,故得是名。见《昆仑、积石二山辨》。	昆仑山在县治西北故临羌县境。《汉书·地理志》注云:昆仑,西北有王母祠石室、仙海、盐池。西有弱水、昆仑山祠。唐长庆中,刘元鼎使吐蕃云:二山中高四下,曰紫山,古所谓昆仑。夷曰闷摩黎山。元潘昂霄《黄河志》云:吐蕃朵甘思东北鄙有大雪山,即昆仑。自山腹至顶皆雪,炎夏不消,远年成冰。洪武间,西平侯沐英、征西将军邓愈追羌,俱至此山。非古所谓昆仑也。自酒泉太守马岌傅会立西王母祠,故得是名。见《昆仑、积石二山辨》。

《西宁府新志》抄录《西宁卫志》,除将"卫治"改为"县治"外,余皆一字不易。引用《汉书·地理志》的一段,系《地理志》正文,《卫志》讹为"注云",《新志》仍沿此误;元潘昂霄《黄河志》实为《河源志》,《新志》亦因《卫志》之名,照书《黄河志》。个别条目,如"西海""湟水"等,《新志》则略有增益。

古迹

《西宁卫志》记古城 55 处,堡、砦、亭、碑、关、祠等 33 处。《西宁府新志》分西宁县、碾伯县、大通卫、贵德所四地,而以冢墓附之,冢墓为增修内容。四地古城计 63 处,增记古城 8 处;其余古迹 50 处,增记 17 处。古迹同名各条大体依《卫志》原文移录,无大更改。个别条目,文字上有增益润色,兹举"石堡城"一例:

《西宁卫志》	《西宁府新志》
石堡城在卫治西南二百八十里。唐开元十七年,吐蕃陷此城,留兵据之,侵扰河右。命信安王祎与河西、陇右同议攻讨。诸将咸以石堡险远难攻,祎不听,引兵拔之,命曰振武军。二十年,复为吐蕃所陷,董延光攻之不克。八年,哥舒翰复拔之,置神武军。	石堡城在县治西南,本铁仞城,三面险绝,惟一径可上。唐开元十七年,吐蕃陷此城,留兵据之,侵扰河右。命信安王祎与河西、陇右同议攻讨。诸将咸以石堡险远难攻,祎不听,引兵深入,急攻拔之,命曰振武军。二十九年,复为吐蕃所陷,董延光攻之不克。八年,哥舒翰复攻,吐蕃以数百人守之,唐兵死者数万,仅而克之,置神武军。

城池

《西宁卫志》记载城池 8 处,《西宁府新志》增至 24 处,隶"建置志"。增记之 16 城均为清代康、雍、乾三朝新建,其中,乾隆初新建为多,反映了清初对周边地区统治的加强和开发经营。旧有的 8 城,明万历前的建置,《新志》一仍《卫志》,但堡寨增补了清初修复扩建的内容。

堡寨

《卫志》的"堡寨",以卫治为中心,分南川、西川、北川、威远、城东四向分载,由近及远,计里记录,较为简略。清乾隆时,西宁府下置西宁县、碾伯县、大通卫、贵德所,故堡寨亦按二县一卫一所分载,内容上较《卫志》详尽。看来,"堡寨"一节,系杨应琚因时命笔,重新纂修。

峡榨

峡榨是明代青海为防"海寇"入掠而在各交通要道设置的军事要塞,属西宁卫防御体系。故万历间修《卫志》专设"峡榨"一篇,备列西宁边榨,共28处,极冲27处,次冲11处。清代青海无"海寇"之患,峡榨逐渐废弃。故《西宁府新志》不载峡榨。

番族

《西宁府新志》"武备志"专修"番族"一卷(卷19),前有小序云:"明万历时番人分为二十五族,尚可稽考,列于左方,并志其户口、服制、风俗,以备观览云。"以下,首列"万历中番人二十五族",次载雍正元年(1723)平定罗卜藏丹津之乱后划归二县一卫一所及新设巴燕戎抚番厅的番族,最后附以"塞外贡马番族"。其"万历中番人二十五族"完全录自《卫志》,但有节删。兹举"占咂族"一例观之:

《西宁卫志》	《西宁府新志》
占咂族一曰章咂。洪武十三年招抚,居塞外。西接下隆卜,东邻革咂,居处服食皆同。往往接连二族,叛服靡定。嘉靖四十年,出掠马哈剌沟,输马久绝。万历十九年,经略尚书郑洛遣使招谕之,互开其族,有锁南族、速俄族、六卜族、阿尔结族、朵藏族、哈撒尔族、思冬加族、和尔加族、多尔利族、尔加藏族、的咂族、思冬干族、哈卜郎族、合尔族、思纳加族、克墩族、答尔马族、朵尔只族、思打革族、哈加族、辨朵族、官他族、沙麻尔族、沙卜族、思冬正族、巴尔革族、丹麻族、哇喇宗牙族、宗受尔加族。总计输马三百匹有奇,中多兵备刘敏宽复招徕者焉。	占咂族一曰章咂,洪武十三年招抚,居塞外。西接下隆卜,东邻革咂,居处服食皆同。往往接连二族,叛服靡定。嘉靖四十年,出掠马哈剌沟,输马久绝。万历十九年,经略尚书郑洛遣使招谕之,互开其族,立二十九族。总计输马三百匹有奇,中多兵备刘敏宽复招徕者焉。

《卫志》原列郑洛"互开其族"之族名,《新志》略为"立二十九族"。另如隆卜族,《卫志》具载郑洛"开族八十有奇"之族名,《新志》均略去不书。这些节删,造成不少有价值资料的阙佚,不能不说是一种遗憾。

《利病书》的《卫志》"番族"篇仅录番族21,恐漏抄所致。如以《新志》补书,可为完帙。

四卫

《西宁府新志》卷 20 有"明塞外四卫"一篇,实列安定、曲先、阿端三卫。杨应琚在篇后"松门杨氏曰"的按语中解释说:"按,明初设安定、阿端、曲先、罕东、赤斤、沙州诸卫,给之金牌,令岁以马易茶,谓之差发。沙州、赤斤隶肃州,余悉隶西宁,称塞外四卫。第查罕东卫在赤斤南,汉敦煌郡地也,即今之安西。应入《安西志》,宁郡不得攫而有也,故不载。"所载三卫的内容,较之《卫志》增补不少,其中尤以安定卫为甚。三卫字数对照如下:

	《西宁卫志》	《西宁府新志》
安定卫	约 320 字	约 1560 字
曲先卫	约 150 字	约 700 字
阿端卫	约 150 字	约 340 字

《西宁府新志》似乎增补了不少有价值的材料。然细加考察,《新志》所载三卫的内容,全抄《明史·西域传》[1] 稍加对读,即可发现,兹不赘述。

海虏

《西宁卫志》"海虏"一篇记载极简,约 500 字,重点内容是节录明兵部尚书郑洛经略青海时的备御海虏事宜疏略。[2] 清代满蒙关系密切,当然不能以"海虏"命篇。但青海蒙古是明清二代青海地区的一个重大问题,不能迴避。故《西宁府新志》以"青海"为篇目,具载青海蒙古的盛衰及与明清王朝的关系,内容较为详尽。该篇从汉武帝元狩六年(前 117)遣兵击先零羌、羌人西入湟中西海开始,简略追叙了这一地区的历史。从"明正德四年,蒙古部酋亦不剌、阿尔秃斯拥众西奔"以下,抄录《明史·西域二·西番诸卫传》的部分内容。最后,记录了乾隆以前清王朝对青海、西藏地区的经营管理。杂采正史,内容翔实。

---

〔1〕《明史》卷 330"西域二"。

〔2〕《明经世文编》卷 405"郑经略奏疏二""敬陈备御海虏事宜以弭后患疏"。

明代青海蒙古问题的记载,非采录《卫志》。

纲领志

杨应琚在《西宁府新志》撰修"凡例"中曾声称:

> 新志内纲领一志,余之创例也。盖因湟中郡邑,自汉、魏以来,兴废靡常,非依编年法特书分注,则不能通贯明晰。于是尽猎历代诸史,以至圣朝典章暨文集、家乘,凡关大事者泐为一志。披阅之际,上下数千年,其得失利害,如指诸掌。非故为矜博,实便于后人。

杨应琚称"纲领一志,余之创例",颇为自负。然观《卫志》,虽无"纲领"之名,有明一代青海地区的大事记赫然在目。兹略去小字附注,将明代洪武、永乐间二志记载对照如下。

《西宁卫志》	《西宁府新志》
洪武元年正月,甘肃理问所官祁贡哥星吉归附。 二年,都督沐英略地昆仑,讨蕃部,平之。	明太祖洪武元年正月,甘肃理问所官祁贡哥星吉归附。 二年四月,遣使持诏以登极改元谕吐蕃。都督沐英略地昆仑,讨番部,平之。 三年五月,大将徐达分遣征西将军邓愈招谕吐蕃。
四年五月,〔元甘肃右丞朵尔只失结入贡归附,诏居西宁。〕元西宁州同知李南哥以州归附。〔1〕 五年,始置西宁卫。	四年五月,元甘肃右丞朵尔只失结入贡归附,诏居西宁元西宁州知李南哥以州归附。 五年,始置西宁卫。六月,宋国公冯胜遣指挥朵尔只失结招抚叛亡朵尔只巴等。命礼部郎中许允德〔2〕、中书舍人锁南安抚西宁诸处番民。 六年五月,命宣威将军朵尔只失结招安定王归附。十月,封西番朵甘、乌斯藏诸酋为王师官长。七年安定工烟帖木尔遣使入贡。鞑靼酋长撒力畏吾儿遣使入贡。七月,西番献葡萄酒,却之,八月,遣多尔只失结招抚散处诸戎。

〔1〕朵尔只失结系西宁东祁土司之始祖。据《卫志》小字附注"此东祁、二李土司始祖",原抄必脱朵尔只失结归附事,今据《新志》补书。

〔2〕《新志》作"许德允",误,今改。

311

续表

《西宁卫志》	《西宁府新志》
八年,立安定、阿端二卫。 十年四月,命征西将军邓愈、副将军沐英讨吐蕃至昆仑山,大破之。 十九年,命长兴侯耿炳文城西宁。	八年,立安定、阿端二卫。 十年四月,命征西将军邓愈、副将军沐英讨吐蕃至昆仑山,大破之。 十一年,哈剌鬼诸土番劫贵德州,遣朵尔只失结至西海,捕获之。十月,西番屡寇边,命西平侯沐英率都督金事蓝玉、王弼征之。 十二年正月,遣朵尔只失结招谕千户阿卜诸生番。四月,朵尔只失结收捕西番亦林真奔诸头目。 十九年,命长兴侯耿炳文城西宁。增置马驿七、递运所五,每驿没驿丞一员,兼管所事。 二十年,遣指挥朵尔只失结招抚叛亡千户阿卜的。千户祁贡哥星吉收捕西番亦林真奔。 二十四年五月,遣祁贡哥星吉招抚祁者孙诸番酉。 二十五年,诏朵尔只失结征西番阿立答哈思。
三十年,罕东酉长锁南吉剌斯为指挥金事。置西宁茶马司,招罕东等四卫、申冲等十三部纳马易茶。永乐四年,置苑马寺于碾伯城。置曲先卫。	三十年,罕东酉长锁南吉剌斯入贡。置罕东卫,以锁南吉剌斯为指挥金事。三十五年,亦林真奔叛,寇暖泉,千户祁贡哥星吉战死之。成祖永乐元年十二月,诏给电田军士官牛耕具。三年,罕东卫贡马,以其头目塔力袭为指挥,奴奴为指挥金事。四年,置苑马寺于碾伯城。置曲先卫,以土人散西思为指挥同知。十一年,置镇守西宁将领官。十二年,以史昭为都督金事,镇守西宁。

　　上述《卫志》的大事记是万历二十四年以前的明代大事记,还是像《新志》一样通贯古今的大事记?《利病书》辑抄中有无删节?这些我们都无从稽考。但《新志》的"纲领志"脱胎于《卫志》的大事记还是很显然的。即便是做了不少的续补工作,使之完善,也很难说是"创例"。

　　通过逐篇比较,《新志》与《卫志》的渊源关系可以说是十分清楚了。不仅篇目设置上参照颇多,文字内容上抄录亦复不少。尽管某些章节(如四卫、海虏)《新志》舍弃《卫志》而取资正史,某些章节(如疆域、堡寨)尚有出入,但《西宁府新志》系摭取万历《西宁卫志》并加续补而成书,则是不容置疑的。这很令人怀疑,杨应琚纂修《新志》时,所谓《卫志》"今不特无刻板,即当日印行者,遍觅仅得宦绩及艺文数卷"的说法是否确实。恐怕这是杨氏为避掠人之嫌而有意释放的一个烟幕,以此抬高《新志》的创修地位。

其实,关于《新志》是在《卫志》基础上续补成书的事实,早在乾隆十二年《新志》脱稿不久就有人述及。时任西宁知县的陈铦在《新志》跋中说:

> 杨公莅宁一十余年,兴利除弊,善政嘉猷,不可胜举。而一切民风土俗、官方戎政、四至版图、方书断简,悉罗胸中。乃于公余之暇,将旧志详加考订,略者详之,缺者补之,讹者正之,应续者增之,纂成《新志》。其详细美备,直追前史。是志一郡二县及卫所之纲目,按籍而稽,炳若日星,昭垂不朽。余备员宁邑,既沐仁风之煦拂,而更靓全匮之鸿文矣。[1]

陈铦与杨应琚同城共事,作跋时间在《新志》定稿的乾隆十二年五月后的同年十一月,去时未久,对杨氏修志底蕴最为了解,其说可信。也许,陈铦就是《新志》的第一位读者。所谓"将旧志详加考订,略者详之,缺者补之,讹者正之,应续者增之,纂成《新志》",就是对《新志》与《卫志》渊源关系的真实说明。

据《西宁府新志·自序》,杨应琚"于乾隆丙寅秋七月握管,至丁卯夏五月,历十一月而脱稿",而"撰次校对,咸出余一人之手"。在短短不到一年的时间里,独立完成《西宁府新志》这样一部 40 卷数十万言的方志,没有一个参照纂修的底本,似不大可能。这个底本,应是万历《西宁卫志》。

上述考察,绝不意味着贬低《新志》。《新志》修成后,杨应琚曾求序于当时著名史家杭世骏,杭氏为序盛誉之,以为"精笔削,密鉴裁,经

---

[1]《西宁府新志》卷首"陈铦跋"。

·欧·亚·历·史·文·化·文·库·

世大业出其中"。[1] 乾隆十二年初刻后的百余年间,曾屡次刊行,向为学界推崇。今天看来,《西宁府新志》之所以成为清代方志中的上乘之作,一方面固然是由于杨应琚本人的史学修养,及对青海史地、风物人情、兵戎政事的深刻了解,另一方面,确与参照借鉴《卫志》这样一个较好的底本是分不开的。

26.5

辑佚所得之《西宁卫志》及与青海早期几种方志的比勘研究,使我们了解了《西宁府新志》的承袭渊源关系,这只是辑本《西宁卫志》的价值之一。更为重要的,还是它在考察明代青海史事方面的参考价值,有不少为他书失载的材料。

始于明正德四年(1509)进入今青海湖地区驻牧的蒙古鞑靼部落,至嘉靖、万历间,势力大振,对明代的西北防务,威胁很大。此明人谓之"陕西三大寇"中的"海寇"之患。尤其在万历十年(1582)俺答汗死后,继任的顺义王不能约束鞑靼各部,不少部落循环出没青海,掠番扰边,河、湟、洮、岷一线,岁无宁日,形成"九边之患虏,秦为最;秦患虏,陇右为最"的局面。青海地区,火落赤、真相等部据莽剌、捏工二川,数犯洮、岷、西宁等地,西陲连连告急。万历十八年(1590),明政府派兵部尚书郑洛经略青海。郑洛以严借路、急自治、鼓番族、扼川底、议招降等十二条方略措置其事,三四年间,收效甚著,稳定了青海局势。当时,青海蒙古诸部拥有十万之众,而郑洛所率,仅宣大六百兵马,山西、宁夏一千六百兵马,单以军事进剿,诚如郑洛所言:

> 我进则彼退,我愈进则彼愈退。况大漠穷荒,我军深入,粮糗刍料,何以随载?缓急失接,何以救援?此海上出兵之难也。[2]

西宁地区的军事防务就成为备御"海寇"的一个至关重要的问题。

西宁地区在郑洛经略青海时的军事防务系统,向为他书所不载,

---

[1]《西宁府新志》卷首"杭序"。

[2]《明经世文编》卷405《郑经略奏疏二·敬陈备御海虏中宜以弭后患疏》。

或载之甚略。《西宁府新志》虽增损《卫志》成书,于此亦删削过甚。辑本《西宁卫志》之"峡榨""堡寨"二节,则可补史书之阙。

"堡寨"一节,以卫治为中心,四向分载,具列西宁地区的堡寨及置守戍兵,纤细无遗,甚为清楚。"峡榨"一节,则逐一记录"边榨"之设置及具体的防御措置。检录辑本《西宁卫志》之"峡榨",万历间西宁地区的这种军事要塞共有37处,距卫治西宁城数十里、数百里不等,最远的杏儿沟榨,距卫治东南390里。这种军事要塞,均设于"虏寇"出没的各交通要道,根据其地位,分"极冲"26处,"次冲"11处。各处的位置、堡寨、戍兵出防的路线、应变措施,均极明确。兹举"极冲"一例、"次冲"一例以观之。

> 柏杨沟榨极冲　距卫治九十里、本沟口十里、西川六十里、剌科蕃营二十里、北川七十里、扎迭沟三十五里、红崖儿二十里、小山峡口二十里。虏零入,则隆奔、土巴族番御沟口,西川兵出剌科番营,北川扎迭沟兵出红崖儿,西宁兵出小山峡口,分御。虏大入,则诸兵又于土巴营上下合击之。木哈尔峡榨次冲距卫治南八十里、伏羌堡五十里、本川门三十里、區担沟四十里、西川四十里、双山堡三十里、班撒儿暗门三十里、碾伯二百一十里、平戎一百四十五里、寄彦才沟八十里。虏零入,申中族番、南川兵御暗门,西宁兵出區担沟,西川兵、双山堡兵出班撒儿暗门分御,碾伯、平戎兵赴寄彦才沟应援。虏大入,诸兵于申中族上下合击之。

如此细微的材料,除《卫志》外,难以考见。

从"堡寨""峡榨"诸节看来,万历间西宁卫的军事防务,实际上是一个网络式的兵民联防系统。纳入防御系统的,不只是卫属戍兵守将,还有众多的番、汉百姓。堡寨、边榨、闒门、边墙、墩堠,星罗棋布,确收御"虏"之效。《卫志》曾总结这一时期西宁地区的军备防御说:

> 西宁方隅千余里,火、真墩其南,生番聚其北,东接松虏,西阂海茜。而宾兔、巴兔、着力兔、克臭、哈坛巴都、沙剌、纳剌、永邵卜、瓦剌他卜囊校联绕之。西宁如以孤悬弹丸,掷之群虏掌中,左右前后,无所倚仗。堂皇篱落,自为中外吁危矣。所恃者,通年峡榨、暗

门、边墙、水洞、城堡、营寨、墩堠栉比鳞次,在在创造,时时增修,足少恃焉。

又明代青海的番族部落,向不为汉文典籍所重。间有记录者,亦多缺略,不足为据。即顺治间苏铣修《西镇志》,亦不甚了了。康熙间,梁份西游河湟,著《秦边纪略》,于西宁卫只列熟番十三族之名。梁份说:

> 十三族谓之十三大族,其后小族甚多,如剌卜族、红帽族之类,不可甚计。今《西宁志》(《西镇志》)悉去其籍,不可详考矣[1]。

不仅《西镇志》"悉去其籍",杨应琚《西宁府新志》"番族"条在迻录《西宁卫志》"万历中番人二十五族"时,全部删落小族之名。如隆卜族,郑洛分其势,"开族八十有奇",《卫志》详列族名,《新志》略去不录;占咂族为郑洛"互开其族",《新志》不录族名,仅云"立二十九族"。参见前书"番族"对照研究中的占咂族一例,已造成许多宝贵史料的阙佚。既可知《新志》的节删,辑本《西宁卫志》恰恰能存佚补阙,显示了很高的价值,对安多地区藏族部落史的研究,有重要意义。而其中所载各族户口及招中纳马的数量,因其为明人的亲历记载,更增其可靠性。

辑本《西宁卫志》还可订正某些史事之伪误。万历间兵备按察使刘敏宽曾在青海北山(今青海互助县境五峰山)创设铁厂,募铁师采矿炼铁。是举一直受到后世注意,为治青海史者所津津乐道。

《青海历史纪要》等地方史著开辟专节,记叙其事,视为明代开发经营青海的一件大事。事实究竟如何,《卫志》中有明确记载:

> 铁厂在北山五十里。万历二十四年,都御史田乐檄兵备按察使刘敏宽募铁师采矿烧铁。后时不给久,废,塞焉。

刘敏宽是开设铁厂的主持人,又是《卫志》的编修者,这条记载毫无疑义是可靠的。刘敏宽确曾在万历二十四年(1596)受都御史田乐之命,在北山创设铁厂,但"时不给久,废,塞焉",显然是当年就罢止了。此中原因,尚不清楚。但如将这短暂的一次尝试看作是明代中期青海官营手工业的正常生产,则是不恰当的。

---

[1]《秦边纪略》卷1。

辑本《西宁卫志》内容丰富，所反映的问题尚多，其史料价值当不限于上举各例，若进一步研究，必续有所得。我们相信，辑本《西宁卫志》的出版，对明代青海史事及青海方志的研究，是大有裨益的。

　　　　　　　　　　（《西宁卫志》[万历]，青海人民出版社，1993年。）

27 青海《同仁县志稿》总述

27.1

27.1.1

同仁县位于青海省东南部,地处北纬 35°01′—35°47′,东径 101°38′—102°27′。东邻甘肃夏河县,南连泽库县,西接贵德县,北与尖扎县、循化县接壤。县境南北最长 85 公里,东西最宽 75 公里,形似枫叶状。总面积 3275 平方公里(481303 万亩)。

27.1.2

同仁县地处西倾山北麓,属青海南山向东延伸和昆仑山系的鄂拉山汇合的交接部分。地形起伏连绵,山峦重叠,变化多端。高矗的夏琼山和阿米德合隆山由南向北延伸,形成东西山区。隆务河纵贯全县南北,流经县境 46.6 公里。地势南高北低,隆务峡口海拔 2160 米。沿河谷逐级上升,至夏琼山海拔 4767 米,相对高差 2607 米,构成一个天然阶梯。依地形全县可分为河谷川地、低中山沟壑浅山、中山脑山、高山牧区四个区域。

27.1.3

同仁县为高原气候区,属凉温冷温半干旱气候。温度垂直变化明显,气温日差较大,光照充足,雨量略缺,雨热同季并有冷暖季和干湿季之分。年平均气温 5.2℃,年平均降水量 425.7 毫米,年平均相对湿度为 56%,无霜期 63～172 天。影响农牧业生产的自然灾害主要是干旱、霜冻和冰雹。

27.1.4

同仁县自然资源丰富,境内草场辽阔,总面积约477万亩,占全县总面积的95%;可利用草原面积约451万亩,占草原总面积的94.55%。大体由北向南随着地势的变化发育着山地草原类草场、疏林灌丛类、山地草甸类及高寒草甸类草场,河谷低洼地有局部沼泽类草场。农业耕地面积约12万亩,占全县总面积的2.9%。主要种植春小麦、青稞、油菜等。县境西北兰采、东北双朋西、西南西卜沙有茂密的原始森林,森林面积占全县总面积的3.5%,加上分布较广的灌木林,全县森林覆盖率达18.4%。森林属黄河上游水源涵养林,蓄积量约165万立方米。

27.1.5

同仁地区野生动植物种类繁多。野生鸟兽达百余种,珍贵的有苏门羚、雪豹、水獭、鹿、麝等,皮毛兽有豹、熊、狼、狐狸、猞猁、旱獭、岩羊、黄羊等,禽类有兰马鸡、雪鸡、石鸡、高山鹑、血雉、环颈雉、岩鸽等。野山植物中药用植物尤多,约二百余种,如雪莲、虫草、大黄、柴胡、党参、当归、秦艽、贯仲、羌活、黄芪、甘草、远志、杜鹃、枸杞、茵陈等。矿产资源则有铁、铅、锌、铜、金、银、石英石等,以中小型为多。

27.1.6

同仁县境内河流纵横,水量充足,河道天然纵坡大,落差集中,加之山泉星罗棋布,水能蕴藏量丰富。最大河流隆务河,系黄河一级支流,流经县境46.6公里,水系流域面积约2300平方公里,勘查装机容量4万千瓦以上。现已建电站3座,装机容量5925千瓦,尚有很大潜力。水能资源的优势使同仁县成为国务院首批100个农村电气化试点县之一,在全县的国民经济建设中发挥着越来越大的作用。

27.2

27.2.1

奔腾不息的隆务河孕育了同仁地区悠久的历史文化。早在新石器时代晚期,隆务河谷地带就有人类生活的足迹,考古发现的马家窑文化、齐家文化、卡约文化等古文化遗址星罗棋布,将近百处,展现了距今1万年至距今4000年间同仁地区原始先民繁衍生息、征服自然的生活画面。

27.2.2

公元前5世纪前后,西羌始祖无弋爰剑从秦国出逃,"亡入三河间",同仁所在的大小榆谷成为羌人稳定的根据地。爰剑之后,族种繁衍,凡120种。其最著名的氏族部落先零羌、卑湳羌即活动在大小榆谷。

27.2.3

西汉武帝设河西四郡以"隔绝羌胡",建令居塞(今甘肃永登西北)置护羌校尉以加强对羌地的控制。昭帝、宣帝时,又设金城郡,领破羌、允街、安夷、浩门、枹罕、白石、河关、临羌等八县之地,其河关县即在今同仁县北,是西汉王朝深入羌地的前哨阵地。

27.2.4

大小榆谷土地肥沃,禾稼茂盛,一直是诸羌部落的争夺之地。东汉初年,世居赐支河曲北岸大允谷(今共和县东南)的烧当羌,击破先零、卑湳二羌,占领大小榆谷,成为继先零羌之后最强大的一个羌人部落集团;并以此为据点,联合诸羌,多次发动对东汉王朝的斗争。东汉和帝永元元年(89),护羌校尉邓训发湟中兵六千,掩击烧当羌首领迷唐,迷唐乃退回大小榆谷。永元五年(93),居延都尉贯友,夹逢留大河筑成码头(今尖扎县康杨渡口),用皮船做浮桥,攻迷唐于大小榆谷。迷唐以汉造河桥,兵来无时,退出大小榆谷,远依赐支河曲的发羌。永元十四年(102)开始,东汉在东西邯(今化隆县南)建屯田5部,在逢留河(今贵德至尖扎一段黄河)建屯田2部,在逢留河北岸建屯田27部,逼近同仁羌地,把屯田中心由湟中移到河曲地带,以恢复西汉对羌人集中区的控制。但因羌民联合反对,又受金城、陇西、北地羌人起义的牵制,推行不久即废。

魏晋时期,建都乐都的鲜卑族秃发部南凉政权的势力一度深入同仁地区,同仁隶南凉浇河郡(今贵德县南)管辖。

27.2.5

西晋永嘉之乱,辽东鲜卑族慕容部吐谷浑由阴山移牧青海,公元5世纪初强大起来。吐谷浑兴起的发祥之地,即在今黄南、海南一带(牙帐为海南同德境内的莫贺川)。吐谷浑首领阿豺,曾亲登同仁、碌曲等境内的西倾山,探询白龙江流经路线,寻觅通往南朝的途径。刘宋少帝景平元年(423),阿豺遣使到建康(今南京市)与宋修好,宋封赠阿豺为"浇河公"。浇河指浇河城,在今贵德南,辖地当包括同仁地区。南北朝时期,漠北柔然、西域嚈哒及吐谷浑与南朝往来的"河南道",即经过同仁地区,至今仍是由青海经甘南入川的一条捷径。公元6世纪中叶,北周博陵公贺兰祥出兵攻击吐谷浑,吐谷浑势力被逐出川北、甘南、黄南地区。北周在今化隆县设置廓州,管辖今化隆、尖扎、同仁等地。隋、唐因之。

27.2.6

公元7世纪初,吐蕃王朝崛起于青藏高原,向北扩张,势力进入青海南部。唐高宗龙朔三年(663),攻灭吐谷浑,与唐军形成对峙局面。双方和战无常,青海东南部大致以黄河为界形成军事分野。同仁仍属廓州,受鄯州(今青海乐都)都督府节制。中宗景龙三年(709),金城公主入藏和亲,吐蕃重贿护送的唐左骁卫大将军、鄯州都督杨矩,奏请朝廷,将黄河九曲之地予吐蕃,以为金城公主的汤沐之所。包括同仁在内的黄南、海南地区,遂没入吐蕃。吐蕃在这里置独山军、九曲军,派重兵屯戍,作为东进的基地。玄宗开元年间(713—714)唐陇右节度使哥舒翰曾一度收复九曲之地。天宝十二年(753),哥舒翰拔吐蕃洪济城(今龙羊峡口)。第二年置洮阳郡和浇河郡,并增置宁边军、威胜军、金天军、武宁军、耀武军、振武军等据点,其耀武军、振武军即在今同仁县境。但不久安史之乱爆发,唐尽调陇右、河西将兵,入靖国难。吐蕃乘虚而入,尽占唐陇右、河西之地。安多藏区逐渐形成,同仁亦开始成为一个藏族集中聚居区,境内羌、汉等民族日渐藏化。吐蕃王朝崩毁后,留驻同仁的吐蕃戍军及藏化的当地居民便成了以后同仁地区的主体民族——藏族。

27.2.7

公元 11 世纪初,河州商人何郎业贤从西域带回吐蕃赞普后裔角厮罗,河州大姓耸昌斯均置角厮罗于移公城,欲于河州立文法。但被宗哥(今青海平安)僧李立遵、邈川(今青海乐都)大首领温逋哥劫取迎立,建立了角厮罗政权。"移公",又作"一公",即汉代的"榆谷",明代的"捏工",清代后称为"热贡",皆指同仁一带。耸昌斯均置角厮罗于移公,显然是想利用吐蕃赞普后裔的号召力,有所作为。后,黄南、海南一带的吐蕃部落拥立角厮罗之兄札实庸咙为首领,与角厮罗分地而治。角厮罗政权瓦解后,其后裔陇拶(宋赐名"赵怀德")投靠河南吐蕃部落,宋在贵德黄河以南设积石军以处之。同仁当为积石军辖地。

27.2.8

北宋灭亡后,金与西夏为争夺青海东部及东南部曾发生多次战争。

27.2.9

公元 13 世纪初,成吉思汗建立了横跨欧亚的蒙古汗国。窝阔台汗在位时(1229—1241),整个藏区纳入蒙古汗国版图,由其次子阔端统辖。元朝建立,藏区由三大宣慰司分区管理,总领于宣政院。包括同仁在内的安多藏区,则由设于河州的吐蕃宣慰司管辖。吐蕃宣慰司在今海南、黄南地区设贵德州元帅府以履行政务,又在贵德置必里万户府以统摄当地藏族部落,显然是考虑到这一地区的民族构成情况。当时,同仁地区隆务十二部尚未形成,势力较大的阿哇日昂锁的祖先被任命为必里万户府长官,管辖今贵德、同仁一带的藏族部落。蒙元时期,蒙古屯戍军及从中亚一带签发的"探马赤军"进入河湟地区,其中,不少是信仰伊斯兰教的部族,成为以后河湟地区回族、撒拉族、保安族、东乡族的主要来源。同仁以至青海,穆斯林各民族形成的关键时期是元代。

27.2.10

元王朝尊崇藏传佛教,僧俗并用,军民通摄,以加强对藏区的统治。

萨迦派首领八思巴被尊为帝师,执掌宣政院,总领全国宗教与藏区事务。西藏念青唐古拉山隆务地方的瑜伽师阿米拉杰受其派遣,来同仁发展萨迦派势力。其后裔即为明清以来统治同仁藏族各部的隆务昂锁家族。

27.2.11

公元 1368 年,明朝建立,征虏大将军徐达、征西将军邓愈率兵西征,相继招抚了元吐蕃宣慰使何锁南普、镇西武靖王卜纳剌,吐蕃各部先后归服。明朝设河州、西宁、洮州、岷州、松潘等"西番诸卫"以控制安多藏区,同仁地区由河州卫节制。洪武、永乐年间,推行军屯,河州卫属贵德千户所,建"贵德十屯",其"保安四屯"即建于今同仁县治北保安一带。这是见于记载的第一次中央屯戍军伸入同仁。明代中期,北方的蒙古鞑靼部进入青海,造成威胁明政府"陕西三大寇"中的"海寇"之祸。万历年间(1573—1620),原驻牧于青海湖周围的"西海蒙古"向黄河以南富饶的河曲地带发展。真相部移驻莽剌川,火落赤移驻捏工川。"捏工"即"热贡",火落赤部盘踞的正是以今同仁为中心的隆务河流域。万历十八年(1590),火落赤、真相以捏工、莽剌二川为据点,向邻近的洮州大举进攻,明副总兵李联芳以下 3000 余明军全军覆没。火落赤又大掠河州、临洮等地,"西陲大震"。明末清初,蒙古瓦剌部和硕特部固始汗应四世班禅之邀进入青海,以"护教"姿态,收抚了青海藏族部落,隆务河流域亦归入固始汗的管辖。在蒙古人的支持下,藏传佛教格鲁派在同仁地区又有了新的发展。为防御和硕特蒙古部落,保安筑城建堡,设守备驻防。清代改保安堡为保安营,置保安都司衙门,隶循化抚番厅。同仁县保安成为明清中央政府在隆务河流域控制各藏族部落的一个军事据点。

27.2.12

元明之际,阿米拉杰札那哇的隆务家族势力开始崛起。其子隆钦多代本逐渐取得当地藏族部落的支持,隆钦多代本之子三旦仁钦大师创建了萨迦派寺院(今隆务寺前身),进一步扩大了隆务家族的影响。明宣德二年(1427),三旦仁钦弟洛追僧格进京朝贡,被封为"弘修妙悟

·欧·亚·历·史·文·化·文·库·

国师",赐金印。隆务家族与明朝中央政府建立了密切关系。洛追僧格之后的官却坚参、端主仁钦、洛追却主、端主僧格、洛追华丹等皆受明王朝册封国师,隆务寺的影响煊赫一时,逐渐形成以隆务寺为中心、隆务十二部为基础的政教合一体制。原必里卫阿哇日昂锁家族势力日渐衰落,最终被隆务昂锁家族取而代之。

27.2.13

明清以来,隆务寺不断扩大建筑规模,健全僧伽制度,成为安多藏区著名的六大寺院之一。寺院建筑宏伟,僧侣众多,学经制度严密,高僧大德辈出,在蒙藏佛教界享有盛誉。因之,隆务寺的政教合一统治体制日益巩固,不断发展。迨民国同仁建县,政府政令非通过隆务寺不能达于各藏族部落。同仁藏区事实上成为一个独立的自成体系的社区。

27.2.14

中华民国十八年(1929),甘、宁、青三省分治,始设同仁县。县治隆务镇。

27.2.15

同仁设县,辖地含今同仁、泽库二县之地。1952 年,一度成立同仁藏族自治区(县级)。1953 年,从同仁南部划出和日等部落游牧地,设立泽库县。同时,成立黄南藏族自治州,撤销同仁藏族自治区,恢复同仁县建置,隶黄南藏族自治州。现辖 1 镇 12 乡。

27.2.16

县城隆务镇,亦黄南藏族自治州政府驻地,迄今已有近百年历史。北去省会西宁 180 公里。国道五河公路穿城而过。20 世纪 40 年代,四方商贾云集,在青海东南部繁华称首,被誉为青海八大镇之一。经过近半个世纪的建设,隆务镇旧貌换新颜,9 条宽阔的柏油马路饰以华灯,两旁大楼鳞次栉比,与绿树交相辉映,文化娱乐、商业、饮食、服务网点遍布城镇各主要街道,交通便利,市场繁荣,人民安居乐业。一座新型的电气化城市已出现在隆务河流域,真正成为黄南地区政治、经济、文化中心。

27.3

27.3.1

同仁是一个以藏族为主的多民族聚居区。1990 年,全县共有 13 个民族 68349 人。其中藏族人口 47460 人,占总人口的 69.44% ;汉族人口 8838 人,占总人口的 12.93% ;土族人口 7477 人,占总人口的 10.94% ;回、撒拉、保安、东乡、蒙古等民族 4573 人,占总人口的 6.69% 。在漫长的历史岁月中,各民族人民创造了灿烂的古代文明。

27.3.2

古老的羌人文化、吐蕃文化,都曾在这片土地上留下过它们的踪迹。宋元以后,以藏族文化为主,蒙古族文化、汉族文化、土族文化、回族文化、保安族文化等等都在这里繁衍发展,形成以藏族文化为主体的多元文化。同时,由于藏传佛教的盛行和社会发展的滞后,同仁地方文化有着浓厚的宗教色彩,更多地保留了文化的古老、原始形态,呈现出极富个性的地方特色。

27.3.3

驰名中外的"热贡艺术"就诞生在县城北的吴屯、年都乎、郭麻日、尕沙日一带。这里几乎家家出艺人,或世代相传,或师徒相承,以绘画、雕塑为业,被誉为"藏画之乡"。"热贡艺术"作品不仅遍及蒙藏各地的佛教寺院,而且以唐卡、堆绣等艺术形式走出国门,遍及世界。"热贡艺术"以金碧辉煌、色彩艳丽、造型生动、画法细腻而见长,展示了佛国世界的神奇,令世人向往。作为藏传佛教艺术的一个流派,"热贡艺术"在继承西藏、康区佛教造型艺术规范的基础上,吸收中原汉族地区年画、刺绣的技巧,创新为独立的艺术风格。

27.3.4

源于西藏的同仁藏戏,在长期流传过程中,逐渐融汇吸收当地民俗文化,经历代艺人加工改编,从戏剧题材到表演形式,都有很大突破。唱腔上吸收当地民歌曲调,伴奏上增加了笛子、唢呐以至中西混合乐队,题材上剔除浓厚的宗教色彩,由剧情拖沓的广场剧走向节奏紧凑的舞台剧。以《意乐仙女》为代表,同仁藏戏已步入一个新的时期。

27.3.5

藏族等少数民族能歌善舞,同仁地区流行的歌舞尤其丰富多姿。藏族民歌极为普及,无论男女老幼,无论村舍田间,无论喜庆节日或平常时节,到处都有粗犷悠扬的歌声。藏族民歌总称为"勒",流行较广的有"乔勒"(祝愿歌)、"卡才旦"(戏谑歌)、"勒合西"(猜谜歌)、"羌占勒"(敬酒歌)、"拉伊"(情歌)、"勒札西"(吉祥如意歌)等。内容丰富,曲调优美。最富同仁地方特色的当为"周卦拉柔",意为"六月歌舞",俗称"六月节""六月会",是同仁隆务河两岸50多个村寨最盛大的歌舞盛会,前后达10天之久。各村寨的歌舞队分片分区巡回交流,客串表演,热闹非凡。主体歌舞称为"拉什则"(神舞)、"莫合则"(军舞)、"勒什则"(龙舞)。农历六月正当同仁收获季节前夕,农区各村寨的歌舞盛会实为一项大型祭祀活动,学术界有人称之为"傩祭"。乡民载歌载舞,享祭神祇,祈求平安,祛邪攘灾,五谷丰登。同仁地区的"六月节"早已引起旅游者的极大兴趣,学术界也开始考察研究隆务河流域的这一独特的民俗文化活动。

27.3.6

同仁自元明以来,盛行藏传佛教。特别是在隆务寺政教合一体制形成后,政权统治与佛教传播互为一体,相得益彰,深入到社会的各个层面。现有寺院36座,其中苯教寺院1座,宁玛派寺院1座,萨迦派寺院2座,余为格鲁派寺院。列为省级文物保护单位的有隆务寺、年都乎寺、吴屯下寺等3处。隆务寺以其规模宏大、建筑华丽、僧侣众多、经学制度完善、文物典籍丰富而闻名,是安多地区藏传佛教六大寺院之一。

27.3.7

同仁是藏族传统文化发达的区域之一,被人誉为"热贡日巴君卫向看木",意为"文化兴盛的热贡地方"。

公元14世纪的藏族学者端智仁钦即生于热贡地方,他从西藏学成

326

归来后,创建了夏卜浪寺、夏琼寺,以其学识渊博而成为宗喀巴的上师。

生活在 17 世纪中叶的隆务寺夏日仓一世雅杰·噶丹嘉措,是一位著名的诗人和经学大师。他创建隆务寺闻思学院,制定学经制度,形成夏日仓活佛转世系统。他著述丰富,其中《噶丹道歌》是颇有影响的一部诗歌作品。

18 世纪中叶的知名藏族学者堪钦·根敦嘉措不仅佛学造诣深厚,且擅长藏医学,对同仁地区藏医学的发展有杰出贡献。

18 世纪下半叶,同仁又出过名闻全藏的文学家夏噶尔。传世作品有 20 多函,其最为驰名的是《本传》和《角贡道歌》,至今在民间广为流传,在藏族文学史上占有重要地位。

世界知名的藏族学者根敦群佩于 1905 年生于同仁县双朋西村。他 13 岁入隆务寺受戒出家,后游学于西藏各大寺院,并在印度、斯里兰卡各地游历 8 年。根敦群佩博闻强记,精通藏、汉、英多种文字。他曾将藏文典籍《释量论》《青史》译成英文,又将印度古典名剧《沙恭达罗》译为藏文。1945 年回到西藏后,稽考汉藏文典籍,编著了藏族历史名著《白史》。他是近代以来藏族社会杰出的爱国主义者和民主主义者,在国际藏学界享有很高声誉。

同仁地灵人杰,近代以来,出过杰出的佛教爱国人士夏日仓七世·罗桑赤列隆朵嘉措、阿柔仓三世·洛桑隆多丹贝坚赞、佛学大师嘉木样三世·罗桑图旦久美嘉措、热贡艺术国家一级画师夏吾才让、著名藏医学家尖木措等著名人物。

27.3.8

近年来,随着党的民族、宗教政策的逐步落实,各民族传统文化进一步发扬光大,以更加完善的形式和新的内容,丰富着各族人民的精神文化生活。

27.3.9

同仁县有着众多的自然景观和人文景观,列入青海省文化保护单位的文化遗址有十余处。规模宏大的隆务寺,画塑精致的吴屯寺,文物丰富的年都乎寺,治病疗养的西卜沙温泉,形势险要的铁城山城堡,森

·欧·亚·历·史·文·化·文·库·

林草原上的帐房宾馆,以及独特的宗教、民俗活动,正敞开胸怀,迎接中外游客的光临和多学科的学术考察。

27.4

27.4.1

历史和区位形成的先天不足,使同仁地区社会发展滞后,经济基础脆弱,生产力水平低下,人民生活贫困。1949年9月人民政权建立后,迅速平定了土匪叛乱,安定了社会秩序。党和人民政府扶助贫苦农牧民恢复和发展农牧业生产;派遣医疗队深入农村牧区防病治病;流动贸易小组把生产、生活必需品送到各族群众手中;调解历史纠纷,消除民族隔阂;贯彻执行宗教信仰自由政策,团结教育民族宗教界人士,培养少数民族干部,政权建设、经济建设稳步发展。农牧业、手工业和资本主义工商业的社会主义改造,使同仁社会发生了深刻变革。1958年,受邻省、邻县影响,同仁县局部地区发生反革命叛乱。在各族人民的支持下,政府很快平息了叛乱。但在善后处理中,搞了阶级斗争扩大化,破坏了安定团结的政治局面。紧接着的"大跃进"、人民公社化运动,"平调风""浮夸风"的盛行,使社会生产力遭到极大破坏,导致了1959—1961年的三年困难时期。1962年,在中央"调整、巩固、充实、提高"的总方针下,全县国民经济得以恢复,人民生活逐步改善,农田基本建设、草场建设步入正轨,水利电力事业启动,农牧业机械进入生产领域。1966年开始的十年动乱时期,同仁县的农牧业生产处于停滞与徘徊状态,维持生计而无发展。1978年,党的十一届三中全会的召开,实现了全党工作重心向经济建设的转移。1983年至1984年,全县农牧区全面推行家庭联产承包责任制,扶持和发展多种经营,大力推进农牧业商品生产,调整了生产关系,解放了生产力。农牧区经济由单一经营向农牧工商综合经营转变,从自给半自给的自然经济向商品经济转变,农牧业生产获得了长足发展。同时,国营地方工业、乡镇企业、个体工商企业同步发展,迅速改变着同仁县长期以农牧业为主的经济布局,工业产值逐步上升。目前,同仁县的国民经济已呈稳步增长趋势,文教卫生事业逐步完善提高,第三产业自我调节配套,同仁建设已进入一个新的发展时期。

27.4.2

畜牧业是同仁地区最早发展起来的经济部门。秦汉时期的羌人社会,"地少五谷,以产牧为业",其后,入据同仁的吐谷浑、吐蕃诸游牧民族,都以畜牧业而见长。但千百年来,同仁的畜牧业一直陷于低水平发展。1949 年,全县牲畜存栏仅 12.9995 万头(只)。1950 年后,在"慎重稳进",发展畜牧业生产方针的指导下,草原安宁,人畜两旺。1957 年,全县牲畜存栏 30.5892 万头(只),增长 135.3%,年平均递增10.9%。1958—1961 年,畜牧业经济大幅度下降,连续三年减产,至1961 年底,全县牲畜存栏跌到 20.5633 万头(只)。1962—1966 年,畜牧业经济逐步回升,至 1966 年,牲畜存栏增长到 34.9162 万头(只)。1966—1976 年十年动乱时期,畜牧业生产徘徊不前,1976 年,全县牲畜存栏 34.0133 万头(只),比 1966 年下降 2.5%。粉碎"江青反革命集团"后,特别是党的十一届三中全会以来,拨乱反正,放宽政策,同仁县的畜牧业经济再度发展。1980 年,全县牲畜存栏 36.0440 万头(只),创历史最高水平。1982 年,根据中央关于农牧业经营体制改革的方针政策,同仁县在牧区推行"牲畜作价,私有私养,草原公有,承包经营"的双承包制。1987 年,又将牧业乡村的冬春草场使用权以"承包"方式固定到户或联户。畜牧业生产逐步由自给半自给的自然经济向商品经济转化。1990 年,全县牲畜存栏 36.3875 万头(只),较最高水平的1980 年又有所增加。牲畜出栏率、商品率都有较大提高:牲畜出栏率由 1985 年的 17.53% 增长到 1990 年的 21.35%;商品率由 1985 年的11.36% 增长到 1990 年的 16.13%。全县畜牧业总产值 1985 年达到598.73 万元,1990 年又增至 669.11 万元。

27.4.3

同仁县规模农业发展历史较畜牧业为晚,大约 500 年左右,且进步缓慢。1949 年,全县总耕地面积 11.0134 万亩,农业人均占有耕地4.88

亩。粮食总产 958.2 万斤,平均亩产 145 斤;油料作物总产 7.2 万斤。50 年代以来,开展互助合作化运动,引进优良品种、兴修水利、大搞农田基本建设,推广农业机械、化肥、农药,实行科学种田,农作物产量和生产水平有很大提高。1957 年,全县耕地面积 11.5455 万亩,粮食总产 9910 万斤,平均亩产 291 斤;油料总产 18.17 万斤,平均亩产 84 斤。粮油总产、单产均提高一倍以上。1958 年公社化后,盲目地毁林开荒,毁牧造地,总耕地面积猛增到 17.6066 万亩,1959 年续增至 17.7925 万亩。但粮油产量却大幅度下降。1961 年全县粮油总产退至 1950 年水平。1962 年国民经济调整,总耕种面积退至 12.8413 万亩,粮油产量逐步回升。至 1965 年,全县粮食总产 2156 万斤,接近 1958 年全县粮食总产量;油料总产 45.1 万斤,是 1949 年以来的最高水平。1966—1976 年十年动乱时期,粮油生产增长缓慢,很不稳定。党的十一届三中全会以后,农业生产出现平稳发展的局面。1980 年,全县粮油生产创历史最高水平,耕地面积 12.4863 万亩,播种面积 9.9904 万亩;粮食总产 3467.08 万斤,平均亩产 392 斤;油料总产 93.36 万斤,平均亩产 130.5 斤;人均占有粮食 802 斤,占有油料 21.59 斤;劳均生产粮食 2605.4 斤、油料 70.2 斤。80 年代以后,全县陆续退耕还牧,全县耕地面积基本保持在 12 万 ~ 13 万亩之间,总播种面积大体在 10 万亩上下,粮油生产呈稳步增长趋势。1983—1984 年,同仁县推行家庭联产承包责任制,农业生产日益转入科学种田、提高单位面积产量的平稳发展轨道。1989 年,全县粮食总产 3593.6 万斤,1990 年达 3780.4 万斤,连续两年突破历史最高水平,两次获农业部颁发的丰收杯和丰收奖牌。

27.4.4

　　同仁县的地方工业是 20 世纪 50 年代以后在本地传统手工业生产的基础上发展起来的。1958 年兴办的地方工业在三年困难时期基本解体。60 年代以后,同仁县水电业发展迅速,由此带动了其他工业部门的发展,农牧机械修配、粮油食品加工、皮毛、地毯、民族服装、建筑、印刷等企业逐步建立起来。但总的说来,地方工业发展缓慢,基础薄弱,生产规模有限,产值不及农牧业产值的10%。80年代以后,同仁县对地方工业进行调整,发挥地方优势,开发新的项目。1985年以后,利用本地水电能源,先后投资建成铝厂、硅铁厂等中小型企业。同时,动员全社会办工业,国营企业、集体企业、乡镇企业、个体企业并举,加快地方工业发展步伐。80年代后,全县工业总产值大幅度增长,1990年达668.6万元。地方工业从无到有,从小到大,逐步形成独立的经济部门,开始改变同仁的贫困面貌。与此同时,多种经营与乡镇企业逐步发展,在市场经济的机制下,取得明显效益。1987年,全县乡镇企业已达865家,从业人员2260人,总产值838.06万元,获利润130.31万元,上交国家利税31.94万元。

27.4.5

同仁地区群山环阻,交通闭塞。历史上中介交流的"河南道"虽盛极一时,但交通设施落后,运输方式原始。20世纪50年代以来,同仁县的交通运输业开始发展起来。在政府"民工建勤、民办公助""以工代赈"方针的执行中,同仁县已初步形成布局合理、四通八达的公路运输网络。至1990年,全县总通车里程达338公里。以五河公路、循同公路、同夏公路为干线,县内外的交通畅通无阻。邮政、电讯事业日益完善。程控电话已走入机关单位和千家万户。

27.4.6

同仁县的商品贸易活动,长期处于以物易物、不等价交换的原始状态。20世纪初,始以隆务镇为集散地,商业贸易兴起发展。50年代以来,建立了民族贸易公司、供销合作社、乡镇代购代销店,初步形成覆盖全县的商业网点。中共十一届三中全会后,放宽政策,个体商业发展迅速,尤为活跃。市场繁荣,购销两旺。1980年,全县商品销售额达958.14万元,1990年,增加到2269.75万元。地方财政收入逐年增加,1980年,全县财政收入127.74万元,1985年增加到195.07万元,1990年上升到367.3万元。

27.4.7

中华人民共和国成立后,同仁县的文化、科学、教育、卫生医疗事业蓬勃发展。1990年,全县共有中学5所,小学82所,教职工690人,在校学生9392人。加上州属中等专业学校,中学等6所,县境内学校近百所,在校学生超万人。其中,10所完全小学被联合国儿童基金会列入"加强贫困地区小学教育项目"学校。县属卫生医疗机构21处,专业人员156名;合作医疗站70处,乡村医生96名,保健员47名;州人民医院、藏医院、防疫站、妇幼保健站等州级医疗卫生机构的建立发展,也为同仁各族人民防病治病,培训各级专业人员,发挥着显著的作用。州、县、乡(镇)文化机构设施健全配套,为农牧业生产服务的科技队伍不断壮大。

27.5

27.5.1

回顾近40年的奋斗历程,勤劳勇敢的同仁各族人民,在中国共产党的领导下,在与大自然的斗争中,排除干扰,几经曲折,初步改变了同仁县闭塞、落后、贫困的面貌。在改革开放的新形势下,迎来了振兴同仁经济的春天。全县国民经济持续稳定增长,文教卫生科技事业健康发展,社会安定,民族团结,市场繁荣,各族人民的物质生活和精神生活不断丰富提高。同仁建设已进入一个新的发展时期。

27.5.2

但是,历史和区位形成的先天不足,仍然严重困扰和制约着同仁县的经济发展和社会进步。

经济基础脆弱,农牧业生产的内部结构不尽合理,观念滞后,市场经济意识淡薄,抗御自然灾害的能力差,生产不稳定。

局部山区生活生产条件恶劣,不能从根本上解决温饱问题。据1989年调查,全县贫困户3883户22555人,占农牧业总户数的45.87%,贫困人口占全县人口总数的48.18%,同仁仍属贫困地区。

全县财政收入自给不足,仍靠上级政府补贴,限制了对企事业建设的有效投资。

地方工业管理水平低,效益差,竞争力弱,自然资源的优势尚未得到充分利用开发。

科技、管理人才缺乏,现有干部队伍的业务素质及管理水平有待进一步提高。

27.5.3

勤劳勇敢的同仁各族人民,仍然面临着发展中的重重困难,但在全国经济建设的大环境下,也迎来了发展的机遇。同仁各族人民,只要把握机遇,转变观念,扬长避短,兴其所宜,坚定地沿着改革开放的道路走下去,在中国共产党的领导下,必将创造出更加辉煌的业绩。一个民族团结、社会安定、百业兴旺、人民富裕的新同仁,一定会出现在青藏高原上。

沉舟侧畔千帆过,

病树前头万木春。

同仁,将以其历史文化的丰富底蕴,展现新时代的风采,创造辉煌的明天。

(《同仁县志》,三秦出版社,2001 年。)

·欧·亚·历·史·文·化·文·库·

28 《甘肃通志稿·学校志》 "明代书院"补正

中国的书院,自宋代讲学之风盛而兴,三陇(指今甘、宁、青地区)则因当时少数民族政权迭起割据,战乱不已,传统文化呈衰落态势。据文献记载,三陇地区仅地近关中的秦州(今天水地区),"南宋始有书院"[1],此即金皇统四年(1144)创建的清水曲江书院。乾隆《清水县志》记其事云:"本邑书院之设创始于宋","元末毁于战火"。[2] 这是三陇书院创设的最早记载,也是仅见的一例,距今约千年矣。大一统的元代,书院在两宋故地有大的发展,但三陇地区仍沉寂一时。至明代中期,学风渐被,始有三陇书院之兴。

故论及书院,就全国讲是始于宋而盛于明清。而三陇地区,则始于明而盛于清。探讨明代三陇书院的建置,对中国书院制度史、西北文化教育史的研究,是有特殊意义的。

28.1

近世陇上著名学者张维(鸿汀)修纂《甘肃通志稿》,其《教育志》专列"书院"以存一代之制,考订"创于前明者六院"[3]。并感叹云:"夫明有天下,历年二百数十,秦凉名士,彪炳史册,今载书院只六,阙漏甚矣! 而今已文献无征。"

后编纂《陇右金石录》,考订三陇地区的明代书院增至 7 所。其

〔1〕《重纂秦州直隶州新志》(光绪)卷4。
〔2〕《清水县志》(乾隆)卷2。
〔3〕《甘肃通志稿·教育志》。

《超然书院碑》跋云：

> 按书院之制创自唐宋，盖为师儒讲学之所，元明以来浸及全
> 国。陇右边僻，明时书院可考者巩昌之崇义、兰州之容思、泾州之
> 仰止，洮州之凤山及固原、宁夏与超然而七。[1]

以张维的博学多闻及对地方文献的谙熟精到，注意到三陇地区的
明代书院问题，确有慧眼独识的过人之处，但限于当时的图书流布，及
社会、人事诸因素，多有未曾寓目之书，故发出"而今已文献无征"
之叹。

半个多世纪以来，文献的集聚、发现、著录、整理、刊布，已为学术提
供了优于前人的研究条件，使我们有可能在前辈学者的研究基础上，
做进一步的探颐钩沉，以推进该专题研究的深化。

但不能不看到，直到近年来，三陇地区明代书院研究仍无大的进
展。每涉于此，基本仍沿张维旧说，而略有增益，如漆子扬《甘肃古代
书院考》[2]、李并成、吴超《清代甘肃书院的时空分布特征》[3]等。前
文考证"甘肃最早兴办书院的首推静宁的陇千书院，约建于明朝成化
年间"，其次为陇西的崇义书院、渭源渭川书院，皆建于嘉靖十四年
（1535）；提出甘肃书院"明代建九所"。后文断定甘肃"最早的书院大
约建于明代成化年间，其中明代已有的有8所"。疏漏在史料的开掘
不足，因以致误。

根据目前我们所翻检到的资料，三陇地区的明代书院计19所。依
朝代先后，分述如次。

28.2

洪武朝（1368—1398）1所

（1）清水县西江书院

---

[1]《陇右金石录》卷6。
[2]文载《西北史地》1994年第4期。
[3]文载《青岛科技大学学报》21卷第2期。

"明洪武四年（1371），知县刘德主持筹资重建，更名为西江书院。"[1]

按：清水县即今甘肃省清水县。此西江书院即金皇统四年（1144）创建的曲江书院，因"元末毁于战火"，故云"重建"，而更名为西江书院。西江书院是明代三陇地区建置最早的一座书院，主持人刘德，直隶人，是明代清水县的首任知县。此书院延续至清，改名为原泉书院。

成化朝（1465—1487）2 所

（2）兰州容思书院

兰州容思书院《临洮府志》（康熙）、《兰州志》失载，唯张维《陇右金石录》"超然书院跋"揭出，创建人为段坚。段坚是甘肃兰州人，传见《明史》卷281。据本传称，段坚"早岁受书，即有志圣贤。举于乡，入国子监"。成化中，先任山东莱州知府，后迁南阳知府，在当地兴建志学书院，重建诸葛书院于卧龙岗。成化十七年（1481），又建豫山书院。次年63岁致仕归里，结庐兰山之麓，额其所居为容思斋。明彭泽作《段容思年谱纪略》不录容思书院事。但据段坚生平行止观之，创建容思书院应为情理中事。张维列其名于三陇明代七所书院之中，必有所本。

（3）静宁州陇干书院

静宁为今甘肃静宁县。《续修静宁州志》（乾隆）云：

> 静宁向无书院，旧志载社学三，久废。成化中，知州祝祥曾建书院于城隍庙；嘉靖间址废，改迁于州治东、泾阳驿迤南，后亦废，只存遗址。[2]

祝祥其人，据同书载，"籍江西浮梁人，饶文学，襟怀潇洒，由举人历官。成化十一年补知州事。……七载报升河南汝宁知府"[3]。由祝祥任静宁知州的时间推算，静宁州书院当创建于成化十一年（1475）至成化十九年（1483）间。嘉靖年间（1522—1566）迁址，至清几经废立，为陇干书院。

---

〔1〕《清水县志》卷2。

〔2〕《续修静宁州志》（乾隆）卷2。

〔3〕《续修静宁州志》（乾隆）卷4。

正德朝(1506—1521)1 所

(4)平凉崇文书院

平凉即今平凉市。新修《平凉市志》综合旧志资料记：

> 明代，韩藩居平凉后，在府东(今平凉一中址)建宗室弟子读书处，为昭王讲读处。昭王好诗书，擅长真草书法，著有《冰壶遗稿》《千文法帖》《东海草书》行世。正德七年(1512)，皇帝敕赐"崇文书院"坊额。[1]

韩藩指明太祖第二十子朱松，洪武二十四年(1391)封国开原。永乐中，弃大宁三卫地，"开原逼塞不可居，二十二年改封平凉"[2]。为韩宪王。此"韩藩"指明宪王四世孙韩昭王。创建崇文书院事，《明史诸王传》不录，但本传称他"性忠孝，工诗，居藩有惠政"[3]。又有明武宗正德七年(1512)敕赐"崇文书院"坊额，创设崇文书院应信而有征，清代平凉有柳湖书院、高平讲舍，其文化传承恐与崇文书院有关。

嘉靖朝(1522—1566)13 所

(5)徽州徽山书院

徽州即今甘肃天水地区徽县。《徽郡记》(嘉靖)云：

> 御史顾公坚更名儒学公廨，在北街钟楼山麓，与学官相连。嘉靖十三年御史刘公良卿、胡公守中相继发帑改社学、射圃地创建讲道堂五楹，厢房、号舍三十楹，前有仪门、大门。[4]

《徽郡记》所据，为明胡守愚《徽山书院记》。《记》中说："嘉靖丙申，侍御新野刘公来董茶马之政，以学舍湫隘，召诸生指示之曰：北可以居子矣。乃发茶课若干缗，属之知州莫汝高度地抡材，建堂封号，榜曰'徽山书院'。越明年正月，侍御宁陵胡公巡按至徽……乃发公帑银，以两计者五十，汝高奉以周旋，使吏目刘锡监护厥工。"[5]由《记》中看，徽山书院的创建年代为嘉靖丙申，即嘉靖十五年(1536)。清代

---

[1]《平凉市志》卷17，中华书局，1996 年。
[2]《明史》卷 118。
[3]《明史》卷 118。
[4]《徽郡记》(嘉靖)卷 2。
[5]《甘肃通志稿·教育志》。

废止。

（6）洮州凤山书院

洮州即今甘肃临潭县。明人赵时春（字浚谷）《洮州凤山书院记》[1]云：

> 嘉靖十四年，余同年进士漓西刘子良卿适奉纶命来典……念远方之士未谙文学，声教失宣，贤俊萎坠，乃檄整饬边备陕西按察司副使钧阳马子纪报下有司，卜置书院于州之凤凰山。

嘉靖十四年为1535年，创建人为赵时春的同年进士刘良卿。清代甘肃仍有凤山书院，但已不在洮州，而设在甘肃天水地区的徽县[2]。

（7）巩昌崇羲书院

巩昌乃明代巩昌府，治所在今甘肃陇西县，明人姚镆《崇羲书院记》云：

> 侍御沧州王子书绅氏当嘉靖乙未巡按西土，未逾年，成巩昌崇羲书院。[3]

嘉靖乙未为嘉靖十四年，公元1535年，创建人为明巡按御史王书绅。姚镆述其得名之由，相传"伏羲实生其地，题曰崇羲书院"。清乾隆年间，书院废置，改建为伏羲庙。[4]

（8）渭源渭川书院

渭源为今甘肃渭源县。《创修渭源县志》记：

> 渭川书院在北关，嘉靖十四年建，久已坍塌[5]。

此述渭川书院沿革已到民国年间，但创建于明嘉靖十四年则无疑义。

（9）肃州酒泉书院

肃州即今甘肃酒泉市。《肃州新志稿》（光绪）云：

> 酒泉书院旧在肃州文庙东，初名新兴学舍，创建于嘉靖十一

---

〔1〕《赵浚谷文集》卷3。
〔2〕见清陈文骏《凤山书院记》。
〔3〕《巩昌府志》（康熙）卷26。
〔4〕《陇西县志》（乾隆）卷3。
〔5〕《创修渭源县志》（民国）卷5。

年兵备副使孟公易;二十六年兵备唐公宽重修,改今名。[1]

　　孟易,山东济宁人。进士,嘉靖十二年任。[2]

　　酒泉书院的创建年代与孟易任职时间不符,当以《重修肃州新志》(乾隆)所载嘉靖十二年(1533)为是。明李应魁《肃镇华夷志》失载孟易创修书院事,仅云"嘉靖二十六年副使唐宽建"[3]。其实,唐宽只是重修更名而已。酒泉书院明末废止,清乾隆年间,肃州知州黄文炜重修。

　　(10)固原州固原书院

　　固原即今宁夏固原市,据明人赵时春(浚谷)《固原书院置祠堂记》[4]云:

　　　　于是兵备佥事信阳樊子曰:若以为书院而置祠堂焉,乃有司之所以励后学而崇先献,其可夫。乃斥闲田三百亩以业生徒,储用俎豆,先称其式。

　　为固原书院置祠堂的樊鹏,"河南信阳人,进士。嘉靖十四年任兵备道"。[5] 由此可知,固原书院的建立应在嘉靖十四年(1535)前。

　　(11)狄道超然书院

　　明狄道州即今甘肃临洮县。创建超然书院者乃嘉靖间以立身行事刚正不阿而名著朝野的杨继盛(椒山)。以言事开罪咸宁侯仇鸾,下诏狱,贬狄道典史。《明史》本传称:"其地杂番,俗罕知诗书。继盛简子弟秀者百余人,聘三经师教之。鬻所乘马,出妇服装,市田资诸生。"[6]明人张万纪有《超然书院碑记》述其事。据《碑记》:

　　　　经始于辛亥秋八月,毕工于壬子夏四月,仍取台名,总曰超然书院。其气象高明广大,与正学、崇義并美。[7]

　　[1]《肃州新志稿》(光绪),抄本。
　　[2]《肃州新志稿》(光绪),抄本。
　　[3]《肃镇华夷志》(万历)卷2。
　　[4]文载《固原州志》(宣统)卷9。
　　[5]《固原县志》(民国)卷6。
　　[6]《明史》卷209《杨继盛传》。
　　[7]载《陇右金石录》卷6。

辛亥为嘉靖三十年(1551),正是杨继盛谪贬来狄道的当年,次年四月,书院建成,杨继盛亲主讲席,并出资置学田两千亩以为久远计。杨继盛在狄道不及一年,但创建超然书院之举实开当地一代风气之先。明清以降,狄道成为三陇地区文献之邦,与杨继盛置超然书院培养诸生关系颇深。超然书院在当时名著一时,张维以为"超然之名独著,则以杨椒山继盛忠谏名贤"。[1] 此可谓一言中的。《临洮府志》(康熙)将超然书院的创建年代记为嘉靖三十二年(1553),[2]当误,时杨继盛已离狄道矣。

超然书院延续的时间很长,但其社会教育功能日渐消退,渐成古迹。清乾隆年间,呼延华国纂修《狄道州志》,记其事云:

> 超然书院在东山超然台,明忠愍杨公所建也。康熙十四年遭兵燹,薪木尽毁。康熙二十五年,许孙荃与郡守高锡爵倡议捐修,堂构垣墉,悉仿旧规。惟增斋房四楹,令洮士读书。后因薪水不便,肄业者多散去,虽名为书院,实仅存讲堂之古迹。后之贤守,往往仰止超然而思继杨公之风教也。[3]

(12)甘州卫甘泉书院

明甘州卫即今甘肃张掖市。

清乾隆甘州知府冯祖悦《甘泉书院碑记》云:"张掖素有甘泉书院之名,故迹已失。"故而重建。《甘镇志》(顺治)亦云:

> 在都察院东,莫详其始。嘉靖三十一年都御史王诰以武弁失学,有勇而不知方,不可以大授,选应袭之俊秀者择师教之于此。因病其隘又撤而大之。[4]

既然明嘉靖三十一年(1552)经都御史王诰修葺扩建,那么,甘泉书院的创修年代当在嘉靖之前。惜典籍失载,顺治年间杨春茂纂修《甘镇志》时已"莫详其始"了。甘州在明末农民战争中曾遭到李自成

〔1〕载《陇右金石录》卷6。
〔2〕《临洮府志》(康熙)卷13。
〔3〕《狄道州志》(乾隆)卷4。
〔4〕《甘镇志》(顺治)"建置十八"。

军很大的冲击,史载,崇祯十六年(1643)"十二月,自成遣贼陷甘州,甘肃巡抚李日瑞、总兵郭天吉、同知兰台并死之"[1]。攻陷甘州的是李自成军的贺锦部。甘泉书院在这次兵燹中亦未能幸免,乾隆间重修时,"故迹已失"。

明嘉靖三十一年重修扩建甘泉书院的王诰,是"直隶赵州人,癸未进士,以佥都御史嘉靖二十九年任"[2]。

(13)宁夏养正书院(后改名揆文书院)

宁夏指明代宁夏镇,治所在今宁夏银川市。

宁夏养正书院初建于明嘉靖十七年(1538),后移址重修,更名为揆文书院。《朔方新志》(万历)"养正书院"述其沿革云:"明嘉靖时,巡抚吴铠建。二十九年,巡抚王崇古移建魁星楼西,改名揆文书院,久废。"此"二十九年"误。据《明史·王崇古传》载,王崇古为嘉靖二十年(1541)进士,早年仕江南,累进陕西按察使、河南右布政使,直到嘉靖四十三年改右佥都御史,巡抚宁夏[3]。移建更名书院事当在此时。明殷武卿《揆文书院记》中说:

> 宁夏国初建卫学,嘉靖戊戌都御史石湖吴心即学东巷构民居建养正书院,集诸生分馆居业。一时贤俊登庸,称文献焉。……四十三载甲子,大中丞鉴川王公抚临夏土……适地震后书院倾圮,游击署亦敝漏不可居。数请葺治,公毅然曰是,可更治文武攸便。乃檄兵宪张君济川、札指挥江龙、知事王朝凤,亟改故书院为游击衙,即遗署鼎新书院……始役于嘉靖丙寅七月,至隆庆建元六月晦,越期年始落成。

王崇古巡抚宁夏,主持移址重建书院,作《揆文书院记》的殷武卿实与其事。由之知,养正书院毁于宁夏地震,重建中,书院旧址改为游击衙,而以原衙署鼎新书院,修建年代为嘉靖四十五年(1566)七月至隆庆元年(1567)六月。

---

〔1〕《明季北略》卷16"李自成陷甘州"。

〔2〕《甘州府志》(乾隆)卷9。

〔3〕《明史》卷222。

341

欧·亚·历·史·文·化·文·库·

嘉靖十七年创建养正书院的吴铠,山东阳谷人,嘉靖间任巡抚宁夏都御史。

(14)徽州三元书院

徽州即今甘肃徽县。

徽州三元书院,明《徽郡志》(嘉靖)不载,清《徽县志》(嘉庆)云:

> 明知州葛之奇创三元书院。[1]

据《徽郡志》载:"葛之奇,直隶沭阳人,监生,由袁州府通判升本州。嘉靖三十四年任……"[2]那么,三元书院的创建年代当为嘉靖三十四年(1555)。

(15)泾州仰止书院

泾州即今平凉地区泾川县。明《平凉府志》(嘉靖)载:

> 先是参政迟公凤翔于南城之麓建麓城书院,参政胡公松加完饰焉,锡嘉名曰仰止。[3]

《泾州志》(乾隆)云:

> 迟凤翔,山东临朐县人,嘉靖甲辰进士,历户部主事员外兵部郎中,洮岷边备副使,三十六年任分守关西道右参政,三十八年升巡抚宣府右佥都御史。

由迟凤翔任分守关西道右参政的时间推断,书院建于嘉靖三十六年至三十八年(1557—1559)之间,初名麓城书院。后任胡松扩建装修,更名为仰止书院。

(16)宁夏卫朔方书院

朔方书院建在明宁夏后卫,即今宁夏盐池县。

明参政王道行有《朔方书院记》[4]述其事云:

> 岁癸亥,广平蔡君国熙奉命督饷,至视事之暇,进诸生迪以圣贤之乐。咸惕然有省,愿请卒业。君视学官制未备,又难数往,则

---

〔1〕《徽县志》(嘉庆)卷3。
〔2〕《徽县志》(嘉庆)卷3。
〔3〕《平凉府志》(嘉靖)卷5。
〔4〕载《陇右金石录》卷10。

相城中隙地为书院。

癸亥为嘉靖四十二年（1563）。蔡国熙其人，《宁夏府志》（乾隆）载：

> 蔡国熙，北直永平人，嘉靖时任督储郎中。覃精理学，有藻鉴，善作文。创朔方书院，聚生徒日谈名理，盖燕赵之豪也。督储时振刷积弊，兵食顿足。

（17）平凉府正学书院

正学书院在今平凉地区泾源县。

《平凉府志》（嘉靖）卷1"府城图"中，有正学书院方位而文字无记。新修《平凉市志》云："明嘉靖年间，改东郭外新塔寺为正学书院，供郡士子肄业。"[1] 惜其创立年代、创建人姓氏失考。

万历朝（1573—1620）1所

（18）固原州城南书院

固原州即今宁夏固原市。

《固原州志》（宣统）载明万历年间石茂华建城南书院事。石茂华为嘉靖二十三年进士，万历初屡迁右都御史，总督陕西三边军务。石茂华卒于万历十一年（1583）三边总督任上，[2] 则城南书院的创建年代必在万历初年。

崇祯朝（1628—1644）1所

（19）金县增秀书院

金县即今兰州市榆中县。

《金县志》（道光）记增秀书院云："旧在东郭外，系明崇祯七年知县张星创建。"[3]《金县志》（康熙）不载增秀书院事，但在《张星传》中说：

> 张公讳星，四川金堂举人，赋性聪慧，学识广博。当流寇猖獗时，决策定谋，据城坚守，贼数犯而不近，民得保全。又建书院，成

---

〔1〕《平凉市志》卷17，中华书局，1996年。
〔2〕见《国朝献征录》卷57《石公墓志铭》。
〔3〕《金县志》（道光）卷4。

课文讲学,士子咸悦。[1]

张星在社会动荡残破的明末,尚能重教育创建书院,实属不易。

28.3

综观明代三陇地区书院废立,呈现出几个显著特点:

第一,三陇地区书院的兴废与明代全国书院的发展态势是一致的。

明代书院的发展波动较大。明初朱元璋推行文化专制主义,加强思想控制,大力兴办学校,欲网罗人才于国学,书院沉寂一时。永宣以后,国家重科举,学校成为科举附庸,导致"率天下而为欲速成之童子,学问由此而坏",[2]书院兴办亦无起色。成化间,书院逐渐恢复,至嘉靖朝大盛。据白新良《中国古代书院发展史》统计,洪武至弘治百余年间,全国新建书院191所,而嘉靖朝40余年间,全国新建书院达550所。[3] 三陇地区书院,洪武至正德一个半世纪中,仅兴建书院3所;而嘉靖年间兴办13所。这与明代全国书院的发历程是相符的。亦即说,明代三陇书院的兴盛是在全国书院建置的大背景大环境下发展的。

第二,区域发展的不平衡性。

从地理分布上讲,本文所论三陇涵盖的地域包括今甘、宁、青地区,明代属陕西布政使司,书院的总体趋向是偏东。19所书院中,平凉府7所,巩昌府5所,临洮府3所,合计15所,占三陇地区明代书院3/4多。河西走廊的甘州卫、肃州卫各1所;河套地区的宁夏卫、宁夏后卫各1所;陇南地区的洮州卫1所。其余地区则呈空白。这一地理分布的不平衡,固然与各地政治经济文化发展的基础、人口密度与民族构成、交通与文化传承有密切关系,更重要的,恐怕与中原文化向西部地区辐射扩散的递进浸润有关,呈现出一个由中原向边疆先东后西的渐次趋势。

---

〔1〕《金县志》(康熙)卷下。

〔2〕顾炎武《日知录·科举》。

〔3〕见白新良《中国古代书院发展史》,天津大学出版社,1995年。

第三,总体发展的落后性。

明代三陇为西部边疆地区,社会经济发展的滞后、边事的纷扰、民族宗教情况的复杂、社会的不安定等诸多因素,严重制约了该地区文化教育的基础设施和正常发展。与中原内地相比,书院的兴建亦相对落后,以地域远不如三陇辽阔的安徽而言,明代兴建的书院既达89所。至于兴办规模、传承时间、制度建设、社会效应、数学内容等,更无法与内地书院相提并论。

第四,书院兴建官办型而引发的不稳定性。

明代中晚期,因王守仁、湛若水等一批博学大儒私人讲学之风盛而书院大兴,民间性为其显著特点。而三陇地区则不然。明代三陇书院的兴建,除藩王兴建的平凉崇文书院为韩王宗室子弟读书之所外,余皆为来陇任职、重视教育、倡导学术自由的地方官吏,其中不乏一些封疆大吏,如三边总督王崇古、石茂华等。也有一些谪贬陇上的名臣,如杨继盛。但大多调遣频繁,任职时间有限,书院经费或取于官银,或出于临时筹措,缺乏常规化保证体系。一旦离职,后任非其人,难以为继,往往废止,以致文献失载,不少书院遗址都无从考究。

第五,规模小,未形成学术传承,社会效应有限。

尽管近世张维注意到明代"秦凉名士,彪炳史册"与明代三陇书院的关系,但客观地讲,地处边僻,远离时代风气熏陶,缺乏大家引导奖掖,形成不了群体的学术传承,未能培养出一流的学者,确与明代三陇书院的办学规模、教育功能、人才培养机制有关。因此,我们对明代三陇书院办学的社会效应要有一个客观的评价。

明代三陇地区书院是西北文化教育史上的重要一页,对其考察研究,一是爬梳文献,系统料理,廓清发展脉络;二是将其置于明代历史文化发展的大背景下,透析区域性特点;最后应对其社会功能、社会效应做出客观评估。本文的基础研究意义,正在于此。

(《西北民族大学学报》,2007年第4期。)

29 《狄道州志·许允德传》跋

在明代汉藏关系史上，许允德无疑是个有影响而做出了积极贡献的人物。然《明史》无许允德传，其事迹仅见于卷330《西域传》的零星记载。这位汉藏友好使者的生平业绩几于湮灭无传。

关于许允德的家世生平，典籍失载，我们所知甚少。只知他是长安（今陕西省西安市）人，仕元为陕西行省员外郎，归明后官至礼部员外郎。卒于洪武十三年（1380），葬于今甘肃临洮。《狄道州志》（乾隆）有简略的许允德传：

> 许允德，长安人，洪武初由士任礼部员外。八年上遣允德同中书舍人锁南等赍诏谕朵甘思、乌思藏，十三年回京路抵临洮，卒于官舍。奉旨谕祭，以大夫礼葬于临洮。十四年敕户部着令亲男许土番、次男许荣守护坟所，因籍狄道。

许允德见于史籍的活动，也仅在洪武二年至七年这段时间。

包括西藏及四川、青海、甘肃等省一部分的藏族地区，从元代就纳入中央王朝的版图。元朝政府划藏地为三大宣慰司，隶属于主持宗教与民族事务的宣政院管辖。遍置驿站，清理户籍，且崇奉帝师，推行政教合一体制，统治是有效的。公元1367年（元至正二十七），明朝尚未建国，朱元璋即以徐达为征虏大将军，常遇春为副将军，帅师25万，北伐中原。第二年（1368），攻大都，元朝灭亡。徐达随即挥师西征秦晋。次年（1369）四月，大将军徐达会诸路大军于陕西凤翔，确定了先攻"西通番夷，北界河湟"的陇右重镇临洮的战略方针。一路破竹，连下巩昌、安定等地。接着，元将李思齐举临洮归降，明军自临洮进克河州，通向西藏的门户已经被打开了。在这种有利的军事形势下，朱元璋派出使者招抚藏地的僧俗首领。《明太祖实录》卷42"洪武二年五月甲午"

条载：

> 遣使持诏谕吐蕃。诏曰："昔我帝王之治中国，以至德要道民用和睦推及四夷，莫不安靖。向者胡人窃据华夏百有余年，冠履倒置，凡百有心，孰不兴愤。比岁以来，胡君失政，四方云扰，群雄分争，生灵涂炭。朕乃命将率师，悉平海内。臣民推戴为天下主，国号大明，建元洪武。式我前王之道，用康黎庶。惟尔吐蕃邦居西土，今中国一统，恐尚未闻，故兹诏示使者至吐蕃。"

但是，由于元政府对吐蕃上层的优待政策及朱明刚刚建国，在西北与残元势力的决战局势当时还不明朗，这些，都使吐蕃诸部首领心怀疑惧。所以，明朝政府的这次招抚收效甚微。《明太祖实录》同卷记载：

> 吐蕃未即归命，寻复遣陕西行省员外郎许允德往招谕之。

明朝政府在初次招抚吐蕃各部失败后，选择许允德作为特使去藏地，是颇有眼光的。显然，许允德久居西北，仕元为陕西行省员外郎，具备了与吐蕃上层人物打交道的经历和才干。并且，归降后深得明王朝的信任。

许允德首次出使的地区是河湟洮岷一带，即今甘肃西南、青海东北的藏族地区，历时一年。初次出使，即成功地使元吐蕃宣慰司都元帅何锁南普等一批元朝委任的吐蕃首领归附，并招降了元宗室、镇西武靖王卜纳剌。《明太祖实录》卷53载：

> 洪武三年六月乙酉
>
> 故元陕西行省吐蕃宣慰使何锁南普等，以元所授金银牌印宣敕诣左副将军邓愈军门降，及镇西靖王卜纳剌亦以吐蕃诸部来降。先是命陕西行省员外郎许允德招谕吐蕃十八族、大石门、铁城、洮州等处。至是，何锁南普等来降。

何锁南普及卜纳剌的归降，不仅为明王朝在河湟洮岷一线建置西番诸卫所铺平了道路，而且使明的统治触角开始深入到更厂阔的卫藏地区。

在安定了甘青藏区之后，许允德又受明政府的委派，长途跋涉，深

·欧·亚·历·史·文·化·文·库·

入卫藏,说服吐蕃各部首领举元故官至南京,接受新王朝的官职、封号。《明太祖实录》卷79载:

> 洪武六年二月癸酉
>
> 诏置乌思藏、朵甘卫指挥使司宣慰司二、元帅府一、招讨司四、万户府十三、千户所四。以故元国公南哥思丹八亦监藏等为指挥同知、佥事、宣慰使同知、副使、元帅、招讨、万户等官凡六十人。以摄帝师喃加巴藏卜为炽盛佛宝国师。先是遣员外郎许允德使吐蕃,令各族酋长举故官至京授职,至是喃加巴藏卜以所举故元国公南哥思丹八亦监藏等来朝贡,乞授职名。

以上引材料看,许允德出使卫藏地区是卓有成效的。明政府不费一兵一卒,而使辽阔的藏地纳入新王朝的版图,初步建立了卫藏地区行政机构,许允德是起了很大作用的。这一时期,许允德几乎成了明王朝出使藏地的全权代表,频繁地出入藏地区域:

> 洪武七年三月癸巳
>
> 陕西行省员外郎许允德自西番朵甘、乌思藏使还,赐冠带、罗衣及钱。(《明太祖实录》卷8)
>
> 洪武七年十二月壬辰
>
> 炽盛佛宝国师喃加巴藏卜及朵甘行都指挥同知锁南兀即尔等来朝,奏举土官赏竺监藏等五十六人。诏置增朵甘思宣慰司及招讨等司……遣员外郎许允德赍诏及诰印往赐之。(《明太祖实录》卷95)

许允德官至使西番礼部员外郎,是见于史籍的唯一的一位出使藏地的专职使者。朱元璋为了酬答他的奉使之劳,曾"命给其家常俸外,月增米三石赡之"。(《明太祖实录》卷88)《明实录》记载他于洪武七年十二月己未出使藏地途中卒于河州,见于《明太祖实录》卷95:

> 使西番礼部员外郎许允德卒河州。上悼惜之。允德先是陕西行省员外郎,升今官,至是卒。

《明实录》的这条材料不确,《狄道州志》关于许允德的卒年、葬地、后事安置有明确记载,许允德后裔因此入籍临洮,断不致误。由于许允德在明初汉藏关系中的杰出贡献,朱元璋对他的死深感痛惜。而人民也记着这位汉藏关系史上的友好使者。据康熙《临洮府志》的记载,直到清代,许允德墓仍在临洮,受到人民的纪念。

(《甘肃民族研究》,1986 年第 4 期。)

卷　　6

30 《安多藏区土司家族谱辑录研究》序

30.1 安多藏区的土司

　　包括今甘肃南部、河西走廊、青海高原及四川西北的安多藏区,即国内外一些藏学家习称的东藏方言区,是与我国中原地区西北邻接的少数民族聚集区。安多一词,源于藏语。据藏文典籍《塔尔寺志》[1]称,藏地传统上分为卫、康、安多三区。安多亦作阿垛,系"阿钦岗日伊甲日"和"垛拉仁摩"之合音。"阿钦岗日伊甲日"指今昆仑山脉中的阿尼玛卿山,横亘甘、青、川三边;"垛拉仁摩"即今临夏州境之积石山脉,实际上,安多表示的地域还要更广阔一些。

　　安多地区是中国早期文明的发祥地之一。以湟水、洮水流域为中心的古文化遗址星罗棋布,丰富多姿。很早以前,羌人就活动在这一地区。其后,匈奴、月氏、鲜卑、吐谷浑、吐蕃、党项、女真、蒙古等民族都曾在这里纵横驰骋,角逐争雄,曾有过波澜壮阔的历史。而统一的中央王朝对这一地区的重视、开发和经营,早在秦汉之际,即已开始。西汉赵充国率兵万人屯田湟水流域,东汉继之而建屯田三十四部,隋炀帝巡狩西平,唐设鄯州都督府,在赤岭与吐蕃划界立碑,北宋王韶发动"河湟之役""熙河之役",都含有积极经营、开发边疆的意义。公元11世纪初,建都青唐城(今青海西宁市)的吐蕃角厮罗政权,是割据安多地区的最后一个政权。两个世纪后,成吉思汗亲率西征军回师攻克西宁,

---

〔1〕《塔尔寺志》全名《塔尔寺历代座主活佛及庙堂僧院佛像经塔等目录专辑具义美妙梵音》,成书于光绪二十六年(1900)。作者色多·罗桑崔臣嘉措,系塔尔寺第63代赤钦大主座。

蒙古铁骑席卷河湟洮岷,安多地区成为蒙古帝国和元朝的直接统辖区。元以章吉驸马为宁濮郡王驻西宁,设吐蕃宣慰司于河州(今甘肃临夏市),形成统治安多并进而控制卫藏的军政格局。明建"西番诸卫"于安多,作为"关陇藩翰"。尊崇藏传佛教,推行"土流参设",开展茶马贸易,政治、经济、军事并重,强化对安多的控制。至18世纪初清王朝平定罗卜藏丹津之乱,安多地区已与中原郡县无异。可以认为,历元、明、清三代的开发经营,中原王朝直接统治下的安多地区,在政治体制、经济结构、民族融合、文化形态诸方面经历了深刻的变革。土司制度就是安多地区在这一历史进程中曾经发挥过重大作用的一种特殊政治体制。

元、明、清三代在安多地区到底设置过多少土司,已经无从稽考,很难确知。据清代兵部档案,清代安多地区的土司凡土指挥使8人,指挥同知7人,指挥佥事8人,千户7人,百户9人,西宁办事大臣管辖番族千户1人,百户25人,土守备1人,土千总16人,土把总20人及玉树、果洛千百户百余人。[1] 如果加上地方官署札委而不达于兵部的,安多地区土司的数量总有数百家之多。不过,影响较大而权势显赫的土司家族仅十余家而已。其中,尤以甘肃临洮赵土司、卓尼杨土司、永登鲁土司,青海民和李土司,西宁二祁土司的势力为甚。其家族源远流长,世袭罔替,雄踞一方,对安多地区的历史变迁,曾经产生过重大影响。

这些著名土司家族的先祖,[2]均为活跃于安多地区的少数民族,但在漫长的历史岁月里,潜移默化,接受了汉文化的影响,程度不同地趋于"汉化"。不仅多采用汉姓,即使观念意识、生活习俗、文字语言,亦日被华化,从一个侧面反映了安多地区的民族融合和历史变迁。一批土司家族谱的纂修和流传,就是绝好的例证。

---

〔1〕见《甘肃青海土司志》,载《甘肃民族研究》1983年第1、2期合刊。

〔2〕安多地区土司家族的先祖,除西宁世袭指挥陈土司为汉族外,其余均为蒙古族、藏族、撒拉族、维吾尔族、土族等民族。

30.2 土司家族谱存佚概况

安多地区土司的兴盛及其家族谱的纂修均在明、清两代。但明、清以来,安多地区屡遭兵燹,变乱频繁,波及面广,政府、民间所存公牍、档案、谱牒,多致散失,湮没无传。然家之有谱,犹国之有史,土司承袭,须征信于谱。故土司后裔极重家谱,以弘扬祖业,维护世袭特权,后世续修、补纂者尚多。虽价值稍逊原谱,亦足可观,家族兴亡盛衰之迹,大略可见。特别是某些续谱,照录祖谱再加以续纂,史学价值仍可与原谱相埒。如青海省民和县土族土司辛氏家族,祖传明本《辛氏宗谱》一函,20世纪50年代初,辛土司后裔将此谱交当地乡政府。后建制变动,几经转交,遂致遗失。现各地辛氏后裔中,尚有清制宗谱4种。其中,清嘉庆间续修的总谱,前据明朝宗谱复制,所载先祖世系、职官、事迹,保留了明谱的原貌。据之以考辛土司家族及安多地方史事,可取证处不少[1]。

安多地区土司家族谱毁失最大者莫过于十年动乱,风暴所及,民间私藏几无一幸免。最令人遗憾的是甘肃临洮世袭指挥使赵土司家族《赵氏家乘》的焚毁。

赵土司的先祖,最早可以追溯到北宋中期活跃于安多历史舞台的角厮罗,也就是藏族史诗《格萨尔王传》中的传奇英雄格萨尔王,其家族属吐蕃亚陇觉阿王系。北宋大中祥符年间,他以青唐城为中心,建立过统治安多地区的角厮罗政权。在漫长的北宋与西夏的战争中,角厮罗不断助宋攻夏。他们不仅接受宋王朝的官爵与赏赐,而且一直沿用宋朝皇帝的赐姓为赵氏,成为汉姓的吐蕃家族。角厮罗政权解体后,其后裔仍统率着散居于安多地区的吐蕃部落。金灭北宋,偏安江南的南宋王朝甫经立国,即委任角厮罗的从曾孙益麻党征(宋赐名赵怀恩)"措置湟鄯事",希图牵制金人南侵。

---

〔1〕参见辛土司后裔辛存文《对辛土司的考察纪略》,载《青海史志研究》1985年第1、2期合刊。

角厮罗后裔在金代最著者为结什角,曾统领安多地区的吐蕃四部,号称王子,"其疆域共八千里,合四万余户"。结什角为夏人攻杀,金任其侄赵师古为四族都钤辖。[1]

赵土司的直系祖先,是"世居临洮"的角厮罗后裔、吐蕃首领巴命,巴命传子赵阿哥昌,"金贞祐中,以军功至熙河节度使"。金亡后,招抚部众,投顺蒙古,皇子阔端封他为叠州安抚使。[2] 赵阿哥昌子赵阿哥潘,元世祖任为临洮元帅,随宪宗蒙哥南侵攻宋,在钓鱼城战役中有奇功,蒙哥赐号"拔郁"。死事元帝国,谥桓勇。阿哥潘子曰重喜,先为阔端亲卫,袭父职,后为临洮府达鲁花赤,佩金虎符,升巩昌二十四处宣慰使,卒谥桓襄。重喜子官卓斯结,袭临洮府达鲁花赤。官卓斯结子德寿,做过云南行省左丞。[3] 至元明之交,镇守临洮的是赵琦,其父华严禄,系官卓斯结孙,源于巴命一系。[4] 赵琦字仲玉,一名脱帖木儿,阿哥昌六世孙,元授荣禄大夫陕西中书省平章政事,守临洮,明初率众归附,授临洮卫指挥佥事兼同知临洮府事。[5] 洪武二十六年(1393),赵琦坐罪死于蓝玉党案,累及从弟赵安,遂"谪戍甘州"。永乐元年(1403),赵安"进马,除临洮百户。使西域,从北征,有功,累进都指挥同知"。以其对统治者的效忠,重新获得明王朝的信赖和任用。宣德二年(1427),"松潘番叛,充左参将,从总兵陈怀讨平之,进都督佥事……使乌斯藏,四年还。明年,复以左参将从史昭讨曲先,斩获多。九年,中官宋成等使乌斯藏,命安帅兵千五百人送之毕力术江。寻与侍郎徐晞出塞讨阿台、朵儿只伯,败之"。正统元年(1436),赵安进都督同知,充右副总兵官,协任礼镇守甘肃。赵安"勇敢有将略",与定西伯蒋贵、宁远伯任礼"并称西边良将"。正统三年(1438),赵安与王骥、任礼、蒋贵分道出师,"至刁力沟执右丞、达鲁花赤等三十人。以功封会

---

〔1〕见《金史》卷 91《结什角传》。

〔2〕见《元史》卷 123《赵阿哥潘传》,钱大昕《元史氏族表》。

〔3〕见《元史》卷 123《赵阿哥潘传》。

〔4〕《甘肃青海土司志》。

〔5〕《元史氏族表》。

川伯,禄千石"。[1] 赵安卒于正统九年(1444),他的后代世袭临洮指挥使之职,成为历明、清数百年而雄踞陇右的赵土司。

民国建立,土司制度废除,末代土司赵柱(字天一)被任为临洮县保安大队长。1950 年镇反中被杀。

赵土司家原藏明正统五年(1440)赐会川伯赵安铁券一函,土司金印一方,《赵氏家乘》一函。金印在 1950 年上交后不知下落,铁券仍存于甘肃省渭源县文化馆。唯《赵氏家乘》由土司子孙传替保存,近世张维纂修《甘肃通志稿》之"土司志",曾借观摭录,以订补史传之伪漏。该谱历载其先祖角斯罗以来之世系、任职、事迹,兼载诏敕、诰命、墓志、碑记,于藏族史、安多地区史、角斯罗家族史及宋、元、明、清几代在安多地区之施政诸方面的研究,颇有参考价值。笔者于 1984 年曾数次查找土司后裔,多方访求《赵氏家乘》,最后得知《赵氏家乘》新中国成立后一直由赵柱侄保存,"文革"初迫于形势,转交其表亲代为收藏,不久,其表兄惧祸及于己,辗转于土司族人赵某,赵某将《赵氏家乘》在赵土司祖茔悄悄烧毁,这份极有价值的家谱遂不复于人世。据说,《赵氏家乘》尚有分谱,惜迄今为止未能访获。

《赵氏家乘》的焚毁,只是"十年动乱"中土司家族谱损失严重之一例。劫后幸存者,十之二三而已。本书辑录整理的《李氏宗谱》《鲁氏家谱》《鲁氏世谱》《祁氏家谱》就是现存土司家族谱中较有价值的几种。

30.3 《李氏宗谱》《鲁氏家谱》 《鲁氏世谱》《祁氏家谱》介绍

30.3.1 《李氏宗谱》

经折式册页一册,原稿本,封面大字题签《世袭宗谱》。系 20 世纪 50 年代青海民和县李土司后裔上交当地政府之家藏本,今存民和县档

---

[1] 参见《明史》卷 155《赵安传》。

·欧·亚·历·史·文·化·文·库·

案馆,青海省图书馆有节抄本。是谱前有二序一跋。

《世系谱序》署"古燕眷盟弟张伟绩拜识",时为"顺治丁酉岁季夏"。

《李氏宗谱序》署"岁进士金城眷生陈睿览顿首撰并书"。序云:"……值清圣龙飞,特录忠荩,敕授原职,仍加以贰师,带砺之盟,河山之誓,永永勿替。公奋然更新,益笃前烈。独念改玉之后,家珍沦于寇攘,编籍付之煨尘,将列祖前休恐致湮没。先营建祀祠,重摹绘谱,与昔之图形麟阁,勒名钟簴者,共昭然不朽。令后之子若孙觐兹谱而克绍先烈,以陨越家声。"

《题跋》署"大清顺治十四年岁次丁酉仲夏月吉赐进士第中宪大夫奉敕整饬抚治西宁等处兵备道陕西按察司副使通家倚生郑龙光拜撰"。

谱后有李土司九世孙李天俞跋。《跋》中叙其建祠修谱之由云:"罹闯逆之变……故甘冒寇锋,危于朝露,妻孥粉骨,昆弟碎身……幸祖宗式灵嘿佑,值皇清龙兴之会,悯其孤忠,召著平台,奉命安抚河西。宸念积劳,荷其宠渥,世袭祖职,颁赐敕印,受命朝永。时感圣恩之旷典,承列祖之庇庥。仰瞻庙祀倾圮,像谱煨烬,犹不胜其凄怆。于是建祠修谱,希请名公珠玉胪列于前,不独润色绘图,而有光列祖。"末署"大清顺治十四年岁次丁酉秋七月望日"。

据之可知,李土司家族在明末曾遭李自成起义军的沉重打击,"家珍沦于寇攘,编籍付之煨尘","庙祀倾圮,像谱煨烬",九世土司李天俞得清王朝委任后,于顺治十四年(1657)重新"建祠修谱",此谱实际上是重修《世袭宗谱》(顺治)(以下称《李谱》)。

李谱之修,以图为纲,后虽附大宗世袭图表,但各代承袭序次,以列祖画像先后排纂。列祖画像工笔彩绘,各饰厅堂背景,线条细密,着色绚烂。唯人物造型呆板,恐系家谱画之通病,计12帧。每幅画像之后,各录与谱主相关之文,或诏敕、诰命,或墓志、碑记。计诏敕七,铁券文一,碑记四,祭文二,墓志一。核之于李土司家族在明代的军政活动,《李谱》所录,必多缺漏。显然,谱中所载,只是兵燹后的残存部分。虽则如此,其史料价值仍不可低估。

由于《李谱》是辑录式的家族文献汇编,录文概仍其旧,不事改作。因此,为后世保存了不少原始资料。《李谱》一直受到研究者的重视,这是一个重要因素。

《李谱》后空十数页,中二页有居正、于右任等近代名人来民和"敬观""拜读"是谱的题词、签名,于研究近代人物亦有裨益。

30.3.2 《鲁氏家谱》

《鲁谱》一函,线装三册,封面左上宣纸题签《鲁氏家谱》。前有三序,可考见三谱撰修时间与经过。

一署"赐进士出身嘉议大夫巡抚甘肃等处地方赞理军务都察院右副都御史垣曲赵载拜手撰",时为"嘉靖十五年岁在丙申仲夏端阳日",题为《鲁氏忠贞录原序》。《序》称:

> 北崖子改官留都,道过庄浪,都督西昆时方谢政林下,持一帙为请曰:

> 仆自始祖脱欢归附明初,迨经六世。世蒙宠录,锦衣肉食,崇阶峻秩,荣幸无比。先祖考感沐殊恩,竭忠效力,夙夜匪解,克尽臣职。龙章凤诏,炳然焕乎。于时名公巨卿、文人才子赠遗之言,牙签锦轴,烂然盈匮。经虑大世远遗亡,子姓骄佚,宁知夫朝廷褒宠之恩,祖宗历履之艰,君子规教之益乎?用是编录成帙,欲授诸梓,传诸子姓,世世守之。敢乞嘉言,冠诸首以示教于无穷,则经世世幸也。北崖子阅其帙:曰玉音,累世所被纶悖也;曰族谱,曾大父勋勋,封爵世泽之由也;曰赠贺哀挽,则名公遗厥。

按,"西昆"指鲁氏六世祖鲁经,字元常,号西昆。鲁经创修《鲁氏家谱》,请北崖子赵载作序。赵载见到的谱有三卷,分玉音、族谱、赠贺哀挽。据之可知,《鲁谱》创修于嘉靖年间鲁氏六世祖鲁经,此后重修,均依此谱体例续补。

一署"陕西按察司副使前户科给事中临清任庵朱朝聘撰",时为"万历甲午冬",题为《鲁氏家谱原序》。《序》称:

> ……八世孙伯显公以博士弟子员嗣职,从经略郑公逐虏有

功,屡擢副总戎。亡何以疾谒告,朝廷嘉其劳,特予署都督佥事衔以归。伯显既归,乃谱其世系,历叙先代勋劳及朝廷优渥之典,谒余而问序焉。

按,"伯显"指鲁氏八世祖鲁光祖,字伯显,号宏昆。"万历甲午"为万历二十二年。由此《序》可知,《鲁谱》在万历年间曾经八世鲁光祖续修。

一署"赐进士出身原任广东肇庆府阳江县知县加三级记录五次愚常西孙铺顿首拜撰",时为乾隆五十二年岁次丁未桂月上浣之吉,题为《重续鲁氏家谱序》。《序》称:

……然经二百年之久,剥蚀于蠹鱼,消毁于风雨,亦既残缺难稽。而且鲁鱼豕亥之讹,不为证之愈久愈失。况自宏昆先生而下,未列谱系者已历五世。根之深者其枝茂,源之远者其流长,不为谱序,以光家乘,何以昭仁人孝子之情而为裕后先前之计也哉!我贤韫斋先生,生而魁梧奇伟,倜傥不群,承袭后亦屡为国家效力疆场,故得觐天颜,荷光笼,加职晋阶,以光昭先德,垂裕后昆。其兢兢以叙谱为事也,仿前人之旧式,规其大略,而添注系列,亦一脉之相承;列为正传,昭祖德之辉煌;其传世无嗣者,仍附其传于正传之间,明世系之不紊。较前之谱,尤显易而著明也。其续谱也,三阅月而稿成。

按,"韫斋"指十四世鲁璠,字韫斋,号辉川。由此《序》知,乾隆五十二年,十四世鲁璠续修家谱,仍"仿前人之旧式,规其大略"。续增者,一为"添注系列",补叙鲁光祖以下五世;一为"列为正传",增撰了鲁璠以上十四代土司的传记。

鲁氏三次撰修家谱的时间经过,三序交代十分清楚。

《鲁谱》前有总目:

卷之一 纶音

卷之二 赠言

卷之三 世谱

卷1"纶音"载明清皇帝敕谕历代土司之诏敕 87 件,始于洪武七年,终于乾隆三十年;雍正、乾隆赐封土司夫妇诰命 5 件;鲁氏所属寺观敕书札副 11 件;谕祭文 11 件,计 114 件。这些是鲁土司家族与明清中央王朝关系的最直接材料,可考史事甚多,是《鲁谱》中最有价值的部分。

卷 2"赠言"录朝野人士书赠鲁氏历代土司的诗文 145 篇(首),可考见鲁氏家族在明清时期的交往与影响。

卷 3"世谱",首例义,次世系考、世系表,次十四代土司传记,次若干土司夫人内传。各代土司之名号、生卒、仕履、事迹具载其中,是鲁氏家族史最详尽的资料。

30.3.3 《鲁氏世谱》

线装一册,清咸丰年间刻本,封面大字题签"鲁氏世谱",署"管束庄浪土官土军世袭指挥使十五世裔孙纪勋重纂"。按,鲁纪勋于乾隆五十七年袭职,道光年间,征张格尔,征安集延,鲁纪勋皆受命承办驼运军粮,加二品顶戴。道光三十年(1850)卒。是谱记事始自明太祖洪武元年(1368),终于咸丰元年(1851),且谱中明载:"道光三十年庚戌六月二日卯时,纪勋卒。十月十二日午时葬武功澹人府君于下享堂。"故纪勋卒后,是谱经其后人续纂方授梓刊行,为咸丰元年刻本。此谱可称重修《鲁氏世谱》(道光)(以下称《鲁谱》),但有续纂。

《鲁谱》较《李谱》体例严整,全谱由两部分组成,一为"世系谱",载鲁土司家族传承世系表;二为"年谱",以年月为序,记录了鲁氏家族的事迹,前各有小序。"世系谱"篇幅不大,《鲁谱》的主体部分是"年谱",约占全谱的百分之九十五。"年谱"为编年体,以事系年,年经事纬,鲁氏家族兴亡盛衰之迹,莫不备载其中。

鲁土司家族是明清以来安多地区最显赫的家族之一,但在明末农民战争中,遭到李自成贺锦部的打击而损失惨重。鲁纪勋由这次变故谈到纂修宗谱的体例与内容时说:"余家自崇祯癸未遭贺锦之乱,图书法物,烬于兵燹。且朝不一代,代不一人,人不一事,而欲年经人纬,括数百年于尺幅,呜呼难矣! 今撮其大略:书投诚,识天命也;书战功,纪先烈也;书敕诰赐予,重君恩也;书生卒日月、坟墓地方,俾后世无忘祭

·欧·亚·历·史·文·化·文·库·

祀也;疑者阙之,不敢以无据之词贻误后人,所以昭信也;大事则书,小事则不书,春秋例也;每一帝必纪元年者,奉正朔也。"这篇序录将《鲁谱》的内容交代得十分清楚。根据"大事则书,小事则不书"的原则,主要记叙了鲁土司家族各代的战功、封赏、生卒年月及所受敕诰。其中,以敕诰内容为重,粗略统计,约70余件,皆书年月,原文照录,对考察明清政府与鲁土司家族的关系,了解各代土司的活动,都是一些难得的材料。

《鲁谱》虽为咸丰年间刻本,但刊印数量很少,历百余年至今,已世所稀见。

30.3.4 《祁氏家谱》

线装一册,原稿本,封面大字题签"湟南世德祁氏列祖家乘谱",青海省图书馆收藏。

《祁氏家谱》(以下称《祁谱》)的内容较为庞杂,屡经续修的痕迹明显。考之于家谱纂修通例,较《李谱》《鲁谱》似更完善、成熟一些。现将目次内容及起讫年代开列于后:

(1)皇明镇国将军承袭世次功劳历履考。

始于一世祖祁贡哥星吉洪武元年(1368)归顺明军,终于十七世祖祁昌寿时代"改土归流",记事"至民国二十八年,土属兵马田地尽行绳丈,按粮苦纳地亩款洋,始有土地主权。若子若孙,从事西畴淑载南亩矣"。此"历履考"可视为历代土司之传记,凡承袭世次、承袭时间、任职、经历、勋劳、卒年,皆一一详载。"历履考"为《祁谱》的主干内容,价值亦最高。

(2)湟中华胄寄彦才沟祁氏世系略纪。

"略纪"末署"顺治七年岁次庚寅夏四月吉日旦生员胡璇器书于祁氏官舍"。但从"吾祖之兴也""吾祖自宝公之能克复先绪而更有以庇荫子孙也,是为序"等句观之,第一,"略纪"出自祁土司后裔之手,很可能是当时任职的第十四代土司祁云鹗,抑或胡璇器代为立言,并书于祁氏官舍。第二,"略纪"实际上是一篇序,很可能是《祁谱》创修时的序。如果这个推断不错的话,那么,《祁谱》的初修年代应为顺治七年

（1650）。"略纪"简单记叙了历代土司的传授序次,但于八世祖祁廷谏联合庄浪鲁土司、西宁李土司对抗李自成义军事记载独详,可与史传印证并补其不足。

（3）湟南祁氏家谱序。

序末署"光绪三年岁次丁丑菊月上浣之古西宁县儒学增广生员梅谷魏占魁甫顿首拜撰并书"。据序称:"况我祖造谱之事由来久矣,世逢变乱,以致有而复失……"可为顺治创修家谱之证。因为"有而复失",才有光绪三年重修家谱之举。《祁谱》的主要内容,恐为光绪三年（1877）纂修之貌。

（4）立宗条例。

不署年月,与一般家谱无异。

（5）皇明镇国将军都指挥佥事祁公墓表。

此系祁土司六世祖祁凤的墓表,末署"民国庚寅岁仲秋节耳孙永邦谨录"。民国庚寅为1950年,祁永邦系祁土司家族二十世孙,最后一次家谱的续修由他执笔。"祁凤墓表"当为1950年续修中补入。

（6）祁氏接辈承替世官纪事颂。

此系祁永邦为其列祖十七代土司世官所作的颂词,"纪事颂"下小字书"耳孙永邦拟词"。每代土司颂均为七律一首,可窥见这位蒙古族土司后裔的汉文化素养。

（7）续修宗谱序。

此为1950年最后一次续修家谱的序,上距光绪三年续修,已70余年。序仍为祁永邦所作,记录了这次续修家谱的经过。今青海省图书馆所藏《祁谱》,即为此次续修的稿本。

（8）祁氏谱系图考

"图考"题下有小字叙例。"图考"从一世到十八世,大宗旁支,皆胪列备载,甚为详明。此"图考"系据光绪谱增益而成。

30.4 《李谱》《鲁谱》
《祁谱》的史料价值

历史上,活跃于安多地区的大小土司,世袭罔替,雄踞一方,历明、清二代,达数百年之久。作为中央王朝统治和经营西北的一支重要力量,曾经对这一地区的政治、经济、文化以至民族变迁,发生过重大影响。土司家族的活动踪迹,已远远超越了本家族的界限,扩及整个社会。因此,安多地区土司家族谱的价值,绝不限于对土司家族史的研究。明清王朝对西北的施政,西北民族史、地方史上的一些重大问题,均可从中获得极好的资料。

人们在论及安多地区的土司制时,往往容易忽略这样一个事实:明人所录《土官底簿》、明代官方文献《明会典》及《明史》之《土司传》,无一例外地不著录安多地区的土司,似乎明代的土司区从不包括安多地区。另一方面,安多地区在元明以来,确有一批大大小小的土司。这一矛盾的现象恰恰反映了安多地区土司形成的曲折历史,与明政府在安多地区的行政建制大有关系。

明初平定西北,一大批元故官、土官在明军的招抚下归降,安多及卫藏地区,又相继纳入明王朝的辖治内。如何安置这些人,如何在这些地区建立有效的统治,成为新王朝面临的一个新课题。朱元璋并未沿湖广云南之例,把管辖统治之权交给土官机构,而是在中央直接统治的前提下建置卫所,安插归降的这批元故官、土官任职,为之辅佐。这就是朱元璋在西北地区创设的"土流参设制"。卫所军职身份的土官、土司,在使用上与流官没有什么区别,任命、征调、封赏、黜陟,皆出于政府,并接受流官节制,"以流管土"。但在卫所世官的名义下,其世袭职衔严守不替。事实上仍然承认他们的土官身份和世袭特权,有些非土官出身的部族首领亦在"土流参设制"下获得世袭特权,演变而成为土司。

借助于明代的官方文献,大致可勾画出"土流参设制"的轮廓,考察安多地区土司形成的历史,但细致深入的资料尚多缺略。土司家族谱则可补其不足。

如《鲁谱》所记,蒙古人脱欢明初率部落归附,至其子阿实笃授庄浪卫百户,弟巩卜失杰仍嗣是职。三世鲁失加以军功升副千户,指挥佥事,先后调援宣府,调守甘州。永乐二十年(1422)明成祖北征前,敕命鲁失加选兵扈从，十九年八月二十九日敕曰：

> 庄浪卫指挥使司：敕至即于本卫选拣能战土军土民及余丁舍人，不拘名数，委鲁某管领，各带器械，沿途关支行粮草料，限二十年二月初一日至北京。如敕奉行。

永乐二十二年（1424）明成祖最后一次北征，又敕调鲁失加"率领原随征官军"到京随从。成祖虽崩于榆木川，但鲁失加这支260人的从征部队却成为鲁氏家族的一支私家军，得到明朝的正式承认：

> 宣宗宣德元年丙午正月十一日奉敕：

> 庄浪卫指挥使司，敕至即将原选随征官旗军民人等二百六十员名委都指挥佥事鲁失加管领操练，防御边疆，听候调遣，如敕奉行。

以后，历代土司在承袭军职的同时，也承袭这支军队的领属权，"照旧管束庄浪土官、土军并各家口"，形成赫赫有名的"庄浪鲁家军"。但是，"庄浪鲁家军"的活动并不限于庄浪一地，而是随时听候调遣，频繁参与政府的军事行动，这在《鲁谱》中有相当集中的反映。其次，历代土司"世袭指挥使"之职，身份是土官；而"有功一体升赏"，又同于"流官"。如鲁氏四世祖鲁鉴，成化初年"署都督同知"；成化十六年升左参将分守庄浪、西宁地方；成化十九年又升左副总兵，协同总兵官王玺镇守甘肃地方；成化二十二年，"挂靖房副将军印，充总兵官镇守延绥地方"。其子鲁麟，官至都指挥同知，弘治年间，亦"充左副总兵协同镇守甘州地方"。六世祖鲁经，官都督同知，先后以左参将、左副总兵分守各地；嘉靖二十二年，山西大同军情紧急，明廷命兵部侍郎翟鹏总督军务，令鲁经率鲁家军三千名赴翟鹏军前听用。万历年间，倭寇骚扰东南，九世鲁光祖被调赴南京右军都督府署都督佥事，"提督备倭坐营，总理水陆官兵"。甘肃临洮世袭指挥使赵安、青海民和世袭指挥使李英、西宁世袭指挥使李文等人都曾任副总兵、总兵官之职，并以军功分别被封为会川伯、会宁伯、高阳伯。

"土流参设制"下，这批土官的职责、权限范围等，规定得十分明确，且看《鲁谱》所载的一份敕书：

敕陕西庄浪指挥使鲁光祖：自尔祖父以来，授官管束本地土官人等。庄浪一镇，咸赖保障。令尔承袭祖职，仍依先年鲁经事例，命尔管束庄浪土官、土军、家口。用心抚恤，使各得所。仍照近议，新旧挑选土军共足千名，居常会同庄浪参将，与汉军一体操练，整饬营伍，务堪防御。遇警同心协力，调遣杀贼，共保地方宁靖。一应军机重务，悉听总督、镇、巡等官节制调度。如有土人户婚、田土争讼，听尔处分。其官军更委，仍听该道查处。尔须殚竭忠勤，勉图功效，上报朝廷崇宠之恩，下继祖、父家世之美。果能有功，一体升赏。毋得私占、科扰及纵容别官侵渔尅害。但遇警观望，玩寇残民，如违必罪不宥，尔其钦承之毋忽。故敕。

万历十二年七月十三日

在另外一些敕书中，还特别强调："凡一应钱粮、词讼、军政，事属兵备、管粮官掌理者，毋得干预。"（万历二十四年三月二十六日敕）"一切军民词讼，不许擅受问理。"（万历二十六年八月二十六日敕）这些，都是考察明代西番诸卫"土流参设制"的难得资料。应该说，明代在安多藏区"土流参设，以流管土"的政策，确实收到了"拒虏抚番"、稳定边防的功效。

明清两代，安多地区的土司频繁地参与大小军事行动，"以听征调、守卫、朝贡、保塞之令"[1]。三种家谱都有程度不同的记录，可补其他史料之阙，于考订明清时代西北地方史事，益处良多。某些重大问题，隐晦不清处，可资以参考。三谱所述及李自成农民起义军在西北的活动就是一个例子。

明末农民大起义的风暴波及全国，李自成部曾数次进军甘青地区。其中尤以崇祯十六年（1643）贺锦西征甘州、西宁的规模最大。

明清之际，有关明末农民起义的资料相当丰富，系统而集中的资料如《怀陵流寇始终录》《绥寇纪略》《明季北略》《平寇志》等，很少涉及这次远征。仅《明季北略》在"李自成陷甘州"条有简略的记载：

---

〔1〕《明史·兵志》。

十二月,自成遣贼陷甘州,甘肃巡抚李日瑞,总兵郭天吉、同知兰台等并死之。西宁卫尚坚守不下,至明年甲申二月,诈降,杀伪官贺锦等。[1]

《明季北略》的作者计六奇当时既为资料缺略而遗憾,他不无感慨地说:

当时西安既陷,三秦无不望风归款,独西宁坚守不下,非有良将劲兵,何以此?惜乎主者姓氏未著也。[2]

计六奇为明末清初人,康熙间撰《北略》《南略》,博闻广采,搜罗宏富,但对西宁战役连"主者姓氏"都无法考究。

现在看来,是役的有关情况,只有借三谱在顺治时的记载,方能料理清楚。摘录于后。

《李谱》:

……生李公讳天俞,袭锦衣卫指挥……题授副总兵。后流寇猖獗,会兵捕剿,阵亡土兵三百余名。时当明本,遭闯逆乱,公抗节不屈,被逮河东。伪将朱永福横恣妻孥,投于岩谷。昆仲毙于钢锋,部落死难者千余口。罹闯逆之变,当时是,君父之仇恐未克(此句有伪误),殉国有负于朝廷,何敢屈节与伪,为先人愧。故甘冒寇锋,危于朝露,妻孥粉骨,昆弟碎身,旁观者几为堕泪。……

《鲁谱》:

余家自崇祯癸未遭贺锦之乱,图书法物,烬于兵燹。崇祯十七年甲申正月,贼贺锦略河西,允昌率兵战西大通,兵败退守连城,十六日殉难。子宏被虏。

顺治二年乙酉六月,允昌妻杨氏上疏云:……不意闯贼作乱,横肆夺关,又复侵寇河西。臣大鲁允昌念切边疆,密约西宁主官祁廷谏、李天俞等合兵扣战。岂知神奸逆党,谋吞世业,与贼交通,引贼突至连城抄掠。臣夫死于贼锋,嫡子鲁宏掳至西宁,至今存亡音

〔1〕《明季北略》卷19"李自成陷甘州"。
〔2〕《明季北略》卷19"李自成陷甘州"。

信杳然。所遗上丁,尽为仇奸瓜分吞霸。……

《祁谱》:

> 至明甲申年,闯贼大坏三秦,逆贼贺锦率领凶党扰害西宁。适值廷谏率子兴周竭忠报国,点齐部落,斩贺锦,并杀贼党三千有余。彼时不期贼势愈炽,一木难支,将廷谏及子兴周尽行掳赴西安。其原受敕印号札并接辈宗图以及家资,俱被贼焚掠无存。……

> 崇祯癸未冬,逆闯据西安,逆党贺锦据甘州,率众掠西宁。谏约庄浪指挥鲁允昌、西宁指挥李洪远,推生员胡琏器为军师,斩贼党鲁文斌,拥众破城,洪远公夫妇殉难。我祖廷谏,被执送于西安闯贼。兴周公夜奔长安,乞师都督孟乔芳,克复西宁、甘州全城,而闯贼以忠释之。……

根据上述记载和一些方志材料,西宁战役实际上是安多土司对抗农民军的一场搏斗。

崇祯十六年(1643)十二月,贺锦攻克甘州后,遣鲁文彬南下进攻西宁。时任西宁副总兵分守庄浪的鲁氏九世土司鲁允昌,密约西宁土司祁廷谏、祁兴周父子,李天俞、李洪远等,推胡琏器为军师,合兵拒战,鲁文彬在西宁城下失利被害。次年正月,贺锦亲率大军越祁连山南下,增援西宁,与鲁允昌战于西大通,鲁允昌兵败退守连城。当地群众响应义军,里应外合,十六日攻破鲁土司城堡,杀鲁允昌,俘其子鲁宏,"图书法物,烬于兵燹",一直以骁勇善战著称的鲁家军顷刻瓦解,贺锦挥师再攻西宁,不意中伏牺牲,起义军被杀者三千余人。起义军在辛恩忠、朱永福等人率领下,三攻西宁,终于破城。坚决与起义军为敌的土司势力受到沉重打击,李洪远被杀,祁廷谏父子、李天俞等被俘,带往西安。

此外,关于明清王朝在西北的防务体系、军事行动,安多地区土司的"汉化",土司家族与藏传佛教之密切关系,土司家族之互相联姻等等,三谱中都有为他书失载的不少材料。

《李谱》《鲁谱》《祁谱》的价值还在于订正史传之伪误。兹举《鲁谱》订正《明史·鲁鉴传》失误几处:

（1）《明史·鲁鉴传》云："祖阿失都巩卜失加，明初率部落归附，太祖授为百夫长，俾统所部居庄浪。"此述鲁鉴之先祖世系、事迹多误。

第一，"阿失都巩卜失加"应为"阿失都、巩卜失加"。非一人而系兄弟二人，据载，均为蒙古人脱欢子。《鲁氏世谱》云："洪武九年丙辰，脱欢公卒，长子阿实笃嗣。洪武十年丁巳，实笃公由兰州卫改调庄浪卫百户。洪武十一年戊午，实笃公擒逆番达官口只，斩之。即以目盲寻卒，二世祖巩卜失杰嗣职……"《鲁谱》之"阿实笃"即《明史》之"阿失都"，"巩卜失杰"即"巩卜失加"。鲁鉴先祖世系，《鲁谱》载之甚明：

因此，确切地来说，鲁鉴的先祖应为巩卜失加。

第二，依上列谱系，鲁鉴的先祖还可追溯到阿失都和巩卜失加的父亲脱欢。

《鲁谱》在"洪武三年五月"条下载："徐达克兴元，遣邓愈招谕西部，始祖脱欢公归附，从达北征，与扩廓帖木儿战沈儿峪。"《鲁谱》又载清顺治二年六月，鲁鉴后裔鲁允昌妻杨氏在给顺治皇帝的呈文中称：鲁氏始祖脱欢，"因大明兴兵，率领部落避入河西，嗣后纳降，赐姓为鲁，敕封世守庄浪。"毫无疑问，明初率部落归附者乃脱欢，而非阿失都或巩卜失加，而阿失都所授职务则为百户。

（2）《明史·鲁鉴传》云："传子失加，累官庄浪卫指挥同知。"此述失加官职有误。

失加，即谱系之三世祖鲁贤，《明实录》称鲁失加，为巩卜失加子，鲁鉴父。永乐八年，巩卜失加扈从明成祖北征，战殁于哈喇哈，次年鲁失加即嗣职（见《鲁谱》）。失加南征北战，屡立功勋，其功绩最著者，为仁宗洪熙元年，随陕西行都司都指挥李英征罕东、安定与曲先三卫。《宣宗实录》卷10称其为"庄浪卫土官指挥同知鲁失加"。但次年，明

·欧·亚·历·史·文·化·文·库·

廷给他的敕谕中即称失加为都指挥佥事（见《鲁谱》）。宣德年间，失加又因护送侯显出使乌斯藏、征哈思散即思等功，升右军都督府都督同知。英宗正统年间，失加屡次奉调参与军事行动，拜骠骑将军右军都督府佥事。正统十二年，鲁失加卒（见《鲁谱》）。故此，失加的累官，应至右军都督府都督佥事。

（3）《明史·鲁鉴传》云："正德二年，经既袭指挥使，自陈尝随父有功，乃以为都指挥佥事。未几，麟卒。"此处将鲁麟之卒系于正德二年后，恐误。《鲁氏世谱》云："武宗正德元年丙寅，麟卒。事闻，赠右军都督佥事，遣陕西布政使参政周载谕祭三坛。"家谱一般记谱主生卒年较为可靠，故鲁麟之卒年，似以正德元年为是。

综上所述，不难看出，这几种家族谱内容丰富，材料翔实，文献价值很高，所反映的问题尚多。若进一步研究，必续有所得。

这几种家族谱涉及的问题不少，尤其是各土司家族的族源、先祖、世系等重大问题，程度不同地存在一些舛误不清之处。为此，在每种谱系资料之后，撰题跋一文。于此类重大问题，略做考证辨析，澄清史实，以裨益于进一步的研究。

是为序说。

（《安多藏区土司家谱辑录研究》，民族出版社，2000年。）

31 《安多藏区土司家族谱辑录研究》后记

尘封许久的几种甘青土司家族谱资料在今天能付梓刊布,是很值得庆幸的。

世纪之交的 2000 年,是新中国成立的第一所民族院校——西北民族学院建院 50 周年的华诞。《安多藏区土司家族谱辑录研究》被列入建院 50 周年庆典的学术丛书之一资助出版,也算了结一桩心愿,给上个世纪末一项研究课题一个交代。

当这些曾经给我的国家社会科学基金项目"甘青土司研究"以很大帮助的资料得以刊布时,不禁令人追忆起当年寻访这批家族谱的一些往事。

大概是十多年前的一个夏天,怀揣着对西北史地的浓厚兴趣和不少难解之谜,抱着发掘新资料的希冀,我与师兄马明达先生结伴而行。离开喧嚣的都市和不大宁静的书斋,踏上访古访书的西部之旅。

我们有多项考察项目,各有自己的侧重点,也有共同点。其中之一,便是"甘青土司研究"。

由于明代《土官底簿》《明史·土司传》不著录甘青地区,造成中国土司制度研究中的某些空白和很大困惑。

至少,明代官方是不承认甘青地区有土司制度区的。

但是,历明、清而至民国,甘青地区又确确实实地存在和延续着一批土司家族。他们封土司民,雄踞一方,世袭罔替,有各自的统治机构和势力范围。直至民国二十年(1931),政府明令"改土归流",这批世袭土司才以"保安司令""保安大队长""参议"等名义安排于新政府中。

这仅仅是明清边地土司制度实施中的一个谜,至于细部问题,就更多了。

既然大路子材料解决不了,我们就走出去,深入民间,探求新途径。

那时的交通,比前辈学者考察已大有改观,但远非今日四通八达的坦途,吃、住、行都不方便。回想起来,火车、汽车、拖拉机、毛驴车等等的古今交通工具,都坐过来了。实在无法可想时,也安步当车,跋涉于乡间、山路,晚间投宿客店,吃一个"牛大碗",就着手抓羊肉,喝些青稞酒,回味整理一下白天的收获,确定第二天的行程计划,倒也惬意、充实,兴致勃勃,乐此不疲。

令人振奋的是初战告捷。首途青海民和县境的考察调研,大有收获。在民和县档案馆见到了李土司家谱,即今收入本书卷 1 的《李氏世袭宗谱》。这份顺治年间纂修的经折式册页,历 300 余年的风雨,仍保存完好,粲然如新。民国元老居正、于右任等人当年途经民和,都曾借阅浏览,留下"拜观""敬题"的墨迹。这份给土族族源研究造成很大影响和极大困惑的家谱原件,呈现在我们面前时,让人如临大敌,尺寸、纸墨都做了测量鉴定,逐页拍照,反复揣摩,确定真伪。

接着,我们直奔李土司家族祖茔地的享堂。那是历代土司的埋葬地,想必有大量遗存可供搜寻。但这座始建于宣德年间、碑碣林立的家族茔地,早已夷为平地,建成军营。昔日陈迹,已不复存。失望之余,勉力寻访,终于发现了明会宁伯李英的《神道碑》残段,被置放在某营部食堂院中的一棵大树下,做了军人休闲娱乐的棋桌、牌桌。残碑长、宽皆在五六尺,可推知原碑当时之规模宏制。残碑为上段,经多方查问,《神道碑》的下半段已被人为断裂,连同享堂中的其余碑石,被营建中埋入地底,作为地基。

寻访到李土司家族的后裔、现任职民和师范学校的李先生家时,李先生去了兰州。那屋檐下悬挂着的金黄色玉米棒、红辣椒,庭院中小巧整齐的青菜地,显现出西北山村普通农家生活的一片宁静气象。"旧时王谢堂前燕,飞入寻常百姓家。"时移境迁,人世沧桑,又给人一种无尽的启示与感慨!

在西宁市,我们从青海省图书馆很顺利地查找到西宁西祁土司家族的《湟南世德祁氏列祖家乘谱》原稿本。其规模宏制,不逊于民和《李氏世袭宗谱》。另有一份《湟东祁氏宗谱——宝清牒》,系西祁土司支裔的分谱,所载先辈内容与大宗谱出入不大。故此,我们在整理中只选录了大宗谱作为卷3。以上二谱,皆为明初归降的蒙古人祁贡哥星吉的家族谱系,西宁尚有朵儿只失结家族的东祁土司,我在《明代青海史事杂考》中曾有涉及,其家族谱未曾访获。

不久,我又做了一次甘肃连城鲁土司家族遗迹与文献的专程考察。

甘肃连城在今兰州市永登县境内,连城鲁土司家族亦是安多藏区最显赫的家族之一,历来官私文书皆以其始祖为元安定王脱欢。披阅元明文献,我一直持怀疑态度。但总想在其家族谱资料中,破译到直接证据。

鲁土司家族不见于《明史·土司传》。但其四世祖鲁鉴、五世祖鲁麟、六世祖鲁经《明史》有传,其部众号称"庄浪鲁家军",见载于《明史·兵志》。明代,以骁勇善战著称的"鲁家军"受政府征调参与朝廷的诸多军事行动,功绩卓著。"河西巨室,推鲁氏为最",鲁土司家族亦得分土食邑,雄踞一方,历500余年直至民国间改土归流。

鲁土司家族历史上曾有两次大的劫难。一是崇祯末年,李自成起义军贺锦部纵横西北,"庄浪鲁家军"拼死抵抗,在西大通被消灭大部。九世土司鲁允昌率余部退守连城,连城又被贺锦部里应外合攻破,鲁允昌被杀。赫赫有名的"庄浪鲁家军"顷刻间全军覆灭,从此不见于史册。[1] 二是民国年间"改土归流",遭青海马步芳、马步青势力吞并,竟自将土司衙门、属地"卖"于马氏家族。1951年,末代土司鲁承基被人民政府镇压。

虽则如此,传袭500余年的鲁土司家族,仍有不少文物、文献遗存。土司衙门、妙因寺等多处已被列入省级、县级文物保护单位,设立了文管会,予以保护管理。鲁土司家族现存的两种谱系资料也归以保存传

---

〔1〕《明季北略》卷19"李自成陷甘州"。

布,供研究者使用。

这就是本书辑录整理卷 2 的两种鲁氏家族谱。

最为辛劳而最终一无所得的,是对甘肃临洮赵土司家族谱的追踪访察,期望最大而无收获。本书《序说》中已有记述,兹不赘言。

1992 年,我应邀参加了在山西五台山召开的中国首届家族谱学术研讨会,向大会提交了《安多藏区土司家族谱探研——以〈李氏宗谱〉〈鲁氏世谱〉〈祁氏宗谱〉为中心》,对搜求到的这几种土司家族谱做了初步料理,得到与会学者的极大关注。其丰富内容、翔实资料、文献价值得到学界同行的首肯,也是对我们考察调研的一个鼓励。

希望这几份少数民族土司家族谱的整理刊布,能为治西北之学的同行,提供一些有价值的资料。如是,则于愿足矣。

(《安多藏区土司家谱辑录研究》,民族出版社,2000 年。)

32　青海民和《李氏宗谱》跋

　　青海民和李土司家族是甘青土司中最显赫的家族之一。其二世祖在明宣德年间曾以功封会宁伯,故称东伯府李土司,以别于西宁受封高阳伯的李文家族,即西伯府李土司。

　　李土司家族史料中最珍贵者当推《李氏世袭宗谱》(顺治),系东伯府李土司家藏稿本。20世纪50年代,其家族后裔上交当地政府,今存青海民和县档案馆。青海省图书馆有节抄本。谱末有居正"中华民国三十四年七月观光青海道出民和县拜观"、于右任"民国三十年十月来民和县敬观"等亲笔题签。

　　《李氏宗谱》向无刊本,世所稀见。今整理刊布,以飨学界。并就《李氏宗谱》做一介绍,对谱涉及的问题略做考辨,以为跋。

32.1

　　顺治时重修《李氏宗谱》以图为纲,依据历代土司承袭序次绘制列祖画像,先后排纂。列祖画像计12帧,首唐代始祖晋王李克用,至八世祖锦衣卫都指挥李化龙。画像工笔彩绘,各饰厅堂背景,线条细密,着色绚烂。唯人物皆着朝服,正襟危坐,造型呆板,恐系家谱画之通病。每帧画像之后,各录与谱主相关之文。计诏敕六,铁券文一,碑记四,祭文一,墓志一。现开列于后:

　　　　敕致仕会宁伯李南哥(宣德三年十二月二十四日);

　　　　皇帝敕谕会宁伯李英(宣德三年七月十七日);

　　　　金书铁券文(宣德二年十月二十四日);

　　　　敕西宁卫指挥李英(永乐十年十一月初三日);

·欧·亚·历·史·文·化·文·库·

　　敕都指挥李英(永乐十三年五月二十日);

　　皇帝敕谕都指挥李英,指挥康寿、鲁失加等(洪熙元年八月初三日);

　　重修宁番寺记(弘治二年七月);

　　谕祭右军都督府都督佥事李昶文(弘治六年六月);

　　敕赐广福观感梦记(弘治十一年);

　　新修札都水渠记(弘治十六年):

　　降母神祠庙记(正德十六年):

　　明故诰封昭毅将军锦衣卫指挥使守村李公暨配孙淑人合葬墓志铭(万历二十年);

　　敕陕西西宁卫指挥同知李天俞(顺治五年闰四月二十七日)。

　　根据李土司家族在明代的军政活动,《李氏宗谱》所录,必多缺漏。就我们所知,一世祖李南哥的《墓志铭》,载于明人文集[1];二世祖李英的《神道碑》,立于李氏享堂,其事迹亦见于明代文献[2]。皆囿于见闻而未采摭。显然,谱中所录家族文献,只是兵燹后的残存部分。

　　虽则如此,由于《李氏宗谱》是辑录式的家族文献汇编,录文概仍其旧,不事改作,因此,为后世保存了不少原始资料,其史料价值仍不可低估。

32.2

　　《李氏宗谱》涉及的最大问题,是土族的族源问题。

　　土族,过去称土人、土民。是元明以来在安多地区形成的一个新的民族共同体,经调查确认,1952 年定名土族,现有人口 13 万余[3]。由于李土司是土族中最显赫、最有影响的家族,李姓又是土族中的大姓,因此,李土司《世袭宗谱》中追记其家族源于唐代沙陀族李克用的说

---

〔1〕载《金文靖公集》卷9。

〔2〕如《吾学编》《皇明功臣封爵考》《明史列传》等。

〔3〕此为 1981 年全国人口普查人数。

法,在土族族源研究中曾引起巨大反响。20 世纪 30 年代,有关青海的一些著作、调查记,凡涉及李土司家族或青海"土民"时,已经广泛地采纳了这一说法[1]。1941 年,卫聚贤先生最先以《李克用后裔的族谱》为题,摘录公布了《李氏宗谱》的有关内容[2],引起了学术界的注意。此后近半个世纪中,《李氏宗谱》关于李氏先祖的记载始终与土族族源问题的论争纠缠在一起,无法回避。土族族源是否能追溯到唐代之沙陀族,完全取决于对《李氏宗谱》始祖传说的解读辨析。

因学界所据之卫聚贤录文时有乖误,故依原谱,移录于下:

> 按,李氏初姓朱邪,沙陀人。先世事唐,赐姓李。僖宗乾符五年,防御使段文楚推李克用为留后。时河南盗起,沙陀兵马使李尽忠谋曰:"今天下大乱,号令不行,此乃英雄立功名取富贵之秋也。振武军节度使李国昌子克用勇冠三军,若辅以举事,代北不足平也。"黄巢作乱,进军乾阮、渭桥,与巢军战于渭南,三战皆捷。黄巢力战不胜,焚宫室遁去。克用时年二十八,于诸将最少,而破黄巢复长安功第一,兵最强,诸将皆畏之。诏以为河东节度使,以复唐室之大功晋爵陇西王。又进表诛田令孜等。后加中书令,晋爵晋王,上乃褒其忠款。复进表诛朱全忠,终为国患,不听。克用还晋阳。自兹肇迹王基,记载昭然,难以殚述。后至李思恭,徙居西夏,遂传于宋。定难留后,李继捧体入朝,献银、夏、绥、宥四州,宋太宗以继捧为节度使。及传至元,世长西夏,以武勋显白者甚众。其居西宁曰赏哥,元歧王府官,生梅的古。梅的古生管吉禄,为司马。生南哥,为西宁州同知都护事。明太祖平定天下,一世祖讳南哥,率部众于洪武初内附,授西宁卫世袭指挥使。二世祖英,摅忠竭诚,奋智效力,躬率壮士,深入寇穴,屡著勋劳,洊加禄爵,封世袭

〔1〕如乐天《青海之土人》,载《公道》1933 年第 1 卷第 6 期;《最近之青海》,新亚细亚学会1934 年版;庄学本《青海旅行记》,载《西陲宣化使公署月刊》1936 年第 1 卷第 7、8、9 期;陈秉渊《青海李土司世系考》,载《新西北》乙刊第 2 期;丘向鲁《青海各民族移入之渊源及其分布之现状》,文载《新亚细亚杂志》1933 年第 3 卷第 3 期。

〔2〕载《西北文化》第 3 卷第 10 期,1941 年。又见《说文》月刊第 3 卷第 10 期、12 期,1943年。

会宁伯,钦赐诰、券、金印、牙牌,所以彰其绩报其勤,敕命攸存。……不肖鼐自惭菲劣,忝为门下幕宾十有五载,深识其世业,特叙先后功绩,以见忠孝之肇基,文武之衍盛……

大清顺治乙未岁孟夏之吉。泾干后学岳鼐谨识。

顺治乙未是顺治十二年,也就是说,追溯李土司先祖为唐代沙陀人李克用的这篇奇文,出自清顺治十二年李土司幕僚岳鼐之手。

李土司发迹西土、敕封土司在明初洪、永之际,至顺治乙未已历200余年。其间,有关李氏家族的官私文书、墓志碑记甚多。今存于《明史》《明实录》《李氏宗谱》及一些地方文献辑录的资料亦复不少。如《明史·李英传》《金文靖公集·李南哥墓志铭》《李氏宗谱》所载之永乐三年、十年、十三年敕,洪熙元年敕,宣德二年金书铁券文,弘治《重修宁番寺记》《谕祭李昶文》《敕赐广福观感梦记》《新修札都水渠记》,正德《降母神祠庙记》,万历《李崇文墓志》及近代发现的《李英神道碑》等,从未祖述于唐。如果李土司的先祖确系晋王李克用这样的显赫人物,这些官私文书、墓志碑记不会只字不提。至少,应有一些文字痕迹。

考之史传,岳鼐祖述李土司先祖事,本于《资治通鉴》卷253"唐纪六十九"。"僖宗乾符五年正月庚戌"条载:

振武军节度使李国昌之子克用为沙陀副兵马使,戍蔚州。时河南盗贼蜂起,云州沙陀兵马使李尽忠与牙将康君立、薛志勤、程怀信、李存璋等谋曰:"今天下大乱,朝廷号令不行于四方,此乃英雄立功名富贵之秋也。吾属虽各拥兵众,然李振武官大功高,名闻天下,其子勇冠诸军,若辅以举事,代北不足平也。"众以为然。

会大同防御使段文楚兼水陆发运使,代北荐饥,漕运不继,文楚颇减军士衣米,又用法稍峻,军士怨怒。尽忠遣君立潜蔚州说克用起兵,取而代之。克用曰:"吾父在振武,俟我禀之。"君立曰:"今机事已泄,缓则生变,何暇千里禀命乎。"于是尽忠夜帅牙兵攻牙城,执文楚及判官柳汉璋系狱,自知军州事,遣召克用。克用帅其众趋云州,行收兵。二月,庚午,至城下,众且万人,屯于斗鸡台

下。壬申,尽忠遣使送符印,请克用为防御留后。癸酉,尽忠械文
楚等五人送斗鸡台下,克用令军士剐而食之,以骑践其骸。

略加对照,不难发现,岳霈奇文脱胎于《资治通鉴》的痕迹十分明
显,某些文字甚至一字不易。但在追叙李克用史事时做了拙劣的更动。
李克用早年起兵反唐,成了助唐攻黄巢;李克用杀大同防御使段文楚,
极其野蛮地"令军士剐而食之,以骑践其骸",取而代之,被推为防御留
后,岳霈奇文反以"防御使段文楚推李克用为留后"。颠倒历史,移花
接木,实莫过于此。

岳霈奇文美化粉饰李克用而不惜篡改历史,显然是出于为李土司
家族祖述李克用的良苦用心,但亦不过是在东伯府李土司门下做了 15
年幕僚的一个乡曲腐儒的小把戏。因此,我们认为,《李氏宗谱》将李
土司先祖世系追溯到唐代晋王李克用,是李土司幕僚岳霈的伪造,地
地道道的一个骗局。攀缘附会之迹甚彰,不可置信。20 世纪 50 年代
土族族源调查中,在李土司家乡青海民和及邻近的互助等地土族群众
中流传的土族是李晋王后裔的说法,盖源于此。

长期以来,《李氏宗谱》的这一伪造,给李土司家族先祖世系的考
察和土族族源的研究带来了十分恶劣的影响,为其笼罩了一层迷雾。
研究者们不得不花很大的气力去爬梳探求,力图去廓清这一迷雾。可
喜的是,研究取得了很大进展,对李土司家族源于沙陀李克用一说,学
者们从不同角度予以辨析驳正,基本否定了《李氏宗谱》的附会。但
是,应该指出的是,某些研究者并未真正地从这层迷雾中解脱出来。他
们从李克用"之后遂绝"的事实中否定了李土司家族源于李克用,却又
沿着《李氏宗谱》伪造的始祖线索,去解"这个连环式的迷雾公式",终
于在李克用的众多养子中,为李土司家族找到了一位吐谷浑人的始
祖——李嗣恩,作为土族源于吐谷浑的一个佐证。[1]

不能把李土司家族的先祖与土族族源等同看待,这是毫无疑义

---

[1]见芈一之《土族族源考》,载《青海社会科学》1981 年第 2 期;辛存文《民和土族东伯府李
土司世系考察》,载《青海民族学院学报》1981 年第 3 期。

的,本文也无意于土族族源的论证。但李土司家族先祖为李嗣恩的推论,显然是缺乏根据的。其实,这仍是在岳萧的骗局中打圈子。

32.3

排除了《李氏宗谱》关于李氏家族源于晋王李克用的附会之辞,我们再来考察"后至李思恭,徙居西夏,遂传于宋"的记载。

《李氏宗谱》(顺治)追叙李思恭及其后世系,皆本于明成化十一年(1475)勒石之《会宁伯李英神道碑》[1],碑文为当时巡抚陕西都察院左副都御史马文昇撰写。据称,碑文以《李英行状》为文[2],必出自李英子孙叙述行实,有相当的可靠性,《神道碑》云:

> 公讳英,字士杰,其先出于元魏,至唐拓跋思恭,以平黄巢功赐姓李氏,世长□□□□及元以武勋显白者甚众。其居西宁曰赏哥,元歧王府官。子孙传袭,至管吉禄为司马,生南哥为西宁州同知。

拓跋思恭为党项羌拓跋部人,唐末夏州首任定难军节度使,因参与平定黄巢起义,赐姓李,封夏国公,统夏、绥、银、宥四州之地。在唐末五代的战乱中,夏州李氏发展实力,割据自保,"虽未称国,而自其王久矣"。宋初削夺藩镇,夏州政权李继捧举夏、绥、银、宥四州八县之地归宋,引发了其族弟李继迁的举兵反宋,中经李德明的经营,终于在元昊时建立了与北宋对峙,与辽、金并立近200年的西夏王朝。入元之后,党项人散居全国,李土司的先祖流落定居西宁,不是没有可能的。但问题在于李土司的先祖是否是党项羌人的拓跋思恭,李氏家族真的是西夏王族的后裔吗?还是让我们来看看早于《李英神道碑》近半个世纪的《李南哥墓志铭》。

按,《李南哥墓志铭》见载于明金幼孜[3]《金文靖公集》。李南哥

---

[1]碑石已毁,笔者考察中仅得其半,今存青海民和县文化馆。录文见张维《陇右金石录补》卷2。

[2]见《李英神道碑》。

[3]《明史》卷147有传。

380

卒于宣德五年正月十四日,金幼孜卒于宣德六年十二月,《墓志铭》当撰于宣德五年至六年(1430—1431)之间。《李南哥墓志铭》云:

> 公讳南哥,姓李氏。其先世居西夏,后有居西宁者,遂占籍为西宁人。祖讳梅的古,考管吉禄,皆追封会宁伯。母公氏,赠夫人。公姿貌丰伟,性质直,自幼志气超卓,为乡人所推。比长颇习武事,番族部落皆信爱之。
>
> 我太祖高皇帝既定中原,薄海内外皆称臣奉贡。公远处西徼,独能识察天命,率所部来归,特授西宁卫管军土官所镇抚。其后,西宁卫建置官府,公屡效劳力,招徕西纳诸族,先后来朝者不可胜记。既又奉命建罕东、安定、曲先三卫,令岁入马三千余匹,至今号金牌马云。已而千户祁者孙构逆谋祸延于众,公独被旨无扰,复升卫镇抚,阶武德将军。且给公符验,但有以无理相加者,许驰驿来奏。及西纳族指挥板麻领直答儿、千户领真奔协比为恶,不守礼度,太祖命公擒二人以献,特升指挥佥事,阶怀远将军,重加赏赐。其后,公老退休于家,遂以子英代其职。

应该承认,《李南哥墓志铭》在追叙先祖世系及历官事迹上较《李英神道碑》更为平实。正因为平实,或许更接近于真相。

对读这父子两代、相距近半个世纪的两种碑文,我们不难发现,李土司家族在发迹之初,即李南哥归顺明廷、屡次升迁为西宁卫指挥佥事及其子李英以军功封会宁伯后,对其家族先祖世系及历官事迹尚无攀缘附会之辞,既未将李南哥"封"为"元西宁州同知",也未将其先祖追溯到元魏、唐宋之际。只是说"其先世居西夏,后有居西宁者,遂占籍为西宁人。祖讳梅的古,考管吉禄,皆追封会宁伯",并不言"元歧王府官""司马"云云。而李南哥"自幼志气超卓,为乡人所推,比长颇习武事,番族部落皆信爱之",只不过是一个被当地番族部落推崇的一方豪杰。如果他真做过元西宁州同知的话,《李南哥墓志铭》绝不会隐匿他的那段辉煌历史。况且,就我们目前所见到的元明史料中,还未发现李南哥为元西宁州同知的记载。

但是,随着李土司家族权势地位的日渐显赫,李氏后裔似乎越来

·欧·亚·历·史·文·化·文·库·

越不满足于他们祖先的"平庸无闻",开始从更遥远的时代为家族寻"根",以示"祖泽深厚,绵延流长"。先是成化年间会宁伯李英去世后,《李英神道碑》将其先祖上溯至元魏,"至唐拓跋思恭,以平黄巢功赐姓李氏";百余年后的清顺治年间,李氏家族重修《世袭宗谱》,又奉唐末五代沙陀族李克用为始祖,"后至李思恭,徙居西夏,遂传于宋"。伪造、嫁接的痕迹十分明显。正如清代辨伪学家崔东璧所言,"其世愈后则其传闻愈繁"[1],"世愈晚则采择愈杂"[2]。李土司家族的先祖世系,正是后人如此攀附而"层累"地造成的。

32.4

如前述考辨不谬,以李土司家族最早的碑传文献为据,可结论如下:

(1)《李氏宗谱》祖述李克用、李思恭,皆系后人伪造攀附。因之漏洞百出,留下扑朔迷离之疑案。研究者如被误导,顺着这条线索董理其事,无不堕入一团迷雾之中,不得其真。

(2)李土司家族"先世居西夏",其先祖很可能是党项人。谓"很可能"者,盖因西夏国内民族成分本身就很复杂。

(3)《李氏宗谱·大宗世系图》明载李英之前五世均"归葬灵州",李氏原籍当为灵州(今宁夏灵武县西南),属党项人发祥之地。宋人锺傅谈到西夏时曾说:"河南要地,灵武为其根本,其四十五州,六为王土。"[3]锺傅所谓的"六为王土"系指夏、银、绥、宥、灵、盐六州。李氏先祖所居之灵州,为西夏立国的"龙兴"之地,是李氏先祖为党项人的又一佐证。

(4)李氏先祖流落西宁地区的时间,应为蒙古攻灭西夏前后。史载,公元1226年11月,成吉思汗亲率大军围攻灵州,西夏遣嵬名令公

---

〔1〕崔述《补上古考信录》卷上。

〔2〕崔述《考信录提要》上。

〔3〕见《宋史·锺傅传》。

领兵十万赴援。蒙古铁骑在结冰的黄河上驰渡,猛攻西夏军,杀死无数,尸体堆积如山,灵州失守。[1] 拉施德《史集》说这次战斗的激烈残酷,是蒙古人多年征战中少见的。灵州失守后,蒙古军肆行杀掠,破坏严重,人民逃散。李氏先祖,大约正是为逃避战乱,流落到青海西宁地区的。

(5)《李南哥墓志铭》皆不言梅的古、管吉禄、李南哥入元以后的官爵事迹。《李氏宗谱》所谓"及传至元,世长西夏,以武勋显白者甚众。其居西宁者曰赏哥,元歧王府官,生梅的古。梅的古生管吉禄,为司马。生南哥,为西宁州同知都护事"云云,皆系子虚乌有,后世伪造。又,李南哥洪武初率部归顺后,被任为"西宁卫土官所镇抚"。依明初安置归降人之惯例,元西宁州同知绝不会任用为所镇抚这样的下级军官,反证了李南哥归服时的身份。

《李氏宗谱》所涉问题尚多,容后稽考。

(《安多藏区土司家谱辑录研究》,民族出版社,2000 年。)

---

[1]甘肃连城《重修鲁氏家谱》跋。

欧·亚·历·史·文·化·文·库·

33 甘肃连城《重修鲁氏家谱》跋

甘肃永登连城蒙古族鲁土司家族是甘青土司中最显赫的家族之一。其四世鲁鉴、五世鲁麟、六世鲁经《明史》有传[1]，其部众号称"鲁家军"见载于《明史·兵志》。明代，以骁勇善战著称的"鲁家军"受征调参与朝廷的诸多军事行动，功绩卓著。"河西巨室，推鲁氏为最"，[2]鲁氏家族亦得分土食邑，雄踞一方，历500余年直至民国间改土归流。

鲁土司家族史料，除正史、实录、方志、文集、碑传等所载外，最为集中的当推鲁氏家谱4种，计：

《鲁氏忠贞录》（嘉靖）3卷；

《鲁氏家谱》（万历）3卷；

《重修鲁氏家谱》（乾隆）3卷；

《鲁氏世谱》（道光）不分卷。

明谱二种，清谱二种。前三种系家藏稿本，末一种有咸丰元年刻本，唯传世极稀，甚为罕见。明谱二种，已不复得见。而《重修鲁氏家谱》（乾隆）是两种明谱的续纂，既录明谱，又有续补资料；咸丰刊本的《鲁氏世谱》（道光），又是乾隆重修本的编次本。因此，四谱中以《重修鲁氏家谱》（乾隆）及《鲁氏世谱》（道光）的内容最丰，史料价值亦最高。故此，本书辑录整理了《重修鲁氏家谱》（乾隆）、《鲁氏世谱》（道光），并对其所涉重大问题略做考释，以为跋。

33.1

《鲁谱》二种，一纂于乾隆年间的重修，一纂于道光间的辑录编次。

[1]《明史》卷174。

[2]《重续鲁氏家谱·序》。

无独有偶者,将其始祖追溯到元安定王脱欢,亦在顺治年间。《鲁谱》及《明史》《实录》等所记载明代官私文书、碑传行状均不及此,唯顺治二年(1645)六月第九代土司鲁允昌妻杨氏上疏清廷云:

> 臣家谱名讳始祖脱欢,系元朝亲枝,册书安定王,寻兼平章政事。因明兵兴,率领部落,避入河西,嗣后纳降,赐姓为鲁,敕封世守庄浪,迄今近三百年。

于是,鲁纪勋在《世系谱序》中声称:

> 余系出自元宗室,而谱不及者,不敢祖天子也。

《鲁氏家谱》卷3之《始祖传》更有详尽的脱欢传记一篇:

> 始祖讳脱欢,元世祖之孙也。仁宗皇庆二年,晋爵安定王,事英宗、泰定帝、明宗、文宗。元统、至元之间,四方兵起,宇内分裂,明太祖龙飞淮甸,不数载群雄渐次削平。至正间,帅师北定中原,所向无不披靡迎降。公喟然涕曰:大势去矣,吾惟竭吾力耳。时朝廷号令所及,两都之外不过数百里,兵力寡微,战守俱不足恃。公与诸怯薛率数万疲敝之卒,夙夜守城。当饥馑之余,援饷悉绝。公惟以忠义鼓励,人心无不感奋。而兵势愈警,渐逼京师。帝乃与太子、皇孙、诸王夜半逊国而去。公率数十骑扈从不及,又闻两都失守,遂流落北地。每言及帝,辄抚膺悲恸。明太祖闻而义之,命行人召赴行在。及进见,谕慰至再。欲官之,乃愀然曰:亡国贼夫,不足以辱圣世也。太祖益重之,使召集部落,仍守其地。洪武三年,王保保自甘肃来攻金城。上命西平侯沐英同公援韩温温。公随方设谋,固守无虞,屡乘其怠破之。明年,扩廓帖木儿入寇,陕西行省参政张良弼遁去,太尉李思齐以郡邑降,遂攻兰州。公以书招扩廓帖木儿,譬喻百端,不从。公守益坚,适大将军徐达救至,城赖以全。八年,西河酋朵儿只巴叛,上命公与都督濮英帅师讨之,大破其众,焚其巢房,其部酋只巴仅以身免。师还叙功,命入京师,会因疾不果,明年遂卒。朝廷悯其功,授子阿失都百户。……

这篇颇具传奇情节的《始祖传》舛误漏洞实在太多了。洪武三年,西平侯沐英尚在福建,[1]何能与脱欢增援兰州？扩廓帖木儿、王保保同为一人,金城、兰州同为一地,缘何出现"洪武三年,王保保自甘肃来攻金城""明年,扩廓帖木儿入寇,陕西行省参政张良弼遁去,太尉李思齐以郡邑降,遂攻兰州"的记载？何况,扩廓帖木儿洪武三年正月攻兰州,四月在定西沈儿峪为徐达所破,败走和林,[2]何以在洪武四年"遂攻兰州"？张良弼、李思齐、扩廓帖木儿俱为元将,扩廓帖木儿入寇,张良弼"遁去",李思齐"以郡邑降",岂不滑稽？脱欢扈从元顺帝不及,"流落北地",似为北方蒙古方位,明太祖"使召集部落,仍守其地",如何又去增援兰州？

细究这篇传记,最令人怀疑的是：

(1)身为元朝宗室的安定王脱欢归顺明朝,且被明太祖"召赴行在""谕慰至再",当为鼎革之际的一件大事,为何不见于《明实录》等明代史料的任何记录？

(2)如《始祖传》所言,脱欢归明后,为明廷固守兰州,抵御扩廓帖木儿(王保保),随濮英讨平朵儿只巴之乱,以元安定王归服后的表现,可谓功劳卓著,为何在长达七八年的时间里,未见明廷延授一官半职？

(3)即使如传记所言,脱欢初归时不愿为官,但受明太祖之命"召集部落,仍守其地",总须有个名义。此后,屡经征战,"师还叙功,命入京师,会因疾不果。明年遂卒",期间,又不见明廷任何封官赏赐。

(4)脱欢卒后,其子阿失都仅封百户。

总之,《鲁谱》追述其始祖为元安定王脱欢是十分可疑的。

检索《元史》,元代脱欢封王者三人,即镇南王脱欢、曹南王脱欢、安定王脱欢。安定王脱欢系成吉思汗六子阔列坚的支裔,敕封于元仁宗皇庆二年。[3]如以《鲁谱》所系之脱欢在洪武三年归服,已历58年(1313—1370),似不大可能。据《元史》之《宗室世系表》《诸王表》,陶宗仪《南村辍耕录》之《大元宗室世系》,安定王脱欢为阔列坚的五世

---

〔1〕《明史》卷126《沐英传》。

〔2〕《同初群雄事略》卷11《河南扩廓帖木儿》。

〔3〕《元史》卷107《宗室世系表》、卷108《诸王表》。

孙,元代即由其子朵儿只班承袭其职,元安定王脱欢必卒于元代,何以明洪武间再现。

又,《明史》《明实录》《鲁谱》等文献所载鲁土司家族明代材料,无一字谈到脱欢的身份是元安定王,恐非有意疏忽。

唯一提到鲁氏始祖脱欢官爵的明代文献,是鲁土司四世祖鲁鉴的《墓志铭》,仅云"曾祖为元平章",那已是弘治年间的事了。

据考,追溯鲁氏始祖为元安定王脱欢的最早文献,是九世土司鲁允昌妻杨氏给清廷的一份上疏。

崇祯十七年,李自成农民军贺锦部攻掠河西,九世土司鲁允昌率兵抵御,兵败退守连城。正月十六日,贺锦攻破连城,鲁允昌被杀,子鲁宏被掳。顺治二年,清英王阿济格底定陕甘,鲁允昌妻杨氏上疏清廷,第一次声称鲁氏始祖脱欢"系元朝亲枝,册书安定王",此后,相沿既久,几成定案。显然,祖述脱欢为蒙古黄金家族的安定王,是鲁土司家族成为"河西巨室"又中遭变故后,鲁氏后裔的攀附伪造,疑点漏洞甚多,不足为信。

与青海民和李土司《世袭宗谱》相似的是,二谱在清朝定鼎的顺治年间,不约而同地攀附历史上一些少数民族显贵作为自己的先祖,恐怕与明、清王朝的民族政策不无关系。明代汉族政权恪守的"夷夏之防"的传统观念,由满人统治者入主中原而发生了重大变化。这一传统观念的变化与民族政策的调整更改,必然给远在西北的各民族上层分子传递了一种信息。他们在纂修谱系中争相攀附伪造,毫无顾忌,但却没有料到,一个强大的中央集权制王朝的建立,迟早会对这些地方割据势力开刀。雍正年间大规模的"改土归流",就是对他们的答复。甘青地区的大小土司虽然没有在这场风暴中,被裁革,但有清一代,甘青土司制度的总趋势是逐渐衰落。随着清政权的逐步巩固和对西北大规模的用兵,甘青土司的权势一步步地被削弱。正如十四世土司鲁璠所言,明代"陇右藩篱,鲁氏为重荷焉",而到清代,鲁氏"区区部众,

·欧·亚·历·史·文·化·文·库·

无所施力焉"。[1] 清政府对甘青土司的倚重已大不如明代了。至清代中期以后,除了一些在藏族聚居区的土司(如甘南卓尼杨土司、青海玉树土司等)还保持着原有的统治秩序外,府县隶属下的其他土司,大多只有一种名义上的统治权了。

33.2

我们再来考察"庄浪鲁家军"的形成。

《明史》卷91《兵志三》载:

> 庄浪鲁家军,旧隶随驾中,洪熙初,令土指挥领之。万历间,部臣称其骁健,为敌所畏,宜鼓舞以储边用。

《明宣宗实录》《续文献通考》亦载庄浪鲁家军"旧隶随驾三千之数"[2],但细致深入的材料尚多缺略。《鲁谱》所载,则可补其不足。

《鲁谱》记载说,蒙古人脱欢明初率部落归服,至其子阿实笃授庄浪卫百户,次子巩卜失杰仍嗣是职。三世鲁失加以军功升副千户、指挥佥事,先后调援宣府,调守甘州。永乐十九年,明成祖北征前,敕命鲁失加选兵扈从。《鲁谱》卷1"永乐十九年八月二十九日敕"曰:

> 皇帝敕庄浪卫指挥使司:敕至即于本卫选拣精锐能战土军、土民及余丁舍人,不拘名数,每人马二匹。务要人马相应,器械锋利,衣甲鲜明,委指挥鲁失加管领,各带锣锅帐房、脚力驴匹,沿途关支行粮草料,限永乐二十年二月初一日至北京。如敕奉行。

永乐二十三年,明成祖最后一次北征,又敕鲁失加"率领原随征官军"到北随从。[3] 成祖虽崩于榆木川,但鲁失加这支260人的从征部队却成为鲁氏家族的一支私家军,得到了明廷的正式承认。

宣德元年:

> 皇帝敕庄浪卫指挥使司:敕至即将原选随征官旗军土民人等

---

〔1〕《鲁氏家谱》卷1鲁璠序。

〔2〕参见《明宣宗实录》卷10、《续文献通考》卷129。

〔3〕《鲁氏家谱》卷1"永乐二十一年十二月敕"。

二百六十员名,委都指挥佥事鲁失加管领操练,防御边疆。务要人马相应,器械锋利,衣甲鲜明,听候调遣。如敕奉行。[1]

以后,历代土司在承袭军职的同时,也承袭这支军队的领属权。鲁失加卒后,子鲁鉴袭庄浪卫指挥使。明廷敕谕鲁鉴:"今特命尔照旧管束土官军余、指挥高曼等四百员名。"[2]弘治元年,子鲁麟嗣职,"照旧管束庄浪土官土军并各家口"。[3]鲁麟卒,子鲁经由"代管"而正式受命"照旧管束庄浪土官土军并各家口"。[4]嘉靖间鲁经乞休解兵,子鲁瞻以副千户"照旧管束庄浪土官土军并各家口"。[5]……终明之世,鲁氏家族始终统领这支军队,进而管束庄浪卫的土官及土军家口,成为划地而治、雄踞一方的著名土司。

清因明制,敕命鲁土司"照旧管束土官、土军并各该僧俗家口",[6]鲁氏家族在庄浪的统治及对鲁家军的领属权遂一直延续下来。

"庄浪鲁家军"虽系明成祖北征护驾而组建的一支私家军队,在明清二代,频繁地参与了西北地区的军政活动,但是:

(1)"庄浪鲁家军"的兵员当不限于随征的 260 名。较大的一些军事行动,朝廷征调的兵员动辄在千人以上。如"成化四年,固原满四反,鉴以土兵千人从征"。嘉靖"二十二年,宣大有警,诏经简壮士五千赴援"[7]。

(2)由于明代朝廷在西北边卫实施"土流参设制",鲁土司及所辖鲁家军,须受朝廷调遣和各级流官的节制。下面节录的这两道敕命,是颇能反映这种特定关系的。其一,正德二年四月二十日敕:

都指挥佥事鲁经:尔自祖、父以来管束庄浪地方土官、土人并各家口,人心信服。尔父鲁麟存日,尔为副千户代管。……今特升尔前职,照旧管束前项土官土人家口。尔须加抚恤,常加训练及禁

[1]《鲁氏家谱》卷1"宣德元年正月十一日敕"。
[2]《鲁氏家谱》卷1"景泰二年七月二十六日敕"。
[3]《鲁氏家谱》卷1"弘治二年四月初六日敕"。
[4]《鲁氏家谱》卷1"正德三年十二月二十九日敕"。
[5]《鲁氏家谱》卷1"嘉靖六年十月二十六日敕"。
[6]《鲁氏家谱》卷1"顺治十六年四月十二日敕"。
[7]《明史》卷 174《鲁鉴传》。

·欧·亚·历·史·文·化·文·库·

约贼盗,一应军机重务,悉听甘肃镇、巡等官节制、调度。后有军
功,不吝升赏。……*毋得私占、役使、科扰及纵容别项官员侵渔掊*
尅,以致众情不附,有误边备。如违,罪有所归。……

其二,康熙五十八年八月十六日敕:

皇帝敕谕陕西庄浪卫土官指挥使鲁华龄:*自尔祖、父归诚向*
化,故历代授官管束土官人等。尔系帝心之子,仍依先例,命尔世
袭,照旧管束土官、土军并各该家口。尔须钦承殊恩,加意抚绥,务
令得所。联属众志,禁捕寇盗。遇有边警,听调杀贼。一应军机重
务,悉听川陕总督、甘肃巡抚、提督、总兵官节制,有功一体升赏。
尔宜益殚忠勤,用图报称,毋得私占、科扰及纵容别项官员侵渔尅
害,以致众情不附。责有所归,尔其勉之。故敕。

两个王朝,对鲁土司的训令如出一辙。明清王朝对甘青土司的控
制、使用,于此可见一斑。

(3)明太祖"法汉武创河西四郡隔绝羌、胡之意,建重镇于甘肃,以
北拒蒙古,南捍诸番,俾不得相合"。[1] 庄浪地处这条防线的中心,扼
通番要道,地理位置重要。尤其是明代中期以后,鞑靼势力侵入三陇,
形成困扰明朝的"陕西三大寇"。庄浪及"庄浪鲁家军"的地位益加重
要,因之,终明之世,"庄浪鲁家军"在西北甚为活跃,极受朝廷倚重。
这在《鲁谱》中有相当的反映。崇祯十七年,李自成农民军"左金王"贺
锦部经略河西,"庄浪鲁家军"拼死抵抗,在西大通被消灭大部。九世
土司鲁允昌率余部退守连城,连城又被攻破,鲁允昌被杀。赫赫有名的
"庄浪鲁家军"全军覆灭,从此不见于史册记载。清王朝虽然恢复了鲁
土司家族的世袭特权,康雍乾几朝也曾征调鲁土司的土兵参加过西北
的几次军事行动,但随着清王朝经营西北及对该地区控制的加强,同
其他土司一样,鲁土司家族的势力也日渐衰落。夕阳残照,其统治也仅
限于连城一隅之地。

(《安多藏区土司家谱辑录研究》,民族出版社,2000 年。)

---

[1]《明史》卷 330《西番诸卫传》。

卷　　7

34　夏鼐《〈陇右金石录〉补正》跋

1981年，阎文儒、陈玉龙编就《向达先生纪念论文集》，[1]郑天挺先生为之作序，赵朴初先生题签。前刊向达先生《国立敦煌艺术研究所发现六朝残经》《记敦煌出六朝婆罗谜字因缘经经幢残石》《中国与非洲交通史料选辑说明》等遗稿3篇。后以"西域""南海""其它"3组，分刊了夏鼐、季羡林、姜亮夫、韩儒林、唐长孺、常任侠、阴法鲁、俞伟超、宿白、阎文儒、段文杰、萧默、史苇湘、徐自强、马雍、耿世民、程溯洛、宋肃瀛、王炳华、方国瑜、姚楠、章巽、马学良、韩振华、陈佳荣、朱杰勤、周一良、周绍良等前辈大家论文40篇。其"西域"篇首刊夏鼐先生《〈陇右金石录〉补正》旧稿，夏鼐先生题记云：

> 陇右金石，向无专书，临洮张鸿汀（维）先生，以十余年之精力，成《陇右金石录》一书，凡十卷，又校补一卷（1943）。搜罗广博，为研究西北金石者所不可不备之书也。甲申年（1944），余随向觉明（达）先生赴陇右考古，虽以发掘工作为主，而对于碑碣吉金，亦加留意焉。当时读张氏原书后，草成补正一篇，共若干条，曾录出就正于向先生及张先生。西北归来后，此稿闲置箧中，几忘之矣。顷者友人阎述祖（文儒）同志为向先生编纪念论文集，索稿于余，乃取出稍加改动，以付之。相隔三十余年，张、向二先生今皆已归道山。追忆昔游，不胜感慨。聊缀数语，以此文纪念向觉民先生。

夏鼐题记涉及的问题，一是张维与《陇右金石录》，二是夏鼐、向达的西北考古之行，其三则为夏鼐补正《陇右金石录》的内容旨趣。约略

---

〔1〕新疆人民出版社，1986年。

述之，以见先辈学者治学涯际。

34.1

张维，字鸿汀，甘肃临洮人。是近代陇上最有成就的学者。处于清末民初的变革时代，思想进步，顺应历史潮流，颇有作为。其学介于新旧之间，旧学根基扎实，又汲取新学之要素，一生笔耕，著述宏富，于西北文献掌故尤为娴熟精到。20世纪初，主持纂修《甘肃通志稿》，网罗放失，规制创立，皆一力擘画。重头章节，如"宗教志""书院志""金石志""土司志"等，皆亲自手订独创。是故，有皇皇巨著之《陇右金石录》问世。

在谈到《陇右金石录》的著述缘起时，张维自序云：

秦中为金石渊薮，陇右河西密迩关辅，吉金贞石，随地而有，顾以僻在边隅，未有专录。古今金石书所载，率多简略。《集古录》只载一碑，《通志·金石略》四碑，《舆地碑记目》十五碑，《天下金石志》二十五碑，明嘉靖《陕西通志》二十碑，《金石萃编》四碑，《金石索》、《关中金石记》、《寰宇访碑录》[1]、《西陲石刻录》，补少者五六，多亦不过十余。惟《金石萃编》补合《金石都》四十五事，《缘督庐日记》五十余事，而所录皆限于元代以前。明王应麟著《墨华通考》，省为一卷。陕西一卷，九边一卷，载碑刻至明而止，而其书陇中未见传本。至宣统《甘肃通志》，始兼录前明，凡总止一百有六，视诸书为最博。十数年前续修《通志》，桂林廖进士主编"金石"，乃撮录至二百七十有奇，以视旧籍，盖已皇皇巨编。而当时限于程期，拘于目例，势不能徐待搜辑考证，繁词更难尽载。吾昔与于志务，每恨其犹有阙略。其后，四方朋侪，时复有金石片目相致者。因又搜罗故志，辑录遗文。而舟车所至，闻有残碑断碣，虽至险远，亦未尝不涉山历水，披尘积，剔苔藓，以寻检其文字。

---

〔1〕原文作《寰宇寻碑录》，误，径改。

精诚所至,时有新获。久之,视所得乃数倍于旧。于是考校异同,订正舛误,次第其时代先后,而旁证之以史事。自元以前,凡遗文可见者,尽录其全。明石较众,则姑分县撮录其略。而古代木石书字,西夏、女真、蒙古、梵、藏之文,则依时而汇列之。经历十年,杀青斯竟。非敢曰旁搜之无遗也,而三陇之金石要已,略备于兹。顾自吾始为此书,曾所目击而存录,暇日再过,辄复时有毁夷。夫坚贞如金石,犹不能以自寿,钩沉发潜,乌可以已。是故,稽诸往例,存佚兼录。佚者固不论,其存者亦复有待好古者之及时保存。故国文物,夫焉得而轻之。嗟乎,古人往矣,兹之所录,皆我先民遗留手泽,大之辅政经国,小之艺术文章,拊检绅绎,爱国敬乡之念,油然而生。若夫文字记载,可以证图志而资掌故,犹余事尔。古不云虽小道必有可观者焉,边城金石,动涉国故,方闻之士,必将有取于斯录。凡十卷,而其目自为一卷。

中华民国廿十七年五月临洮张维自序

张维先生自序,有若干问题应予注意:

(1)陇右河西金石,未有专书记录;而古今金石书所载,"率多简略"。民初续修《甘肃通志》,立"金石"门,"撮录至二百七十有奇",当时已视为皇皇巨编。但遗漏是大量的。

(2)张维参与《甘肃通志》续修时,于"金石"门"每恨其犹有阙略",遂立志补遗。

(3)张维补遗陇右金石的资料收集大致有三,一是"四方朋侪,时复有金石片目相致者"。二是"搜罗故志,辑录遗文"。三是实地考察,凡"舟车所至,闻有残碑断碣,虽至险远,亦未尝不涉山历水,披尘积,剔苔藓,以寻检其文字。精诚所至,时有新获。久之,视所得乃数倍于旧"。

(4)张维对累积所获的金石资料的著录整理,首先是"考校异同,订正讹误",其次是"次第其年代先后",然后"旁证之以史事"。应该说,整理工作的程序是科学规范的。

(5)《陇右金石录》的编纂,"自元以前,凡遗文可见者,尽录其全。

明石较众,则姑分县撮录其略。而古代木石书字,西夏、女真、蒙古、梵、藏之文,则依时而汇列之"。清代碑刻,则付厥如。依当日情事视之,张维先生的取舍编纂确有创立之功,先生不无欣慰云:"经历十年,杀青斯竞。非敢曰旁搜之无遗也,而三陇金石要已,略备于兹。"对是书的学术价值,先生预言:"边城金石,动辄国故,方闻之士,必将有取于斯录。"

《陇右金石录》以碑志墓碣为主,凡三代以来陇右发现的钟鼎彝器、帛布玺印、摩崖造像、经幢铭记、砖镜瓦当等金石遗存,皆予著录,以时代计:

战国前	14 种
秦汉	50 种
魏晋南北朝	40 种
隋唐五代	94 种
宋金西夏	166 种
元	90 种
明	773 种

以上合计,共 1227 种,析分为 10 卷。于 1943 年由甘肃省文献征集委员会校印刊行。

1948 年,张维又刊印《陇右金石录补》2 卷,增补出《陇右金石录》漏收而续有发现的金石遗存百余种,订正旧录疏误者数十种。正录、补录合计,约 1400 余种。以张维先生一人之力,积十年之功,网罗放失,收集丛残,成此专书,诚为西北近代学术史上的一大盛举,嘉惠士林,功在千秋,其文献价值,应予充分肯定。20 世纪中叶以来,战乱人事,于三陇金石遗存毁灭严重,张维《陇右金石录》著录之文字文物,许多已湮灭无传。吉光片羽,赖此以存,尤显其珍。至今治西北史地者,仍视《陇右金石录》为必备之书。其文献价值,仍在不断发掘利用之中。

34.2

夏鼐先生题记追忆这篇旧作著述缘起于和向达先生的西北之行。

中晚清以来,以西北史地和边疆民族研究为中心的"西北学"兴起,是当时正统经学潮流中卷起的一朵思想浪花。其意向旨趣,开启了一代学风。尤其是19、20世纪之交,西方学者在中国西部的一系列考察、探险、发掘、盗运活动,造成了中国古代文献、文物的大量外流,由此引发了国际"东方学"研究内容的丰富扩大,开拓了"西北学"新的研究领域。今天,国际"东方学"的众多热点学科,如敦煌吐鲁番学、简牍学、突厥学、藏学、西夏学、蒙古学、佛学、伊斯兰学、中亚学等,无不与"西北学"有着密不可分的关系。

　　时间移至抗日战争时期,东北、华北、华南大片国土沦陷,国民政府迁都重庆,使国人深感西部地区战略大后方的重要地位。一时间,"西部开发"的呼声甚嚣尘上,关注西部、研究西部、开发西部,备受政府和国人重视瞩目,成为一个时代潮流。其中,国立敦煌艺术研究所的组建,西南边疆民族地区民族学、社会学的大量田野调查和两次西北科学考察团的西北考察活动,是当时学术界"西部大开发"最重要的事件。

　　1941—1942年,由国立中央研究院、中央博物院、北京大学联合发起,组成"西北史地考察团",奔赴西北考察。考察团沿古丝绸之路西行,主要考察了河西走廊的文物文化遗存,重点是敦煌莫高窟。这次考察最重要的成果是直接推动促成了国立敦煌艺术研究所的成立。

　　1943年7月,国立中央研究院、中央博物院、北京大学联手,再组"西北科学考察团"。由向达先生任组长,与夏鼐、阎文儒组成历史考古组。向达先生的重点仍为河西与敦煌,见于先生的《西征小记》。夏鼐先生则以甘肃新石器考古调查与发掘为主要目的,对瑞典考古学家安特生对甘肃新石器文化类型的结论提出质疑。首次提出"不若将临洮的马家窑遗址作为代表,另定一名称"。夏鼐先生是在主持了甘肃临洮寺洼、齐家文化的考古发掘后,揭出甘肃新石器时代文化的类型系统,在中国考古学史上有开创性的贡献。这就是夏鼐先生题记中所说的"甲申年(1944),余随向觉民先生赴陇右考古",以"发掘工作为主"。但夏鼐先生毕竟是一代学术大家,"对于碑碣金石,亦加留意焉"。张维为当时西北知名学者,其《陇右金石录》刊行后,名重一时,影响甚大。夏鼐得其书读之,草成《补正》一篇,亦学术史上的一段趣事。

此夏鼐作《〈陇右金石录〉补正》一文的缘起背景。

34.3

夏鼐《〈陇右金石录〉补正》凡 47 条,其中补 28 条,正 19 条。补者或系《陇右金石录》漏载,或系新近发现;正者则订其考证未详及舛误。虽则琐细之作,不失大家风范。其补正内容,无一不在实证。

补者 28 条,一系夏鼐等人的实地考察发掘,如《晋泰始十年乐生碑》:"按此碑系余与阎文儒同志于甲申年(1944)在敦煌大方盘城侧颓墙下掘得。"又如《宝塔寺永乐敕谕碑》,夏鼐《补正》云:"按原录卷六第三十二页《清修国师塔铭》跋语云:宝塔寺有永乐敕谕碑石刻,今已无存。余此次考古临洮,袁荆山先生见告云,五瘟殿有一古碑,乃偕往审视,乃发现其即宝塔寺永乐敕谕碑。"又如《明彭泽祷雨告文》,《陇右金石录》失载,夏鼐《补正》云:"按明代碑碣,以时代较近,数量甚众,且常遭忽视,难获拓本,故原书(《陇右金石录》)漏载颇多。兹就曾亲身目击者,撮录要略,以补原书之阙。"

所补者二为最新发现而为《陇右金石录》未收者,如《金城县主墓志》《慕容曦光墓志》等,皆系 1945 年武威喇嘛湾出土的新碑刻。夏鼐因以补入。

所补者三,为碑碣无存而见诸古代文献者。如《后唐阴善雄墓志铭》,夏鼐云:"按此墓志原石尚未出土,但有唐人写本,见《敦煌遗书》第一集"。又《后晋罗盈达墓志铭》,"按原石尚未出土,莫高窟所藏写本有其全文,见《敦煌遗书》第一集。"又《宋天禧三年塔记》,夏鼐云:"按此塔记共三百三十三字,乃刻于高约尺许之塔上。吕钟《敦煌新县志稿》云:此塔乃民国三十年冬马团长由千佛洞掘出,塔即藏于马团长处。所谓马团长即马步青也。"

夏鼐于《陇右金石录》所补不只限于补其遗漏,凡事涉相关史实处,均一一考察探讨。如夏鼐、阎文儒1944年在敦煌大方盘城发掘所得之《晋泰始十一年乐生碑》,夏鼐有长篇考证:

按泰始为晋武帝年号,但十一年已改元咸宁,此碑仍称泰始,当由于边地辽远,良久始知也。董作宾先生曾赐函见告,谓汪日桢《长术辑要》及陈垣《中西回史日历》皆以是年二月丁亥朔,十八日甲辰,而此碑作十七日甲辰,相差一日,不知由于边郡造历偶误,抑或所用历法不同,当再考之。又汉碑多于年月日下书干支及"造",如《孔宙碑》书"延熙七年□月戊□造",《西狭颂》书"建宁一年六月十三日壬申造",《三老赵宽碑》"年月日造"。此碑亦然。盖犹因袭汉碑旧例,不仅书法尚存汉隶余意也。乐生当为建立此碑者之姓名。敦煌千佛洞供养人有晋昌郡太守乐庭瑰,向觉明先生见告,《北史》有敦煌镇将乐洛生,此皆乐姓而居敦煌者也。此碑获于废屋颓墙下,其作用当与今日之奠基石碑相类似。晋武帝灭蜀篡魏之后,对于西陲,似曾加以整顿,此碑即为其一证。宋赵明诚著《金石录》,已谓西晋石刻见于今者绝少(护羌校尉彭祈碑跋),《陇右金石录》所著录之晋代金石文字,凡十二种,其中寿昌县印一种系属误入,其余十一种,皆已久佚。不图于西陲荒漠中获得此石,殊为可喜也。

《陇右金石录》中有碑石尚存而误以为佚者。夏鼐《补正》不仅补入,且探究其存佚著录失误之由。如:

[二十一]元至正兰州城隍感应碑

在兰州城隍庙,今存。

按此碑之立于至正二十五年,赵文撰,耿仲明立石,谓神即汉臣纪信,至正乙巳,曾佑助兰州脱离兵灾。碑额正书"兰州城隍感应之碑"八字。碑高十八公寸,宽八公寸。碑文二十四行,行四十四字。此碑光绪《皋兰县志》失载。《陇右金石录》卷五第九十页有《纪信祠记》,注云"在兰州城隍庙,今佚",故仅引《广舆记》云:"兰州城隍庙即纪信祠,元耿仲明有记。"盖未睹原碑,遂误以为已佚也。

补阙之外,夏鼐先生的正误尤具价值。其中,大量涉及敦煌河西史事,虽细微处亦一一辨析。

敦煌藏经洞的封闭年代,是百年来学术界关注的一大热点。张维《陇右金石录》卷5《元皇庆寺碑》跋云:"元丰兵乱,瓜沙沦没,石室闭扃,其时盖即在元明之间,或即守郎奢兰合楠及其徒众所为。"张维此说,显然将藏经洞的封闭年代大大推迟了。夏鼐《补正》以为:

> 此说颇新颖。但藏经石室闭扃之时代,在于宋初西夏兵乱之际,今日已成定论。其证据有三:(一)石室所藏写本中题记有年号者,自西凉建初六年至宋太宗至道元年,五六百年间,愈后者愈多,但至道以后,竟无片纸。(二)石室中所出文字,除汉文外,尚有梵文、于阗文、龟兹文、西藏文、粟特文及突厥文。但统治其地达二百年之西夏人,其文字竟无只字发现(惟未经封闭之石洞积沙中时或发现西夏文残片。此反足证藏经洞封闭之较早)。(三)石室闭扃后其门洞以砖封闭,外绘壁画,以灭其迹。其壁画为宋代作风,与元画大异其趣。故若以扃闭时代为元末,则以上诸点皆不可解矣。

诚如夏鼐所说"藏经洞闭扃之时代,在于宋初西夏兵乱之际,今日已成定论。"先生不能不对张维推断的年代以订正。

又《陇右金石录》卷5载《元至正莫高窟造相记》,夏鼐《补正》云:

> 按原跋谓"居庸延庆州有至正五年石刻佛经,蒙古、辉和尔、女真、梵、汉五种字,此碑合西夏文为六种"。考居庸石刻,亦为六种文字,盖原跋漏列藏文一种也。女真文为西夏文之误,二者字体相近,故前人有误西夏字为女真文者。辉和尔即畏吾儿,今通行之蒙古文即采用宋元时畏吾儿字母及字体者也。另有一种为八思巴蒙古字。莫高窟六种文字与居庸关相同。原录列举之文字类别,实有微误。又原碑横列第一行为梵文,第二行为藏文。《新通志稿》谓一为西藏字,一为女真字,实为错误。原书引录亦未加以厘正。先生正误,旁及张维新修的《甘肃新通志稿》,考订之细密,

于兹可见。

《陇右金石录》中,涉及河西敦煌史事尚多,舛误者不少。夏鼐先生于发现处均一一厘正,为之澄清。如《索云钟》:

> 按原跋云"沙州未曾置有都督,钟云沙州都督,于史无考,不知其何时也"。考之《新唐书·地理志》"沙州"条下,明言有都督府。巴黎所藏敦煌唐写本地志,其标题即为"沙州都督府图经卷三"(见罗振玉《群书叙录》卷下),惟其废置年月未详耳。

又如《万佛峡造相》:

> 按原跋云"万佛峡题名有张议潮"。又云"敦煌西千佛洞今存五洞,亦有造相,其年代无可考"。余在万佛峡曾亲历诸洞,并无张议潮题记。陈万里、向觉明二先生在万佛峡抄录题词,亦未发现张氏题名。原录所云,当为臆测之辞,并非新有发现也。又敦煌西千佛洞现存之洞数,张大千氏曾加编号,共十一洞,不仅五洞而已。至于时代,就其壁画作风观之,大半属于西魏及隋代。但亦有唐宋作风壁画,当为唐宋重修之洞。第六洞有武后如意年号,其时代更为确定。

又《康阿达墓志铭》:

> 按原录跋语云:"文中萨保、处逝、琼银等字,俱似可疑。而拓本如是,莫可详也。"按碑文中"凉州萨保",乃是官名。《隋书·百官志》云:"雍州萨保,视从七品。诸州胡二百户以氏,视正九品。"《唐书·宰相世系表》云:"武威李氏,本安氏……周隋间,居凉州武威为萨保。"法人伯希和及日人藤田丰八,对于"萨保"一辞,皆有考释。宋敏求《长安志》卷十胡祆祠注云:"西域胡祆神也;祠中有萨宝府官。"按萨宝即萨保。康阿达为西域康国人,碑文云:"伤兹英哲,往投琼银"之"琼银",疑为祆教中死者所居冥府之译音。

近年来,北大荣新江教授考释新发现的诸多胡人墓志,确认"萨保"为北魏时设置,系西域粟特人聚落首领,并对萨保的职责、地位及相关活动进行了深入探研。[1] 益证当年夏鼐先生之推断。又《沙州如来窟摩崖》：

> 按原跋云：蒋超伯《南潜楷语》称有乾德八年曹元忠刻摩崖，或即元忠檐记之误，或别有摩崖，今已湮没，未敢臆断。鼐按此当为元忠檐记之误无疑。既称其在窟颠，决难为沙湮没。年来在敦煌工作者甚多，未闻有风及摩崖残痕者。且莫高窟之山石皆为砾岩，决不能刻摩崖大字。原跋又云，陈万里《西行日记》别载有檐记三处，一为太平兴国五年曹延禄，一为阎员清，一为开宝九年曹延禄，此三记今俱不存。鼐按此三檐记中，前二者在张氏编号二百十四洞，后者在二百二十四洞，今俱存无恙。惟开宝九年者系延恭，而非延禄，陈氏原书未误。陈氏在敦煌调查时，过于匆忙，故未免有忽疏处，其所录题记多标伯氏所编洞号，独此三记，标以中国官厅编号，且有与标伯氏编号者复出，盖因于匆忙中未曾对勘更正。读其所记，似乎此别载之三檐记，乃另见于别洞者。《陇右金石录》之误，当由于此故也。

又《寿昌县印》，《陇右金石录》卷1系于晋代，实误。夏鼐亦为之考证：

> 按敦煌之寿昌县，据《太平寰宇记》："本汉龙勒县，后魏正光三年改为寿昌县，取县界寿昌泽为名。"《晋书·地理志·敦煌郡》下有龙勒县及阳关县，但无寿昌县，知其时并未改名。《元和郡县志》谓寿昌县本汉龙勒县，周武帝省入鸣沙县，大业十一年于城内置龙勒府，武德二年改置寿昌，因县南寿昌泽为名也。其所述似为第二次改名。此县印既称寿昌，则最早亦不能早于北魏，亦可能为唐时物。原录系之于晋代，实属失考。

夏鼐为一代学术宗师，其对中国考古学的奠基之功是无可争议的。读先生半个多世纪前的一篇札记式补正，深感其学识之渊博，眼光之敏锐，考证之精到，于细微处见深厚功力。

---

[1]荣新江《中古中国与外来文明》，三联书店，2001年。

《陇右金石录》是治西北史地学者的常备之书。夏鼐先生半个多世纪前的这篇《补正》之作,给我们一个启示:张维先生倾十余年之功辑考之《陇右金石录》,存在大量的阙失与讹误。《陇右金石录》的辑补校正和整理出版应该提到西北史地学者的议事日程,使之完善,供研究者采撷。如是,夏鼐先生的《补正》,将是一篇开山之作。

(《敦煌学辑刊》,2008 年第 1 期。)

35　明《会川伯赵安铁券》跋

35.1

　　《明会川伯赵安铁券》,先曾著录于张维《陇右金石录》卷6。原存甘肃省临洮世袭指挥使赵土司家,今藏甘肃省渭源县文化馆。《会川伯铁券》状如瓦形,立高20.7厘米,横广39.8厘米,厚约0.2厘米,重1.7公斤。铁券为铁质金字,镌铁嵌金,两面俱有文。正面20行,行字8至13不等,计219字,录文如下:

　　　　维正统五年岁次庚申七月

　　　　辛丑朔越二十二日壬戌

　　　　皇帝制曰人臣以忠事为贤人主

　　　　以褒功为明此古今之通义

　　　　也尔左军都督府都督同知

　　　　赵安以刚勇果毅之资事我

　　　　皇曾祖多效劳勤继事

　　　　皇考益著边功朕嗣大位适西鄙

　　　　未靖命尔整饬边防率师备

　　　　御乃能摅忠奋勇斩馘俘虏

　　　　厥绩茂焉朕用尔嘉特授奉

　　　　天翊卫宣力武臣特进荣禄

　　　　大夫柱国封会川伯食禄壹

　　　　千石仍与尔誓除谋逆不宥

　　　　其余若犯死罪免尔壹死于

平位不期骄禄不期侈其益

逊乃志持乃禄朕无忘尔功

尔亦无忘朕训常以暇逸怀

其艰难常以戒惧保其富贵

慎哉钦哉惟克永世

背面3行,计16字。右上角一字:右。中2行15字:若犯死罪初犯将所食禄米全不支给。

按《陇右金石录》著录此券多误。

第一,《金石录》称铁券"略如瓦形,铜质金字"。"铜"乃"铁"之误。

第二,《金石录》著录铁券"广一尺六寸,高八寸",尺寸有误。明制一尺今合32厘米,[1]故此券之立高20.7厘米、横广39.8厘米,[2]合明制约高六寸五分,广一尺二寸五分。

第三,明代铁券,"制如瓦,第为七等",公二等,侯三等,伯二等。其中一等伯铁券高七寸五分、广一尺三寸五分;二等伯铁券高六寸五分,广一尺二寸五分。[3]《会川伯铁券》尺寸恰与二等伯铁券同,故赵安之会川伯亦二等伯。《金石录》所谓"广一尺六寸,高八寸"既未知何据,复以为《会川伯铁券》与一等伯铁券相近,又一误也。

另据《续文献通考》,明代铁券,赐予功臣,"字嵌以金,凡九十七付,各分左右。左颁功臣,右藏内府,有故则合之以取信焉"。然临洮赵土司家藏铁券,背面右上角为一"右"字,与《续文献通考》所载异。由此看来,明代铁券的赐予和收藏,尚需进一步的探研。至《会川伯铁券》之刻辞格式,与《续文献通考》所记"外刻履历恩数之详,以记其功;中镌免罪减禄之数,以防其过"[4]正相合,录文甚明,毋庸赘言。

---

〔1〕《古尺考》,载《文物参考资料》,1957年第3期。

〔2〕承渭源县文化馆的同志协助,此为作者量得尺寸。

〔3〕《续文献通考》卷95。

〔4〕《续文献通考》卷95。

35.2

铁券之制,起于西汉。王佐《铁券考》云:汉高帝平定天下,诏封功臣,上者王,次者侯。十二年又大封功臣,申以丹书之信,重以白马之盟,始作铁券。[1] 其形制尺寸虽未明言之,但"其内镂字,以金涂之"[2]的制作之法,与后世"镕铁而成,又镂金其上"[3]者大体相同。汉代铁券,惜其不传,今天已无法窥其原貌。

根据文献资料,唐代仍以铁券敕封功臣,特别是赐铁券予那些归诚向化而建立功勋的部族豪酋和割据首领。玄宗时,三姓叶护都摩度阙颉斤与护密国王子额吉里訇,先后率部归降,并出兵助唐,唐王朝除各自封赏外,又赐他们以"丹书铁券,传之子孙"。[4] 天宝十二年(753)九月,唐王朝册封骨咄禄毗伽突骑施黑姓可汗登里伊罗密施为"突骑施可汗重爵贵号,以崇其宠",同时,赐以"丹书铁券,以保其忠"。[5] 十月,故石国顺义王男郍俱车鼻施立功边庭,唐王朝又封其为"怀化王并丹书铁券,以表忠赤"。[6]

今传世最早的铁券,则是唐末乾宁四年(897)九月,唐昭宗李晔赐给镇海镇东等军节度使、彭城郡王钱镠的铁券。见载于王昶《金石萃编》,翁方纲、钱大昕诸人俱有跋。《赐钱镠铁券》,据宋时目睹者言,"状如簷瓦",镂铁嵌金,文 26 行,行 14 字,共 333 字,券字晶光闪烁。[7] 赐券时,唐王朝已风雨飘摇,去日无多,但却与钱镠信誓:"永将延祚子孙,使卿长袭宠荣,克保富贵。卿恕九死,子孙三死,或犯常刑,有司不得加责。承我信誓,往维钦哉,宜付史馆颁示天下。"[8]钱镠五

---

[1]《辞源》"金书铁券"条引《格古要论》。
[2]《辞源》"金书铁券"条引《格古要论》。
[3]陶宗仪《南村辍耕录》引。
[4]《全唐文》卷 39。
[5]《全唐文》卷 39。
[6]《全唐文》卷 39。
[7]陆游《放翁文集》、陶激《铁券诗序》。
[8]《赐钱镠铁券》见《金石萃编》卷 118。

代时称吴越王,仪威名称多如天子之制,唯不改元,其子孙后世多为显官。

明代铁券,即仿《赐钱镠铁券》而成。《金石萃编》引陶宗仪《辍耕录》云:洪武二年(1369)"太祖大封功臣,下礼官议铁券制,学士危素奏,唐和陵时赐武肃铁券见在,上遣使即家访焉"。钱镠的后代钱尚德"奉诏券及五王遗像以进。上御外朝,与宣国公李善长等观之,赐宴中书省,命镂木为式,给还券像"[1]。当时此券已历500余年,加之曾没水久后,半多剥蚀,为了仿制,"高皇帝引佩刀剔去,以观刻画之深浅者",[2]可谓细致之极。今观《会川伯铁券》,虽历500余年(《铁券》赐予之正统五年为1440年),然券面铁质几如全新,券字金色灿然,无一字残损,既可考见一代铁券之遗制,又反映出明代冶炼术和镶嵌制作的工艺水平。《会川伯铁券》之可宝,正在于此。

35.3

被封为会川伯而赐予铁券的赵安,传见《明史》卷155。

赵安,字仲磐,狄道人(今临洮)。"从兄琦,土指挥同知,坐罪死,安谪戍甘州。"[3]据《甘肃通志稿》卷76《赵琦传》,赵琦"坐罪死"于洪武二十六年(1393),虽未明言坐罪之由,但显然是被牵于凉国公蓝玉党案。史载洪武二十四年(1391)蓝玉往陕西训练军士,次年,蓝玉捕逃寇祁者孙,略西番罕东之地,[4]一直活动在河西一带。而赵琦先在洪武初归降邓愈,屡次随徐达、汤和、郭英等出征,授临洮卫指挥佥事。恰恰在蓝玉主持陕西练兵军务的洪武二十四年,"移肃州",[5]当然受蓝玉的调遣节制,有过隶属关系。洪武二十六年,蓝玉因"谋逆"罪被

---

〔1〕按,此处引文,中华书局"元明史料笔记丛刊"本《南村辍耕录》"钱武肃铁券"条无,恐版本有异,此说又见陶澂《铁券诗序》。

〔2〕《铁券诗序》。

〔3〕《明史》卷155《赵安传》。

〔4〕《明史纪事本末》卷13。

〔5〕《甘肃通志稿》卷76。

明政府"磔于市,夷三族。彻侯、功臣、文武大吏以至偏裨将卒,坐党论死者,可二万人"。[1] 赵琦被株连而坐罪,无疑是死于这一事件的,累及从弟赵安,遂"谪戍甘州"。

然而,出身世胄之家的赵安,并未因此沉沦,谪戍十年后的永乐元年(1403)"进马,除临洮百户。使西域,从北征,有功,累进都指挥同知"。[2] 以其对统治者的效忠,重新获得明王朝的信赖、任用。宣宗宣德二年(1427),"松潘番叛。充左参将,从总兵陈怀讨平之,进都督金事……使乌思藏,四年还。明年,复以左参将从史昭讨曲先,斩获多。九年,中官宋成等使乌斯藏,命安帅兵千五百人送之毕力术江。寻与侍郎徐晞出塞讨阿台、朵儿只伯,败之"。英宗即位后,正统元年进都督同知,充右副总兵官,协任礼镇甘肃。赵安"勇敢有将略",与定西伯蒋贵、宁远伯任礼"并称西边良将"。正统三年(1438),赵安与王骥、任礼、蒋贵分道出师,"至刁力沟执右丞、达鲁花赤等三十人。以功封会川伯,禄千石"。[3] 而被赐予铁券,则在正统五年(1440)七月二十二日。

作为皇权象征的铁券,乃誓于金版,具法律之效,给授予的功臣以免死的特权。《会川伯铁券》云:"除谋逆不宥,其余若犯死罪,免尔壹死。"其内又云:"若犯死罪,初犯将所食禄米全不支给。"其后赵安因过屡被弹劾,然"诏皆不问",[4] 概因持券之故。

赵安卒于正统九年(1444),他的后代世袭临洮卫指挥使之职,成为历明清数百年而雄踞陇右的赵土司。而临洮赵氏家族在甘青土司中威势显赫,被许为"九土之王",当然与赵安被封会川伯、其家族持有世传铁券不无关系。他们的显位殊荣,在河湟洮岷地区,恐怕只有西宁卫指挥使、会宁伯李英及其支裔高阳伯李文家族可以匹敌。

----

〔1〕《明史纪事本末》卷13。

〔2〕《明史·赵安传》。

〔3〕《明史·赵安传》。

〔4〕《明史·赵安传》。

35.4

令人饶有兴味的,不仅仅是赵安的子孙后代成为世袭罔替的赵姓土司,而且还由于赵安的先辈曾经给予历史的重大影响。毫不夸张地说,明清临洮的任何一位赵土司,比起他们的祖先都不能不黯然失色。

赵安的祖先,最早可以追溯到北宋中期活跃于西北历史舞台的角厮罗,据说,他就是藏族史诗《格萨尔王传》中的传奇英雄格萨尔王。其家族属亚陇觉阿王系,是吐蕃人。北宋大中祥符年间,他以青唐城(今西宁)为中心,建立了强大的角厮罗政权。在漫长的北宋与西夏的战争中,角厮罗政权不断助宋攻夏。他们不仅接受宋王朝的官爵与赏赐,而且一直沿用赵宋皇帝的赐姓为赵,成为汉姓的吐蕃人。角厮罗政权解体后,其苗裔仍统率着散居于河湟洮岷地区的各吐蕃部落。金人南侵,北宋在无暇顾及西北时,还委任角厮罗从曾孙益麻党征(宋赐名赵怀恩)"措置湟鄯事",统治这一地区。

角厮罗后裔在金代最著者为结什角,曾统领吐蕃四部,号称王子,"其疆境共八千里,合四万余户"。[1]

赵安的直系先辈,应是"世居临洮"的角厮罗后裔、吐蕃酋长巴命,巴命传子赵阿哥昌,"金贞祐中,以军功至熙河节度使"。[2] 金亡后召集旧部,投顺蒙古,元朝皇子阔端封他为叠州安抚使。赵阿哥昌子赵阿哥潘,元世祖时被任为临洮府元帅,死事于蒙元帝国,谥桓勇。阿哥潘子曰重喜,先为临洮府达鲁花赤,后任巩昌二十四处宣慰使,卒谥桓襄。重喜子官卓斯结,袭临洮府达鲁花赤。

官卓斯结子德寿,做过云南行省左丞。至元明之交,镇守临洮的是赵琦,其父华严禄,既出自巴命一系。赵琦,字仲玉,名脱帖木儿,"人呼为赵脱儿",阿哥昌六世孙,元授荣禄大夫陕西中书省平章事,守临

---

〔1〕《金史》卷91《结什角传》。
〔2〕见《元史》卷199《赵阿哥番传》,钱大昕《元史氏族表》。

洮。洪武初率众归明,授临洮卫指挥金事兼同知临洮府事、宣武将军。[1]

由北宋时代独立的吐蕃政权,到金元之际的部族豪帅,然后再演变成明清两代的土司,角厮罗家族及其后裔的这一历史踪迹,颇能反映河湟洮岷间民族变迁及融合的复杂进程。正因为如此,临洮土司赵氏家族的变迁,是值得进一步深入研究的。

(《西北史地》,1984 年第 3 期。)

---

[1]《甘肃通志稿》卷76。

36 明《李南哥墓志》跋

36.1

1988 年,在《安多藏区土司家族谱探研》[1]一文中,我曾经辨析过青海民和李土司《李氏宗谱》中关于李土司家族源于沙陀族李克用的记载,否定的理由之一是:

> 李土司发迹西土,封土司民是在明初洪、永之际,至顺治乙未(十二年,1655)已百余年。其间,有关李氏家族之官私文书、墓志碑记甚多。

> 即使是经历了明末战乱的冲击,今存于《明史》《明实录》及一些地方文献辑录的资料亦复不少。如《李谱》所载之永乐三年、十年、十三年敕,洪熙元年敕,宣德三年敕,宣德二年《金书铁券》文,弘治《重修宁番寺记》《谕祭李昶文》《敕赐广福观感梦记》《新修札都水渠记》,正德《降母神祠庙记》,万历《李崇文墓志》及近代出土的《李英神道碑》等,从未提及李土司的先祖是晋王李克用。如果李土司先祖确系晋王李克用这样的显赫人物,这些官私文书、墓志碑记不会只字不提。至少,应有一些文字痕迹。因此,我们认为,《李谱》将李土司家族世系追溯到晋王李克用,是李土司幕僚岳鼐的伪造,地地道道的一个骗局。攀援附会之迹甚彰,不可置信。

这一结论,又被新近翻检到的《会宁伯李公(南哥)墓志铭》所证

---

〔1〕载《西北民族研究》1988 年第 2 期。

实。不仅如此,墓志还为研究李土司家族的一世祖李南哥及明代西北史乃至民族关系史提供了新的材料。

鉴于学术界尚未注意到这份珍贵资料,我们先披露墓志铭的录文,然后对墓志所涉及的史事略做考释,以为跋。

36.2

会宁伯李公墓志铭

推诚宣力武臣特进荣禄大夫柱国会宁伯李英,以所述先考会宁伯之官封事迹一通,泣拜请余为铭,以志其墓。余辞再三不获,则为按状而序之曰:公讳南哥,姓李氏。其先世居西夏,后有居西宁者,遂占籍为西宁人。祖讳梅的古,考管吉禄,皆追封会宁伯。母公氏,赠夫人。公姿貌丰伟,性质直,自幼志气超卓,为乡人所推。比长颇习武事,番族部落皆信爱之。

我太祖高皇帝既定中原,薄海内外皆称臣奉贡。公远处西徼,独能识察天命,率所部来归,特授西宁卫管军土官所镇抚。其后,西宁卫建置官府,公屡效劳力,招徕西纳诸族,先后来朝者不可胜计。既又奉命建罕东、安定、曲先三卫,令岁入马三千余匹,至今号金牌马云。已而千户祁者孙构逆谋祸延于众,公独被旨无扰,复升卫镇抚,阶武德将军。且给公符验,但有以无理相加者,许驰驿来奏。及西纳族指挥板麻领直答儿、千户领真奔协比为恶,不守礼度,太祖命公擒二人以献,特升指挥佥事,阶怀远将军,重加赉赐。其后,公老退休于家,遂以子英代其职。

英克承公教,尽心朝廷,屡从太宗皇帝出征北敌,累劳升陕西行都司都指挥佥事。今上皇帝莅阼之初,复[升][1]右军左都督。

公两膺封秩,皆如其子,又以英封,由都督进封会宁伯。然公虽耆龄,其心拳拳,不忘朝廷,时英奉朝诣京师,公匍匐万里,备良马方物来贡。上嘉其诚,赐银币,即遣其西还。比至家,数月而卒,时宣德五年正

---

〔1〕原文疑夺“升”字,今补。

月十四日也,享春秋九十有三。上为感悼,特遣中使谕祭,且命官司营葬事,以某年某月某日葬西宁之巴州山。

公娶王氏,赠夫人,子男二人,长英,次雄,锦衣卫千户;女三人,长适指挥班贵,次适汪福,次赘婿薛某;孙男三人,长文,陕西行都指挥使,次武,次昶;孙女三人。

为之铭曰:

侃侃李公　夙秉忠义　来归太祖　累效劳勋　至于太宗　孟勤弗替　既昌厥家　以界其子　子有禄位　实公所致　公享其福　恩宠荐至　冠缨□□　照耀乡里　寿考令终　无憾生死　公去日远九原难起　撮事以铭　属于太史　巴州之原　公藏于此　奕世有闻
　尚告来裔

按,《会宁伯李公墓志铭》见载明金幼孜《金文靖公集》。该集传世之本,为明成化四年新淦金氏家刻本,系其子金邵伯所辑,较为罕见。清乾隆间纂修四库,由江西巡抚采进而入《四库全书》集部别集类。目前较为易得的便是台湾影印的文渊阁四库全书本。四库馆臣云:"幼孜在洪武、建文之时,无所表现。至永乐以迄宣德,皆掌文翰机密,与杨士奇诸人相亚。其文章边幅稍狭,不及士奇诸人之博大。而雍容雅步,颇以肩随。"[1]读其所撰《会宁伯李公墓志铭》,可谓言之不虚。

金幼孜,名善,以字行,江西新淦(今江西新干县)人,《明史》卷147有传。建文二年(1400)进士,授户科给事中。"靖难之变"中,因迎附燕王朱棣,先任翰林检讨,后迁侍讲。明成祖创设内阁,首命金幼孜与解缙、杨士奇、杨荣、胡广、黄淮、胡俨等七人并直文渊阁,"内阁预机务自此始"。明成祖曾对解缙等人说:"尔七人朝夕左右,朕嘉尔勤慎,时言之宫中。"[2]又说:"代言之司,机密所系。且旦夕侍朕,裨益不在尚书下也。"[3]明成祖对这批天子近臣的信赖倚重,确非一般。成祖屡次北征,金幼孜皆扈驾从行,并撰《北征录》以记其事。永乐十八年

〔1〕《四库全书总目》卷170。
〔2〕《明史·解缙传》。
〔3〕《明史·解缙传》。

(1420),进文渊阁大学士。永乐二十二年(1424),成祖病卒于榆木川(今内蒙古乌珠穆沁东南),金幼孜与杨荣主政,"秘不发丧","荣讣京师,幼孜护梓宫归"。[1] 仁宗即位,拜户部右侍郎兼文渊阁大学士,寻加太子少保兼武英殿大学士。宣宗立,充总裁官修两朝实录。宣德六年(1431)十二月卒。年64,赠少保,谥文靖。

由《墓志铭》及金幼孜卒年推断,《会宁伯李公墓志铭》当撰于宣德五年至六年(1430—1431)之间。

36.3

《会宁伯李公墓志铭》(以下简称《李南哥墓志》)的价值,首先在于它是现存最早的李土司家族的传记资料。因之,在考察李土司家族族源及先祖世系上,具有相当的权威性。

明成化十一年(1475)勒石之《会宁伯李英神道碑》(以下简称《李英神道碑》)在追叙李土司家族族源及先祖世系时说:

> 公讳英,字士杰。其先出于元魏,至唐拓跋思恭,以平黄巢功赐姓李氏,世长□□□□及元以武勋显白者甚众。其居西宁曰赏哥,元歧王府官。子孙传袭,至管吉禄为司马,生南哥为西宁州同知。

而早于《李英神道碑》近半个世纪的《李南哥墓志》追叙似乎更为平实:

> 公讳南哥,姓李氏。其先世居西夏,后有居西宁者,遂占籍为西宁人。祖讳梅的古,考管吉禄……公姿貌丰伟,性质直,自幼志气超卓,为乡人所推。比长颇习武事,番族部落皆信爱之。

正因为平实,或许更接近于真相。

从这两份墓志的对读中,我们不难发现,李氏家族在发迹之初,即李英被封会宁伯后,对其家族先祖,尚无掩饰附会之辞。既未将李南哥

---

[1]《明史·金幼孜传》。

"封"为"元西宁州同知",也未将其先祖追溯到元魏及唐宋之际。但随着李氏家族权势地位的日渐显赫,他们似乎越来越不满足自己祖先的"平庸无闻",开始从更遥远的时代为家族寻"根",以示"祖泽深厚,绵延流长"。先是成化年间李英去世后,《李英神道碑》将其先祖上溯到元魏,"至唐拓跋思恭,以平黄巢功赐姓李氏";百余年后的清顺治年间,李氏家族撰修《世袭宗谱》,又奉唐末五代沙陀族李克用为始祖,"后至李思恭,徙居西夏,遂传于宋"。伪造、嫁接的痕迹是十分明显的。正如清代辨伪学家崔东璧所说,"其世愈后则其传闻愈繁"[1],"世愈晚则采择愈杂"[2]。李土司家族的先祖世系,也正是后人如此攀附而"层累"地造成的。

关于土族族源,本身是个较为复杂的问题。文献资料不足,矛盾抵牾之处亦复不少。而李土司家族又是土族中的世族大姓,其《世袭宗谱》向为学界所重,影响颇大,成了土族族源研究中不可回避的一份文献资料。因此,《世袭宗谱》中伪造攀附的先祖世系,给研究带来了一系列难解之谜。后来的研究者,顺着这个线索重理其事,无不堕入一团迷雾之中,难悉原委。从这个意义上讲,《李南哥墓志》的诠释解读,对廓清李土司家族先祖世系和土族族源诸问题研究中的这团迷雾,是至关重要的。

根据《李南哥墓志》,我们来考察一下李土司家族的族源、籍贯及先祖世系:

第一,"其先世居西夏,后有居西宁者,遂占籍为西宁人。"李土司家族的先祖,很可能是党项人;之所以说"很可能",是因为西夏国内民族构成本身就很纷杂。

第二,由此联系到李氏《世袭宗谱》所载李英之前五世皆"归葬灵州",李氏的原籍当为灵州(今宁夏灵武县西南),属党项人发祥之地。宋人锺傅谈到西夏时曾说:"河南要地,灵武为其根本,其四十五州,六

---

〔1〕崔述《补上古考信录》卷上。

〔2〕崔述《考信录提要》上。

为王土。"[1]锺傅所谓的"六为王土"系指夏、银、绥、宥、灵、盐六州,可见李土司家族先祖所居之灵州,为西夏立国的"龙兴"之地,根本所在。我们推测李氏家族为党项人,原因亦在此。

第三,李氏先祖流落西宁的时间,似为蒙古攻灭西夏前后。史载,公元 1226 年 11 月,成吉思汗亲率大军围攻灵州,西夏遣嵬名令公领兵十万赴援。[2] 蒙古铁骑在结冰的黄河上驰渡,猛攻西夏军,杀死无数,尸体堆积如山,灵州失守。拉施德《史集》说战斗的激烈残酷,是蒙古人多年征战中少见的。灵州失守后,蒙古军肆行杀掠,破坏严重,人民逃散。李氏先祖,大约正是为逃避战乱,流落到青海西宁地区的。

第四,《李南哥墓志》说"祖梅的古,考管吉禄,皆追封会宁伯"。根本不言梅的古、管吉禄在元朝的官爵,我们是否可以这样认为,为逃避蒙古兵燹的西夏遗民梅的古家族,流落西宁后,终元之世,在政治上并没有多大作为。李氏《世袭宗谱》所谓"及传至元,世长西夏,以武勋显白者甚众。其居西宁曰赏哥,元歧王府官,生梅的古。梅的古生管吉禄,为司马。生南哥,为西宁州同知都护事"云云,皆属子虚乌有,后世伪造。

36.4

李土司家族的崛起发迹,李南哥无疑是一个关键人物。元明鼎革之际的政治抉择,成为他走入政治舞台的契机。

《李南哥墓志》压根没有涉及李南哥为"元西宁州同知都护事",只是说"公姿貌丰伟,性质直,自幼志气超卓,为乡人所推。比长颇习武事,番族部落皆信爱之",不过是一个为当地番族部落很推重的一方豪杰。如果李南哥真做过"元西宁州同知都护事"的话,他本人的墓志绝不会隐匿他的那段辉煌经历的。况且,就我们目前所接触到的元明史料中,还没有发现李南哥为"元西宁州同知"的记载。

---

[1]《宋史·锺傅传》。
[2]参见《元史·太祖记》《元史·察罕传》。

李南哥生活的年代,正是元明嬗蜕之际。当他得到当地"番族部落信爱"且拥有一定实力之时,政局发生了乾撼坤茇的巨变,元王朝在农民起义的冲击下土崩瓦解,"我太祖高皇帝既定中原,薄海内外皆称臣奉贡"。李南哥面对的,是一个改朝换代之际的选择。

《墓志》说"公远处西徼,独能识察天命,率所部来归,特授西宁卫土官所镇抚"。所谓"识察天命"者,正是说李南哥在这一政权交替时代做出了一个明智的选择——"率所部来归",为新政权效力。而李南哥的投靠明王朝,则成为李氏家族进入西北政治舞台的一个开端。

现在,让我们来考察一下李南哥归降时的西北局势。

至正二十八年(1368)八月初二日,大都陷落,元朝灭亡。北伐明军随即挥师西向。第二年(1369)四月,大将军徐达在陕西凤翔会诸将议师所向,确定了先攻取临洮的战略方针。一路破竹,连下巩昌、安定等地。接着,元将李思齐以"西通番夷,北界河湟"的陇右重镇临洮府降明,安多藏区的河、湟、洮、岷一线已直接暴露在明军的进攻之下。面对地域广袤、民族状况十分复杂的西番地区,依靠单纯的军事征服往往不能奏效。因此,朱元璋采取了"以招谕为主,军事行动为辅"的战略决策。翻检《明实录》的记载,朱元璋的这一方针是很明确而且十分紧迫的:

洪武二年五月甲午:

> 遣使持诏谕吐蕃。……吐蕃未即归命,寻复遣陕西行省员外郎许允德往招谕之。[1]

洪武三年五月己丑:

> 大将军徐达分遣左副将军邓愈招谕吐蕃。[2]

洪武三年五月辛亥:

> 左副将军邓愈自临洮进克河州,遣人招谕吐蕃诸酋。[3]

洪武三年六月癸亥:

---

〔1〕《明太祖实录》卷42。
〔2〕《明太祖实录》卷52。
〔3〕《明太祖实录》卷52。

欧·亚·历·史·文·化·文·库·

命僧克新等三人往西域招谕吐蕃,仍命图其所过山川地形以归。[1]

洪武三年六月乙酉:

故元陕西行省吐蕃宣慰使何锁南普等,以元所授金银牌印宣敕诣左副将邓愈军门降,及镇西武靖王卜纳剌亦以吐蕃诸部来降。先是,命陕西行省员外郎许允德招谕吐蕃十八族、大石门、铁城、洮州、岷州等处,至是,何锁南普等来降。[2]

洪武三年八月庚申:

遣通事舍人巩哥锁南等往西城招谕吐蕃。[3]

明政府的这一系列招谕吐蕃的行动,是以强大的军事实力作为后盾的,因而取得了明显效果。攻克元吐蕃宣慰使司所在地河州,吐蕃宣慰使何锁南普、镇西武靖王卜纳剌等一大批元朝官员的归降,不仅表明朱元璋决策的成功,同时,在藏族地区也产生了深远影响。"于是,河州以西、甘朵(当为朵甘)、乌斯藏等部皆来归,征哨极甘肃西北数千里始还。"[4]正是在明政府安抚平定西北、各族首领纷纷臣服新王朝的大气候下,李南哥归降是恰逢其时。至于李南哥归降的时间,我们推测不会早于洪武六年(1373)。据《墓志》,李南哥初降时授官为"西宁卫土官所镇抚",而西宁建卫在洪武六年。[5]直到洪武二十七年(1394),李南哥才以"西宁卫土官镇抚"的身份去南京请赐寺额。[6]由此看来,李南哥归降的时间可能会更晚一些。李南哥初降时被任命为"西宁卫土官所镇抚"一职,反证了我们前文关于李南哥非元西宁州同知的辨析。根据明政府安置归降人员的惯例,元西宁州同知归服后绝不可能被置于"土官所镇抚"这样下级军官的位置上。李南哥归降后的任职必与他原先的身份相符。

---

[1]《明太祖实录》卷53。

[2]《明太祖实录》卷53。

[3]《明太祖实录》卷55。

[4]《明史纪事本末》卷10。

[5]《明太祖实录》卷78。

[6]参见《明太祖实录》卷231。

36.5

李南哥明初归降,由"土官所镇抚"而至"土官卫镇抚",再迁"西宁卫土官指挥佥事",虽说不是春风得意,但也算一帆风顺,为李氏家族日后在西北政治舞台上的发迹,奠定了一个基础。

以往,我们对李南哥的生平事迹知之甚少。《墓志》的发现使我们对李南哥的仕历有个大致的了解。

据《墓志》所述,入明以后的李南哥做过以下几件事:

第一,"西宁建卫置官府,公屡效劳力,招徕西纳诸族,先后来朝者不可胜记"。

按,"西纳族",系明代西宁卫属"纳马十三族"之一。《西宁卫志》(万历)云:"西纳族。洪武十三年招抚。居牧塞内湟水北。西去卫治六十里。有城廓店室,田畜为业。有寺,授国师一,赐银印一,牙章一。户五百,口一千五百有奇。……岁输马三百有奇……"[1]《西宁府新志》(乾隆)载雍正元年西宁府属番有"西纳族,郡城西北六十里,相连圆觉寺,住居西纳上寺庄,共一千三百七十九户"[2]此西纳族当为李南哥招抚,居地在今西宁市西郊。招抚的时间是洪武十三年(1380)。从史料中看,西纳诸族被李南哥招抚后,世代都由李土司家族统约管束。万历十八年(1590)巡按陕西御史崔景荣给明廷的一份奏疏中说:"西宁旧有土官李世显管束土人,自土官阵殁,统约乏人,遂至酿乱。宜另选才力土官一员,责令约束。其西宁边外多系熟番西纳、陇卜,大者一十三族,附庸不可胜记。二百年来,虏不能越天山而窥五郡者,以番众为屏蔽也……"[3]奏疏中"李世显"其人,系李南哥从孙高阳伯李文之五世孙,李南哥之弟察罕帖木儿的后裔。与李南哥家族西伯府李土司并立,俗称东伯府李土司。李世显阵殁,西纳诸族"遂至酿乱",影

---

〔1〕《西宁卫志》(万历)卷2,青海人民出版社,1993年。

〔2〕《西宁府新志》卷19。

〔3〕《明神宗实录》卷228。

·欧·亚·历·史·文·化·文·库·

响到西宁地区的安定,可见李氏家族与西纳诸族的统属关系。而李氏家族也因对这些番族部落的有力影响和约束关系,深得明政府的倚重。甘青地区的土司,之所以历明清二代都能维持其家族显赫地位,在政治变迁中始终具备其影响力,原因正在于此。

上述细微材料,也加深了我们对明代西番诸卫"土流参设""以土驭番"政策的认识。

由于西纳诸族环西宁而居的地理位置,在西宁建卫置官府后,李南哥招抚西纳诸族,对西宁地区的稳定,就显得十分重要了。《墓志》说,"先后来朝者不可胜记",李南哥等人在招抚各番族部落中发挥了重要作用。明代史料中,保存了大量的番族朝贡的记载,这与各地土官土司的制驭约束是分不开的。

第二,"既又奉命建罕东、安定、曲先三卫,令岁入马三千余匹,至今号金牌马云"。

按,罕东、安定、曲先三卫与阿端卫、赤斤蒙古卫、沙州卫、哈密卫合称"关西七卫",在明太祖"隔绝羌胡"的西部战略部署中处于重要地位。其中安定卫、曲先卫建于洪武八年,[1] 罕东卫则是洪武三十年(1397)由原罕东百户所升级为罕东卫,[2] 地望约在今青海柴达木盆地西北一带。明代罕东、安定、曲先三卫的建置兴废几经变迁,但逢有大的行动,均由明政府派员处置。因此,李南哥的"奉命",以当时的"土官所镇抚"的身份而言,只能是随从,被征调而参与其事。

明代罕东、安定、曲先三卫同属羁縻卫,由西宁卫节制,与明政府关系最密切的经济活动则是茶马贸易。自洪武二十六年(1393)金牌信符制颁行之后,三卫的茶马贸易亦被纳入金牌信符制的轨道,故《墓志》说:"至今号金牌马云。"

第三,"已而千户祁者孙构逆谋祸延于众,公独被旨无扰,复升卫镇抚,阶武德将军。且给公符验,但有以无理相加者,许驰驿来奏"。

---

〔1〕《明太祖实录》卷96。
〔2〕《明史》,汤纲、南炳文179页。

关于祁者孙之乱,《明实录》只有两条材料:

其一,"洪武二十五年四月壬子,凉国公蓝玉率兰州诸卫将士追逃寇祁者孙,遂征西番罕东之地"。[1]

其二,"洪武二十五年五月辛巳,凉国公蓝玉兵至罕东……进都督宋晟等率兵徇阿真川,土酋哈眘等惧遁去。又袭逃寇祁者孙弗及。"[2]

又《湟南世德祁氏列祖家乘谱》载:祁贡哥星吉曾于(洪武)"二十四年五月内,调往失力哈真地方招安祁者孙等"。[3]

又《西宁府新志》载:洪武二十四年五月,"遣祁贡哥星吉招抚祁者孙诸番酋"。[4]

以上几乎是有关祁者孙之乱的全部材料,这些零星片断的材料反映不出祁者孙之乱的始末,我们只能结合《李南哥墓志》做些简略的分析。

"千户祁者孙构逆谋祸延于众",祁者孙的身份当是西宁卫千户。其先很可能是归明的元故官或番族首领。洪武二十四年(1391)前后举兵反明,牵连到当时西宁卫的一批属官,唯李南哥"被旨无扰",反升任卫镇抚之职。明廷先派西宁卫指挥佥事祁贡哥星吉招降,未果。复遣大将蓝玉率兵征讨,至罕东之地,祁者孙闻风而逃。

由此看来,《墓志》尽管简略,但毕竟为我们了解洪武年间西宁卫的祁者孙之乱提供了一些有价值的新材料。

第四,"及西纳族指挥板麻领直答儿、千户领真奔协比为恶,不守礼度,太祖命公擒二人以献,特升指挥佥事,阶怀远将军,重加赍赐"。

关于西纳族首领"协比为恶"之事,史籍不载,但因西纳族为李南哥统属约束,故明太祖命李南哥"擒二人以献"。李南哥也因此而晋升为西宁卫指挥佥事。

---

〔1〕《明太祖实录》卷217。
〔2〕《明太祖实录》卷217。
〔3〕谱藏青海省图书馆。
〔4〕《西宁府新志》卷31。

欧·亚·历·史·文·化·文·库·

36.6

最后,我们考察一下李南哥的生卒年。

据《李南哥墓志》,李南哥卒于宣德五年(1430)正月十四日,享年九十有三。由之上推,李南哥当生于元顺帝至元四年(1338)。

(《青海社会科学》,1994 年。)

37 《守雅堂稿辑存》跋

清代陇右学者,以经术文学著者,当推武威张澍(介侯)与阶州邢
澍(佺山),至有甘肃"二澍"之称。然二人境遇大不相同。

张澍生前自刊《二酉堂丛书》,收入个人著述多种,罗振玉刻其《西
夏姓氏录》于《雪堂丛刻》。法国伯希和自西安购其遗稿 84 册,入藏法
国巴黎图书馆,影印刊行十大册。张澍之名,远播海内外。

邢澍则无张澍的幸运。他少读于家举于乡,后游京师,仕宦江左,
交游皆一代巨子学人,晚年归家阶州,境遇困顿,身后凄凉,藏书文稿散
失殆尽。除与孙星衍合著《寰宇访碑录》为世所知外,著述大多不传。
1938 年,始有梁启超清华弟子、天水冯国瑞旁搜远绍,采摭遗文,蓑抄
梓行而为《守雅堂稿辑存》,又做事迹、著述之考证,方使邢澍之学略见
涯际。20 世纪末,先后有张舜徽、赵俪生、李鼎文诸前辈表彰其学。

张舜徽先生在《清人文集别录》中说:

> 陇右乾嘉学者,允推二澍为人伦领袖。张氏少于邢氏二十二
> 岁,年辈较晚,所辑《二酉堂丛书》及自编《养素堂诗文集》,校刻精
> 善,卷帙丰盈,故世人知之者为多。其实二澍并以博赡名于时,皆
> 朴学有文之士,又未言妄为轩轾也[1]

赵俪生师依据张之洞《书目答问》末附"姓名略",张澍列名于经学
家、史学家、金石学家三类,而邢澍仅列名于金石学家一类,认为:"邢
澍为学术界公认在金石证史方面有成就的学者(自然,实际上不限于
金石学)。"[2]

---

〔1〕张舜徽《清人文集别录》卷9,华中师范大学出版社,2004 年。
〔2〕《邢澍的生平及著述——兼论金石证史的作用和局限》,《社会科学》(甘肃)1982 年第 3
期。

李鼎文先生在揭出邢澍的文学成就后认为:

> 邢澍生活在乾嘉之世,朴学华辞,兼而有之。[1]

前辈学者的"邢澍研究",着眼于其"大",重在评价邢澍的学术成就,然语焉不详处尚多,其中还有不少隐匿不清的问题,故作"跋"以考究邢澍的生平,并对《守雅堂稿辑存》的编纂人冯国瑞略做介绍,"拾遗补阙"之谓也。

37.1

《守雅堂稿辑存》,有1938年慰景庐丛刻本,1992年西北师范大学古籍整理研究所《陇右文献丛书》校点本。[2]

慰景庐丛刻本《守雅堂稿辑存》4卷,题为阶州邢澍撰,天水冯国瑞辑,前有张鹏一、邵力子、孙蔚如、冯炳奎、温天纬五序,后有冯国瑞后序,其云:

> 仪征阮芸台先生,以鸿硕开府,倡导学术,而其学盖出于嘉兴朱竹垞先生。举凡解经订史,以逮金石校勘,曝书、研经,沆瀣气同。再修曝书亭,制词刻柱,补竹摹图,崇仰之者至矣。尔时,浙之诂经,粤之学海,翘异之士,皆归往焉。吾乡阶州邢佺山(澍)、武威张介侯(澍)两先生,俱获与芸台先生商榷文史,风谊在师友之间。观佺山载咏武林,论文官阁;介侯受书邢上,酬咏选楼,诚盛事也。而佺山早岁至京师,即私淑竹垞,流寓嘉兴碧漪坊,与竹垞里第相望。两先生学行大端,殆相仿佛,学者辄相提并论之。然有异焉者,介侯著述,务为赡博,《二酉堂丛书》、《养素堂诗文集》等,皆手自校刻,体本六书,称精椠善本。比归寓西安,著述弗倦,晚年所就甚伟,身后俱渐散佚,而吉光片羽,世知重惜。(罗振玉刻《西夏姓氏录》于《雪堂丛刻》中)清末伯希和,由西安购其遗稿数十种,携归巴黎国家图书馆,原稿凡八十四册,今合订为洋装十巨册,

────────────────

〔1〕《甘肃文史丛稿》,甘肃人民出版社,1986年。

〔2〕漆子杨、王锷校点,李鼎文审订。甘肃人民出版社,1992年。

(详二十六年七月二十九日上海《大公报》第一百九十二期《图书》副刊,王重民《阅张介侯先生遗稿记》)孤本流传海外,终显于世,不能磨灭。佺山谦谨淡泊,朴学华辞,渊穆湛深。寻常稿帙,率便赠人。(见孙渊如《寰宇访碑录序》)耆年归里,著书自娱。奈陇上频经兵燹,流传未知何所。余亦尝驰函桓上友人,迄无详其事者,诚可慨也!余闻先生名,心向往之。读《章氏遗书》,见《与邢会稽书》,大异之。二十四年再至北平,为介侯先生编《年谱》,于北京大学图书馆假钞《守雅堂文集》、《南旋诗草》,私心幸慰。因将《文集》排比次第,董理而附笺焉。增益若干首,《诗集》亦增益若干首,征引史志原传数首,且为编《事迹》、《著述》二考,间采清人集部阮(芸台)、钱(竹汀)、钱(可庐)、孙(渊如)、洪(稚存)、张(介侯)、张(叔未)、章(实斋)、秦(小岘)、吴(兰庭)、施(希闰)、何(承燕)、吴(思亭)诸人往还酬唱之作,分编数目,曰《杂俎》,其交游略可见于此矣。成《守雅堂稿辑存》四卷,携之行箧者有年矣。去春客南京,尝欲往游嘉兴、长兴,搜辑佺山遗文,未果。抗战军兴,东南痛遭蹂躏,征文考献,俟之异日。而余亦居西安,守此残阙,附之手民。今能成书,亦西北文献之一幸欤?二十七年四月,天水冯国瑞序于静寄园。

此后序将《守雅堂稿辑存》的缘起、成书、内容交代得十分清楚,无须赘言。由此知,冯国瑞《守雅堂稿辑存》所据,主体资料是北京大学馆藏邢澍《守雅堂文集》1卷、《南旋诗草》1卷。冯国瑞考订增益,析分为4卷:卷1,事迹考、著述考;卷2,文集;卷3,诗集;卷4,杂俎。其中卷1为冯国瑞所作的邢澍生平事迹及著述考证,卷4系乾嘉名家与邢澍的交往诗文,真正属于邢澍自著诗文的只有卷2、卷3。故《陇右文献丛书》的整理校点本重新编订,分为2卷。卷1为文集,卷2为诗集,余皆做附录处理。应该说,这一整理校点本是一个进步,编次体例上更为规范。

37.2

邢澍乾隆二十四年(1759)生于阶州(今甘肃武都),乾隆四十四年

（1779）乡试中举，年 21 岁。乾隆四十八年（1783）前后入京师，[1]乾隆五十五年（1790）32 岁成进士，乾隆五十八年（1793）起，先后出知浙江永康、长兴两县，嘉庆十二年（1807）49 岁由长兴迁署江西饶州（治所在今江西鄱阳县），寻迁南安（治所在今江西大余县）知府。嘉庆十三年（1808）50 岁因病去职，归家秀水（浙江嘉兴）。嘉庆二十四年（1819）61 岁，回原籍阶州。道光三年（1823）65 岁卒于家。

据邢澍自述"先墓在陇右，虽有薄田，仅足供祭"[2]和少读于家举于乡的经历看，邢澍大约出身于一个败落的书香人家。"由远方孤寒之士，随计吏至京……"[3]，又明显透露出双亲在邢澍早年既已亡故的事实。他先居京师十年，后官浙江永康、长兴，赋闲寓家浙江秀水，再官江西饶州、南安，数十年间，记载只有一次短暂的归里探亲，晚年返阶州，竟至于很快沦亡而踪迹无寻。这一切，都可印证上述的两点推断。

邢澍一生的主要活动，可分为京师时期和浙江时期。

邢澍入京的时间，在乾隆四十八年（1783）前后，距他中举仅三四年。时邢澍以 20 岁的翩翩少年，入人物荟萃之都，获知当世鸿硕宿儒，学业大有长进。《鉴止亭翰墨丛录》所说"居京师十有余年，精研学术，在此时也"。特别值得注意的有两件事：

一是私淑朱彝尊及《曝书亭集》。据邢澍《砚耕堂记》云："余弱冠随计吏至京师，始读《曝书亭集》，即知私淑。及官浙中，因尽观所著书。"对朱彝尊之学的推崇与师承是毫不讳言的。嘉庆十一年（1806），邢澍去长兴县职，竟将家迁至朱彝尊出生之秀水县碧漪坊。用邢澍自己的话来说，是"近先生之居，考其遗事，仰其流风"。越二年，邢澍养病去江西南安府职，由江右复归秀水寓宅。并搜求到朱彝尊自题的"砚田我耕"四字的端砚一方，因命所居之堂为"砚耕堂"。对朱彝尊的心追神往达到了爱屋及乌的程度。

显然，朱彝尊对邢澍一生产生的影响是巨大的。朱彝尊其人，日本

〔1〕邢澍入都时间，史无明文，此据邢澍《望益轩记》"计居京师者十年"推断。
〔2〕《守雅堂文集·砚耕堂记》，下引文集只注篇名。
〔3〕《望益轩记》。

"吉川中国学"奠基人的吉川幸次郎曾将他与王士禛(渔洋)并称为"康熙时代文明的代表"[1]。在那个时代的人看来,朱彝尊是个全才。"时王渔洋工诗而疏于文,汪苕文工文而疏于诗,阎百诗、毛西河工考证而诗文皆次乘,先生兼而有之诸公之胜。"[2]康熙十八年(1679),诏开博学宏词科,朱彝尊与李因笃、潘耒、严绳孙四名士以布衣除检讨,纂辑《明史》,预修《一统志》,典试江南,名气不小。朱彝尊的诗文、考证俱见功力,诗词与王士禛并峙为南北两大家。经史博通,"年十七弃举子业肆力于古学,凡天下有字之书,无弗披览"[3],后足迹半天下,"客游南北必橐载十三经廿一史自随","所至丛祠荒塚,金石断缺之文,莫不搜剔考证,与史传参互同异"[4]。

至于邢澍推崇备至的《曝书亭记》,是朱彝尊生前手编文集,堪称清人文集中的佼佼者,颇能反映出他的思想与素养。该《集》80卷,最精到的是20卷的序、跋、考、论,辩定群书、考证碑版,学问风采,寓于极凝练的文字里。

朱彝尊卒于康熙四十八年(1709),距邢澍生年恰好是半个世纪,时代上又是清学转向史学考证的繁荣时期。如邢澍自言:"余寡学拙艺,视先生百不逮一,然起家科第,解褐从仕,由邑而郡,逾二十年,至今谢免客居,而妻妾子女无饥寒之患者,良由君赐。乃所以蒙恩泽者,读书业文故也。敢忘所由来乎?"[5]他将自己读书做官而举家生活优裕,统归之于朱彝尊之学的启迪,"读书业文故也"。私淑朱彝尊与推崇《曝书亭记》确为他指导了博览穷籍、考索金石的治学道路,从中透露了邢澍的思想学术渊源。如邢澍编订专科目录的《关右经籍考》即全仿朱氏《经籍考》之例。《全秦艺文录》虽然沿袭历代正史艺文志,但仍参以朱氏《经籍考》之例。至于邢澍所长的金石学又未尝不是朱彝尊与时代风气交互影响下的专攻呢?

---

〔1〕严绍《吉川幸次郎与"吉川中国学"》,《学林漫录》4集,中华书局,1981年。

〔2〕李元度《国朝先正事略》卷39,岳麓书社,1991年。

〔3〕李元度《国朝先正事略》卷39。

〔4〕李元度《国朝先正事略》卷39。

〔5〕《砚耕堂记》。

邢澍在京师值得注意的第二件事是与满人和亮的交往。和亮,字惠畴,先世多为显宦。其父为秦州牧,因事絓吏议戍云南,从此,家道式微。邢澍在京师经长安举人年景鹤(丹崖)介绍,于乾隆五十二年(1713)、五十四年(1715)两次教馆于和亮家。

和亮为世代官宦而又汉化程度很高的旗人子弟,家富藏书而工诗文,这对邢澍无疑是品评学问、交流提高的一个好机遇。由之尽阅和亮家藏书,"暇则与论经史疑义及人品邪正、政治得失之故,意气不少挫"[1],二人意气志向相投,交谊甚厚。邢澍出知江南,多有书信往还。后和亮卒,邢澍亲为其诗稿作序。

37.3

邢澍于乾隆五十五年(1790)中进士后,越三年以正途选班,出知永康。嘉庆元年(1796),又调任长兴,十年后,寓家秀水。这几个地方,均属明清以来商品经济高度发达的地方,尤其是地处太湖之滨的长兴,清隶湖州府,以"湖丝"甲天下,嘉庆六年(1801),钱大昕来长兴写下"遍野桑麻百室殷"[2]即其真实写照。他后来寓家之秀水,即嘉兴府治,更以纺织业出名。与毗邻之苏、松、杭、湖并为资本主义最早萌芽的"江南五府"之一,同时,也是方兴未艾的浙东西考据学的故乡。经济、文化的高度繁荣培育了众多的文人学者,浓烈的文化氛围的熏染陶冶,也成就了在浙二十余年的邢澍。可以说,邢澍之所以能跻身于一代学人之列,这是一个很重要的契机,一个很理想的环境。

邢澍在浙中的政绩,据几种官修方志称:"善治大狱,发奸摘伏皆神效,而行政利人,有青天之号。循声卓著,为上游所推重。"[3]"为政尚严肃,遇盗贼必置重典,鼠窃屏迹,几于道不拾遗。市井无赖,具有名

---

[1]《和惠畴诗稿序》。
[2]钱大昕《辛酉暮春访佺山明府官宅留宿鉴止亭》。
[3]《甘肃通志》卷68。

籍,有犯必痛惩之不少贷。承累任阘冗后得此肃清,风气为之一变。"[1]"案无留牍,自奉节俭,无他嗜。见一善辄表扬恐后。凡所治理,不屑因陋就简……凡有益于民者,捐廉俸为之倡,以次兴复。前后十年,百废俱兴。"[2]这些盛誉之辞不免夸大溢美的成分,但看来,他自奉俭约,治下方严,捐俸倡导地方修桥葺城、疏浚塘港、建留婴堂等等,政声尚佳,称得上是那个时代的一个循吏能员。

邢澍 32 岁中举,35 岁出仕,正当年富力强。他揽辔澄清,下车整肃,存兼济之志,意在进取。然而,因为缺乏显贵援引,仕途坎坷并不得意。他在浙江做了十几年的县令,充任过乾隆五十七年,嘉庆三年、五年、六年的乡试同考官,直到嘉庆十二年(1807)49 岁才升迁署理江西饶州知府。他的弟子张廷济曾有诗云"谁知出宰官仍冷,只有看书性未廉"。[3] 饶州府治在鄱阳湖畔之鄱阳,自然人文环境不错,但不知什么原因,邢澍很快又被调任南安知府。南安位于赣西南,处在罗霄山与南岭、大庾岭群山包围之中,交通阻塞,地实偏僻,环境艰难。这对江浙为官十余年的邢澍来说,无异于流放,于是,他就告"病"回家了。

邢澍离江西南安任已经 50 岁了,他大约很想为自己的后事做些安排,就在当年,省墓归籍,回到阔别 30 年的老家阶州。邢澍此行曾与洪亮吉在宜兴相遇话别。洪亮吉即席赋赠有云:"君驼万卷归秦阶,可做陇右藏书家。"[4]看来他是携带着不少藏书归乡的。然而,事不尽如人意,在阶州待的时间不长,邢澍又返回他在浙江秀水的寓斋。这段日子,邢澍家有藏书,宦囊尚实,颇悠然自得。"养病无事,唯以书籍及文房之具为娱。"[5]"是以医药之暇,既不废简策,兼乐与宾客接仕。而贤者与论治处,而贤者与论学,与论文艺,即释老之徒之能通其学者,亦间与论释老。"[6]他修望益轩礼贤名流,邀学者泛舟太湖,磋商经史,考订

---

[1]《永康县志·循吏传》(光绪)。
[2]《长兴县志·名宦传》(光绪)。
[3]张廷济《题邢师〈松林读书图〉》。
[4]《洪北江全集·更生斋诗》卷 6。
[5]《砚耕堂记》。
[6]《望益轩记》。

古迹,甚至和尚、道士都成了邢澍的座上客了。

邢澍因病辞官并非是无意宦海,他中年出仕,为官清廉,没有多少家底,阶州"家有薄田,仅足供祭",而文人的架子又倒不下来,难免坐吃山空。归里后也未找到生计出路,故此,他之养病,是等待机遇。致仕的第二年,他就很坦率地说:"因病赐告,寓家于此,若病良已,将仍以一职自效,非真退者也。"〔1〕然而,这一赋闲就是十年,直到嘉庆二十三年(1818)春,才蒙某大吏奏奉咨入都,以候叙用。其弟子张廷济诗云"夫子正来宣室诏,钓游莫使话归田"〔2〕,即此之谓。大约无显贵援引,邢澍在京师半年终无叙用的消息,不得已只好取道运河,束装南归。时邢澍年已花甲,这一结局不仅绝了他仕途进取的任何希望,也使他晚年生计陷入困顿。归途中的邢澍,"归心无奈随宾雁,目极南天有所思"〔3〕,回首往昔,感慨万千,展眼前景,不胜渺茫,失意、不平、惆怅、愁绪,全都凝聚在他的70余首古今体的《南旋诗草》中。邢澍心灰意冷,近于绝望。"闲散已与民无异"〔4〕,"心事名场如烛短,行踪烟水与鸥迟,几年蒲褐身闲后,一笑邯郸梦觉时"〔5〕。人生如烛短,宦海生涯不过是黄粱一梦、"傀儡名场三十秋"而已。于宦海沉浮的感叹中,交织着衰朽残年的哀伤。他甚至对毕生的治学而作的经史考据都发出疑问:"咽咀文字似前缘,未到遗形岂得仙。咏望成名空何益,一生枉守羽绫编。"〔6〕舟行屡屡阻断,更加深了邢澍的烦闷与愁思,他期待着正在西安应乡试的长子的佳音,〔7〕希望得到出嫁凤阳的女儿的信息,"莫笑英雄今气短,暮年儿女最关思"〔8〕,"团圆何日归田舍,共插茱萸饮浊

---

〔1〕《望益轩记》。
〔2〕《邢房师〈桓上草堂图〉》。
〔3〕《舟晚咕次韵》。
〔4〕《牵夫谣》。
〔5〕《旅夜不眠再叠前韵》。
〔6〕《蕉窗八咏和孙竹畦》。
〔7〕《九日舟中述怀示诸子》。
〔8〕《九日舟中述怀示诸子》。

430

醥"[1]。甚至梦回老家阶州,"有时归秦陇,栈道云层层"[2]。

仕途无望,外乡居家不易。邢澍在从京师返回秀水的第二年(嘉庆二十四)便举家回到阔别 30 多年的原籍阶州,居僻山邑。越四年,默默无闻而终,年 65 岁。

37.4

邢澍卒而身后寂寞了一个多世纪,直至 1938 年始有冯国瑞刊行《守雅堂稿辑存》,将邢澍其人其事发掘考究。孙蔚如序称:

> 清代鸿博设科,四库开馆,鸿儒硕学,云蒸江介。而陇上独阒寂寡闻。岂知当此之时,即有邢阶州其人,为孙渊如、洪北江畏友。承侯瑾阆驷之遗徽,开武威陇南之筚路,蔚然为朴学大师乎!顾乃志宏遇,学丰命蹇,门下乏侯芭之彦,遗书无陈农之求。著书十种,半多不传,居僻山邑,传亦不远。居今且少人过问,再弥岁月,恐姓氏亦无人知矣。勤一世之事著述,其身一逝,书亦不传,并其名亦泯泯焉,不亦大可喟也哉。

冯国瑞搜集丛残,网罗放失,表彰先贤,辑录乡邦文献,于陇上这位朴学大师其人其学实有弘扬再造之功。由此,我们不能不谈到近代西北学人冯国瑞。

冯国瑞,字仲翔,别号麦积山樵,晚年自号石莲谷人。清光绪二十七年(1901)生于甘肃天水。家学渊源,自幼聪慧,启蒙时,受业于前清翰林回族著名学者哈锐和前清进士武文卿,受到经史诗文的良好训练。1921 年考入南京东南大学,受业于罗振玉、商承祚、胡小石、吴梅诸名家门下,金石龟甲,诗词曲赋,皆有师承。1924 年复考入北京清华国学研究院。时清华研究院由梁启超、王国维、陈寅恪、赵元任四导师执掌教席,皆一代国学大师,而学生也都是一时之选,所谓"清华学苑多英杰"是也。清华国学研究院教育体制兼取中西之长,培养"以著述

---

[1]《闸河舟中遣闷和孙竹畦四叠前韵》。
[2]《节近白露蚊声寂然睡辄达旦欣而赋此》。

为毕生事业"之国学专才为教学宗旨。大师执教,耳提面命,冯国瑞亲承诱掖,学业有新的飞跃升华,为他日后的治学奠定了坚实的根基和明确的研究方向。冯国瑞师从梁启超门下,深为梁启超赏识推许。1927年,冯国瑞毕业回乡,梁启超亲为致书当时甘肃省长薛笃弼,谓"冯君国瑞,西州髦俊。游学两京,已经五稔。今夏在清华研究院以最优秀成绩毕业。其学以穷经解诂为最长。治史亦有特识,文章尔雅,下笔千言。旁及楷法,浸淫汉魏,俊拔寡俦。此才在今日求诸中原,亦不可多觏",以"美才"相荐,冀能大用。

回到西北的冯国瑞,名重一时。他虽曾执教于兰州中山大学,担任甘肃通志馆分纂、青海通志馆馆长,但不久既跻身政界,走入了与他学人身份大不相符的政客之路。冯国瑞的这段经历,给他晚年的坎坷境遇留下了说不清道不明的"历史问题",累及家人,而付出惨重代价。1931年,冯国瑞继湘潭人黎丹任青海省政府秘书长,从此卷入马氏军阀集团内部倾轧纷争的政治漩涡之中。1935年,主持青海省政而猜忌心极强的马步芳欲加害于冯国瑞,冯国瑞被迫仓皇出走。马步芳诬以"通匪""携款潜逃"罪,呈准南京国民政府下令通缉,并抄其家。冯国瑞西宁寓所藏书、文稿损失殆尽。此后,冯国瑞辗转于兰州、西安、北京多地避难,和于右任、邵力子、张学良、杨虎城、邓宝珊、吴稚晖诸名人相往还。1936年,清华大学校长梅贻琦函约冯国瑞回清华大学任教,事为马步芳侦知,即电北平警察局执捕,冯国瑞回清华任教未果。返回西安后,张学良畀以西北问题研究会委员,邵力子聘其为陕西省政府顾问。1939年,冯国瑞由陕入川,为东北大学历史系兼职教授,并任国民政府军委会参议。1941年至1949年,冯国瑞一直任西北师范大学中国文学系教授。1946年兰州大学成立后,又被聘为兰州大学中文系兼任教授。1950年,出任兰州大学中文系主任,旋调兰州图书馆(原西北图书馆,今甘肃省图书馆)特藏部主任。先后任甘肃省文物管理委员会主任、甘肃省政府文教委员会委员。1957年,冯国瑞被错划为"右派",监督劳动改造,身心备受摧残。1961年,政府宣布摘掉其"右派"帽子,任甘肃省文史馆馆员、省政协委员。1963年,冯国瑞在贫病交加中去世,年 63 岁。

2001 年 10 月,甘肃省天水市为这位享誉陇上的著名学者举办了"冯国瑞百年诞辰学术纪念会"。沉寂了半个世纪的冯国瑞的学术贡献终于得以充分评价肯定。毕竟时代在进步,就身后事而言,冯国瑞比邢澍要幸运得多。

冯国瑞自幼聪颖,博闻强记,及长,师出名门,受业于诸多大师级学者,视野开阔,根基坚实,学术造诣颇深。一生治学,著述宏富。生前刊行论著 8 种,学术论文 20 余篇,未刊稿本 50 余册。1962 年为郭沫若派人取走后下落不明,这对研究冯国瑞的学术成就留下一大遗憾。

综观冯国瑞的学术活动和已刊论著,冯国瑞的学术贡献主要集中于西北。

(1)麦积山石窟的勘查与研究。

被誉为"东方雕塑馆"的天水麦积山石窟自北魏始开凿,已有 1500 余年的悠久历史,但在 20 世纪 40 年代前,除地方志有零星记载外,一直是隐藏在莽莽林海中的一颗艺术明珠,不为世人所知。1941 年,冯国瑞约请友人学者 8 人,对麦积山石窟进行了有开创意义的科学考察。冯国瑞一行攀危崖,探幽洞,获取了麦积山石窟艺术大量的第一手资料。在此基础上,考索文献,撰写了麦积山石窟研究的第一部学术专著《麦积山石窟志》,刊行于由他组织编写的"陇南丛书"中。《麦积山石窟志》首次对该石窟的历史沿革、创建年代、造像风格、壁画艺术、建筑形制、石刻摩崖进行了详尽的考证,并对洞窟做了断代分类的研究。之后冯国瑞多方筹资,维修石窟,发起组织"麦积山石窟建修保管委员会"。1953 年,"麦积山文物管理所"成立后,冯国瑞先后两次捐赠家藏书画及石刻拓片。千年胜景,重现人寰,冯国瑞的开创之功是不可磨灭的。

(2)炳灵寺的勘查与研究。

甘肃永靖炳灵寺始建于西晋,历千年风雨剥蚀,人为毁坏,已濒于消亡。1951 年,冯国瑞借在临夏参加土改之机勘查了炳灵寺石窟,写

欧·亚·历·史·文·化·文·库

成《炳灵寺石窟勘察记》一书[1]，又撰《永靖发现西晋创始炳灵寺石窟》[2]、《炳灵寺石窟的历史渊源与地理环境》[3]等文，始引起学术界关注。1952年，新华社以《甘肃永靖黄河北岸的山峡中，发现古代建筑的石窟》为题，公布了冯国瑞的新发现。从此，炳灵寺石窟才向世人撩开了神秘的面纱。

（3）注重出土文献，以资证史。

冯国瑞一生治学深受清华研究院四导师的熏陶影响。这在他早年发表的《秦州杜诗石刻记》[4]、《汉西海郡西汉瓦当考》[5]、《关西方言今译》[6]等文中既略见端倪。20世纪40年代，冯国瑞任职青海，适值青海乐都三老赵宽碑出土。冯国瑞当即投入研究，先后刊出《乐都新发现东汉灵帝光和三年护羌校尉赵宽碑考证》[7]、《乐都出土赵宽碑跋》[8]、《乐都出土赵宽碑三跋》[9]等文，对这一新发现细为考究，以石证史，揭出其中蕴含的史实。

冯国瑞对近世以来发现的敦煌文书和汉晋简牍亦给予相当的关注研究。他曾为搜求到的敦煌吐鲁番文书、简牍写过临本，并有《论简书翰拾零》《汉晋甘肃竹简杂记》《汉简仪礼异文通假校记》等一批稿本，惜时局动荡，杂事烦冗，冯国瑞未能在这一研究领域取得大的进展。但冯国瑞的这一旨趣动向，仍显现出个人深厚的学术素养。

1919年，天水出土秦国早期青铜器秦公簋，当即轰动学术界。秦公簋为秦人宗庙祭器，高21.8厘米，直径30.4厘米，现藏国家博物馆。簋分器、盖两部分，器、盖内铭文各50字，加合文1、重文4，共105字。器外铭文18字，合计123字。在存世的刻铭青铜器中，是罕见的国宝

---

〔1〕1952年铅印本。

〔2〕载《甘肃日报》1952年2月23日第3版，又《文物参考资料》1953年第1期。

〔3〕载《文物参考资料》1953年第1期。

〔4〕载《国风半月刊》第6卷第5、6期合刊（1935）。

〔5〕载《国风半月刊》第6卷第5、6期合刊（1935）。

〔6〕载《国风半月刊》第6卷第9－10期、第7卷第1期（1935）。

〔7〕载《西北论衡》第10卷第7期（1942）。

〔8〕载《文史杂志》第2卷第9－10期合刊（1943）。

〔9〕载《文史杂志》第2卷第9－10期合刊（1943）。

级珍品。王国维最早考释,断代为秦德公(前677—前674)时期。其后,罗振玉、郭沫若等前辈学者纷纷考证研究。抗战中,冯国瑞在重庆中央图书馆借到秦公簋墨拓,遂摹绘器形、铭文款识,做进一步考订研究,撰成《秦公簋器铭考释》,断定为秦景公(前576—前537)时器物。嗣后,冯国瑞又对宋代秦州出土的昭和钟、熊足盘详加考释。与王国维、罗振玉、郭沫若、吴其昌等人的考证题跋文字结集为《天水出土秦器汇考》[1]一书。对秦国早期历史文化的研究,有开拓性的意义。

(4)西北文献的搜集、辑录、整理和研究。

冯国瑞生在天水,一生的主要活动在西北,他热爱家乡,毕生致力于乡邦文献的搜集、辑录、整理,以开创性的研究填补了诸多研究空白。

南朝刘宋郭仲产所著《秦州记》是陇右最早的一部方志,记录了西晋秦州6郡24县的山川河流、建置沿革、名胜物产、风俗民情。此书隋唐间亡佚。冯国瑞在清华研究院读书时,即着手搜求《秦州记》佚文。积十余年之功,共辑录佚文21条,每条后详加考订,1943年,成辑本《秦州记》一书刊行。辑佚是清代考据学者的一个硬功夫,非博览群籍、识见卓著者不能。冯国瑞的辑本,考订文字5倍于郭书佚文,条分缕辨、严谨细微,表现了他深厚的学术功力和慧眼独具的史识。其中,对十六国时期秦州氐人杨氏建立的仇池国历史的考察,尤具开拓意义,探幽发微,填补了向为正史忽略的一个空白,启迪了后来的研究深化。亡佚千余年的《秦州记》得以重见于世,应是冯国瑞整理研究西北文献的一大功绩。

前文述及,武威张澍、阶州邢澍是清代陇右学者的代表。冯国瑞为之作《张介侯先生年谱》《守雅堂稿辑存》先后刊行,以考证先贤行止著述。甘肃二澍之学,略见于斯。

在冯国瑞遗物中,曾发现他早年著述的《陇南金石记》《成纪李氏族系考》《陇南耆旧传》《仇池记》《羲台志》等多种,惜有目无书。或在1962年郭沫若派人取走的冯国瑞稿本50余册中亦未可知。但看得出

——————————
〔1〕1944年石印本。

来 ,其著述志趣仍在西北乡邦文化。

"西北学"是清代中期兴起的经世致用之学,至近世而形成阵营强大的学术潮流,派生出诸多门类的国际显学。冯国瑞师出名门,学有渊源,更兼以西北之人而治西北之学,游刃有余。其学博而要,力求征信,稽古钩沉,颇多开创之功。惜其中年后时局动荡,命运多舛,不能专一于治学,很大程度上制约了冯国瑞的学术发展。

冯国瑞多才多艺,文章尔雅,诗词书画俱佳,堪称陇上一代文宗。读《守雅堂稿辑存》,不能不对这位前辈学者油然而生敬重之情。

（兰州大学《敦煌学辑刊》2006 年第 4 期。）

38 《补过斋文牍》跋
——兼论杨增新督新的伊斯兰教政策

38.1

在新疆这个广袤的区域里,对伊斯兰教事务的处理,历来是一个十分敏感的问题,特别是近 100 多年来,这个地区的兴衰治乱常常同宗教事务纠缠在一起,这就使得旧时代的新疆统治者们总是为制定和实施适当的伊斯兰教政策而深劳心机。当然,一切反动统治者,都不可能奉行切实符合广大穆斯林利益的政策,也不可能以唯物主义世界观为基点,制定既顺乎民情教俗,又能团结和教育信教群众的长远措施。所以他们又总是被伊斯兰教问题弄得忧心忡忡,顾此失彼。

清末至北洋政府、国民党统治时期的几十年间,相继治新的人物之中,以杨增新治新最久,政绩也最值得注意。毫无疑问,以封建专制主义的个人独裁为施政基础的杨增新统治,只能给新疆各族人民带来深重的灾难,这是新疆各族人民记忆犹新的。但是,也应该看到,杨增新其人,精明干练、头脑清晰,既勤于政事,又娴于权术,堪称庸中之佼佼。我们把他的政治活动置于北洋军阀统治时期这个特定的历史时期,置于新疆这个特定的地理环境,进行具体的考察分析,就不难发现,他对维护祖国统一,对维护新疆各族人民的安定相处,做了不少有益边疆局势稳定的事情。客观地说,杨增新功过俱有,是一个不能率尔论定的历史人物。

我们注意到,杨增新督新的成功,特别表现在他处理伊斯兰教问题的政策上。

·欧·亚·历·史·文·化·文·库·

杨增新似乎很早就和伊斯兰教结下了不解之缘。他的家乡云南蒙自县,是著名的回族穆斯林聚集地。他出生的时候,正值云南爆发了杜文秀领导的、以回族为主体的各族人民反清大起义,蒙自县一度为起义军所占领。与政治斗争交织在一起的民族问题、宗教问题,使这场波澜壮阔的大起义具有许多复杂的特点。这肯定给早年的杨增新留下了深刻印象。

杨增新于光绪十四年(1888)中举,次年连捷成进士,以当时所谓正途出身受职甘肃中卫县知县。光绪二十二年(1896)升任甘肃临夏知州。这两个地方都是穆斯林居住区。尤其是临夏,素有"小麦加"之誉,是我国伊斯兰教许多门宦和著名宗教领袖的发祥地。杨增新出任知州的时候,正当由于华寺门宦内部新老两派之争酿成的"河湟事变"近于尾声。宗教上层的争权夺利,导致了普通教众之间的互相残杀,清朝地方政府时而助老杀新,时而助新杀老,最终政策是"无分新老,一律剿除",从而激起了甘、青两省穆斯林的抗清斗争。清军的血腥镇压,使得甘青广大穆斯林继同治年间之后又一次备受屠戮。接踵而来的是,以叛变广大穆斯林利益换取花翎顶戴的马安良、马福录之流,借"办理善后"之机,大肆剪除教派异己,甚至杀良邀赏、劫财肥己,暴虐尤烈于满汉官兵。身为州官的杨增新,参办这次臭名昭著的"善后事宜",据说做过不少好事,居然被地方誉为"包孝肃",并有竖"德政碑"、建"生祠"的事情[1]。显然,正当年富好学初入仕途之时,杨增新由于这些特殊经历,获得了丰富的伊斯兰教知识和处理宗教事务的经验,所以他后来在新疆时总是提起:"增新起家州县,洞悉回情","从前服官甘肃,习知回教底蕴"。自然,这对他处理新疆的伊斯兰教问题,是极其有用的。

辛亥革命爆发后,以前清旧员留任为布政使的杨增新,因取得袁世凯的赏识而被任命为新疆都督,自此直到民国十七年(1928)被刺身

---

〔1〕《导河县志·杨增新传》。

死。他统治新疆前后 17 年,恰与北洋军阀的统治中国相始终。[1] 这在整个北洋军阀统治时期是唯一的一例。杨增新身后,为我们留下一部卷帙浩繁的《补过斋文牍》,举凡他督新时期的政令、通电、公告、文书之类,悉收无遗。这是我们研究杨增新督新时期所执伊斯兰教政策的主要资料来源。但是,必须指出,这些官方文书所反映的政策思想与具体实施之间必然有一定差距,所以,在缺乏足够印证材料的情况下,本文所论,必然是肤浅的,疏漏乃至谬误亦所不免,请予指正。

38.2

我们知道,伊斯兰教最基层的神职人员是阿訇。在我国,主持清真寺日常教务的所谓"开学"阿訇,通常由本教坊的头面人物公举,或者到外地外坊去延请。一般说来,教坊的大小决定了本坊清真寺规模的大小,而阿訇解经水平的高低和德望的深浅,直接影响到他留寺任职的时间长短。在这一点上,虽然不能排除某些世俗因素所起的作用,但由于虔诚的信仰所形成的传统,穆斯林对本坊阿訇的选择去留是比较郑重的,阿訇所享受的礼尊和物质待遇也是比较高的。关于这些情况,久在甘肃任职的杨增新自然相当明了。

1915 年,新疆伽师县知事蒋先焘给省长上条陈,要求官府"验放派充"清真寺的阿訇。杨增新颇以宗教事务专家的口吻指斥"该知事未悉回教情形",以为地方官验放派充阿訇,"此中流弊极多","小则构成讼端,大则酿成军务",不仅会引起争教之祸,而且为地方官吏开一索求敛钱之门,严令禁止(《文牍》辛集一)。

这大概是杨增新不主张以行政干预一般宗教事务的最早记载。但是,一些地方官吏干涉阿訇任免之事仍一再发生。所以,1918 年 3 月 22 日,杨增新向他的日见平静的统治区发了一道《通令》。这位事必躬亲的省长,并不只是简单地禁止他的属下卖放、派充阿訇,而是洋

---

[1]《杨增新行状》,金树仁抄本。

439

洋洒洒地大讲了一番道理。这个《通令》文字甚长,我们不惮其烦,引录如下:

兹访闻各县乡庄阿訇不由百姓公举,竟由地方官吏派充者,殊属不合。

阿訇为地方传教头目。教之云者所以开人心智而使之入善也……教人以善,则一教之人因之以善……导人以恶,则一教之人因之以恶。此宗教上关系,宜由百姓自择品望素孚者充当,不宜由官派充者一也。

流派不同,其传教之人亦不同……积习使然,牢不可破……若以官力强派阿訇,万一传教之人与受教之人不能相洽,则争教之案从此而起,此人地关系,不宜由官派充者二也。

回民之对于阿訇,其尊信之也最笃,而服从之亦最诚,若由官指派,无论其人不肖,即经典通晓未历各级之经验,即未为众人所推许,勉强从事,易起冲突,此人心不服,不宜由官派充者三也。

大凡品行端方之人,不肯轻入衙署,其入署运动者,非图利营私之徒,即暗传邪教之辈。从前阿訇由众公举,在稍知大义者尚知从经典上用工夫。若官派阿訇之风一开,一般运动家置经典于不问,只要买派到手,不怕众人不服,于是此寺之人的阿訇强,彼寺之人皆从此寺,小坊之人得阿訇强,大坊之人皆入小寺,门户之见愈分,干戈之机隐伏,争教戕官,悉由于此。其官吏遇有难了之案,以阿訇为护符,批寺了结,阿訇从中渔利,上下其事尤其小事,此徇私作乱,不宜由官派充者四也。

以上种种情形,本省长在甘肃为州县官时,即已深悉利害。近闻新疆各县知事,卖放乡约,流弊已多,犹复不足,又卖放阿訇以饱欲壑,似此漫不加察,流弊所及,何堪设想,嗣后各县所属各乡各庄,其传教阿訇,概由地方百姓自行公举,并举土著品学兼优之人,不准地方官委派,以服民心,自此次通饬后,如再有地方官私行委派阿訇之处,一经查明,予以相当之惩罚。(《文牍》辛集二)

此类文告通令,虽然在《补过斋文牍》中数量还不少,但上面所引,也许最能表达杨增新不主张用行政力量干预正常宗教活动的见解与政策。他列举的原因有四项之多,而着眼点主要在对宗教纠纷的防微杜渐。阿訇公举是穆斯林的旧传统,一改为官方委派,必然给某些贪利妄行之徒造成可乘之机,弊端显而易见。同时,更重要的是,这种方式必然为大多数穆斯林所反感。加之穆斯林中还存在教派、习俗等多方面的歧异,官府的插手和所用阿訇不当,都可能招致宗教纠纷。根据甘肃的经验,杨增新深知教争往往是祸乱的肇始,尤其在新疆,甚至会引起连锁反应,直至危及他在新疆的统治和新疆的安定局面。因此,他敏感地把握住了阿訇的公举和官派这个问题,反对官方委派。这反映了杨增新处理伊斯兰教问题的审慎和精细。

但是,杨增新的不干预并非全然放任其事。就其本质上讲,不干预的目的在于政教分离,这一点在当时的新疆有着重要意义。他曾经十分明确地说:"自来回教之乱,皆因争教而起,如欲防患未然,先宜慎择阿訇。"(《文牍》辛集三)所谓慎择阿訇,主要是利用穆斯林的信仰习惯,把阿訇的活动限制在宗教范围内,既排除官府干预阿訇的神职职能,也杜绝阿訇利用其影响干预地方政务或背靠官府来扩大其权势。实际上就是要选择既虔诚于宗教又能为官府安良劝善的阿訇。就在上引《通令》颁发不久,阿克苏的阿訇、乡老、伯克及普通穆斯林,公举维吾尔族阿訇阿希拉哈的到全疆各地宣讲《古兰经》,请求地方官府发给公文。从现象上看,这是正常宗教活动,应在不干预之列。但是,杨增新认为这是一种"欲借官府压力以扩张宗教势力"的行为,立即明令禁阻。他认为:"万一有不正当之阿訇求得谕帖公文,即便明目张胆引诱愚民入教,如从前甘肃地方回民头目,四处暗派阿訇,引人入教,谓之门宦,隐患实无穷尽。新疆回缠众多,贤愚不等,此端万不可开!"(《文牍》辛集三)鉴于阿克苏的这一事件,杨增新专门训令各地行政长官:"嗣后如有回缠阿訇要求官府发给谕帖,准其到处传教或宣讲经典,务宜切实禁阻,并考查有无各立门户暗传新教之事,万不可擅发谕帖,贻误地方。"(《文牍》辛集三)可见,他的不干预是有条件的。有顺其自然的一面,亦有断然干预的一面。总之,杨增新的用心在于要创造一种政教分离的局面,要把宗教活动尽量制约在正当信仰的范围内,特别是把宗教职业者的活动制约在"远离尘世"的范围内,是否逾越这个范围,是否会给他的统治带来潜在的麻烦,这是杨增新是否干预的界限。应该说,在当时的历史条件下,这个政策是比较得当的。

杨增新的政教分离主张,在宗教观念极淡漠、宗教势力极微弱的地区,也许是不值一提的,但在新疆,却有其深刻的历史背景。

17世纪初,自称穆罕默德后裔的玛哈图木阿扎木及其子玛木特、玉素甫、伊思哈克伯克,由麦地那越葱岭,东迁至喀什噶尔,掀起了南疆对伊斯兰教的狂热。同时,使新疆伊斯兰教分为白山、黑山两大教派。从此,在宗教的旗号下,封建领主与教派领袖沆瀣一气,为争夺世俗统治权,进行了延续300年之久的激烈斗争。虽然,自1884年新疆设置行省,伊斯兰教上层对政权的控制有所减弱,但影响力并未消除。新疆局势的动荡,常常伴随着教派纷争,宗教势力的推波助澜。直到杨增新督新,王公贵族、民族分离者,乃至地方行政长官,与宗教上层相勾结,聚集在泛伊斯兰的旗帜下,始终是新疆的一个不稳定因素。[1]

对杨增新来说,他的使命是维持这个省区的稳定,伊斯兰也罢,宗教纷争也罢,在新疆只能遏制,不能助长,那么,尤其是不能与世俗统治权纠缠在一起,削弱他的权力。在新疆复杂的宗教、民族背景下,杨增新以足够的判断力和统治术,确信他的属下盲目干预宗教事务会引起什么后果:"争教戕官,悉由于此""隐患实无穷尽"。杨增新平日好诸子之学,喜侈言"无为",常以尊重各民族的宗教信仰自由相标榜。其实,信仰什么对他并不重要,他所感兴趣的是利用宗教信仰来维系人心。所以,他禁阻地方行政长官对宗教事务的干预,自己也总是非常注意使用适当的甚至是故露尊重之情的词句来谈论伊斯兰教问题。这样做固然不失为明智和得体,然而,归根结底是为了维持新疆局势的稳定,是两手政策的巧妙运用。因此,我们看到,当宗教势力危及他统

---

〔1〕参见西北五省(区)伊斯兰教学术讨论会(银川会议)论文第10号:陈惠生《试谈清代白山派与黑山派之间的斗争及其影响》;第11号:王守礼《新疆的依禅派》。又见《新疆历史论文集》王治来《论伊斯兰教在新疆的发展》。

治区的稳定时,杨增新就会毫不犹豫地把不干预换成干预,雷厉风行地加以处置。1918年,杨增新训令各地查封伊斯兰教依禅派的道堂,就是因库车买买铁力汗借大依禅阿吉和卓为号召,私立道堂,聚集党徒,发动叛乱所致。在这次动乱中,依禅派的大毛拉铁木耳、艾里穆等参与阴谋分裂祖国,杨增新即下令拿获枪毙,毫不留情。任何人利用真主的名义向世俗的权力挑战时,他就不再是个宽容的人了。

<h1 style="text-align:center">38.3</h1>

禁断伊斯兰教的门宦教派,是杨增新伊斯兰教政策中值得注意的一个特点。

清乾隆以来,尤其是时间更近的同治、光绪年间,甘青诸省都曾爆发过大规模的"回乱",至少从现象上看,教派门宦之争常常是动荡祸乱的先声,而地方官吏对宗教事务的无知、偏见和举措失当,往往使一场本来可以消弭的动乱反而如火得风,愈演愈烈。广大穆斯林的虔诚信仰往往被怀有强烈世俗欲念的宗教上层所利用,门宦之间、门宦内部的派系之间、新教老教之间,互相杀戮,视若仇寇。由于历史的、地域的原因所形成的民族间的隔阂和对立,也由此而激化。一系列错综复杂的社会因素、民族因素,同宗教问题交错在一起,互为契机,互为因果,往往使地方官吏感到十分棘手。

历官甘肃20余年的杨增新深悉门宦教派膨胀发展的危险性。他多次谈到"甘肃回族多门宦,故争教之案亦多,如光绪二十一、二年河湟之乱即因争教而起""分门别户,易起争端,前清甘肃地方回民往往因争教酿成大祸,皆由于此""前清咸丰、同治年间,甘省回民因争教生变。光绪二十一年,河州、循化、西宁亦因争教启衅,涂炭生灵,可为殷鉴"。(《文牍续编》卷13)可见,甘青"回乱"中门宦教派之争,给杨增新留下的印象是多么深刻!

从《补过斋文牍》中看,杨增新的伊斯兰教知识是相当丰富的,他深入钻研过伊斯兰教的经典及发展历史,考察并熟悉甘、青、新各省的伊斯兰教状况,对门宦教派发生演变的历史,有着清晰的认识。这里,我们不妨引述杨增新令文中的一些文字,先看看他对门宦教派演变的见解:

> 照得回教一门,古圣创始;原以清真为宗,只有一教,并无二教,自后人分门别户,争端由是而起。本省长从前服官甘肃,习知回教底蕴。如投入华寺门宦者,认河州八坊马如彪为老人家;投入慕扶提门宦者,认狄道马维翰为老人家;投入胡门门宦者,认太子寺马福寿为老人家;投入沙沟门宦者,认张家川马元章为老人家之类。支分派别,各有宗尚。凡入各门宦之回民,朝东方之教主,听东方教主之命令行事。不入各门宦之回民,朝西方之圣人,照西方圣人之典礼行事。所谓教主者,即门宦之老人家也。……(《文牍续编》卷 13)

> 前清康熙、乾隆两朝,甘肃兰州、河州、西宁等处,生有回教名贤数辈,传教度人,初无门户。如河州之大拱拜华寺、毕家场、胡门、白庄与狄道慕扶提之各拱拜,皆其后人意在敛财,恐其教徒投入别派,因立门户,俨然以教主自居。父死子继,成为风俗,甚至因争教之故,酿成祸端。……(《文牍续编》卷 13)

> 门户之说,除甘肃一省而外,为各省所无。该各门户之掌教者名曰教主,父死子继,兄终弟及。此教之人勾引彼教之人,彼教之人勾引此教之人,始因门户之分立,继成门户之纷争,而祸机发矣。……(《文牍续编》卷 13)

从这些论述中,显见杨增新为要禁断门宦教争,对其始末利弊进行过认真的考察研究。而且他的某些见解可谓切中要害,一针见血。这使我们对这位旧时代的政治家的洞察力不能不为之折服。基于对门宦教派历史渊源的了解,基于对由此而引起教争"民变"的认识,杨增新对门宦教派传入新疆是极为警惕、严加防范的。

具体做法上,杨增新从两方面着手。其一,严禁甘、青各省门宦教派去新疆传教。其二,除新疆原有礼拜寺外,一概不准再建新寺。

新疆伊斯兰教原无所谓门宦,清末有甘肃哲赫忍耶门宦沙沟支派马元章及板桥支派马化龙之孙马二之教派先后传入新疆,在新疆回族中形成所谓"南寺"和"坑坑教",进疆的关内客回,亦有乡帮性的坊寺。至于维吾尔族人等穆斯林中,尚无门宦之别。民国初年,创立伊海瓦尼教派的马果元出关传教,被杨增新以"宗旨不正"的名义拘留。杨增新曾就发送马果元回原籍一事与甘肃当局协商,但甘肃提督马安良以马果元不便解回原籍宜由新疆择地安置为由拒绝接受。为此,杨增新于1918年电呈北洋政府,认为"新疆为蒙哈区域,无处不有回民,现在欧战尚未解决,国防吃紧,万不能令马果元久留新疆"(《文牍三编》卷1)。为消除隐患,坚持将马果元解交甘肃省皋兰县监禁,并援引清代云南杜文秀、甘肃韩努力出狱"复叛"之例,要求"不可轻释"马果元。另外,兰州灵明堂门宦的播道者靠福堂曾到新疆哈密等地传教,欲扩充其门宦势力,也被杨增新逮捕,监禁数年之久。当然,新疆本地穆斯林另立门户教派,亦在禁止之列。1930年,绥来县回民杨逢春等20余家,尊请另立沙沟门户,专行马元章所传之教。杨增新接到地方报告后,"恐蹈甘肃分门别户之弊",写了千余字的《指令》。《指令》追溯了伊斯兰教及《古兰经》产生和传播的历史后说:"本省长于回教内容研究已数十年,为维持地方起见,不得不加以慎重。况回教所奉之胡大是独尊,谟罕默德是一位,天经是一部,礼拜之威仪是一同……回无二经,即无二教,所请另立沙沟教社之处,应无庸议。"(《文牍续编》卷13)结尾,杨增新对"信教自由"做了随心所欲的解释:"所谓信教自由者,如回教中人,遵从谟罕默德之教谓之自由,若违谟教而从别教,即谓之不自由。本省长望新疆回民,皆尊谟罕默德圣人之教,便是信教自由。"(《文牍续编》卷13)这个解释真是奇特得很,这位省长大人为了禁断门宦,竟不惜信口雌黄起来。

门宦教派的分立,常常与礼拜寺的修建密切关联。一分门宦必建新寺;礼拜寺愈多,则分门别户之因素愈多。对这类复杂的宗教事务,当时的贪官庸吏,鲜有能透彻了解、处置得当的。所以,杨增新在禁止关内门宦传教、禁阻本省另立教派的同时,于1912年10月1日密令全疆各县知事,不准回民擅修礼拜寺。《密令》特别将伊斯兰教门宦纷争之事详加说明,希望他的属下"照抄一份,随时检阅","俾知杜渐防微,以免争端,而弭后患。各知事等能于此等事不动声色,随时考查,勿使争教之案发生,即为地方之幸"。(《文牍续编》卷13)杨增新十分清楚:"因关内回民出关,每添一寺,既含有分门别类之性质……""若使内地各门宦之教,概行传至新疆,则争教之事概不能免。"他的办法是"欲防此弊,须从不准擅修新寺起"。《密令》规定:"嗣后新疆地方,凡从前已有之回民礼拜寺,应准其照旧设立。向来未有之回民礼拜寺,不准擅新添修。即马元章、马二之教传来新疆者,除从前已有之寺外,亦不准再修新寺。……故禁止回民添修新寺一层,实为正本清源之第一办法,不可迁就。至于新疆缠民,笃信西方圣人之教,不肯信回民门宦之说,不肯信回民教主之说,不肯信回民老人家之说。回民自回民,缠民自缠民,虽同奉回教,俨然各有门径,不能强合。……"(《文牍续编》卷13)

然而,杨增新的属下看来并不领会他的意图。1915年,伊犁道县办理"喀什缠帮争举阿訇"一案,即为一例。原来,阿图什大寺更换掌教阿訇,维吾尔巴依玉山及雅和普二人从中把持,各欲推举自己党系之人充当阿訇,以便维持个人私利。双方突起纷争,相持不下。后来雅和普情愿独力修建大寺一所,以为喀什本城及阿克苏、和阗、乌什、库车、莎车等六县之穆斯林做礼拜之用,与阿图什大寺自此分离,各举阿訇,各办各事,永不相争。从当时解决诉讼来说,不失为一权宜之策。故伊犁道县以为"事属可行",据情请示省长大人。而杨增新立即予以驳斥。他说:

新疆缠族宗教,向无门户之分。其优于回族之点在此,其能相安无事者亦在此。今以私人意见不合之故,即准予另修一寺,以立门户,嗣后如再有势力之人,即将纷纷援以为例,各树一帜,以相对垒。是缠民宗教向来不分门户者,今将分立门户矣。……双方巴依既因意见不合而分寺,则将来两寺之阿訇内亦必因党系不同而互生意见,是今日之分寺,即为他日分教之渐履霜坚冰。……(《文牍三编》卷2)

这份指令中列举的原因不少,但首要的就是担心分寺引起门户教派别立,隐伏教争的危险。

终杨增新督新十七年,大部分源起于甘肃的伊斯兰教各门宦,特别是由于教主马元章的汲汲推动而方兴未艾的哲赫忍耶门宦,没有能够在新疆各族穆斯林中间广泛发展,显然与杨增新以甘肃的教争为殷鉴而加以禁限有关。杨增新的灵活处表现在,对已经传入新疆并拥有相当势力的门宦,采取承认的办法,甚至在大讲了一番回教只有一个圣人的道理后,还尊称马化龙、马元章等哲赫忍耶的教主为"马圣人"。然而他认定"有一门户,即有一教主,教主愈多,争端愈大",并指出"回民之有识者,自能知其弊"。(《文牍续编》卷13)他把清末甘青"回乱"的原因完全归结于教派门宦之争,显然是一种阶级偏见和民族偏见,但不能不承认他至少看到了教派门宦之争往往导致地方变乱这一根结问题,而且用比较果断的措施和变通态度来处理这个问题,其效果应该说对他所念念不忘的"久安长治"是不无益处的。

38.4

在当时的新疆,伊斯兰教拥有占全疆人口绝大多数的少数民族信徒,隐伏着某种程度的宗教和民族的排他性。这个现实,使杨增新在制定他的伊斯兰教政策时,仅仅奉行政教分离是远远不够的。学者们常常说杨是一个独裁者,这是对的。但往往却忽略了他同时也是一位老谋深算的政治家,他在实行世俗的统治权时,从来没有忘记利用伊斯兰教,因为他的主要属民是笃信《古兰经》的穆斯林。1923年1月4日,他在给各地官吏的一道密令中说:

> 照得为政之道,贵在因地制宜,而滋乱之阶,每因违民以逞。访闻近来各地方官对于宗教一事,每多意存歧视,每有无故革换阿訇、借端寻责阿訇之事。此种举动,未免大拂舆情。查缠民笃信宗教,尊重阿訇,为牢不可破之习惯,其愚处在此,其好处亦在此。假使缠回不信宗教,不敬阿訇,便不免无所忌惮,非专持官法所能

维持。现在俄乱方殷,我国沿边数千里,处处与俄接壤,过激派之主义、社会党之潮流,已骎骎乎输入我国。驯至有不可遏止之势。该过激派亦以推翻宗教、推翻阿訇为宗旨,必先将宗教一关打破。然后可以肆所欲为,而倡为无政府及均产平等之谬说。……我国官吏,正宜利用宗教,尊重回缠经典,以为联络民心、维持现状计。若蔑视回教阿訇,则是倒行逆施,好恶拂入之性所宜引为大戒者……(《文牍续编》14)

这份毫不掩饰的密令,把杨增新利用宗教的目的表达得十分明了。每有地方动乱,杨增新总是要求各地官员,"传集阿訇头目,晓以大义,令其转告百姓,勿听谣传,无存妄念……务须各务正业,勉为好人"。(《文牍》乙集一)传谕阿訇头目"开导百姓,各相劝勉,仰体本省长维持治安之意旨,尊奉谟罕默德圣人经典教人之法言,务为正人,不得妄听奸徒煽惑"。(《文牍》辛集三)甚至明令授权"傥有不安本分、幸灾乐祸之人,准各阿訇头目指名呈报地方官,从严重办,除暴即所以安良,不必姑息"。(《文牍续编》13卷)清末以来,哥老会力量进入新疆,不少回族、维吾尔族等人民纷纷加入,开山立堂,设立码头,会党遍布全疆。杨增新除血腥镇压、分化瓦解外,训令"头目阿訇开导回缠,切不可听人愚弄,妄入会党"。(《文牍》乙集三)杨增新对伊斯兰教并无兴趣,他有他的上帝。然而需要时,他也俨然像个大阿訇向穆斯林说教了:"须知谟圣人经典都是教人为善,断无教人造反之理。"(《文牍》乙集一)真主与《古兰经》居然也成了这位独裁者手中的一个法宝了。

确实,穆罕默德的圣灵,有时还真的"保佑"了杨增新渡过难关。1912年,在辛亥革命影响下,哈密、吐鲁番爆发了以铁木耳、穆依登为首的农民起义,参加起义的数千人,大多是虔敬的伊斯兰教徒。主要领袖穆依登,还是一个深受穆斯林爱戴的大阿訇,清末就因支持穷苦教民与官府对抗,被驱逐出境,流落伊犁。辛亥革命前一年,又被伊犁当局递解回吐鲁番。起义军入据形势险要的山区,屡次打败前来镇压的政府军,不到半年,除哈密维吾尔亲王沙木胡苏特困守一座孤城外,整个地区已在起义军的控制与影响之下了。卸任入关的新疆总督袁大化途经哈密,滞留数月,试图以武力"剿办",还想建树他在新疆的最后一次"功勋"。结果,连连失利,郁郁而归。诡计多端的杨增新一登上新疆督军的宝座,立即收拾起业以失败的"剿办"方针,改用"招抚",他改派自己的亲信、回队营长李寿福,会同哈密伊斯兰教的教长、阿訇,携带礼品和杨增新的亲笔信,脖子上悬着《古兰经》,前往"收抚"。宗教的迷雾蒙蔽了铁木耳、穆依登的眼睛,谈判的通道打开了。李寿福捧《古兰经》盟誓,与起义军达成协议,轰轰烈烈的哈密、吐鲁番农民起义,就这样被杨增新轻而易举地扼杀了。铁木耳和穆依登做了杨增新的营长,率领少数战友进驻省城迪化,次年,全被杨增新杀害。[1] 事后,穆依登阿訇的遗体运回吐鲁番,那里的穆斯林以隆重的宗教仪式埋葬了他,并在坟墓上修建拱北,以纪念这位为人民事业献身的阿訇。可是杨增新连这都不放过,害怕宗教的纪念又成为新反抗的号召,几次电令、通告,拆毁为穆依登阿訇建造的拱北,强力规定穆依登的坟墓"至高不得过三尺,至宽不得过四尺,至长不得过六尺,以示限制"。(《文牍》乙集一)他在把伊斯兰教变成自己手中的法宝而巧为利用时,是很费了一番心思的。

杨增新清末入新不久,就曾招募新疆回族为兵,建回队五营,自任统带。即任新疆督军后,又迅速扩编为十五营。这部分忠实的武装力量,是杨增新的别动队,也是他在各民族间奉行"牵制主义"的重要一环。他之所以招募回族为兵,很重要的原因是,回族对当地伊斯兰教信众的影响较大,"羁縻"了回族,也就"羁縻"了共同信仰伊斯兰教的维吾尔等民族,进而牵制新疆的其他民族。他很注意新疆各族之间力量的平衡关系,使用的还是"以夷制夷"的老伎俩。

杨增新对伊斯兰教的利用政策,最大的成功大概是他对伊斯兰教上层的笼络和重用。他始终把直接控制穆斯林的阿訇,当作维护他统治的一支教化力量;同时,对影响较广的大阿訇、大教长给予政治、经济上的特权。云南回族马绍武,是哲赫忍耶教主马元章的侄子,是宁夏教

---

〔1〕参见新疆民族研究所《新疆简史》下册。

主马震武之堂兄,新疆部分哲赫忍耶教徒,奉马绍武为教长。杨增新时期,马绍武做过疏附、乌什县知事,后来被杨增新提拔为喀什道尹,终杨之世,一直留任。虽然马绍武通过宗教,敛钱聚财,大行不义,但杨增新始终置若罔闻,重用不疑。其中奥妙,正如一位久历南疆官场的满人桂芬所说:"杨将军把马道台安置在喀什,胜于在那里驻扎十万大军,因为马道台是宗教上的首脑,在维吾尔和回族中有很大的影响力。他又熟悉杨将军的政策,一直按杨将军的指示做事。当年在喀什甚至阿克苏道内许多汉族官吏不能解决的问题,马道台都能够顺利解决。"马绍武这个教长官僚一身二任的人物后来到盛世才做新疆督办时[1],却被关押、折磨致死了。这也很可以看出杨、盛二人宗教政策的高下来。

宗教的效果,在杨增新的利用政策中,体现得多么充分!在这里,神权与世俗的权力又结成了强大的同盟。表面上看来,政教又分离又结合,是一种多么矛盾的政策,其实,不过是这位旧式政治家娴熟的权术运用。分是原则,合是需要,如此而已。

38.5

杨增新所处的时代,正是沙俄、英、法等帝国主义势力向新疆大肆侵略渗透的时代,新疆,成了列强角逐的舞台。宗教,则是他们手中得心应手的道具与伪装。在政治、经济、军事、外交、文化、思想的侵略与渗透中,宗教,尤其是在新疆拥有众多信徒的伊斯兰教,因其世界性,而最易被利用。其作用之巨大,影响之深远,是不容低估的。在当时的历史条件下,可以这样说,谁控制了新疆的穆斯林,谁就掌握了主动权。

正因为如此,凡涉足新疆的列强,凡是觊觎着新疆这块塞上沃壤的帝国主义者,几乎没有一个不利用伊斯兰教的。

早期来新疆活动的帝国主义分子,不少是传教士。那时,他们还不

---

[1]包尔汗《杨增新统治时期的新疆》,载《文史资料选辑》第46辑。

甚明了伊斯兰教在新疆的地位、影响,以为基督的福音可以打开侵略的通道。然而,可怜得很,一批批跋涉万里的黑衣使者,到 20 世纪初,在乌鲁木齐、喀什等五地,才接纳了 229 个天主教徒。这些神甫,主要是法国人。[1]

到第一次世界大战前后,德国人与土耳其人结成同盟,土耳其人又为德国人效劳,进入中国,活跃在天山南北。如 1917 年,德国人"派遣土耳其人七名,携带巨款,赴陕甘新一带联合回教徒,为将来引导土耳其东犯之伏机,其指挥及参谋系德军官"。(《文牍》癸集八)前此一周,尚有德国军人五六人,改装假充瑞典牧师,在新活动。1916 年土耳其人阿吉阿里等公然进入喀什,三年间以念经为名在英吉沙、叶尔羌、和阗、阿克苏、库车、吐鲁番、鄯善、哈密数十县活动,后又拟赴甘肃循化撒拉族伊斯兰教徒中活动。

英国人似乎要比法国人来得聪明些。他们聘请或雇用土耳其人、阿富汗人和其他中东伊斯兰国家的人,潜入新疆,深入到各地清真寺;他们的面孔装束和自称是"圣裔"或"哈只"的身份,更能赢得当地穆斯林的尊重信赖。于是,一种很异常的局面出现了:土耳其人、阿富汗人,纷纷成了新疆一些地方清真寺的阿訇,"延请土人教授经卷之事,各县皆有"。(《文牍》癸集八)开设经文学校,在清真寺讲说经文。那里最热衷宣传的,是泛伊斯兰教主义和大土耳其主义,新疆穆斯林的虔诚信仰被污染了,历史、民族、宗教形成的排他性被煽惑起来了,以至泛伊斯兰教主义和大土耳其主义在新疆大肆泛滥。

这对作为新疆统治者的杨增新,又是一个挑战。他从来不能容忍新疆脱离祖国的倾向,丝毫不打算向外国的渗透打开大门。早在杨增新督新初期,就有疏附维吾尔族巴五丁设立学校,聘请土耳其人充当教习,随后土耳其人牙合甫又在莎车开设实业学校。杨增新认为"教育一事,关系内政,至为重要,列强均不使教育权操于外人之手。即以中国而论,外人在中国充当教习,均应奉部核准,方能聘请,断不能由民

---

〔1〕参见新疆民族研究所《新疆简史》下册。

间私塾擅请外国教习"(《文牍》辛集二),而且"回民私立之学堂,专以教授回经为主课,纯是宗教性质"(《文牍》癸集8)。杨增新敏锐地看到,"土耳其人与缠民有宗教之关系,若任其在南疆开办学校,招收学生,表面虽属教授实业,开通风气,而以宗教引诱缠民之意即寓其中,缠民智识锢蔽,信教诚笃,被其煽惑,隐患甚深……于中国内政外交,均有大关系",所以"不得不严加查禁,以杜后患"。他在 1916 年 8 月 14 日通令全疆:"嗣后各县无论官立私立学校,均不准聘请土耳其人充当教习,亦不准土耳其人在各县自行设立学校,以免意外之虞。"要求各地方官要"特别注意,如稍有疏忽,或故为隐饰,查明议处不贷"(《文牍》辛集二)。后两年,杨增新查禁南疆依禅派道堂,外来势力的渗入是个主要原因。杨增新在给喀什道尹的训令中说:

> 且闻新设道堂,其中英、俄、土各国人民均有,而土人又与缠族习惯、宗教皆同,若任其无分中外,聚集一堂,明借诵经之虚名,暗施煽惑之诡计,贻害何堪设想,亟应严行查禁,弭隐患而维治安。
> (《文牍》辛集三)

然而,外国势力并未因杨增新的通令而放弃他们对新疆伊斯兰教的渗透,派充阿訇事接踵发生。1919 年元月 6 日,杨增新专门下发《训令各属查禁外人充当回缠阿訇文》,要求"分贴各寺,俾资遵守"。《训令》说:"近闻新疆回缠各礼拜寺竟有私行聘请外国人为传教阿訇者,如不设法查禁,则传教之阿訇难保不为酿乱之媒介,受教之回缠,鲜有不受煽惑之流毒,以中国回缠而受外人诱惑,其隐患介何堪设想,此种事项,既含宗教性质,复关地方治安,全赖官吏深悉利害,则后患自可永绝。"还告诫各级官员"随时随地严密侦查,勿得稍涉敷衍,贻害地方,事关新疆治安,其各慎重执行"。(《文牍》癸集八)

杨增新对任何泛伊斯兰的宣传表现出他的敏感和忧虑。1918 年,阿拉伯脱离土耳其宣布独立,驻喀什的英国领事曾散发麦加总督签署的独立宣言,宣言书内有"脱离异族统治,不受外人干涉,完全独立,谨守回教信条,并欲东西各国回教同轨同辙"的号召。杨增新闻知,即密令喀什、阿克苏道尹,遇有宣言书到境一定要设法收回销毁。他说:

此种宣言,最足摇动人心。阿拉伯人既可脱离统治国,恐他国回教因此误会,各谋所以,脱离统治国。……新疆种族复杂,回族实居多数,杜渐防微,自不能不为之虑。(《文牍》癸集八)

当然英国人并不满足于泛伊斯兰主义的宣传,他们的真正意图是扩大他们在新疆的势力范围,甚至用伊斯兰教作为伪装,不惜冒险,策动叛乱,以颠覆分裂新疆。1918 年 5 月,库车买买铁力汗的叛乱案,就是英国人直接插手的。买买铁力汗,是清同治年间参与叛乱的帕夏的后裔,在英国势力进入新疆后,领取英通商票,冒充英籍。他的岳父是库车伊斯兰教的大依禅(依禅派的宗教头目)。买买铁力汗通过他的岳父以宣传伊斯兰教为名,"附会经典,煽惑人心,谓谟罕默德转世复生,当有天下"。(《文牍》乙集一)英国通过库车的英侨头目奈依木等供给买买铁力汗军火武器,并由中东窜入新疆的 8 名英国间谍卡木旦巴图鲁等,秘密对买买铁力汗的党徒进行军事训练,"约定烧油葫芦之日,即回教封斋节之日起事"。不料,名单泄露,买买铁力汗的叛乱阴谋被库车县代理知事陈宗器发觉,买买铁力汗仓促起事,"杀人放火,聚徒攻城",随即被库车军警扑灭。买买铁力汗被打死,杨增新下令,几位大毛拉及首要分子一律枪毙,"以期除暴安良"。这个事件表明,杨增新对外国势力渗入新疆伊斯兰教的警惕和忧虑并不是多余的,他的宗教政策遏制了英国人的野心。

如果从 19 世纪末至 20 世纪初的世界图景上看,英国、沙俄的扩张已经使中亚、新疆变成他们一个激烈的交锋点了。俄国人在利用伊斯兰教向新疆侵略上,历史更为悠久,手段更为无耻而肆无忌惮。

沙俄本来是一个奉行东正教的欧洲国家,接连几个世纪的征服,特别是吞并浩罕、布哈拉、希瓦等中亚汗国后,伊斯兰教成为俄国第二大宗教。在向被征服的穆斯林推行"俄罗斯化"政策失败后,沙皇不得不采取容忍态度,而且他们很快就发现,这种容忍和宽大不仅使征服区安定一些,而且对他们向伊斯兰教地区的扩张是有用的。于是,华丽的清真寺建立起来,《古兰经》用各民族语言翻译出版,一批为殖民主义服务的"新式阿訇"被培养出来了。18 世纪,沙俄入侵巴尔喀什湖以南的中国领土,就曾派出穆尔札、特夫凯列夫假充伊斯兰教徒拉拢在哈萨克三玉兹(部落)有影响的伊斯兰领袖、长老布肯巴衣,并从喀山、奥伦堡派出大批经过训练的新式阿訇深入哈萨克草原。1857 年,曾经叛乱的伊斯兰教白山派领袖大小和卓的子孙倭里汗攻击喀什噶尔,俄国外交部亚洲司长卡瓦列夫斯基立即提出《关于喀什噶尔事态以及我们对它态度》的报告,主张利用喀什噶尔的伊斯兰教领袖,干预新疆。西伯利亚总督加兆斯弗尔德草拟了行动计划,明确宣称要"变喀什噶尔为一个脱离中国而受俄国保护的国家"。1865 年,阿古柏入侵新疆,在英国和俄国人扶植下建立伊斯兰教神权统治的"哲德沙尔汗国",沙俄期待着中国西部"正在形成独立的回族伊斯兰教领域",作为中俄之间的缓冲国。1911 年辛亥革命爆发,新疆以伊犁起义为先声,武装斗争遍及全省。俄国人四处活动。帝俄驻喀什副领事爱德华·贝伦斯毫不掩饰地说,俄国就是要使"新疆成为一个伊斯兰教国家"。贝伦斯绝非信口说说而已,他在 1912 年 6 月导演了轰动中外的"策勒村事件"后,立即借俄国军队进入新疆挑衅的机会,又一次策划建立新疆伊斯兰教国。这个计划是通过收买喀什提督马福兴来实施的。马福兴,回族人,早先深得杨增新的信任,杨增新执政不久,就委派他到喀什这个南疆重镇提督兵马,杨增新当时是想利用宗教与民族关系,以回制维,控制南疆,可是马福兴暗中派人到北京活动,企图挣脱杨的羁绊,并与英、俄驻喀什领事勾结,图谋不轨。沙俄侵略军盘踞喀什后,收买马福兴在南疆建立"独立的伊斯兰教国",并准备向天山北路进犯。然而分裂祖国,违背了各族人民的愿望,南疆人民组织了数千人的新军,把 500 名侵略军赶出喀什,叛国分子马福兴亦被杨增新派马绍武拿获枪决。俄国人炮制新疆伊斯兰教傀儡国的计划又一次破灭了。而杨增新在这一事件中的政策与魄力,无疑是值得赞赏的。[1]

写到这里,我们要指出的是,杨增新并不是一个盲目的排外主义

---

〔1〕黄心川《沙俄侵略新疆与伊斯兰教》,文载《新疆史学》,1979 年创刊号。

者,他在经济、军事、外交上,与英、俄等国打交道似乎比宗教上灵活、松动一些。即便是在他严厉查禁土耳其人充当阿訇时,仍坚持对侨居新疆的土耳其商人的正当经商活动予以保护。(《文牍》癸集十一《通令各属对于土耳其人在境内经商保护办法文》)甚至在1926年,杨增新曾请苏联总领事馆的翻译官金科维奇每周到他公署来两次,帮助他研究《资本论》。1920年杨与苏签订苏伊贸易协定。

应该看到,杨增新执行的反外来势力渗入新疆伊斯兰教的政策时,是颇为艰难的。20世纪初期的中国,国家积贫积弱,军阀混战,民不聊生;列强咄咄逼人,向各个领域,每个角落侵入渗透。逐鹿中原的军阀,无不与帝国主义势力勾结,民族危机,达于极点。新疆"孤悬边陲",财政拮据,吏治腐败,军备废弛,民族宗教情况复杂,边境纠纷迭起,新疆被列强瓜分、颠覆、割裂的危机更甚于内地各省。所以,杨增新的宗教政策之所以引起我们的兴趣,并不在于他是否是这个政策的先驱者,而在于一个大动荡时代的边疆省区,他的明智而独立的宗教政策,反对外来干涉,维护了国家的统一。这使我们想起了当年考察过新疆的著名瑞典学者斯文赫定对杨增新的一段评语:"他(杨增新)差不多是过去时代的末一个代表者,具有高度的中国伟大的旧道德、傲气和爱国心,他惟一的梦想是中国的统一。"[1]这些话出自一个对当时中国的现状深有研究,并认真接触了杨增新的外国人之口,应该说评价是允当的。

由前清的遗老一变而成民国政府的方面大员,杨增新的政治思想是陈腐的,统治手段不外乎封建政客的那一套,但是,在半殖民地半封建的旧中国,当南北军阀纷纷投靠帝国主义以求自存和扩张的情况下,当走马灯式的北洋政府无不以丧权卖国为其职能的那个时代,杨增新保持着一个中国人应有的"傲气和爱国心",并且以祖国的统一为"梦想",这是难能可贵的。不难看出,正是这种爱国心,再加上他丰富的政治经验,支持着他统治新疆达十七年之久。他对伊斯兰教问题的

---

[1]朱允兴《论督新初期(1912—1916年)的杨增新》,《兰州大学学报》,1980年第1期。

欧·亚·历·史·文·化·文·库·

处理,剥除其反动统治阶级权术和狡黠的一面,其中某些认识和处置办法亦不无研究和借鉴的价值。

(《伊斯兰教在中国》,宁夏人民出版社,1992 年。)

39　土族《格萨尔》出版题记

　　甘肃民族出版社继《格萨尔文库》第 1 卷《藏族〈格萨尔〉》之后又推出了由西北民族学院王兴先教授主持发掘整理的《土族〈格萨尔〉》(《文库》第 3 卷上、中册)[1]。虽然尚未出齐,但已显现出一种特别的意义,它填补了《格萨尔王传》传播学的一大空白,标志着这部英雄史诗的发掘整理进入了一个新阶段。

　　现就《格萨尔文库》土族《格萨尔》的内容及整理做一述评,以为题记。

39.1

　　众所周知,藏族英雄史诗《格萨尔王传》产生后,以其震撼人心的魅力先后流传到蒙古族、土族、裕固族、撒拉族、普米族、纳西族、白族等兄弟民族之中,而且与各民族的传统文化相互渗透交融,形成各具本民族文化特质的《格萨尔》,各显异彩。此即一些学者称之为的"格萨尔现象"。

　　在《格萨尔》史诗的传播过程中,土族《格萨尔》是较早受到学界注意并经记录翻译而流播海外的。早期的英文、德文、俄文、土耳其文等

---

[1]《格萨尔文库》第 2 卷上册,甘肃民族出版社,1996 年;第 3 卷中册,甘肃民族出版社,2000 年。

·欧·亚·历·史·文·化·文·库·

多种记录本[1]中,就有多米尼克·施罗德关于土族《格萨尔》的德文整理记录本。

1947 年,青海互助沙塘川天主教堂神父多米尼克·施罗德,得知当地有一位远近闻名的《格萨尔》土族说唱艺人贡布[2],即邀请贡布在甘家堡天主教堂说唱土族《格萨尔》,由他本人记录整理、翻译。

据多米尼克·施罗德说,贡布艺人说唱的土族《格萨尔》是先用藏语说唱其韵文部分,再以土语说唱其散文部分。由于当时没有录音设备,加之工作时断时续和语言上的障碍,记录进展得很慢。

施罗德把记录工作分为两项:一是内容记录,先由贡布说唱一段,教他土语的朵家翻译一段,施罗德用打字机把音记录下来,然后译成德文。二是曲调记录,贡布艺人的说唱,运用了 23 种不同旋律的曲调。先由贡布艺人说唱,再由施罗德用笛子把曲调重复一遍,准确无误后再记录下来。应该说,在当时的条件下,施罗德的工作还是比较严谨、细致、科学的。但解放战争的隆隆炮火中断了施罗德的记录。1949年,施罗德未记录完贡布艺人的说唱,即返回德国。经多年潜心整理后,在德国出版了他 12000 行的土族《格萨尔》的整理记录本。这是土族《格萨尔》的第一个较为科学的记录本,在《格萨尔》学研究上的地位应予注意。

但是,施罗德整理记录本的缺憾也是不言而喻的。首先,记录工作的中断使该记录本只是一部残缺、片断之作。据施罗德说,他的记录本只是《格萨尔》"诞生之部"的二分之一。这在很大程度上影响了人们对土族《格萨尔》全貌的了解。其次,由于语言隔阂和多次翻译,造成了转译中的众多失误,这是很难避免的。

---

〔1〕这些记录本主要有:(1)弗兰克在拉达克的记录本;(2)罗列赫在安多的片断记录本;(3)达维·尼尔的康方言记录本;(4)波塔宁的布里亚特阿拜《格斯尔》片断记录本;(5)哈哥洛夫在巴拉巴斯克地区的蒙古文片断记录本;(6)卡亭在布里亚特伊尔库茨克地区《格斯尔》记录本;(7)多米尼克·施罗德在青海互助搜集的土族《格萨尔》记录本;(8)由毕渥德·斯托克在锡金北部用雷普文记录的记录本;(9)由哈尔顿·辛格在锡金北部用雷普文记录的《格萨尔·霍尔》本;(10)由骆里莫在吉尔特集整理的布鲁萨斯基语口传本;(11)由瑞德洛夫在南西伯利亚集注音的土耳其语记录本。

〔2〕杨恩洪《民间诗神——格萨尔艺人研究·土族艺人贡布》,中国藏学出版社,1995 年。

然而,在中国,在土族《格萨尔》流传的故乡,直到 20 世纪末,从未有一部土族《格萨尔》的记录整理本。以致在很长时间内,人们误认为《格萨尔》仅仅只是一部藏族民间史诗。这是很不正常的。

　　土族是我国人数较少的一个少数民族,岁月沧桑,近半个世纪不正常的政治生活严重影响和制约了民间史诗的传承流播,众多的说唱艺人,或相继谢世,或传承乏人。当年为德国传教士多米尼克·施罗德说唱土族《格萨尔》的贡布艺人,也于 1974 年去世,土族《格萨尔》已濒临灭绝。因此,对土族《格萨尔》的采集记录,已成为真正意义、名副其实的"抢救"了。

　　所幸的是,西北民族学院《格萨尔》研究院王兴先教授经多方努力,终于在甘肃天祝藏族自治县查访到劫后余生的一位土族《格萨尔》说唱艺人、年届 70 的王永福老人。在长达 10 年的时间里,王兴先教授多次赴天祝为王永福艺人说唱的土族《格萨尔》录音。为了科学、准确地记录整理,弥补自己在土族语言上的障碍,王兴先教授约请王永福艺人的儿子,熟悉汉、藏、土三种语言的王国明参与协助记录整理工作。为了完成一部符合国际通行规范的记录整理本,王国明到中央民族大学黄布凡教授处进行语言学基础进修培训,特别对藏语、土语的国际标音进行了严格的学习训练,掌握了用国际音标记录天祝藏语、天祝土语的技巧,并通过整理这两种方言的音位系统,准确规范了记音程序。在此基础上,王兴先、王国明合作,依照"科学记录、慎重整理"的原则,开始对王永福老人说唱的土族《格萨尔》首次用国际音标记录,然后逐词注释,核对汉意,进行系统的整理、翻译和研究。应该说,这是中国学者第一部用国际音标忠实记录土族《格萨尔》说唱原文的整理本,在格萨尔学研究中有着特殊的意义和深远影响。

<h2 style="text-align:center">39.2</h2>

　　阅读土族《格萨尔》,首先感觉到的是它强烈的本民族的文化特质。

根据目前的调查,土族《格萨尔》的口传本同藏族《格萨尔王传》一样,也有分部本和分章本的区别,表明两种民间史诗的渊源关系。王兴先教授依据流传地区,将分部本称为"霍尔郡本",分章本称"朱岔本"。[1] 经比较研究,"霍尔郡本"较为完整,分 8 个部分;"朱岔本"则同藏族《格萨尔王传》"贵德分章本"一样,结构上不大完整。王兴先教授的整理本依据较为完整的"霍尔郡本"记录整理。

土族《格萨尔》"霍尔郡本"共分为 8 部:

(1)阿朗创世;(2)乔同毁业;(3)格萨尔诞生;(4)堆岭大战;(5)霍岭大战;(6)姜岭大战;(7)嘉岭大战;(8)安定三界。

就史诗结构而言,土族《格萨尔》"霍尔郡本"较藏族《格萨尔王传》分部本在部数上减少了许多。显然,藏族《格萨尔王传》在土族地区流传中,经过了土族艺人的再加工。首先在结构上删繁就简,使其故事线索趋于简练清晰,更为明快。其次,较之藏族《格萨尔王传》,土族《格萨尔》又增加了许多新的内容。最明显的是《阿朗创世》一部,系藏族《格萨尔王传》中所没有的,完全是土族本民族的创世神话。

《阿朗创世》讲述了这样一个故事:

仙人祖拜嘉措住在空山野林里。三个无父无母的男孩在一次猎鹿中与祖拜嘉措相遇,老大便拜仙人为师,仙人给老大起名叫"阿布朗叉根",并预言:"以后你到了萨·札吾岭的地方就叫阿布朗嘉吾。"阿布朗叉根遵师命来到萨·札吾岭的地方。在龙王、天王、地王的协助下,修建"沙买钦匡尔",开始了他的创世生活。

后来,龙王的女儿三个公主来到萨·札吾岭,拜阿布郎叉根为师。阿布郎安排三姊妹住在萨·札吾岭的德隆岗玛、德隆完玛、德隆许玛三个山洞里。天天煨桑,祭天祭地,开始繁衍人类。她们的子孙后代都是梦境托生,知其母而不知其父。如此,萨·札吾岭地方有了三十英雄,其中,为首的四大英雄遵照阿布朗叉根之命,将三十英雄安排在三十个山洞里各自为家,饲养马、牛、羊等牲畜,

---

〔1〕王兴先《格萨尔论要》,甘肃民族出版社,1991 年。

从不知着衣到用兽皮树叶遮体,发展到有了衣服、盔甲,盖起了房子,由最初的三十英雄发展到三百六十口,以至更多的人口,萨·札吾岭地方兴旺发达起来了。

我们以为,在民间广为流传的土族《格萨尔》中,增加的《阿朗创世》一部,无疑是土族先民关于人类起源传说的记录,并经历代艺人的加工润色,不断丰富而完成的,其中反映的土族创世观是值得注意并认真研究的。

吐蕃王朝强盛时,曾出兵征服西域、河西走廊一带,并曾控制这一地区长达一个世纪。但在藏族《格萨尔王传》中,反映这一历史时期的内容不多,至今尚未发现于西域征战的分部本。相反,在土族《格萨尔》中,有专门描述郎部落的阿古加党征战里域的故事。里域即指西域的和田、于田地区,是吐蕃王朝曾经征服和控制的一个地区。这不一定是反映土族文化特质的内容,但却是土族《格萨尔》的又一新特色。尤为奇异的是,土族《格萨尔》中还有描述郎部落的阿古加党率兵征战卫藏地区的故事。这在藏族《格萨尔王传》中不仅没有也是不可能有的情节。这是否反映了土族先民与吐蕃之间的战争,还值得进一步研究。然而,却表现出土族《格萨尔》与藏族《格萨尔王传》的一个重大差异,这完全是土族《格萨尔》的新创作。

从土族《格萨尔》的说唱形式上看,土族《格萨尔》是先唱后说,即先用藏语歌唱其韵文部分,唱词中也夹杂了一些土语;再以土语叙说其散文部分,叙说中也有一些藏、汉语借词。说词不只是唱词的重复,而且是唱词情节的继续和发展。这是藏族《格萨尔王传》在土族地区流传过程中形成的一种独特的演唱形式,表现了土族《格萨尔》民族化的文化特质。

土族《格萨尔》中,有大量的民族部落地名称谓,经对比研究,与藏族《格萨尔王传》中的民族部落地名称谓有很大差异。其中,部分称谓与土族地区的地名、部落称谓吻合,部分称谓则有不少方言、古音的差异。这也是土族《格萨尔》的一个特色。至于生活习俗、观念形态、民族心理等方面,无不打上土族本民族的烙印,从而为土族人民群众所

·欧·亚·历·史·文·化·文·库·

喜闻乐见而得以广泛流传。这一事实表明,藏族史诗《格萨尔王传》在不同地区、不同民族的流传过程中,都进行过新的再创作。这一流传过程,绝非生硬的照搬、简单的抄袭,而是艺术的再加工、再创作,从而反映了该地区、该民族的民族心理、审美意识及价值观念取向。正因为民族化、地区化的趋势,才容易贴近人民群众的生活,才有强大的生命力。土族《格萨尔》的流传,就是绝好的例证。

土族《格萨尔》流行的土族地区,即今青海民和、互助,甘肃天祝等地,一直是多民族的杂居地区,因此,土族《格萨尔》也反映了多民族的文化形态。这需要今后做全方位、多层面的比较研究。

39.3

土族《格萨尔》不仅是土族地区流传的民间说唱文学,也是内涵极其丰富的土族社会的百科全书,反映了土族社会的政治、经济、军事、文化、生活、民俗诸方面的内容。从这个意义上讲,土族《格萨尔》整理本的问世,对构建土族文献学和推进土族文化多学科的研究,有着不可磨灭的功绩。

历史上的土族,只有本民族的语言而无本民族的文字。这种状况,制约了土族民族文献的产生和传播。因而,对土族历史文化的研究,人们不得不依赖汉藏等文献的记载,而无法利用本民族的文献。土族《格萨尔》记录整理本的问世,从根本上改变了这一现状。由于土族《格萨尔》是土族地区广为流传的民间史诗,反映着本民族的文化特质,蕴含着土族先民产生发展的历史内涵,记录了土族社会生活的各个层面,因此,土族《格萨尔》的记录整理,是构建土族民族文献学的一个有益尝试和探索。毕竟,它是第一部土族民间史诗的大型文献。同藏族《格萨尔王传》一样,土族《格萨尔》也记载了一些部族之间的征战,但对战争过程的描绘大大地简化了。这种淡化处理恐怕与土族先民的经历有关。土族并不是一个古老的民族,其民族共同体的形成应在元代以后,它的早期历史,并不像藏族社会吐蕃王朝时期,是在部族兼并、东渐北进的征伐战争中展开的,而是在一个相对平和、多民族共处、相互交融中完成的,因而,它的战争观是相当淡漠的。折射到土族《格萨尔》中,战争题材的处理便大大简化了。尤其是阿古加党倒行逆施,发动一系列对外族的战争,其经过往往一带而过,只交代失败的结局。[1] 作为一个弱小民族,其生存依赖于各民族的平等和平共处,战争只会危及本民族的生存和发展。由此不难看出,土族《格萨尔》与藏族《格萨尔王传》之间显现出的重大差异,是一个强大民族与弱小民族之间的差异,是不同民族战争观的差异。作为民族心理的反映,土族《格萨尔》体现的是一种强烈的反对战争、渴求和平的主题,他们心中的格萨尔,已不是一个征战英雄,而是关心民众疾苦、解民于倒悬、扶贫济危的救世主。我们在土族《格萨尔》中,看到的就是这个救世主形象,而不是像藏族《格萨尔王传》中,是藏族崇拜的无往而不胜的战神。

土族《格萨尔》中,相当集中的主题是格萨尔称王后,关心民间疾苦,解决人民的生计问题。他东、西、南、北四处查访,以民间疾苦为己任。并通过查访,鼓励生产,使农业、畜牧业得以发展。这一切,绝对体现的是土族社会的生存主题,这不仅是土族《格萨尔》的一大主题,也是土族社会发展的一大主题,反映了土族人民的心声及价值观念取向。某种意义上,这是藏族《格萨尔王传》土族化的一个核心主题。

土族《格萨尔》中,有"朗格萨尔巧遇珠牡,齐项丹玛说媒成亲"一章,是非常生动而有戏剧性的。说的是格萨尔因雨避入山洞,巧遇桑赞珠牡三姊妹,以戏弄手段使桑赞珠牡许嫁,中经多种曲折终于成婚。其中,婚嫁过程的程序是颇有意思的:

> 首先是格萨尔与其父母委托的媒人齐项丹玛二人去桑赞珠牡家提亲,择定吉日,在神山上煨桑,带的礼品是"一身衣服,二瓶酒和馍馍",桑赞珠牡的父亲桑嘉洛未即许婚,约定在赛马会上以胜负决定。格萨尔通过赛马、射箭等项考验,赢得了桑嘉洛的许婚。之后,格萨尔与媒人齐项丹玛再去桑嘉洛家,商定婚嫁的彩

---

[1]土族《格萨尔》第 5 章第 3 节。

463

·欧·亚·历·史·文·化·文·库·

礼。当彩礼送齐后,打卦问卜,择定了九月初九的吉日良辰。

到了这天,媒人齐项丹玛,娶亲姑爷纳棉,陪同格萨尔前往。桑嘉洛家的门口,早已摆放好一张桌子,桌上摆着"得尔尕"和奶碗。娶亲的三人敬祭"得尔尕",把鲜奶洒在带去的绵羊头上。举步进门时,女家的阿姑们向娶亲人洒水,引得哄堂大笑。娶亲人摆放好嫁妆礼品,被迎到家中喝茶吃饭。在娶亲姑爷纳棉与女家阿姑的对歌中,新郎格萨尔给新娘桑赞珠牡梳头,并把新娘的头绳拴到自己的腿上。

经过这种种喜庆的节目,娶亲和送亲的队伍骑马上路了。到了格萨尔家门口,送亲的人都未下马,当男方给新娘的舅舅献上一条哈达后,这才下马。新郎新娘走过一条白毡,迈进家门,并排站在一张摆满珍宝的方桌前,旁边煨桑,新郎新娘拜天地,谢媒人,摆嫁妆,陈列礼品,在一片热烈欢庆的气氛中,给送亲人一一敬酒,接着切分"桑专"(全羊),欢宴到天亮。

上述的婚嫁过程,让我们感受到的几乎完全是土族社会的婚嫁习俗,展现的是一幅土族社会的生活画卷。这从青海互助、民和的土族聚居区婚嫁程序的习俗中有相当的反映。[1] 生活在安多藏区的土族,信仰藏传佛教,但保留了古老的多神崇拜。土族《格萨尔》中出现的"上部天王神""中部财宝神""下部龙王神"等等,都是土族社会多神崇拜的再现。土族《格萨尔》所反映的土族社会是多层面、全方位的。因此土族《格萨尔》记录整理本的问世,对研究土族社会的历史变迁和文化源流提供了丰富的、可信的资料,如深入研究,必能加深对土族社会史、文化史的认识。

39.4

最后,我们要谈到《格萨尔文库》土族《格萨尔》记录整理本的结构

---

〔1〕《青海"土人"的婚姻与亲族制度》,载《青海土族社会历史调查》,青海人民出版社,1985年。

特点。土族《格萨尔》在结构上分为3个部分,分别为:记音对译、整理翻译、解题研究。

"记音对译"部分是对土族艺人王永福说唱土族《格萨尔》的忠实记录,即王兴先教授所说的"原原本本""原汁原味"。每一说唱词都由国际音标、藏文、土语的汉文标音3个层次组成,达到了国际通行规范的科学记录。

"整理翻译"部分则是分章汉译。王兴先教授为整理翻译确定了5条规范[1],体现了译者"慎重整理"的严谨态度。

"解题研究"部分,上、中册共有7个专题:

(1)对流传在土族地区《格萨尔》的命名问题。

(2)土族《格萨尔》说唱艺人。

(3)土族《格萨尔》中几个母题的比较研究。

(4)土族《格萨尔》中方言、土语之古音、古词辨析。

(5)土族《格萨尔》中的氏族部落及其古老习俗之称谓。

(6)土族《格萨尔》中的主线故事及启迪。

(7)语言词义的变化问题。

上述专题,一方面具有解题导读的意义,另一方面体现了整理者对土族《格萨尔》一些重大问题的探讨研究,虽然还不算系统,但毕竟提出了若干问题和可供深入探研的思路。

土族《格萨尔》的采录整理在我国"格萨尔学"整理研究中起步较晚,但由于整理者"科学记录、慎重整理"的严谨求实态度,这个记录整理本在科学性、规范性上取得了新的突破,为各民族民间史诗的采录整理,树立了良好的典范。我们对此表示祝贺。

(《西南民族大学学报》,2003 年第 1 期。)

---

[1]见土族《格萨尔》整理记录本前言。

卷　　8

40 《中国古代西部开发人物志》序

20多年前,我们几个读完研究生课程,走上大学讲台不久的中青年人,在清代以来崛起的"西北学"启迪与影响下,以"西北"为主攻方向,分门断代,开拓构建各自的研究领域。当时,我们身处大西北中心的兰州,深感这一广阔地区在改革开放年代下的落后现实,于是,在很短时间里,联手编写了《古代开发西北人物志》这本小册子,在该书的前言中,我们曾经提出:

> 从长远角度看,我国四化建设的前景在很大程度上依重于对大西北的开发。因此,开发西北,一定会成为我国经济发展的重要步骤。[1]

令人欣慰的是:十年后,在世纪之交的今天,中央做出了"西部大开发"的战略决策,以加快中西部地区的改革和发展,从根本上扭转中西部发展滞后的局面。这是历史的必然,也是民族振兴、国家繁荣的必由之路。

清代北京的甘肃会馆曾经有"羲黄故里,河岳根源"的八字楹联,生动地概括了西部在中华文明史上的特殊地位,当时天下瞩目,推为佳句。的确,西部是我国古代文明的肇源地之一。

考古学表明,早在旧石器时代,我们的祖先就繁衍生息在西部高原上,在广袤的秦陇大地上,留下了他们艰苦开拓的足迹,写下我国历史最早的篇章。进入新石器时代,历史加快了步伐,而我们的祖先——母系氏族公社的成员们,在天高气爽、郁郁葱葱的黄土高原、青藏高原上,显得格外生气勃勃,充分显示出他们的创造气质和开拓精神。在黄

---

〔1〕《古代开发西北人物志》,兰州大学出版社,1990年。

河的源头,在洮河、渭河两岸的台地上,他们开垦出我国最早的农业区,烧制出当时最精美的陶器,制作了我国第一批金属器物。并且,在陶器上刻画下他们表达思想与感情的符号。专家们认为,这些神秘的符号正是我国文字的雏形,它象征着我国文明史的开始。

古老的传说与历史的真实在默契中暗然相合。传说中的伏羲、神农、黄帝,都出生于秦陇之间,并且从中国西部开始建树他们开天辟地的事业。据说,我国第一个奴隶制国家的实际建立者大禹,也出生于西羌,乃"西夷人也"。周的先民本出于陇上,崛起关中,他们与西部古老的羌人有着密切的关系。秦王朝的事业肇始于对西戎的经略,他们在有着浓厚历史基础的秦陇间创造了具有西部特色的秦文化体系,与当时黄河下游的齐鲁文化、江汉流域的吴楚文化鼎足而立,而最终以高屋建瓴之势,吞灭六国,混一海内,开创了秦汉盛世的伟大局面。历史正是如此雄辩地证明,西部在中华民族的开创阶段,在我国文明的开创时期,曾经发挥过十分巨大的作用。这一作用固然有着相当复杂的历史因素,但不能忽略,这与深厚的物质基础和高度发展的文化是分不开的。西部不是自古以来就落后,而是曾经相当先进,曾经有过自己辉煌的历史时期。

汉唐以降,西部稍见衰落。但由于西部少数民族不断给中原王朝造成威胁,连接中国与欧洲、非洲的"丝绸之路"又正好横贯西部,因此,西部的重要性,特别是政治上的重要性并没有减退。大一统的中原王朝,有作为的封建君主,如汉武帝、唐太宗、元世祖、明太祖、清圣祖等,都曾经十分重视对西部的经营,他们的功业也都同有效的治理西部相联系。然而西部毕竟是走上了衰落之路,根本原因是经济上衰落了,然后又导致了文化的衰落。

历史上西部地区曾有两次长期地沦为割据政权的地盘。一次是从西晋永嘉丧乱到隋文帝统一全国,其间约 3 个世纪。第二次是自唐代中期到元朝统一全国,其间约 4 个多世纪。长期割据,严重阻碍了西部与中原正常的经济文化交流,这是西部走上衰落的重要原因。干戈纷扰使人口锐减;大规模的改牧为农瓦解了西部固有的经济优势;不断垦荒屯田,又继之以废屯抛荒,加上无节制的伐林为薪……这样,不仅造成了植被破坏、水土流失、沙漠扩大等一系列恶果,而且逐渐导致气候变异,雨量减少,许多原来宜牧宜农的地区,终于变成了一片荒漠。恶性循环所招致的经济衰落成了无可挽回之势,虽然唐以后的许多地方政权和中原王朝,特别是一些有责任感的地方官吏,都曾经为恢复和发展西北经济付出了努力,但除了局部的成效之外,从总体上说,都无从挽救西部经济的颓势。及至近代,洋务派人物如左宗棠等,也都曾为振兴西部经济殚精竭虑,然而西部与内地的差距未见其小,只见其大。

早在清代,一批有识之士已经摆脱传统名物训诂之学的羁绊,把视野转向祖国的西部,开创了异军突起的"西北学"。"西北学"在康乾盛世时已略见端倪,大一统的清王朝,一改明代中晚期以长城为界的封闭政策,勃勃生气地料理周边、"四夷",力图解决困扰明王朝多年的"北虏"问题,客观上营造了"西北学"的崛起、发展氛围,引导了一些学者的研究思路,并形成"西北学"研究的初期成果。道咸之际,四方多虞,以道光二十年(1840)鸦片战争为序幕,西方列强用"坚船利炮"敲开了中华帝国的大门。从此,边疆动荡,烽烟四起,外患不已,国无宁日。面对国家存亡的危机,一批有忧患意识的人士,或研究西方,鼓吹"西学中用",主张变法图强;或研究周边,系统料理边疆、民族问题,西藏、蒙古、西域成了这些学者关注的热点。于是,以祁韵士、俞正燮、张澍、徐松、魏源、龚自珍、何绍基、张穆、何秋涛等一流学者为强大阵营,形成异军突起的"西北学"。"西北学"是鉴古而知今的学问,是充满爱国主义的学问。其学术地位和历史功绩是应充分肯定的。

晚清以来,随着东西方列强对我国西部地区的扩张渗透,打着各种旗号的外国"考察团""探险队",纷纷出没于中国西部,在这块神奇的土地上盗掘、盗取文物,肆意破坏古文化遗址,导致了中国西部珍贵文物文献的大量外流。精美的壁画、雕塑,神秘的古老文字,湮灭已久的中古文书……都成了这批强盗国家博物馆、艺术馆的珍藏。但由此也引发了国际东方学研究内容的丰富扩大,开拓了"西北学"新的研究领域。今天,国际东方学的众多热点学科,如丝绸之路学、中亚学、敦煌吐鲁番学、简牍学、突厥学、藏学、蒙古学、西夏学、佛学、伊斯兰学等,无不与"西北学"有着密不可分的关系。

"西北学"是以研究中国西部、北部、西南周边地区具有地域特征的一门学问,内涵、范围极其广泛。其中,包括了对历代学者开发西部的思想、历代经略边疆开发西部的实践的研究和总结。不仅有重要的学术价值,在"西部大开发"的今天,更具鉴古知今的现实意义。因此,在《古代开发西北人物志》这本小册子的基础上,我们重加编纂,编写成这部《中国古代西部开发人物志》。其主体内容是《古代开发西北人物志》,但做了较大的修订增补,特别增加了西部许多土著少数民族杰出人物的传记,反映了各民族共创中华文明、共同开拓祖国辽阔疆域、共同开发建设边疆的历史事实;记叙了他们为西部开发、边疆稳定、促进民族团结和民族繁荣所做的历史贡献。所收人物,兼及各个阶层,也兼及各个民族。我们希望这部《人物志》,能使更多的人了解西部,了解西部兴衰的历史轨迹,了解历代西部开发的功过得失,以为今天的"西部大开发"提供一些历史的借鉴。

需要说明的是:西部自古以来是多民族地区,处理西部问题,首先要处理的是民族问题,故所收人物的历史活动很多都涉及这个问题。历代政权民族政策的阶级实质是不言而喻的。代表历代政权的大多数历史人物,在处理民族问题上又不可避免地表现出局限性,乃至反动性,所以相信读者在看到有关人物的事迹时,必能以批判的态度善加分析。

其次,本书"西部"涵盖的地域,与"西部大开发"的中西部地区的概念不尽一致,主要是指中国北部、西部、西南部的陆路边疆地区,体现的主旨是历代对边疆地区的开发经营和各民族共创中华文明。通过这些历史人物的活动,特别是他们对边疆开发、边疆建设方面的贡献,展示中华民族多元一体形成的历史轨迹,展示伟大祖国辽阔疆域的发展脉络,能够加深我们对今天"西部大开发"的认识。

参编学人,申之后记。疏漏不免,敬请指正。

(《中国古代西部开发人物志》,兰州大学出版社,2001 年。)

41 《中国西部民族文化史研究》后记

　　《中国西部民族文化史研究》是西北民族大学历史学系中国文化史研究硕士点的一部专题论集。收录了近十余年来本学科学术梯队有关西部民族文化史研究的成果。其中,大部分已发表在各类学术刊物上,少量未经刊布,现结集出版,以期引起"西部大开发"中对各少数民族文化的广泛关注和深入研究。

　　中国的西部,历史上一直是少数民族活动的舞台。匈奴、氐、羌、丁零、月氏、乌孙、鲜卑、突厥、回鹘、吐蕃、党项、吐谷浑、契丹、女真、蒙古、维吾尔、回等民族都曾在这块广袤的土地上纵横驰骋,书写过波澜壮阔的历史画卷。在漫长的发展历程中,它们共同开拓了祖国辽阔的疆域,创造了灿烂的民族文化。这些形态各异、内涵极其丰富的多民族文化,已成为中华民族文化宝库的组成部分,展现了中华民族多元一体文化的特质。因此,在中国传统文化研究中,少数民族历史文化的研究,有着特殊的意义。

　　新中国第一所民族院校——西北民族大学地处大西北中心的兰州,在 50 年的风雨历程中,始终把"西部""民族"作为学校教学、科研的重点,形成了鲜明的办学特色,为西部少数民族地区培养了一大批各民族人才,为民族团结、边疆稳定、加快西部少数民族地区的改革开放,做出了应有的贡献。

　　本学科点的主要研究方向是西部少数民族历史文化,在多年的教学与研究中,已开拓了不少新的专题研究领域,填补了西部少数民族历史文化研究的一些空白,形成较为丰富的学术成果,《中国西部民族文化史研究》就是部分成果的汇集。

　　这本集子从内容上大致可分为 4 个部分:

·欧·亚·历·史·文·化·文·库·

41.1　西部少数民族历史文献研究

其中,《少数民族文献与中国历史文献学的学科体系》《中国少数民族文献概要》是综论,从中国历史文献学学科体系的角度,探讨了中国少数民族历史文献在中国历史文献学中的地位,明确提出文字种类繁多、文献总量很大的中国少数民族历史文献是中国历史文献学的重要组成部分,中国传统文献学中忽略少数民族文献的现状必须改变。以下,《玉树州吐蕃石刻初探》《蒙古文〈格斯尔传〉的产生地点、时间和搜集整理者》《北京版〈格萨尔王传〉特征探讨》《藏文史籍叙录》《藏文史料中的"维吾尔"》《关于突厥、维吾尔文献中的"吐蕃"》,则分题介绍探讨了蒙古族、藏族、维吾尔族的一些著名文献,揭示了这些少数民族文献的丰富内涵和学术价值。《藏经蒙译简论》《藏文辞书编纂简史》等文则从文献翻译、文献编纂等方面探讨了少数民族文献发展过程中的相关问题。

41.2　有关西部少数民族汉文资料的
发掘和研究

有关西部少数民族的汉文资料,开拓的余地还很大,亟须认真发掘、整理、研究。《敦煌汉文吐蕃史料综述》《敦煌与吐蕃、回鹘、蒙古学研究》二文综述了举世闻名的敦煌文书中的少数民族史料,对其在藏学、突厥学、蒙古学研究中的地位做了客观的评估。《陈诚西使及其〈西域行程记〉〈西域番国志〉研究》则发掘利用了传世极稀的陈诚论文集资料,对明代陈诚西使及其著述做了突破性的探研,以新的资料填补了这一专题研究的空白。《辑本〈西宁卫志〉序》是青海传世最早的一部方志——《西宁卫志》(万历)辑本的序言,披露了作者辑佚、整理、校注该书的情况,对其在青海民族史研究中的价值予以充分肯定。《跋会川伯赵安铁券》《跋李南哥墓志》《安多藏区家族谱辑录研究》等文,则是挖掘金石碑志、家族谱新资料推进专题研究的例证。这些新资料的展示及其在民族史、家族史、边疆开发史研究上的学术价值是引人瞩目、给人启示的。

41.3　藏传佛教信仰民族文化研究

藏传佛教的形成和广泛传播大约始于公元 7 世纪的吐蕃王朝时期。公元 13 世纪中叶,元世祖忽必烈以西藏萨迦派高僧八思巴为帝师,藏传佛教逐渐形成政教合一的统治体制。明清王朝"因俗而治",尊崇藏传佛教,中经宗喀巴倡导宗教改革,格鲁派兴起,活佛转世系统确立,藏传佛教在西部民族中得到广泛传播,从而形成众多的藏传佛教信仰民族。

以藏族、蒙古族为主的众多信仰藏传佛教的民族,在漫长的历史发展过程中,都形成了各自的固有的文化传统,但由于藏传佛教的影响,藏传佛教信仰、文化已渗透到这些民族生活的各个方面,这些民族的历史、文化,无不打上藏传佛教的烙印,呈现出文化交流渗透的多元态势。

《十三至十七世纪蒙藏文化交流评述》《蒙藏民族文化交流的使者——锁南嘉措》等文探讨了以藏传佛教为契机,蒙藏民族的文化交流及对本民族文化传承的深刻影响。《试论古代藏族灵魂观念及魂命物》《藏传佛教中的关公信仰》《藏族传统体育述略》《西藏历史上的藏药学校》《青海藏族的射箭活动及其文化背景》《简析青藏高原上的龙文化》《青海隆务河流域藏文化特点的社会考察》《青海藏区的"六月会"及其文化内涵》《青海隆务河流域的藏族及其服饰》《蒙古族男子三项那达幕的起源与发展》《青藏高原的麝香文化与麝香贸易》等文从不同层面展现了藏传佛教信仰民族(主要是蒙古族、藏族)丰富多姿的文化形态,其中不少论文是作者的实地考察记录。但是,他们没有停留在对这些文化现象的记录和描述上,而是追本溯源,探讨了这些文化形态的社会背景和深刻内涵,揭示了宗教信仰、文化交流在各民族文化形成中的作用影响。

· 欧 · 亚 · 历 · 史 · 文 · 化 · 文 · 库 ·

41.4　伊斯兰教信仰民族文化研究

伊斯兰教入中国后,不仅在众多民族中传播,而且对中国传统文化产生了极为深远的影响,丰富了中华民族文化的宝库。伊斯兰教的传入是中外文化交流史上的重要内容,影响持久,一直波及当代。

《怎样看待回族的形成》《怎样看待伊斯兰教入华的"标志"与"时间"》二文,谈论的是个老话题,但不乏作者的新见。《蒙·元时期回回炮的东传及其作用》《元代东传之回回地理学》《明代陶瓷与伊斯兰文化》等文则分题考察了随伊斯兰教东传的伊斯兰文化,表明多元一体的中华文明是境内各民族共同创造的,其中,包含了信仰伊斯兰教诸民族的杰出贡献。中华民族文化在固有的民族文化传统的基础上,兼收并蓄,不断吸收融入外来文化,始终在丰富充实本体文化中发展。随着中国的改革开放和世界全球化的进程,这一趋势会越来越显明。《维吾尔族与藏族之间的联系与交流》《"白哈尔"的传说及其所反映的维藏文化交流》二文以文化交流探讨了维、藏关系;《维吾尔族历法初探》是对维吾尔族前伊斯兰时期文化形态的考察。这些论文,以不同时期、不同侧面,展现了维吾尔族的文化变迁和丰富内涵。

以上4组论文,大致反映了学科点学术梯队的研究方向。结集出版,也是为得到同行们的批评指正。我们恳请专家学者,不吝赐教,密切交流,使本学科点的建设日臻完善,学术水平进一步提高。

(《中国西部民族文化史研究》,民族出版社,2003 年。)

国名索引

地名索引

·欧·亚·历·史·文·化·文·库·

479

人名索引

A

阿卜商　　100

阿底峡尊者　　220

阿都剌
　　171,172,175－177,180,185

阿哈巴　　149,150

阿里·玛札海里　　45

阿失都
　　162,163,369,385,386

阿真　　7,421

B

八的麻加的　　98

巴尔丹热波夫　　258

巴哈提·依加汉　　42

巴命　　356,409

巴耶塞特一世　　12

白眉初　　287

毕光尧　　297

毕秋帆　　49

孛罗罕　　126,127

伯希和
　　188,211,212,218,401,423,
　　424

卜纳剌
　　98,99,119,120,323,347,418

卜烟帖木儿　　7

布达·阿普吉　　257

C

才让　　54,243

陈诚
　　3－26,28－44,46,47,55－61,
　　63－79,87,88,157－161,474

陈德文　　12

陈登原　　77

陈高华　　49,55,173

陈静　　180,182,185

陈仁锡　　24

陈日焜
　　5,22,26,58,65,71

陈如平　　283

陈汝实　　28,72,158

陈守实　　75

·欧·亚·历·史·文·化·文·库·

志　谢

　　畏友余太山师出名门,20 世纪七八十年代问学孙毓棠先生,专攻西域史,此后三十余年间,心无旁骛、治学专精,于国际难题嚈哒史、塞种史、历代正史西域传研究多所创获、蜚声中外,建构起个人的研究体系。继已故的马雍先生之后,出任中国社会科学院历史所中外关系史研究室主任,先后创办《中亚学刊》《欧亚学刊》,并由中华书局出版,联络集聚了一批同行中的青年学者,为中亚学、欧亚学在中国的发展做了基础性贡献。2009 年,又在甘肃省新闻出版局的大力支持下,组织主编"欧亚历史文化文库",作为"十二五"国家重点图书出版规划项目,由兰州大学出版社运作出版。

　　1990 年,我的长篇论文《陈诚及其〈西域行程记〉〈西域番国志〉研究》在太山兄组稿的《中亚学刊》第 3 辑上刊出。该文首次披露了传世极稀的陈诚文集资料,填补了诸多研究空白。

　　太山兄极为关注,希望这一专题研究继续深入,对明代西域关系研究有所推进。之后,经十余年之功,终于完成了《陈诚及其西使记研究》交中华书局出版。其间,该书责编调任,书稿遂致搁置。太山兄闻讯后,建议将书稿从中华书局撤出,交由"欧亚历史文化文库"出版。但当时中华书局已另换责编,二校清样已寄达本人校改。太山兄要我另写一本书交付"文库"。于是,搜集丛残,草草编次,成《中国西部文献题跋》。因此,这本书的编就出版,某种意义上说,是太山兄力督促成的。这是首先要感谢的。

　　"欧亚历史文化文库"项目主持人、兰州大学出版社施援平女士生性率真阳光、工作干练,负责 100 本大书的一套文库,其运作之艰辛、工作量之繁重是不难想见的。但她始终乐观向上,全身心地投入。记得

2012 年 11 月,我们结伴去澳门大学参加"中国中古北方民族宗教·艺术高层学术论坛",常常是我俩一前一后"溜"出澳门大学国际学术厅,去外边过一把"黑兰州"烟瘾,倍生亲切。所以,后来施女士对我的《中国西部文献题跋》尤其关照,事事亲自安排。在此深致谢意。

我的研究生王磊、朱霞参与录排、校对之役,感谢他们付出的艰辛劳动。

本书责编李丽,责任心极强,阅稿细心认真、一丝不苟,存疑之引文,多核其原书,年代对照失误处,皆一一订正。感谢李丽严谨的工作风格。

王继光

甲午仲夏于西部民族大学龙尾山房

欧亚历史文化文库

已经出版

林悟殊著:《中古夷教华化丛考》　　　　　　　　定价:66.00 元

赵俪生著:《弇兹集》　　　　　　　　　　　　　定价:69.00 元

华喆著:《阴山鸣镝——匈奴在北方草原上的兴衰》　定价:48.00 元

杨军编著:《走向陌生的地方——内陆欧亚移民史话》　定价:38.00 元

贺菊莲著:《天山家宴——西域饮食文化纵横谈》　定价:64.00 元

陈鹏著:《路途漫漫丝貂情——明清东北亚丝绸之路研究》

　　　　　　　　　　　　　　　　　　　　　　定价:62.00 元

王颋著:《内陆亚洲史地求索》　　　　　　　　　定价:83.00 元

〔日〕堀敏一著,韩昇、刘建英编译:《隋唐帝国与东亚》　定价:38.00 元

〔印度〕艾哈默得·辛哈著,周翔翼译,徐百永校:《入藏四年》

　　　　　　　　　　　　　　　　　　　　　　定价:35.00 元

〔意〕伯戴克著,张云译:《中部西藏与蒙古人

　　——元代西藏历史》(增订本)　　　　　　　定价:38.00 元

陈高华著:《元朝史事新证》　　　　　　　　　　定价:74.00 元

王永兴著:《唐代经营西北研究》　　　　　　　　定价:94.00 元

王炳华著:《西域考古文存》　　　　　　　　　　定价:108.00 元

李健才著:《东北亚史地论集》　　　　　　　　　定价:73.00 元

孟凡人著:《新疆考古论集》　　　　　　　　　　定价:98.00 元

周伟洲著:《藏史论考》　　　　　　　　　　　　定价:55.00 元

刘文锁著:《丝绸之路——内陆欧亚考古与历史》　定价:88.00 元

张博泉著:《甫白文存》　　　　　　　　　　　　定价:62.00 元

孙玉良著:《史林遗痕》　　　　　　　　　　　　定价:85.00 元

马健著:《匈奴葬仪的考古学探索》　　　　　　　定价:76.00 元

〔俄〕柯兹洛夫著,王希隆、丁淑琴译:

　《蒙古、安多和死城哈喇浩特》(完整版)　　　定价:82.00 元

乌云高娃著:《元朝与高丽关系研究》　　　　　　定价:67.00 元

杨军著:《夫余史研究》　　　　　　　　　　　　定价:40.00 元

梁俊艳著:《英国与中国西藏(1774—1904)》　　定价:88.00 元

〔乌兹别克斯坦〕艾哈迈多夫著,陈远光译:

　　《16—18 世纪中亚历史地理文献》(修订版)　　　　定价:85.00 元

成一农著:《空间与形态——三至七世纪中国历史城市地理研究》

　　　　　　　　　　　　　　　　　　　　　　　　定价:76.00 元

杨铭著:《唐代吐蕃与西北民族关系史研究》　　　　定价:86.00 元

殷小平著:《元代也里可温考述》　　　　　　　　　定价:50.00 元

耿世民著:《西域文史论稿》　　　　　　　　　　　定价:100.00 元

殷晴著:《丝绸之路经济史研究》　　　　定价:135.00 元(上、下册)

余大钧译:《北方民族史与蒙古史译文集》　定价:160.00 元(上、下册)

韩儒林著:《蒙元史与内陆亚洲史研究》　　　　　　定价:58.00 元

〔美〕查尔斯·林霍尔姆著,张士东、杨军译:

　　《伊斯兰中东——传统与变迁》　　　　　　　　定价:88.00 元

〔美〕J. G. 马勒著,王欣译:《唐代塑像中的西域人》　定价:58.00 元

顾世宝著:《蒙元时代的蒙古族文学家》　　　　　　定价:42.00 元

杨铭编:《国外敦煌学、藏学研究——翻译与评述》　定价:78.00 元

牛汝极等著:《新疆文化的现代化转向》　　　　　　定价:76.00 元

周伟洲著:《西域史地论集》　　　　　　　　　　　定价:82.00 元

周晶著:《纷扰的雪山——20 世纪前半叶西藏社会生活研究》

　　　　　　　　　　　　　　　　　　　　　　　　定价:75.00 元

蓝琪著:《16—19 世纪中亚各国与俄国关系论述》　　定价:58.00 元

许序雅著:《唐朝与中亚九姓胡关系史研究》　　　　定价:65.00 元

汪受宽著:《骊靬梦断——古罗马军团东归伪史辨识》　定价:96.00 元

刘雪飞著:《上古欧洲斯基泰文化巡礼》　　　　　　定价:32.00 元

〔俄〕Т. Б. 巴尔采娃著,张良仁、李明华译:

　　《斯基泰时期的有色金属加工业——第聂伯河左岸森林草原带》

　　　　　　　　　　　　　　　　　　　　　　　　定价:44.00 元

叶德荣著:《汉晋胡汉佛教论稿》　　　　　　　　　定价:60.00 元

王颋著:《内陆亚洲史地求索(续)》　　　　　　　定价:86.00 元

尚永琪著:

　　《胡僧东来——汉唐时期的佛经翻译家和传播人》　定价:52.00 元

桂宝丽著:《可萨突厥》　　　　　　　　　　　　　定价:30.00 元

篠原典生著:《西天伽蓝记》　　　　　　　　　　　定价:48.00 元

〔德〕施林洛甫著,刘震、孟瑜译:

《叙事和图画——欧洲和印度艺术中的情节展现》　　　定价:35.00 元

马小鹤著:《光明的使者——摩尼和摩尼教》　　　定价:120.00 元

李鸣飞著:《蒙元时期的宗教变迁》　　　定价:54.00 元

〔苏联〕伊·亚·兹拉特金著,马曼丽译:

《准噶尔汗国史》(修订版)　　　定价:86.00 元

〔苏联〕巴托尔德著,张丽译:《中亚历史——巴托尔德文集

第 2 卷第 1 册第 1 部分》　　　定价:200.00 元(上、下册)

〔俄〕格·尼·波塔宁著,〔苏联〕B.B.奥布鲁切夫编,吴吉康、吴立珺译:

《蒙古纪行》　　　定价:96.00 元

张文德著:《朝贡与入附——明代西域人来华研究》　　　定价:52.00 元

张小贵著:《祆教史考论与述评》　　　定价:55.00 元

〔苏联〕К.А.阿奇舍夫、Г.А.库沙耶夫著,孙危译:

《伊犁河流域塞人和乌孙的古代文明》　　　定价:60.00 元

陈明著:《文本与语言——出土文献与早期佛经词汇研究》

定价:78.00 元

李映洲著:《敦煌壁画艺术论》　　　定价:148.00 元(上、下册)

杜斗城著:《杜撰集》　　　定价:108.00 元

芮传明著:《内陆欧亚风云录》　　　定价:48.00 元

徐文堪著:《欧亚大陆语言及其研究说略》　　　定价:54.00 元

刘迎胜著:《小儿锦研究》(一、二、三)　　　定价:300.00 元

郑炳林著:《敦煌占卜文献叙录》　　　定价:60.00 元

许全胜著:《黑鞑事略校注》　　　定价:66.00 元

段海蓉著:《萨都剌传》　　　定价:35.00 元

马曼丽著:《塞外文论——马曼丽内陆欧亚研究自选集》　　　定价:98.00 元

〔苏联〕И.Я.兹拉特金主编,М.И.戈利曼、Г.И.斯列萨尔丘克著,

马曼丽、胡尚哲译:《俄蒙关系历史档案文献集》(1607—1654)

定价:180.00 元(上、下册)

华喆著:《帝国的背影——公元 14 世纪以后的蒙古》　　　定价:55.00 元

П.К.柯兹洛夫著,丁淑琴、韩莉、齐哲译:《蒙古和喀木》　　　定价:75.00 元

杨建新著:《边疆民族论集》　　　定价:98.00 元

赵现海著:《明长城时代的开启

——长城社会史视野下榆林长城修筑研究》(上、下册) 定价:122.00 元

·欧·亚·历·史·文·化·文·库·

李鸣飞著:《横跨欧亚——中世纪旅行者眼中的世界》　　　定价:53.00元

李鸣飞著:《金元散官制度研究》　　　定价:70.00元

刘迎胜著:《蒙元史考论》　　　定价:150.00元

王继光著:《中国西部文献题跋》　　　定价:100.00元

敬请期待

贾丛江著:《汉代西域汉人和汉文化》

王永兴著:《敦煌吐鲁番出土唐代军事文书考释》

薛宗正著:《西域史地汇考》

徐文堪编:《梅维恒内陆欧亚研究文选》

李锦绣编:《20世纪内陆欧亚历史文化研究论文选粹》

李锦绣、余太山编:《古代内陆欧亚史纲》

李锦绣著:《裴矩〈西域图记〉辑考》

李艳玲著:《田作畜牧

　　——公元前2世纪至公元7世纪前期西域绿洲农业研究》

许全胜、刘震编:《内陆欧亚历史语言论集——徐文堪先生古稀纪念》

张小贵编:《三夷教论集——林悟殊先生古稀纪念》

杨林坤著:《西风万里交河道——明代西域丝路上的使者与商旅》

林悟殊著:《摩尼教华化补说》

王媛媛著:《摩尼教艺术及其华化考述》

李花子著:《长白山踏查记》

芮传明著:《摩尼教敦煌吐鲁番文书校注与译释研究》

马小鹤著:《霞浦文书研究》

〔德〕梅塔著,刘震译:《从弃绝到解脱》

郭物著:《欧亚游牧社会的重器——鍑》

王邦维著:《华梵问学集》

李锦绣著:《北阿富汗的巴克特里亚文献》

孙昊著:《辽代女真社会研究》

王永兴著:《唐代土地制度研究——以敦煌吐鲁番田制文书为中心》

韩中义著:《欧亚与西北研究辑》

尚永琪著:《古代欧亚草原上的马——在汉唐帝国视域内的考察》

石云涛著:《丝绸之路的起源》

青格力等著《内蒙古土默特金氏蒙古家族契约文书整理研究》

尚永琪著:《鸠摩罗什及其时代》

石云涛著:《魏晋南北朝时期的外来文明》

淘宝网邮购地址:http://lzup.taobao.com